新周易經傳象義闡釋

自序（原版序）

先聖之作「易」，既展現宇宙之律則，亦貞定性命之價值。蓋「易」者，乃以「⚊」（陽爻）、「⚋」（陰爻）為基礎。當陽爻、陰爻之始作，則「混沌」為之初開，靈光因而迸發（此取羅近溪、盱壇直詮之說）；而宇宙、性命之內容可得以窮盡矣。據此，循宇宙論之理路，可以參贊天地之化育；遵實踐論之理路，可以建設人間之秩序。自是，乃表示吾華族之心智，已參悟造化之玄機，契會道德之本源。

陰爻、陽爻，乃意象化天地生成萬物所呈現其相對質性與交感變化之兩大作用，並透顯其形而上之「實體」（易道）。故繫辭上傳第五章曰：「一陰一陽之謂道。」由於陰爻、陽爻之錯綜，乃衍生八卦。八卦者，取象於宇宙間八種足以為代表之現象，設為相反相成之作用，與成終成始之歷程，以見造化不測之功能。（詳見說卦傳）八卦之重疊則成六十四卦，六十四卦乃相應宇宙現象、人間遭遇，而設為「特定境況」，並環繞人生之行程，以窮盡其超越層與具體層之內容。六十四卦計三百八十四爻，各爻分別於其所屬卦義涵蓋下，視其質性、位置、關係、變化，以示乎「特定境況」發展過程中之階段性意義。即此「易象系統」，於是，宇宙、人間之各種「境況」與過程「階段」，莫不秩然有序，而見其超越律則之彌綸焉。

筮占，乃心有所疑，行有所迷，而求有所通達；即於「易象系統」之六十四卦、三百八十四爻中，占問其對應所值之「機」，以期於當「機」之超化與趨避。至於其「術」，乃依照演蓍以成卦，並求「變卦」之程序，以遇乎所當之卦或爻。（參見附周易筮法）案此程序，乃先哲遵循宇宙秩序之數值，而精心設定。（參見繫辭上傳第九章）即此「術數程序」，則其思其為，莫不服從宇宙秩序，以契應「易象系統」而為指導原則。因此，雖屬偶然之境遇，則涵必然之價值。

易傳，乃據古經而申述，一方面即「易象系統」以彰宇宙、人間之超越律則；一方面即「術數程序」而明天綱地維之健順秩序。由是，自爾而建構成就其形而上學。此一形而上學，既肯定宇宙萬象之「實體」（易道），且疏釋化生大用之歷程；並貞定以為內在道德意義之「易心」。故為吾華族之宇宙論，實踐論，建立其「義理途徑」。即此「義理途徑」，則既呈現其內在之「易心」，以契乎超越之「易道，而性命之價值貞定焉，宇宙之律則展現焉。

易學，自古經至易傳，已發展而完備。其規模則包括「易象系統」、「術數程序」、「義理途徑」，三者相攝相涵，而成一「學統」；此一「學統」，實呈現一清明之「易道宇宙」。此一清明之「易道宇宙」，其外緣，唯見大化流行之不息。其內容，則天生是一層次，地成是一層次，聖人之參贊又是一層次，而易道貫注彌綸於其間矣。人之體「易」，即貞定其「易心」，以迴應乎「易道」，並鎔鑄成一獨特之意識形態。此一意識形態，乃於具體生活實際境遇之承當與歷練中，所固執者為秉彝懿德，所嚮往者為精神境界，所願望者為德懷蒼生，所悲憫者為人間憂患，……。本此性情之洋溢，對於吾華族之實踐行程中，不論人間生活、學術創作、政治教化、德業開拓、……。皆有指導與決定之作用。

夫周易者，古來之聖哲，既相繼投注其心力，並有卓著之成就，則可證此易道之學統，與吾華族之實踐，誠已融合而為一矣，且將引生及於悠久無疆也。是為序。

中華民國六十九年元月朱維煥自序於臺中市國立中興大學中文系

改版序

吾常見笑于
大方家

大學及研究所求學期間，得緣與內子我沄相識相知，由此因緣得以親炙　維煥教授教誨。然年輕不知珍惜，未能把握機會好好學習，轉眼岳父竟已仙逝近二十年。

當年泰山將畢生研究心得付梓排印，交學生書局發行。境遷時易，原版式、字體大小均不符現代人閱讀習性，然思索岳父進德修業、寅夜伏案之心血，猶可供後之進修者參考。遂徵求岳母、妻眷及學生書局同意，將《周易經傳象義闡釋》、《老子道德經闡釋》兩書搭配篇題之書法、篆刻，重行版排付梓面世。

大學求學時，得緣追隨棲安先生學習書法及篆刻，是時尚稱勤學精進，哪知就業後俗事纏身，遂將此藝束之高閣，任其荒蕪封塵！驀然回首，匆匆已三十餘年歲月……。

近些年來，夜深人靜之際，屢屢內心忖思：年過半百，隨波逐流、隨業沉浮而一事無成，更因愚痴無明造作諸多荒唐惡業。屢屢夜半夢中驚醒，汗涔涔而茫然不知所措……，此心此境豈是「慚愧」兩字了得！然懺悔之餘，亦慶幸一路走來，總有諸多善知識、貴人提攜扶持。這些年雖是搖擺晃盪，不至撲倒不起，此情此景又豈是「感恩」兩字可了得！

經歷歲月洗鍊及種種世間法考驗，遂重拾研讀岳父著作，原來這些年自己竟是懷珠行乞，聖哲之生命智慧唾手可得，卻是心猿意馬，外求奔波不歇！種種因緣促使吾人發心篆刻《易經》、《道德經》、《心經》、《金剛經》等經典，藉此自我沉澱靜思，並期透過書法及篆刻與有緣人分享聖哲經典之智慧。漫長過程幾度身心疲憊、腸枯思竭，幾生退心之際，幸得諸多增上緣方不至退轉，進而心生清淨歡喜。已過知天命之歲，對於「天命」依然茫然懵懂無知；行將耳順，卻是耳背眼花手抖，還能於世事繁雜中偷空完成這些功課，因緣之不可思議，令人讚歎啊！

衷心感恩所有相扶持之親朋好友及一切因緣。感謝岳母李敏女士、內弟我帆、內子我沄、家父沈正德先生、家母鄧玉江女士、手足崇聖、吉博及小女佳茵、小子昕牧的鼓勵支持；感謝恩師棲安先生提供篆書；感謝潘燕玉老師協助校稿及指導編輯事宜；感謝學生書局及蘭潭印刷廠鼎力協助，《周易經傳象義闡釋》及《老子道德經闡釋》得以重新改版面世。

掠借泰山所著的篇題，藉篆刻之藝來詮釋，旨在冰冷的鉛字中賦予另一面貌。雖吾師評吾篆刻作品膽大於藝，然有篆書及經文闡釋穿插其間，一來記錄見證吾人與泰山維煥教授之翁婿情緣、與棲安先生之師生情誼，再者除掩篆刻之瑕，更祈使讀者於觀讀印語之餘，能見篆書、注文而曉經文真義；觀印而見文，循文而得義，藉此拋磚引玉爾！吾人不揣謭陋、野人獻曝，稚嫩拙劣之作，尚祈方家笑而見教！

己亥夏　沈崇詩

註：「吾長見笑于大方之家」語出《莊子．秋水》篇。今人「長」作「常」，並將句子簡化作「方家莫笑」、「方家見笑」。

新周易經傳象義闡釋　目錄

下經

易經

周易卦名次序歌
南宋朱熹
乾坤屯蒙需訟師
比小畜兮履泰否

艮漸歸妹豐旅巽
兌渙節兮中孚至
小過既濟兼未濟
是為下經三十四

咸恆遯兮及大壯
晉與明夷家人睽
蹇解損益夬姤萃
升困井革鼎震繼

易經

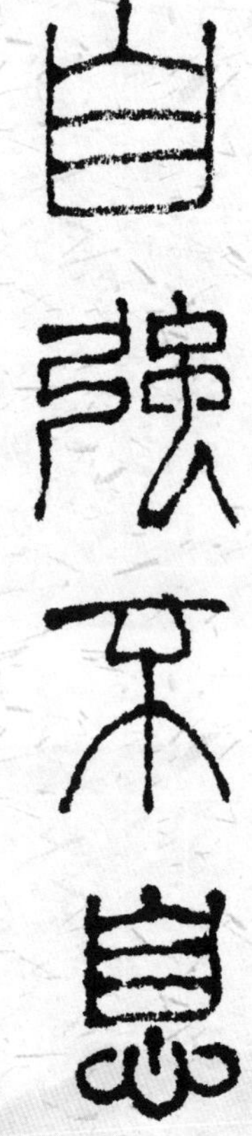
自強不息

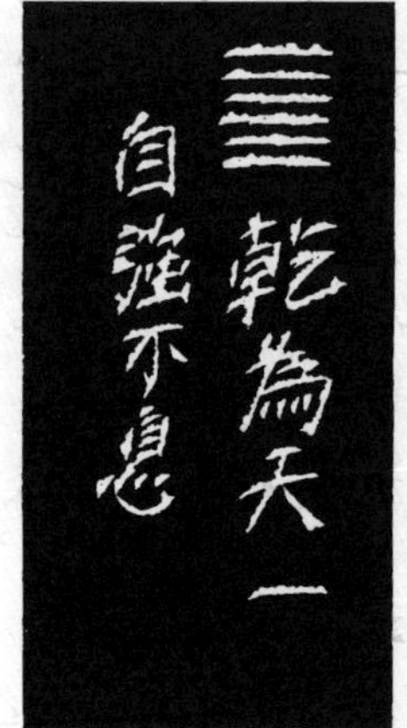
乾為天一
自強不息

新周易經傳象義闡釋

朱維煥著

乾第一

䷀ 乾下 乾上

乾，元亨利貞。

(一) 乾—說卦傳曰：「乾為天。」此言其象。雜卦傳曰：「乾剛。」此言其性。說卦傳曰：「乾，健也。」此言其德。而熊十力先生讀經示要第三講曰：「乾之為言健也，其生生不已之勢能歟。」

(二) 元—朱子周易本義曰：「元，大也，始也。」

(三) 亨—朱子周易本義曰：「亨，通也。」

(四) 貞—許慎說文解字曰：「貞，卜問也。」此古經之義也。（此從李鏡池周易筮辭考之說）朱子周易本義曰：「貞，正而固也。」此易傳之義也。

案：乾卦，下卦為乾，上卦亦為乾。乾為天，（說卦傳）其性剛，（雜卦傳）其德健。（說卦傳）本卦既為重乾（重三畫卦之乾，為六畫卦之乾。）—乾之又乾，剛健之天道著矣。又六爻皆奇，奇以象陽，為純陽。陽者，天道創生之勢用。本卦既重乾，又純陽，故象乎天道。是以「乾」者，乃以剛健為義。

序卦傳曰：「有天地，然後萬物生焉。」相對萬物而言，天生之，地成之。天之生也，其機暢旺。「元亨利貞」即暢旺生機之具體化敘述。至於其實義，由於古經與易傳之背景既殊，故其闡釋亦當有別。夫易傳旨在申明義理，其乾者所以象乎天道，「元、亨、利、貞。」即承之以展示其生物之四大歷程。（詳見本卦彖傳釋義）而古經，乃蓍筮之用書，蓋觀天道消長之數，以決人生際遇之疑。本卦既象天道之生生不已，卦辭亦即依此以指點其迷津。句讀亦應不同於易傳之立場。「元亨」，大通也，此綜示筮得此卦者之運會。「利貞」，利於所卜問之事，此特釋筮得此卦者所問事項之疑惑。是以凡筮遇此卦者，即示其際此大通之運會，所占者利也。

初九，潛龍，勿用。

㈠ 潛龍—朱子周易本義曰：「潛，藏也。」子夏易傳曰：「龍所以象陽也。」李鼎祚周易集解引沈驎士曰：「稱龍者，假象也。天地之氣有升降，君子之道有行藏。龍之為物，能飛能潛，故借龍比君子之德也。」

㈡ 勿用—許慎說文解字曰：「用，可施行也。」王引之經義述聞曰：「勿用者，無所施行也。」

案：初者，一卦之始位。九者，老陽之數。龍為陽之象。初九，陽居始位，在二—田之下，故稱「潛龍」。

以龍為象，示其具備發展之「可能」，「潛」者，於發展之歷程中，尚非呈現之時也。故斷之曰，「勿用」。即客觀之無所施行，且涵主觀之不可施行。

九二，見龍在田，利見大人。

㈠ 見龍在田—王弼周易注曰：「出潛離隱，故曰見龍；處於地上，故曰在田。」

案：六畫卦，上二爻為天，中二爻為人，下二爻為地。（見朱子周易繫辭下傳第十章本義）初為地下，故曰「潛」。二為地上，故稱田。本卦六爻皆陽，其健如龍。本爻，在初九之上，居下卦之中，是出潛而見，此「見龍在田」之象也。大人者，指九五而言，九五以陽剛居上卦之尊位，於下卦中位之九二，為「同德相應」，（程子周易傳說）此自本爻言之，為「利見大人」之象。

「見龍在田」者，示於發展歷程中，已出潛而見，即已呈現其自己。利於會見大德之人，以助己之成功。

九三，君子終日乾乾，夕愓若，厲，无咎。

(一)君子—朱子周易本義曰：「君子，指占者而言。」

(二)乾乾—說卦傳曰：「乾，健也。」乾乾即健之又健。

(三)夕—許慎說文解字曰：「夕，莫（暮）也。」猶終日，至夕也。

(四)惕—爾雅釋詁曰：「惕，懼也。」

(五)若—裴學海古書虛字集釋曰：「若猶然也。」

(六)厲—陸德明經典釋文曰：「厲，危也。」

(七)无咎—王弼周易注曰：「无，音無。」許慎說文解字曰：「咎，災也。」无咎即無災患。

案：張惠言周易虞氏義曰：「三四人道，故不稱龍。三得位，故曰君子。」此九三所以有君子之象。毛奇齡仲氏易引羅彝正曰：「三居二乾之間，有乾乾之象。居下乾之終，有日終而夕之象。」朱子周易本義曰：「九陽爻，三陽位，重剛不中，居下之上，乃危地也。然性體剛健，有能乾乾惕厲之象。」此爻言「君子」不言「龍」，而「終日乾乾」則龍德見矣。

乾卦，既表大通之運會，九三，則為特殊之際遇，所謂「厲」也。占者既遇此爻，則當秉大通之運會，以臨特殊之際遇，但能終日至夕，乾乾以惕若，可卜无咎。

九四，或躍在淵，无咎。

(一)或躍在淵—朱子周易本義曰：「或者，疑而未定之辭。」毛奇齡仲氏易曰：「淵者，下不離田，而上可與天接。躍則可上可下，正由田而天之際。」

案：此承「潛」於初九，「見」於九二之龍而言，既經九三之危地（厲）而臻於上卦之始位。九四，上與九五相比，五為天，故欲躍而上。下戀初藏之處，初為地下，故欲潛而下，此「或躍在淵」之象。

夫「或躍在淵」，其發展之「可能」活轉矣，高亨周易古經今注曰：「龍躍於淵，得其所之象。人得其所，可以無咎。」占者其可待而試乎。

九五，飛龍在天，利見大人。

案：九為陽，龍所以象之。五為天，龍得其飛矣。故曰：「飛龍在天。」大人者，指九二而言，九二於九五，乃「同德相應」，故有為九五所利見之象。

五為陽位，於上卦為得中，於一卦為至尊，而陽居之，得中履正也。占得此爻，可謂「福」、「運」亨通也。「利見大人」者，乃示占者，若有如是之德，則有如是之福，既居至尊之位，又「利見大人」以襄成天下大事。夫「大人」，乃謂大德之人。九二所「利見」者，乃九五「德」、「位」兼具之大人。九五所「利見」者，則為九二所象備德之大人，蓋得其輔佐也。因所相應之立場不同，故其涵備之內容亦異。

上九，亢龍，有悔。

(一)亢龍—李鼎祚周易集解引王肅曰：「窮高曰亢。」毛奇齡仲氏易曰：「上雖天道，而位過乎中，龍之亢者也。」

(二) 有悔—許慎說文解字曰：「悔，恨也。」

案：易，一卦六爻，至「上」而窮。本爻以陽居上位，故曰「亢龍」。

事有成敗，人有得失，固繫於主觀之心力，亦服從客觀之事勢。乾卦六爻皆陽，而以龍象之，由初潛、二見、三惕、四疑、五飛，漸次升騰，至於上九之位而「窮高」，客觀事勢之發展已臨極限，主觀心力之奮鬭亦轉遲滯，此所以戒之曰「有悔」。宋史賈昌朝傳曰：「不言凶而言悔者，以悔有可凶可吉之義。」

用九，見羣龍无首，吉。

(一) 用九—李鼎祚周易集解引劉瓛曰：「總六爻純九之義，故曰用九也。」

(二) 見群龍无首—程子周易傳曰：「見羣龍謂觀諸陽之義，无為首則吉也。」

(三) 吉—許慎說文解字曰：「吉，善也。」

案：「用九」之義，乃謂筮時，所遇之卦，有「本卦」，有「之卦」。如果本卦六爻之營數，皆屬七、或八，則為不變之卦，不變之卦，即以本卦卦辭占之。如果本卦六爻之營數，皆屬九，則為全變之乾卦，全變之乾卦，即以「用九」之爻辭占之。是以「用九」者，乃謂筮得全變之乾卦，即以本爻辭占之。（此取高亨周易古經通說之說）

乾卦六爻皆陽，而以龍為象。六龍，相應各爻之階段性意義，而有各種不同之情態。「見羣龍」即綜觀諸爻成羣之龍，「无首」，即無為首出者，亦即於本卦剛健龍德涵蓋下，相應不同之際遇，各以特殊之情態，設象各爻之階段性意義，雖然，或潛、或見、或惕、或疑、或飛、或亢，而剛健之德運乎其間也。而其占為吉。

彖曰：大哉乾元，萬物資始，乃統天。雲行雨施，品物流形。大明終始，六位時成，時乘六龍以御天。乾道變化，各正性命，保合太和，乃利貞。首出庶物，萬國咸寧。

(一) 彖曰—①「彖」，繫辭上傳第三章曰：「彖者，言乎象者也。」朱子易周本義曰：「彖，謂卦辭。」韓康伯周易注曰：「彖，總一卦之義也。」李鼎祚周易集解引劉瓛曰：「彖，斷也，斷一卦之才也。」（姚配中周易姚氏學曰：「才，始也，象始著為卦也。」）是以「彖」者，乃謂古經之卦辭，總敘一卦之所象。故繫辭上傳第二章曰：「聖人設卦觀象，繫辭焉而明吉凶。」②「彖曰」，即「彖傳曰」之省稱，乃作易傳者申釋一卦所象者之內在涵義。

(二) 資—取也。（見孔穎達周易正義）

(三) 乃統天—裴學海古書虛字集釋曰：「乃猶即也。」朱駿聲六十四卦經解曰：「統，本也。」

(四) 品物流形—熊十力先生讀經示要第三講曰：「品物，物類不一而各成其章之謂。流形者，流謂流行，形即謂品物各成其形。」

(五) 大明終始—熊十力先生讀經示要第三講曰：「大明，謂乾元也。乾元之體，明覺湛然。……大明之體，其德純健不息，乃萬物所資之以成終成始也。」

(六) 六位時成—熊十力先生讀經示要第三講曰：「六位，六爻之位，所以表物之終始也。時成，隨時而成其化也。……夫萬物所以終始者，皆由乾元剛健之德，隨時成化，而無窮竭故也。」

(七) 御—運也。（見程子周易傳）

(八) 性命─程子周易傳曰：「天所賦為命，物所受為性。」大戴禮記本命篇曰：「分於道謂之命，形於一謂之性。」

(九) 保合太和─來知德易經來註圖解曰：「保者，常存而不虧，合者，翕聚而不散。」朱子周易本義曰：「太和，陰陽會合沖和之氣也。」

(十) 庶物─萬民也。（見來知德易經來註圖解）

(十一) 咸─許慎說文解字曰：「咸，皆也。」

案：本卦之名曰「乾」，其所象者為「天」。此「天」乃形上義也。夫「天」之生物，固渾然而成。然而，自天之能生，至所涵之物為所生，則其「道」見矣。元、亨、利、貞，即明乎天之生物之四階段性歷程。乾既象天，而元、亨、利、貞即析言其道，為其「四德」，是以天之生物，可得而解矣。

乾以象天，「元」則言其始。相應生物而言，乾為元，元即乾之元，亦即乾之呈現其自己以見其「創生之真幾」義。故自天言，萬物皆為其所生生。自萬物言，則莫不資之（取之─以之為形上根據）以為始。此見「乾元」乃本乎天，而贊之曰「大哉」。此釋乾之元。

「雲行雨施」，此具體之現象。藉此現象，以見內運剛健性德，外湧暢旺生機，及其流注，則為物類之各成其品形。此天之行，乾之亨。

乾為「創生之真幾」，「大明」者，言其體之明覺湛然，「終始」者，言其用之成終成始，而生生不已之歷程見矣。「六位時成」，乃謂乾卦六爻，依初、二、三、四、五、上之先後位次，以象終始歷程，而明消長變化。此消長變化之終始歷程，即潛龍、見龍、惕龍、疑龍、飛龍、亢龍所象者。

乾道即依時位寓（乘）於六龍，以運乎天行。天行雖渾然而無迹，然由乾之元、亨可得而象矣。

乾道無所謂變化，乃相應天之生物，以言變化。蓋天之生物，其行也有終始歷程，乾道乃以此而見其變化過程。天行之終始既承續不已，乾道之變化亦因之無窮。萬物即於天行終始歷程中以生以成，亦即於乾道變化過程中以正以定。此所正所定者，即「性」也。（即孟子盡心篇曰：「分定故也」之「分」）此「性」乃天之所命，亦即乾之元、亨所利（撲向）者。人既稟受此「性」，尚須消融生命之夾雜與限隔，以致其太和。「太和」者，乃於功夫上，消融生命之夾雜與限隔，透「寂然不動」之體，以上契乾道；發「感而遂通」之用，而外應事物。「保合」者，凝聚常存之也。斯為於乾亨之利（撲向）而各正定其所受之「性命」，故曰「乃利貞」。（此乾道四德之義，乃取於牟宗三先生心體與性體第一冊第二部之說。）

「首出庶物，萬國咸寧」，乃自人事上言之。乾道既為創生之真幾，萬物得之以各自正定其性命，則乾道之於萬物，乃為超越而絕對之存在，並貞定其生成之秩序。人事上之聖王，亦當體此乾道，首出以涵蓋之，以化育之，則萬國莫不於其聖德王化之貫注而咸寧也。

象曰：天行健，君子以自強不息。

(一) 象曰—①「象」，繫辭下傳第一章曰：「爻也者，效此者也；象也者，像此者也。」繫辭上傳第三章曰：「爻者，言乎變者也。」（朱子周易本義曰：「爻謂爻辭。」）爻辭乃敘述該爻於卦中之消長變化終始歷程所象之意義。是以「象」者，乃謂古經之爻辭。②「象曰」，即「象傳曰」之省稱。又分為「大象傳」與「小象傳」。程子周易傳曰：「卦下象，（大象傳）解一卦之象；爻下象，（小象傳）解一爻之象。」李鼎祚周易集解曰：「象者象也，取其法象卦爻之德。」是以「象傳」者，乃作象傳者申釋一卦或一爻所以「取象」、「設象」、「示象」之外在意義。

(二)天行健—來知德易經來註圖解曰：「天行者，天之運行。……健者，運而不息也。」

(三)君子—乾文言傳曰：「君子以成德為行。」

案：乾卦，下卦為乾，上卦亦為乾，乾為天，（說卦傳）「天行健」，乃謂天道之運行，其可觀者，為夜往晝來，冬去春回；日月代明、風雨時至……其所蘊者，則為生機之暢旺，故曰「天行健」。乾即象乎天以表其健德，此「乾」之象也。

君子體乾，則當本此乾道以成德，而其德即此天行無息之至健。然而生命者，有精神意義之一面，此所以成德也。有自然意義之一面，其氣質與私欲，所以形成夾雜與限制。此氣質之夾雜與私欲之限制，乃為導致懈怠與墮落之根源，則不能成其德矣。是以君子體乾，本乎天行之健，即當消融生命中氣質與私欲之夾雜與限制，自我超拔，而透顯其精神生命，以日新其盛德—即體乾而用健也。此之謂「自強不息」，乾道也。

潛龍勿用，陽在下也。

案：自此以下為小象傳。

此申釋初九「潛龍勿用」之象，乃因初九為陽爻，居一卦之下位，表示陽氣之方萌，其發展之「可能」，相應外在之限制，尚為潛隱狀態，不足以有為，故爻辭曰「潛龍勿用」。

見龍在田，德施普也。

案：此申釋九二「見龍在田」之象，言龍升至九二，已出潛而見，即呈現其自己。其德之施。則普於物。

終日乾乾，反復道也。

案：此申釋九三「終日乾乾」之象，蓋九三之君子，既居危地，當善體龍德，終日健之又健，則平居、應接，皆合於道。

或躍在淵，進无咎也。

案：此申釋九四「或躍在淵」之象，夫九四之龍，雖疑，而或上或下之機則活。唯待其時宜；進，无咎也。

飛龍在天，大人造也。

(一)造—朱子周易本義曰：「造，猶作也。」

案：此申釋九五「飛龍在天」之象，於九五中正之尊位，「飛龍」，得其乘也；「在天」，騁其志也。大人者，人中之龍，其興起也。

亢龍有悔，盈不可久也。

案：此申釋上九「亢龍有悔」之象，龍而至於窮高之上位，莫可復加矣，故曰「盈」；「亢龍有悔」者，以天道往復，盈虧消長—盈則虧，不可久也。

用九，天德不可為首也。

案：此申釋「用九」之象，即筮得全變之乾卦，即以「用九」占之，蓋乾卦，六龍各有其特殊之情態，而天德運焉，故不失其剛健之性德，是以無首出者，此天德所以不可為首也。

文言曰：元者，善之長也。亨者，嘉之會也。利者，義之和也。貞者，事之幹也。君子體仁足以長人，嘉會足以合禮，利物足以和義，貞固足以幹事。

君子行此四德者，故曰「乾，元、亨、利、貞。」

(一)文言曰—李鼎祚周易集解引劉瓛曰：「依文而言其理，故日文言。」孔穎達周易正義引莊氏曰：「文謂文飾，以乾坤德大，故特文飾以為文言。」乾坤兩卦，乃易之綱領，故曰「德大」，作易傳者，乃特作乾坤兩篇文言以申釋乾坤兩卦之卦辭、爻辭與象傳之道德價值。以其為解經之作，故屬「傳」，稱為文言傳。「文言曰」即「文言傳曰」之省稱。

(二)嘉—孔穎達周易正義曰：「嘉，美也。」

(三)幹—劉百閔周易事理通義曰：「說文無幹字，凡經籍言幹者，義皆同榦。榦，本也。榦與枝對言。……引申之，則有能幹之義。」

(四)體仁—朱子周易本義曰：「(體仁)以仁為體。」

案：此段引申乾之元、亨、利、貞，以闡釋道德行為與道德實踐之歷程。

道德行為之創生，即具體化而為事象之歷程，此一歷程之形而上根據，即是乾道。乾道之元，於道德行為，乃原理之始，事象之首。亨者，道德行為之事象既已呈現，則見其嘉美之會聚。利者，於感應上，得其合宜之諧和。貞者，事象所依據以確定其意義者也。項安世周易玩辭曰：「善也，嘉也，義也，皆善之異名；在事之初為善，善之眾盛為嘉，眾得其宜為義，義所成立為事。此一理而四名也。」

至於道德實踐方面，內在之仁體即是形而上之乾道，乾道之長善，即是仁體之潤物。君于既以成德為義，體仁(充於內而見乎外)則遍潤，故足以長人。主觀之遍潤，以見嘉美之會聚，則足以符合客觀之禮法。遍潤而利於物，其感應足以諧和而合宜。體仁而正固，則足以為道德行為之本而實踐道德行為。

「君子行此四德」，即是體現乾道之元、亨、利、貞，於實踐上成就道德行為，此乾卦卦辭曰，「乾，元、亨、利、貞。」之意義也。

又案：此乾文言第一段，首釋乾卦之卦辭。

初九曰：「潛龍，勿用。」何謂也？子曰：龍德而隱者也。不易乎世，不成乎名，遯世无悶，不見是而无悶，樂則行之，憂則違之，確乎其不可拔，潛龍也。」

(一) 子曰—相傳孔子贊周易（作易傳），則「子曰」即孔子曰。案孔子誠深明易道，對古經之卦、爻辭定有多所發揮。然而今之易傳，則未必為孔子所原作。蓋自文章體例之發展觀之，易傳之寫成，最早當不早於戰國後期。或孔子確有是語流傳，作易傳者則據以有所潤飾，並冠以「子曰」提焉。

(二) 「龍德而隱者也」之「而」—裴學海古書虛字集釋曰：．「而猶之也。」

(三) 易—來知德易經來註圖解曰：「易，移也。」

(四) 遯—朱子周易遯卦本義曰：「遯，退避也。」

(五) 不見是—「是」即承認、肯定、稱許。「見」為被動語態之「詞頭」。（見許世瑛先生中國文法講話）「不見是」即「不被肯定」也。

(六) 確—李鼎祚周易集解引虞翻曰：「確，剛貌。」

案：此釋「潛龍勿用」，乃著重其「德」而言。夫「德」者，修道有得之謂。龍，蓋取象於「陽」，「陽」之自性，即生物氣機之鼓蕩，其作用，則與陰氣相為輔成或互為消長。故「陽」者體乎道之創生義也。龍以象之，則「龍德」者，自絕對之立場言之，既具備發展之「可能」，自相對之一面觀之，但與時以顯隱。

潛龍，所遇非時也，是當斂藏行迹，故無待、無求，遺忘乎世俗，消融乎意欲。或行或違，皆本其性之所適。此其潛而不失其「確」，適而不為所「拔」。

九二曰：「見龍在田，利見大人。」何謂也？子曰：「龍德而正中者也。庸言之信，庸行之謹；閑邪存其誠，善世而不伐，德博而化。易曰：『見龍在田，利見大人。』君德也。」

(一)正中—成蓉鏡周易釋爻例曰：「凡二五亦稱正中。」案依易例，以位言之，「中」者，二居下卦之中，故曰「中」。而「正」者，以二為陰位，今陽居之，非得正也。然則稱「正中」者，「正」當作副詞解，即正得其中位也。

(二)庸言之信，庸行之謹—李鼎祚周易集解引九家易曰：「庸，常也。謂言常以信，行常以謹。」

(三)閑—李鼎祚周易集解引宋衷曰：「閑，防也。」

(四)善世而不伐—孔穎達周易正義曰：「謂為善於世，而不自伐其功。」

案：「見龍在田」，以九二居下卦之中位，象龍有正得其中之德。正中之德者，不偏不頗，無過無不及，亦即中庸第二十章所曰「從容中道」之意。德既「中道」，則言以信，行以謹，是於外無失。其邪無以侵，其喜不自誇，是於內無虧。夫外無失，內無虧，既見之在田，故存誠而博化也。

「君德」者，言此正中之德，雖未居君之位，而實備君之德也。

九三曰：「君子終日乾乾，夕惕若，厲，无咎。」何謂也？子曰：「君子進德脩業。忠信，所以進德也；脩辭立其誠，所以居業也。知至至之，可與幾也。知終終之，可與存義也。是故居上位而不驕，在下位而不憂，故乾乾因其時而惕，雖危无咎矣。」

(一) 進德脩業—孔穎達周易正義曰：「德謂德行，業謂功業。……進益道德，脩營功業。」

(二) 辭—言辭也。（見繫辭下傳第十二章）

(三) 知至至之—朱子語類曰：「知至，則知其道之所止；至之，乃行矣，而驗其所知也。」

(四) 可與幾也—李鼎祚周易集解作「可與言幾也」，與下句「可與存義也」相對偶。王引之經傳釋詞曰：「（與）猶以也。」易繫辭下傳曰：「幾者，動之微，吉之先見者也。」朱子語類曰：「知至至之者，言此心所知者，心真箇到那所知田地，雖行未到，而心已到，故其精微機密，一齊到此，故曰可與幾。」

(五) 知終終之—朱子語類曰：「知終，則見其道之極致；終之，乃力行而期至於所歸宿之地也。」

(六) 可與存義也—朱子語類曰：「知終終之者，既知到極處，便力行到極處。此真實見於行事，故天下義理，都無走失，故曰可與存義。」

案：「君子終日乾乾，夕惕若。」者，言君子所志，當在「進德脩業」。進德在於忠信，忠者，主觀之盡其在己，信者，客觀之取信於人，二者往復回應，不可或已，則其「德」日進。故繫辭上傳第五章曰：「日新之謂盛德。」居業則先「脩辭立其誠」，繫辭下傳第十二章曰：「將叛者其辭慙，中心疑者其辭枝，吉人之辭寡，躁人之辭多，誣善之人其辭游，失其守者其辭屈。」自「脩辭」而「立誠」，乃即功夫以見本體，此「致曲」之道也。中庸第二十三章曰：「其次致曲，曲能有誠，誠則形，形則著，著則明，明則動，動則變，變則化，唯天下至誠為能化。」故辭脩、誠立，而至於能化，即繫辭上傳第五章所曰：「富有之謂大業。」朱子周易本義引張子曰：「富有者，大而无外。」蓋「立誠」以被化，所以為「居業」之道也。

君子所志，既在「進德脩業」，進德，其始也，脩業，其終也。「知至」即知乎進德之境界，「知終」即知乎脩業之價值，此「知」即是道德意識之透顯。「至之」即呈現其所知之進德境界，進德境界之呈現，即是成天下之務之「幾」，（繫辭上傳第十章曰：「唯幾也，故能成天下之務。」）故曰：「可與（言）幾。」「終之」，即成就其所知之脩業價值，脩業價值之成就，則事保其宜也，故曰：「可與存義。」此「至之」、「終之」乃為道德實踐之功夫。

「進德脩業」，皆為君子所「終日乾乾，夕惕若。」者，既「終日乾乾，夕惕若。」則自然居上不驕，處下不憂。蓋以生命承當德業，而且內在於德業也。

雖危，而无咎者，即在乾乾而時惕也。

九四曰：「或躍在淵，无咎。」何謂也？子曰：「上下无常，非為邪也。進退无恆，非離群也。君子進德脩業，欲及時也。故无咎。」

案：「或躍在淵」者，龍之情態也。龍既象乎陽，陽則與陰為對，二者乃於互為消長中以竟生成之功。

本卦僅就純陽而言，龍而「或躍在淵」，其上其進，乃象陽長；其下其退，即示陽消。夫上下、進退，並無絕對性之恆常；亦非意欲之邪曲，非偶然之離索。——蓋為發展上之曲折過程而已。

君子之體龍德以進德脩業，「欲及時」者，乃謂掌握此曲折發展過程之機緣也，故无咎。

九五曰言：「飛龍在天，利見大人。」何謂也？子曰：「同聲相應，同氣相求；水流濕，火就燥；雲從龍，風從虎；聖人作而萬物覩；本乎天者親上，本乎地者親下，則各從其類也。」

(一)同聲相應—物類之聲音相同則相呼應。例如中孚九二曰：「鳴鶴在陰，其子和之。」

(二)同氣相求—形象之質性相同則相感應。如淮南子說林曰：「山雪蒸，柱礎潤。」

(三)雲從龍—孔穎達周易正義曰：「龍是水畜，雲是水氣，故龍吟則景雲出，是雲從龍也。」

(四)風從虎—孔穎達周易正義曰：「虎是威猛之獸，風是震動之氣。此亦是同類相感，故虎嘯則谷風生，是風從虎也。」

(五)作—陸德明經典釋文引鄭康成曰：「（作）起也。」

(六)物—程子周易傳曰：「物，人也。」

(七)覩—李鼎祚周易集解引虞翻曰：「覩，見也。」

(八)本乎天者親上，本乎地者親下—孔穎達周易正義曰：「周禮大宗伯有天產地產。大司徒云動物植物。本受氣於天者，是動物含靈之屬，天體運動，含靈之物亦運動，是親附於上也。本受氣於地者，是植物無識之屬，地體凝滯，植物亦不移動，是親附於下也。」

案：「飛龍在天」，是位之最尊，德之至盛。夫聲氣所同，則相應求，如水之流濕，火之就燥；雲之從龍，風之從虎，此天道之自然。盛德所仰，亦相感通，是人間之當然。龍而飛在於天，乃象乎聖人位之尊，德之盛也。而萬物（人）覩之，其類從之。則「利見大人」

者，當以「聖人作而萬物覩」為規定，是九五之「大人」，為萬物（人）所「利見」也。斯乃作文言傳者，藉古經以寄新義也。蓋所以抒發聖德垂範，萬物（人）從化之理想。

上九曰：「亢龍，有悔。」何謂也？子曰：貴而无位，高而无民，賢人在下位而无輔，是以動而有悔也。」

案：龍而升至「窮高」，從其所處言之，乘九五而猶有餘貴，在一卦之高位，窮矣。自其功能言之，依易例，五為尊位，居尊所以臨民，今既逾越其上，反而架空，徒擁虛位，不足以有為也。蓋時窮勢盡，民不之覩，賢无以輔；其發展過程已至極限，故若有所「動」，則有所「悔」。

又案：以上為乾文言第二段，首釋乾卦之爻辭。

潛龍，勿用，下也。

案：「潛龍，勿用。」者，以地位卑下也。蓋「因」雖具而「緣」未備也。

見龍在田，時舍也。

(一) 舍—許慎說文解字曰：「舍，市居曰舍。」段玉裁注曰：「謂賓客所之也。舍可止，引申之為凡『止』之稱。」

案：舍為居止，乃釋「在田」之義。夫龍，既出乎潛，而見之在田，相應未來之發展，乃際於居止之時也。

終日乾乾，行事也。

案：「終日乾乾」，由於居危而懷懼，以見其「健之又健」之德，夫體此，則可用以行事也。

程子周易傳曰：「進德脩業也。」亦其一端乎。

或躍在淵，自試也。

(一) 試—許慎說文解字曰：「試，用也。」

案：躍，志欲上；在淵，意猶疑也。蓋企圖自用也。

飛龍在天，上治也。

案：「飛龍在天」，以盛德居尊位也，上之化行，下則治致矣。

亢龍，有悔，窮之災也。

案：龍而升至上位，「有悔」者，陷於極限之災患也。

乾元用九，天下治也。

案：乾，象乎天，天以生物；元，言其始，始以生物。故乾即是元，故稱「乾元」。凡筮遇全變之乾卦，則用「用九」之爻辭占之，故曰「用九」。而用九之爻辭曰：「見羣龍无首。」「乾元用九」即乾元為羣龍之始，而運乎羣龍之間以生物也。繫辭下傳第一章曰：「天地之大德曰生。」「天下治也」，即天下於此乾元大德之貫注下，莫不大治矣。

又案：以上為乾文言第三段，再釋乾卦之爻辭。王弼周易注曰：「此一章全用人事明之也。」

潛龍，勿用，陽氣潛藏。

案：卦有六爻，爻則或陰或陽。自形而上之立場言之，陰爻、陽爻，其所設象者，乃所以窮盡乾道生生不已之「氣化作用」。則陽爻象乎陽氣，陰爻象乎陰氣。既然，乾卦六爻皆陽，純陽也，故以龍為象。

依易例，初、二為地；初為地下。初九潛龍，象乎陽氣潛藏。程子周易習坎卦傳曰：「凡陽……在下，動之象。」故「潛藏」者，乃動態之方萌也，亦即生機之始蕩也。

見龍在田，天下文明。

㈠ 文明—孔穎達周易正義曰：「（文明）文章而光明也。」

案：李鼎祚周易集解曰：「陽氣上達於地，故曰『見龍在田』。百草萌牙孚甲，故曰『文明』。」夫「見龍在田」既象陽氣之上達於地，而生機盪漾矣。生機盪漾，但見「百草萌牙孚甲」，是乾道生物之文采章著光明煥發於宇宙之間也。

終日乾乾，與時偕行。

㈠ 偕—孔穎達周易正義曰：「偕，俱也。」

案：據爻辭，「終日乾乾」乃指「君子」而言，「乾乾」即健之又健，此君子之德也。「時」者，四時也，論語陽貨篇曰：「子曰：天何言哉？四時行焉，百物生焉，天何言哉？」是「時」之行即天之運；天運至健，則時行無息。故君子「終日乾乾」者，當與四時俱其健行而無息。

或躍在淵，乾道乃革。

㈠ 革—朱子周易革卦本義曰：「革，變革也。」王充論衡譴告篇曰：「革，更也。」

案：「或躍在淵」，此描述「龍」之情態也。龍既象乎陽，「或躍在淵」即是象徵陽氣之或升或降。相對陰氣而言，陽氣之升，即是陽長；陽氣之降，即是陽消。夫乾道之生物，其承體起用，則為氣化之作用；反之，陽氣之相對陰氣以或長、或消，即為乾道之大用流行焉。乾道本無所謂革、不革，「乾道乃革」，乃相應陽氣之或長或消—消、長之間，而氣機蕩焉，而姑假言之也。

飛龍在天，乃位乎天德。

(一)位—朱子中庸第一章章句曰：「位者，安其所也。」

案：龍既象乎陽，「飛龍在天」則示陽氣之至盛。陽氣之至盛，即是天德之下貫。「天德」者，健行無息以生物也。此生物無息之健行，即是天其天以德其德之「位」。故中庸第一章曰：「致中和，天地位焉，萬物育焉。」「乃位乎天德」者，「飛龍在天」所象之至盛陽氣，安於所體天德之位也。

亢龍有悔，與時偕極。

案：龍象陽，「亢龍」，表陽氣之至極而已衰；時其運，「時極」，示時之周行至極而告終。是以「亢龍有悔」者，陽氣與四時之周行俱衰也。

乾元用九，乃見天則。

(一)天則—王引之經義述聞曰：「天則，猶言天常。左氏文公十八年傳：『以亂天常。』哀公六年傳：『帥彼天常。』皆謂天之常道也。」

案：「乾元用九」，即乾元為羣龍之始，而運乎羣龍以生物。（參見上段）夫天運有常，其律則即見之於生生不已。此「乾元用九」所以「乃見天則」也。

又案：以上為乾文言第四段，三釋乾卦之爻辭。李鼎祚周易集解引何妥曰：「此……以天道明之。」

乾元者，始而亨者也。利貞者，性情也。乾始能以美利利天下，不言所利，大矣哉！大哉乾乎，剛健中正，純粹精也。六爻發揮，旁通情也。時乘六龍，以御天也。雲行雨施，天下平也。

(一) 乾元者—王引之經義述聞曰：「魏時，乾元下已脫『亨』字。」
(二) 純粹精—來知德易經來註圖解曰：「純者，純陽而不雜以陰也。粹者，不雜而良美也。精者，不雜之極至也。」
(三) 旁通—朱子周易本義曰：「旁通猶言曲盡。」
(四) 御—李鼎祚周易集解引荀爽曰：「御者，行也。」

案：乾卦，所以象天。天，渾然以生成萬物。元、亨、利、貞者，其生成萬物之四階段歷程也。乾元（亨）者，此自「天之生」言之。「元」者乾也；乾即元也。乾之呈現其自己以為「創生之真幾」，故為生物之「始」。「真幾」既見，則「創生」之功顯矣，於是乃見乾之「亨」。利貞者，此自「物之成」言之。蓋承「真幾」創生之功所撲向（此乾之利也），以正其性，定其情。（此乾之貞也）中庸第一章曰：「喜怒哀樂之未發，謂之中；發而皆中節，謂之和。」未發之中是「性」，已發之和是「情」。則性情者，體用相涵也。是以「性情也」，乃示乾之利貞功成矣。

乾為生物之「始」，天下間之事物，莫不為其所創生，莫不以之為「始」。其「始」也，相對天下事物，其「創生」之功，乃超造作之美妙神「利」以遍利之。蓋渾然天成，不以為利也，故「所利」而「不言」也。此所以為「大矣哉！」

乾既以渾然之方式始物、利物，以見其「大矣哉！」而其自體，則其性至剛，其德至健，其位至中，其行至正，其質至純至粹至精，亦即一片生物之「真幾」也。至於其具象，則藉六陽爻表示其潛、見、惕、疑、飛、亢諸情態，以窮盡其始物、利物之功能，並曲盡其情致。夫六陽爻所以構成乾卦，以曲折窮盡乾道之功能，乾象乎天，乾道即為天道，而六陽爻又皆取龍為象，是以乾之始物、利物，乃假借潛龍、見龍、惕龍、疑龍、飛龍、亢龍以行乎天運，則天運者，即此六龍之情態，可得而竊矣。「雲行雨施」，此乾道始物、利物之具體化現象，乾道假此具體化現象，以始乎物、利乎物，則「天下平也」。

又案：以上為乾文言第五段，再釋乾卦之卦辭。

君子以成德為行，日可見之行也。潛之為言也，隱而未見，行而未成，是以君子弗用也。

(一) 日—俞曲園羣經平議曰：「此『日』字疑『曰』字之誤。」裴學海古書虛字集釋曰：「曰猶謂也。」

案：君子之所以為君子，可貴者在於成德。成德，固本之內在慧心之通達，亦見之外在行事之價值。

潛者藏也，相應「成德為行」而言，非「不能」也，乃客觀所限之「未可」也。故暫時隱藏而未可自見，即使行事亦未必有成，是以君子未可用世也。

君子學以聚之，問以辨之，寬以居之，仁以行之，易曰：「見龍在田，利見大人。」君德也。

案：「德」者，修道而有得也。對此歷程與境域之講論，即為聖賢學問。

本段四「之」字，皆為指稱「聖賢學問」之指稱詞。君子既貴在成德，則對聖賢學問，始於觀念之累積，進而意識之自覺，然後從容以涵泳，終之體仁以實踐。龍之出潛而見，即象乎君子之修此而有得；此所得者，即「君德」也。

九三，重剛而不中，上不在天，下不在田；故乾乾因其時而惕，雖危，无

咎矣。

(一)重剛—李鼎祚周易集解引虞翻曰：「以乾接乾故重剛。」案：乾卦下卦上卦皆乾，乾之性剛，九三、九四際上下兩乾之間，故曰「重剛」。

案：重剛，剛之至也。蓋際兩乾之間，稟至剛之性，此其所以難免於侷促逼迫之感。又外無所主，得志之時未至，據守之地已過—一無所是，故危。雖危，唯本其乾乾而惕之德，則「无咎」。夫境雖可變，而德則有常；唯守常盡變，乃處危之道乎！

九四，重剛而不中，上不在天，下不在田，中不在人，故或之。或之者，疑之也，故无咎。

案：九四之境遇，畧同於九三，唯視九三為逸出人羣。夫當此其上其下，疑而未定之時，不可稍存鹵莽輕易之心，應持審時度勢之志，斯為處疑之德，而无咎也。

夫大人者，與天地合其德，與日月合其明，與四時合其序，與鬼神合其吉凶；先天而天弗違，後天而奉天時，天且弗違，而況於人乎！況於鬼神乎！

案：大人，以備盛德，居尊位為規定，亦即體現乾道之人格。夫乾道，形而上之實體也，其呈現為具體，或為大人之備盛德、居尊位，或為天地之無不覆載，或為日月之無不照臨，或為四時之春生秋煞，或為鬼神之福善禍惡。雖然，乾道之呈現為具體，可有各種不同之形態，而其精神則一也，蓋在盡其化育之功。

大人，所體現於乾道者，但見其盛德、尊位，此盛德、尊位，所呈現為具體者，即：盛德之博厚，合乎天地無不覆載之德；精神之光輝，合乎日月無不照臨之明；生命之理性，合乎四時春生秋煞之序；心智之靈明，合乎鬼神福善禍惡之無端。

假如大人德化蒼生之行事，先於天之覆育萬物而呈現，則天之覆育萬物，視乎大人之德化蒼生，並不悖違。假如大人德化蒼生之行事，後於天之覆育萬物而呈現，則大人德化蒼生之行事，亦是遵奉天之覆育萬物之時運而不歧異。蓋其本質莫不渾通於乾道之大用。天尚且弗違，則人、鬼神亦於大人精神之涵蓋下而無違異。

乾道一體，而繁興其無窮大用。大用繁興，雖形態各有不同，然所成就之功化，則莫非乾道之大用。

亢之為言也，知進而不知退，知存而不知亡，知得而不知喪；其唯聖人乎！知進退存亡而不失其正者，其唯聖人乎！

(一)　其—王引之經傳釋詞曰：「其猶殆也。」即「也許」也。

案： 進退、存亡、得喪，乃生活上之或然境遇，「知進而不知退，知存而不知亡，知得而不知喪。」是服從本能反應，執著於一邊，未能自「本能反應」中超拔，以見其通達，此亢者之偏失。聖人，既知進退、存亡之境遇，以順乎「或然」，又「不失其正」。以盡其「當然」。盡其「當然」以順乎「或然」，是守常而適變，則庶幾乎無「亢」之失也。再言「其唯聖人乎！」者，所以揭此聖人之德以為天下法。

又案： 以上為乾文言第六段，四釋乾卦之爻辭。

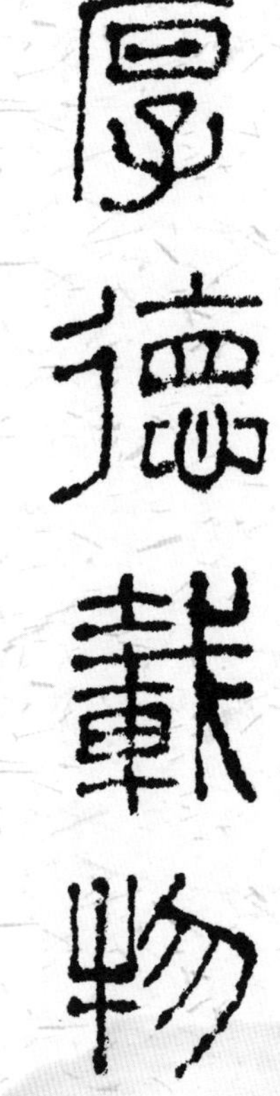

䷁ 坤為地 二

厚德載物

坤第二

☷☷ 坤下坤上

坤，元亨，利牝馬之貞。君子有攸往，先迷後得主，利，西南得朋，東北喪朋。安貞吉。

(一) 坤—說卦傳曰：「坤為地。」此言其象。雜卦傳曰：「坤柔。」此言其性。說卦傳曰：「坤順也。」此言其德。熊十力先生讀經示要第三講曰：「原夫太極之顯為大用，必先有一種凝聚處，（原注：此中先字，非時間義，只是著重之詞。）以為其自身表現之資具，此即所謂坤也。」

(二) 牝馬—許慎說文解字曰：「牝，畜母也。」朱子周易本義曰：「牝馬，順而健行者。」

(三) 攸—爾雅釋詁曰：「攸，所也。」

(四) 安貞—高亨周易古經今注曰：「占問安否謂之安貞。」

案：坤卦，下卦為坤，上卦亦為坤。坤為地，（說卦傳）其性柔，（雜卦傳）其德順。（說卦傳）以下卦上卦皆為坤，故至順也。又六爻皆耦，耦以象陰，乃純陰。陰者，地道凝聚之勢用。本卦既重坤，又純陰，故象乎地道。是以「坤」者，乃以柔順為義。

周濂溪太極圖說曰：「太極動而生陽，動極而靜，靜而生陰。靜極復動。一動一靜，互為其根。」太極既為宇宙萬象之本體，及其呈現自己以化育萬物，則顯出兩大作用。其一即創生之作用，而萬物資之以為始，此即乾所象者。另一即凝聚之作用，而萬物資之以為生，此即坤所象者。（及其轉出氣化歷程，則為陽、陰之所象者。）夫乾既創生，坤即凝聚；如無坤之凝聚，則乾之創生，淪為虛無流矣。故乾其始也，坤其終也；「終」「始」之歷程，即太極之大用盡矣。是故乾坤者，其卦固二，其體則一。

「元亨」者，大通也。此與乾卦之「元亨」同解，而原理則有異。蓋乾卦純陽，為「天」之象，而坤卦純陰，為「地」之象。天主生物，萬物之生也，即天德所下貫，故有「大通」之義，此「元亨」乃取象於天。而坤主成物，萬物之成也，即地德所上應，故亦有「大通」之義，此「元亨」乃取象於地。

「利牝馬之貞」，李鼎祚周易集解引九家易曰：「坤為牝。」此設「牝馬」為象，夫「牝馬」者朱子周易本義曰：「牝馬，順而健行者。」宋俞琰周易集說曰：「北地馬羣，每十牝隨一牡而行，不入他羣，是為『牝馬之貞』。坤道以陰從陽，其貞如牝之從牡則利，故曰，『利牝馬之貞』。」是以取「牝馬」者，象地之承天，陰之順陽。「貞」者，卜問也。筮者凡遇此卦，乃示之「利牝馬之貞」，即利於如「牝馬」所象至順之事。

「君子有攸往，先迷後得主，利。」坤為迷，（九家易義）假設君子有所求而往，則先迷而失道，後則得主。毛奇齡仲氏易曰：「先迷，何也？以失道也。後，何也？順也，順則得陰之常矣。」劉百閔周易事理通義曰：「謂以坤之君子，有至柔至順之品德，則自可有所往也。然坤道以順為正，則遇事不可為其先，先則迷而失道，寧取其後，後則得其所主也。」夫坤為純陰，陰順乎陽，陽主「生」，陰主「成」，故坤若先，則迷而失道，後乃得其所主。坤道之君子，如以順德，但求乎「後」，則利也。此乃重申「利牝馬之貞」之寓意。且又轉出「西南得朋，東北喪朋。」之啟示。

依相傳文王後天八卦方位圓圖，坤卦兌卦之卦位在西方，巽卦離卦之卦位在南方，西、南二方皆陰，與坤為同類，故曰「西南得朋」。艮卦震卦之卦位在東方，乾卦坎卦之卦位在北方，東、北二方皆陽，與坤則不同類，故曰「東北喪朋」。

此以特殊之事例，啟示筮者，凡遇此卦，當以至順之道，且知所「先」「後」與「趨」「避」。其所問之「安」否？則可得「吉」。

彖曰：至哉坤元，萬物資生，乃順承天。坤厚載物，德合无疆；含弘光大，品物咸亨。牝馬地類，行地无疆。柔順利貞，君子攸行。先迷失道，後順得常。西南得朋，乃與類行。東北喪朋，乃終有慶。安貞之吉，應地无疆。

(一)至哉—來知德易經來註圖解曰：「至者極也，天包乎地，故以『大』贊其天。而地止於『至』贊之，蓋言地之至則與天同，而大則不及乎天也。」

(二)資生—資，取也。(見孔穎達周易正義)朱子周易本義曰：「生者，形之始。」資生即取之以成形。

(三)无疆—孔穎達周易正義曰：「无疆者，其有二義：一是廣傳无疆，一是長久无疆也。」

(四)含弘光大—程子周易傳曰：「含，包容也。弘，寬裕也。光，昭明也。大，博厚也。」王引之經義述聞則以為「光」為「廣」之假借。

案：易傳有別於古經，(見乾卦卦辭案語)就易傳之立場論之。宇宙萬物之生生不已，綜合以觀，固太極之大用。分解而言，乃乾以創生之，而坤則凝聚之。創生之即賦予生機，凝聚之即成其形體。總宇宙萬物而言，乾既主乎創生，並統坤之凝聚，此所以為「大哉」。坤則與乾俱作，以成其形體，蓋從乾之「大哉」而盡其極，此所以為「至哉」。坤既凝聚以成萬物之形體，則坤乃萬物形體一面之「始」，故稱「坤元」。萬物之形體即資(取)此坤元以成。坤元之成物，其功絕難獨竟，而必承乎乾，即順乎天。是以坤元必統於乾元，乃能竟其成物之功。此釋坤之元。

坤之成物，乃取象於地，故說卦傳曰：「坤為地。」地以博厚之德，上應乎天，而持載生長萬物，坤即取象於是，以合乎乾而同致其无疆。相應成物而言，坤之為道，其量之寬裕，足以包容而無遺；其德之博厚，見其廣袤而不窮，因此則物類資之以成長而莫不條達。此釋坤之亨。

牝馬，「順而健行」者，蓋隨牝也。而地者，上承天以成物，天行既健，則地載亦「至」。故牝馬之「順而健」，乃地之「載以至」同類也。（性、德同類。）是以牝馬行於地，乃見「順」「成」之无疆，此坤道也。夫坤以柔順為德，以成物為功，故柔順則利貞（正、定）其成物之功。

何楷古周易訂詁曰：「『君子攸行』，雖趁上韻，然意連下文，釋卦辭『君子有攸往』也。」此「君子」當以體坤本順為規定，「攸行」，則以順承於後為宜。如果「先」之，以悖其體性，則「迷而失道」。唯「後」之，盡乎坤順之道，故得其常度。

「西南得朋」，蓋同本坤順，故與類偕行。「東北喪朋」，固失其同類，（陰屬）反而得其所主，（陽為陰之主）夫承順其主，申乎其志，此所以「終有慶」也。

「安貞之吉」，安於正定成功之吉慶，（易傳之義，有別於古經。）固坤之道，亦地之德。是故坤道應乎地德，至於「无疆」。

象曰：地勢坤，君子以厚德載物。

案：坤卦，下卦為坤，上卦亦為坤，坤為地，（說卦傳）「地勢坤」乃謂地道之性向，即坤道之至順。蓋地者，承天以成物而順乎天，且載乎物。坤即象乎地之順成與持載，此「坤」之象也。

君子體坤，則當本此坤道以成德。中庸第二十六章曰：「博厚配地。」又曰：「博厚所以載物也。」蓋物類無窮，生化不已，成德之君子：必須以其渾厚之心量，兼容並蓄，本其惻怛之性情，偏潤普澤，則萬物莫不暢然生發，欣然向榮，此君子之以厚德載物也。

初六，履霜，堅冰至。

(一)履—段玉裁說文解字注曰：「(履)引申之訓踐。」

案：坤卦純陰，落在季候言之，乃象乎由秋至冬之歷程。依易例，初為陽位，本爻以陰居之，當坤卦之始，寒氣始凝以成「霜」。惠棟周易述曰：「爻例，初為足，……足所以履霜也。」故有「履霜」之象。其上五爻亦陰，「堅冰至」之象也。(九家易義)

初六，既有「履霜」之象，以此為基礎，順之而發展，則嚴冬「堅冰至」之實然性可能，可以推知矣。此示占者自當於人事上有所見微知著也。

象曰：履霜堅冰，陰始凝也。馴致其道，至堅冰也。

(一)馴—李鼎祚周易集解刊九家易曰：「馴猶順也。」**案：**來知德易經來註圖解曰：「易舉正，履霜之下，无『堅冰』二字。」

「履霜」者，以坤卦純陰，象乎凝聚之勢用，初六即象陰之始凝。順其季候之實然，則將至於嚴冬而堅冰也。

六二，直方大，不習无不利。

(一)習—許慎說文解字曰：「習，數飛也。」徐灝箋曰：「鳥肄飛也。」又許慎說文解字曰：「肄，習也。」故習有嫻習、肄習之義。

案：高亨周易古經今注曰：疑「大」字為衍文。其理由有二：①本卦各爻之爻辭，初六履霜，六二直方，六三含章，六四括囊，六五黃裳，上六龍戰于野，其血玄黃，皆韻語，故不當有「大」字。②象傳僅釋「直方」而已，無「大」字。

二為下卦之中，又為陰位，而陰居之，得正也。則六二者，至中至正，以表地道。夫坤卦純陰，所以象「地」；而「地」者，至順以成物。毛奇齡仲氏易曰：「夫地之坦衍而不肄曲者，直也；其中正不偏，方也；遍六幕而無所于虧，大也。直方與大，地道總然。」則直、方、(大)為地之形容，此作易者繫其辭以狀其象也。

習為肄習、嫻習，表示主動、作為之意欲，此陽之屬。「不習」，無作無為，順成而已，乃陰之類。

六二，示乎地道直、方（大）之象，無為、順成之義，體此則「无不利」。

象曰：六二之動，直以方也。不習无不利，地道光也。

(一)以—王引之經傳釋詞曰：「以猶而也。」

(二)光—王引之經義述聞作「廣」解。

案：繫辭上傳第六章曰：「夫坤，其靜也翕，其動也闢，是以廣生焉。」朱子本義曰：「乾坤各有動靜，於其四德見之。靜體而動用，靜別而動交也。」夫六二，以中正，而為坤卦之主體。其「動」即是坤之動，即是坤之用，坤之交。坤之用以交乎乾，乃見乾闢而坤闔，闔闢往來之變通。（義見繫辭上傳第十一章）故於六二之動中，地道之「直以方」顯矣。

「不習无不利」，即無作無為、順成而无不利，此地道之廣（光）袤見矣。

直、方、光（廣），皆為地道載物、成物之厚德也。

六三，含章，可貞。或從王事，无成有終。

(一)含章—于省吾易經新證曰：章即璋，含函古通，函璋猶言櫝玉，即蘊美不發之義。

案：三為陽位，又屬下卦之上位，而本爻以陰居之，則陽為伏陽，陰為能含。毛奇齡仲氏易曰：「時至三爻，物已成章矣，坤能以含弘之德，蘊其菁華。」其所蘊者即乾也，又坤以至順承乾，乾為玉，（說卦傳）此「含章」所以取象也。

「或從王事」，成容鏡周易釋爻例曰：「凡三四爻，亦稱或。」蓋三四爻……居下卦上卦相接之際。故有或進或退之或然性。本卦上下卦皆為坤，李鼎祚周易集解引虞翻曰：「坤為事。」此或從王事之象也。言「從王事」，其上當隱含另有「主事」者，主事屬陽，從事屬陰，陰陽相匹以成王事。成則主者尸之，從者弗居，本爻僅就陰從之立場言之，故曰「无成」。然而，如自王事之立場言之，則「有終」。此无成有終之象也。

本爻有蘊藏其美而不發之象，故所占之事則可。如果從於王事，但為順成而已，自己不可居有成事之功，而王事自有終成之效。

象曰：含章可貞，以時發也。或從王事，知光大也。

(一)以時發—以，依也。（見許世瑛先生常用虛字用法淺釋）段玉裁說文解字注曰：「（發）引申為凡作起之稱。」

(二)知—朱子周易本義曰：「知音智。」

案：「含章可貞」，承乾而蘊之，可以至順而成物也。蓋乾創生之，坤凝聚之；坤之凝聚乃承乾之創生，故其成物乃依乾健之時宜以作起也。

「或從王事」，據爻辭，意謂無居成事之功，然有終成之效，是其坤智之廣（光）大也。

六四，括囊，无咎无譽。

(一)括囊—李鼎祚周易集解引虞翻曰：「括，結也。」括囊即結囊口。

案：四為陰位，而陰爻居之，為重陰，重陰乃示閉結。本卦，上下卦皆坤，黃爽輯九家易集註曰：「坤之受，有囊之象。」此括囊所以取象也。

繫辭下傳第九章曰：「四多懼。」唯其善自斂藏隱晦，如囊口之閉結，則无咎无譽。

象曰：括囊无咎，慎不害也。

案：爻辭曰，「括囊，无咎无譽。」而本象傳僅釋「无咎」之故，乃在謹慎則無害也。而「譽」

又非所企求矣。

六五，黃裳，元吉。

(一)黃裳—王船山周易稗疏曰：「衣裳之制，衣下掩裳際，復有韍佩帶紳加其上。是衣著於外，裳藏於內，故曰『在中』。（象傳語）黃裳者，元端服之裳，自人君至命士皆服之，若下士則雜裳不成章美，故以黃為美飾。五位中而純陰，不雜以居之，斯以為在中之美也。」

(一)元吉—孔穎達周易正義日：「元，大也。」元吉即大吉也。

案：本卦，上下卦皆坤，九家易曰，黃、裳皆為坤之象，故曰黃裳。

六五，以陰柔居上卦之尊位，而黃裳乃自人君至命士之服，故設「黃裳」為象，示居尊體順之戒也。朱子周易本義曰：「占者德必如是，則其占亦如是。」即備如是德，遇如是占，然後可卜元吉也。

象曰：黃裳元吉，文在中也。

(一)文—美也。（見坤文言傳）左氏昭公二十八年傳曰：「經緯天地曰文。」服虔注曰：「德能經緯順從天地之道，故曰文。」

案：爻辭既設「黃裳」以象居尊體順之道，自形式價值觀之，乃藏於中之美服；由象徵德性言之，為涵備經緯順從（成）之德，故曰「文在中也」。

上六，龍戰于野，其血玄黃。

(一)玄黃—坤文言曰：「天玄地黃。」

案：本卦為坤，坤錯為乾，乾為龍，（見乾卦）相錯，戰之象也。本爻，居外卦之上，故稱野。又坤為血，（九家易義）為地，（說卦傳）其色黃。錯乾，乾為天，（說卦傳）其色玄，此「其血玄黃」之象。

莊子天下篇曰：「易以道陰陽。」所道者即陰陽消長之理。夫陽主生，陰主化；陽之既生，陰即從化；方陰之化，陽必不屈於陰而復其為主……故萬物之生化，即陰陽之消長。坤錯為乾。坤卦六爻皆陰，其發展，自初之始萌，至上而極盛。爻雖無陽，相應以言，而陽實伏焉。上六，陰盛之極，伏陽則相對以衰，而不絕如縷。當此際，依據陰陽消長原則，伏陽雖為險所逼，必不屈於陰，並趁陰之盛極將衰之機，代陰而起以復其主位。於此伏陽與陰爭長之際，作易者以客觀之筆法，嚴「主」、「從」之分，予陽以主動之地位，取其龍象，稱陰與戰，敘之曰「龍戰」。言「龍戰」，乃象徵性敘述；言陰陽消長，乃觀念性講法。而其事例則普遍於宇宙間。「野」者，象乎龍戰之道場。「龍戰于野」，乃統普遍事例而於特殊道場見之。

李鼎祚周易集解引九家易曰：「血以喻陰也。」「其血」，示與龍之戰，定有所傷。玄黃為天地之色，是與龍之戰，其血濺於天地間，渾然與天地之色同其玄黃，亦象陰陽消長之道遍及天地間。是以「龍戰于野，其血玄黃。」蓋攝普遍而歸特殊，即特殊以見普遍。

作易者設象如此，可謂深於天機者。史記李斯列傳曰：「物禁太盛。」此之謂乎！不言吉凶，其凶可知乎！

象曰：龍戰于野，其道窮也。

案：龍戰于野者，陰與陽戰也。夫陰盛已極，伏陽不屈，則趁機而起，此消長之戰，正見坤道之窮也。

用六，利永貞。

案：「用六」之義，乃謂筮時，所遇之卦，有「本卦」，有「之卦」。如果本卦六爻之營數，皆屬七、或八、則為不變之卦，不變之卦，即以本卦卦辭占之。如果本卦六爻之營數，皆屬六，則為全變之坤卦，全變之坤卦，即以「用六」之爻辭占之。是以「用六」者，乃謂筮得全變之坤卦，即以本爻辭占之。（此取高亨周易古經通說之說）

「利永貞」，高亨周易古經今注曰：「占長期之休咎，謂之永貞。」「利永貞」即如占長期之休咎，則利。蓋善體本卦各爻諸象，長守順成之道，乃坤卦用六之義也。

象曰：用六永貞，以大終也。

案：繫辭上傳第一章曰：「乾知大始，坤作成物。」萬物之生成過程，乾始之，坤成之，故坤為「終成原則」。

用六有「利永貞」之象者，蓋坤卦有長守順成之義，此所以大其終成之功也。

文言曰：坤至柔而動也剛，至靜而德方。後得主而有常，含萬物而化光。坤道其順乎！承天而時行。

案：坤者象乎地，說卦傳第二章曰：「立地之道，曰柔與剛。」柔剛乃以質言，故坤有柔、剛之質。繫辭上傳第一章曰：「動靜有常。」坤於靜時，即歸於自己，但見柔順之質，而動時，則呈現自己，以承乎乾，交於乾。夫乾主闢而坤以闔，乾至健則坤亦剛。坤之動剛，乃見其「中正不偏」（方）之德。

坤順，故後乎乾；乾主乎坤，故先。「後得主」，即坤以順德後乎乾，得乾為主。乾先主之，坤後順之，此坤之常道。以此，坤之靜柔，則萬物之生機蓄焉；動剛，而萬物之化成廣（光）矣。

是故，坤道唯順承乎天也，天主生物，坤則順以成之。天主生物見於四時之行，四時之行，即天之運也。是故坤道之順，即承乎天而與時偕行也。

又案：此坤文言第一段，乃釋坤卦之卦辭。

積善之家，必有餘慶；積不善之家，必有餘殃。臣弒其君，子弒其父，非一朝一夕之故，其所由來者漸矣。由辯之不早辯也。易曰：「履霜，堅冰至。」蓋言順也。

(一) 辯—來知德易經來註圖解曰：「辯，察也。」

(二) 順—俞曲園羣經平議曰：「順，即象傳「馴至其道」之馴。」

案：此舉事理而以經義為證也。

禍福之於人，就事言，固有其偶然者，是以中庸第十四章曰：「君子居易以俟命。」此天也，可勿論矣。就理言，乃積漸而至，蓋緣聚則勢成，勢成則事至。故積善以致福，必有餘慶；積不善而取禍，必有餘殃。此人也，在其自致自取。

夫「積善」，以致其福，並慶餘子孫，固人之所願也。然亦內在之責任，人生之當然，不容機心計議之夾雜，故作文言傳者，僅點到為止。而「積不善」者，豈取其禍，且殃及後代而已，社會上之「臣弒其君，子弒其父。」其端早已伏焉，其勢早已潛焉。初六爻辭曰「履霜，堅冰至。」即象乎此積漸以成事勢之自然律則也。

雖然，人間之事勢，每由積漸而形成，其善者，誠為人生之莊嚴。其不善者，則當「早辯（察）」，庶幾化禍而為福。繫辭下傳第五章曰：「君子見幾而作，不俟終日。」此道德意識之自覺，亦自求多福之道也。

直其正也，方其義也。君子敬以直內，義以方外，敬義立而德不孤。「直方大，不習无不利。」則不疑其所行也。

(一) 其—代名詞，指坤也。

(二) 正—惠棟周易述曰：「注：『正』，當為敬字之訛也。……疏：下云『敬以直內』，故知『正日當為『敬』。」

(三) 疑—孔廣森經學之巵言曰：「古文偏旁多省，不疑其所行者，言所行不礙也。」

案：敬者，凝聚而湧發之精神，就人言，乃超拔習俗，嚮往理想；就坤言，即凝聚形質，終成萬物。此凝聚以終成，即是通徹之「直」也，故「直」者言坤之敬（正）。義者，規範而節制之精神。就人言，乃莫使泛濫，期於適宜；就坤言，即確定品類，符合程序，此確定而符合，即是貞定之「方」也，故「方」者言坤之義。

體坤之君子，當以凝聚而湧發之敬德，通徹其道德意識（直），以規範而節制之義道，貞定其道德規律（方）。敬德義道既立，則內自通徹，外自貞定，而事自順成，故「德不孤」矣。（大）

作文言傳者，既申經義以論德性，德性既明，而六二爻辭曰：「直方大，不習无不利。」所言之旨正示「所行」者順，何礙（疑）之有？

陰雖有美，含之。以從王事，弗敢成也。地道也，妻道也，臣道也。地道无成，而代有終也。

案：三為陽位，而陰爻居之，是陽伏焉，即美具焉；陰居之，即有其美而含蓄之。此以陰之立場，而明所從有主也。

主從之分既明，「以從王事」，陽主之，坤從之，「卑者不尸大功。」故雖有功，不敢有成之之心。

含美、弗成，此承順之德也，於宇宙為地道，於家庭為妻道，於邦國為臣道，其義一也。

萬物之生成，乃天生之，地成之。地成之而不敢有成之之功。雖然，而實有「終成」之效，此「終成」之效，亦代天而有之也。

天地變化，草木蕃；天地閉，賢人隱。易曰：「括囊，无咎，无譽。」蓋言謹也。

(一)　蕃—許慎說文解字曰：「蕃，草茂也。」

案：天地，自形而上之立場言之，其理，則生則成；其運，有否有泰。否泰之運乃互為消長循環，並為人世運會變化之涵蓋原則。

上句為襯托。「天地變化，草木蕃。」「天地閉，賢人隱。」兩者當互文以足義。且以下句為本章之主文，故泰卦彖傳曰：「則是天地交而萬物通也，君予道長，小人道消也。」「天地閉」者，是陰陽阻隔，二氣不通，於人間（世風）為衰世，則草木衰，賢人隱。故否卦彖傳曰：「則是天地不交而萬物不通也……小人道長，君子道消也。」

「天地閉」，「賢人隱」之時，六四爻辭「括囊，无咎无譽。」所象者，即言此謹慎之德也。

君子黃中通理，正位居體，美在其中，而暢於四支，發於事業，美之至也。

(一)　四文—支借以代肢，四支即四肢。孟子盡心上則謂之「四體」。

案：「黃中通理」，申六五爻辭「黃裳」之色；裝於衣內（中），其色黃，於文理則內外相稱。「正位居體」，則申其位；裳居衣內（中）下體之正位。夫色美位中（內），故曰「美在其中」。君子體此，則經緯順從（成）之美德內蘊矣。

美德內蘊，自能「成己」、「成物」—「暢於四支」，以見其光輝，故孟子盡心上曰：「君子所性，仁義禮智根於心，其生色也，睟然見於面，盎於背，施於四體，四體不言而喻。」「發於事業」，以就其富有，故繫辭上傳第五章曰：「富有之謂大業。」夫「成已」、「成物」，實為「美之至也」。亦即繫辭上傳第五章所曰之「盛德大業至矣哉！」

陰疑於陽必戰，為其嫌於无陽也，故稱龍焉。猶未離其類也，故稱血焉。夫玄

黃者，天地之雜也。天玄而地黃。

(一) 嫌—許慎說文解字曰：「嫌，疑也。」

案：坤卦純陰，上六陰則盛極將衰，依據陰陽消長之理，陰既盛極將衰，陽必乘機而起。作易者，於此陰陽迭代之際，予陽以主動地位，故稱「龍」。

陽既將起，陰猶盤桓，此所以陰疑（礙）於陽，而引發消長之戰也。此戰，乃自以陽為主動地位之立場言之，而嫌（疑）陰之悖陽也。既戰，上六猶屬坤卦，未離羣陰之類，然以盛極將衰，故傷而血焉。

「天玄而地黃」，其血玄黃，即示其血濺於天地間，渾然與天地之玄黃相雜。蓋象陰陽消長之道遍於天地之間也。

序卦傳曰：有天地，然後萬物生焉；盈天地之間者唯萬物，故受之以屯。屯者，盈也，屯者，物之始生也。

案：乾象乎天，坤象乎地。乾坤兩卦既明乎天地之道，則天地生成之功顯矣。天地生成之功既顯，則「盈天地之間者唯萬物。」而「屯」者，許慎說文解字曰：「屯，難也，象草木之初生，屯然而難。」蓋初生之草木，既盈天地之間，故屯有「盈」義，有「始生」義。是以乾卦坤卦之後，次之以屯。

經綸天下

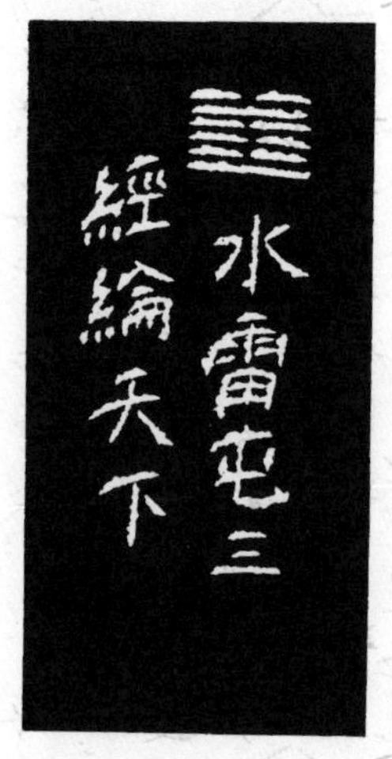

屯第三

☳震下
☵坎上

屯，元亨，利貞。勿用有攸往，利建侯。

(一)屯—許慎說文解字曰：「屯，難也，象草木之初生，屯然而難。」高鴻縉先生中國字例曰：「此字初形，象草木初生根芽而孚甲未脫之形，故託以寄難生之難。」

(二)往—李鼎祚周易集解引虞翻曰：「之外稱往。」

(三)建侯—來知德易經來註圖解曰：「建侯者，立君也。」

案：屯卦，下卦為震，震為動，（說卦傳）上卦為坎，坎為險。（見坎卦彖傳）朱子周易本義曰：「震動在下，坎險在上，是能動乎險中。能動雖以亨，而在險則宜守正，而未可遽進。」蓋有所阻難也，是以「屯」者，乃以阻難為義。

震動而遇坎險，如草木始生而遇阻難，蓋亦自然現象之實然。然而反以言之，險中有動，雖阻難而不屈，其猶生也。故其占曰元亨，（大通）利貞。（利於卜問之事）

此卦，內卦為震之動，外卦為坎之險。往者，由內之外也。動既遇險，自不可有所往也。

李鼎祚周易集解引虞翻曰：「震為侯。」程伊川周易傳曰：「天下之屯，豈獨力所能濟？必廣資相助，故利建侯也。」

夫屯之寓意，既示其內在具有「動」之潛能，而外在則具有所阻難。如果窺測其未來之發展，當有「亨」、「利」之可能，但對應外在之境遇，不可逞其主觀方式以遽進，唯宜先於客觀情勢之掌握也。

彖曰：屯，剛柔始交而難生，動乎險中，大亨貞。雷雨之動滿盈，天造草昧，宜建侯而不寧。

(一) 天造草昧—朱子周易本義曰：「草，雜亂。昧，晦冥。」天造草昧，謂天之生化萬物，尚在雜亂、晦冥之狀態。

(二) 不寧—惠棟周易述曰：「不寧為寧，猶言不顯為顯。此古訓也。」案「不」為「丕」之假借，（聲母借以代聲子）許慎說文解字曰：「丕，大也。」

案：剛者乾之性，柔者坤之性。作易者既序乾坤而受之以屯；乾為創生，坤為凝聚，自萬物之立場言之，乃以生以成，自生成之過程言之，乾之創生，固有賴坤之凝聚，而坤之凝聚，對乾之創生，既持載之以具體呈現，亦遲滯之使服從過程，此「剛」、「柔」始交而受之以「屯」，則見其「難生」，屯即象此「難生」也。下卦為震，震為動，（說卦傳）上卦為坎，坎為險。「動乎險中」，即其潛能於阻難中次第呈現，此示其所以大通至正也。（易傳例釋貞為正）下卦為震，震為雷，（說卦傳）上卦為坎，坎為雨，（說卦傳）「動」者，雷震而雨施，盈滿於天地間，則天所化育之萬物，但見其雜亂晦冥之狀態。自然現象如此，人間社會亦復如此，於阻難草昧之時，則宜於立君以掌握客觀情勢，而期安寧也。

象曰：雲雷屯，君子以經綸。

(一) 以—裴學海古書虛字集釋曰：「以猶則也。」

(二)經綸—朱子周易本義曰：「經綸，治絲之事，經引之，綸理之也。」

案：本卦下卦為震，震為雷，（說卦傳）上卦為坎，坎為水，（說卦傳）而雲者，水汽所凝也。雲布雷震，釀而不雨，難也，此「屯」之象也。

君子體屯，其所承當者，乃在經綸也。蓋天地之造物，當屯之時，一則固為紛繁茂盛，一則亦見雜亂無章。此其原始狀態也，彖傳所謂草昧也。經綸者，引而理之，以通其倫類（此借用荀子勸學篇之觀念，而義則畧有引申）而明其綱紀。相對原始狀態而言，實為進一大步之發展，則草昧既啟，而文明可致。中庸第三十二章曰：「唯天下至誠，為能經綸天下之大經，立天下之大本。」斯乃濟屯之道也。

初九，磐桓，利居貞，利建侯。

(一)磐桓—磐，李鼎祚周易集解作「盤」，案磐、盤、及槃，以聲母相同故可通假。磐（盤）桓，徘徊不進之貌也。

案：屯卦，下卦為震，初九，一陽初動，而居六二、六三重陰之下，又值外卦之險（坎為險），故有磐桓之象。震綜為艮，艮為止，（說卦傳）居之象也。又為長男，（說卦傳）故利建侯。自個人之立場言之，既有險阻，自宜磐桓。自社會之立場言之，如以「居」為問（貞），則「居」者，正無攸往，而免於險阻，故「利」。至於「建侯」，張惠言虞氏易事曰：「屯於世為草昧。草昧者，王者創業垂統之時。初，以貴下賤，大得民而建侯。」此屯卦之初九，已備人君之氣運，於草昧之時，正可創業垂統，故曰：「利建侯。」

象曰：雖磐桓，志行正也。以貴下賤，大得民也。

案：屯難之時，雖磐桓，非退避、非苟安也，乃發展中所可能遭遇之曲折過程，是以深於易者，當善自審時度勢，故曰「志行正也。」

「建侯」，爵之貴也，居初，位之下也。「以貴下賤」，則大得民心。夫正己、得民，其處屯之始，濟屯之道乎！

六二，屯如邅如，乘馬班如，匪寇婚媾。女子貞不字，十年乃字。

(一)屯如邅如──孔穎達周易正義曰：「屯是屯難，邅是邅迴。」王引之經傳釋詞曰：「如猶然也。」

(二)班如──陸德明經典釋文曰：「班，鄭本作般。」孔穎達周易正義曰：「乘馬班如者，予夏傳云，班如者，謂相牽不進也。馬季長云，班，班旋不進也。」

(三)媾──孔穎達周易正義引鄭玄曰：「媾，猶會也。」

(四)字──儀禮士昏禮曰：「女子許嫁，笄而醴之，稱字。」

案：六二居下卦之中，論關係，與上卦之九五正柏應，對初九而言，則為乘初剛。由於與九五相應，故有上進之象，又因乘初剛，致有所羈戀，此「屯如邅如」之象也。

本卦下卦為震，震為馬，（說卦傳）上卦為坎，坎為盜，（說卦傳）六二與九五相應，故有乘馬上進之象，又因乘初剛，與相羈戀，而致班如難進。六二為陰，九五、初九為陽，陰陽相應，此婚媾之象也。六二為陰，女予之象也。或上應九五，或乘初九，字不字之象也。「十年乃字」者，孔穎達周易正義曰：「十者數之極，數極則復，故云十年。」

或曰，此寫古代掠婚之事，誠然，典籍敘事，每每反映其生活經驗與社會狀況。作易者特繫於本爻以為爻辭。屯如邅如，班如，所以複疊形容乘馬上進之難。其難非為盜寇，乃因婚媾之難以決定。貞者卜問，占者以女子及於婚齡猶未許嫁，乃以為問，蓋疑其「不字」而期於「字」，故曰「貞不字」。既遇本爻，本爻居中履正乃斷之曰：「十年乃字」。十者虛數，形容其必須經歷相當年數。蓋亦藉以寄寓「阻難」之啟示。

象曰：六二之難，乘剛也。十年乃字，反常也。

(一) 乘─毛奇齡仲氏易曰：「乘者，跨下爻也。」

案：「六二之難」，乃指六二正應九五以成婚嫁，此常理也。然而，羈於初九，為所阻難。初九陽爻，陽之性剛，六二乘之，故曰「乘剛」。

女大當嫁，而十年乃字，非常理也，故曰「反常」。

六三，即鹿无虞，惟入于林中，君子幾不如舍，往吝。

(一) 即鹿─廣雅釋詁曰：「即，就也。」陸德明經典釋文曰：「鹿，王肅作麓，云，山足。」

(二) 虞─李鼎祚周易集解引虞翻曰：「虞謂虞人，掌禽獸者。」

(三) 惟─裴學海古書虛字集釋曰：「(惟)字又通作唯。」

(四) 幾─陸德明經典釋文曰：「鄭作機，云，弩牙也。」

(五) 舍─陸德明經典釋文曰：「(舍)止也。」

(六) 吝─高亨周易古經通說第六篇曰，周易吝皆借為遴，行難謂之遴，故吝者，艱難也。

案：「即鹿」者，至於山麓也。屯卦之六三、六四、九五互艮，艮為山，(說卦傳)六三即艮山之下，此即鹿之象也。依易例，三，四為人位，六三上無應援，故曰「无虞」。又下卦為震，震錯為巽，巽為入。(說卦傳)上卦為坎，坎為叢木，(九家易義)林之象也。

上卦為坎，坎為弓輪，(說卦傳)幾(機)所以取象也。六三、六四、九五互艮，艮為止，(說卦傳）此「舍」所以取象也。下卦為震，震為動，（說卦傳）六三居震之上，有「往」之傾向，然而上無應援，不當往也，不當往而往則將有艱難，故斷之曰「往吝」。

為追逐禽獸，至於山麓，然無虞人（掌禽獸者）之引導協助，既入于林中，其難也。李富孫易經異文釋曰：「君子之動，未可輕躁，欲張弩牙以獵禽，見其形勢不如舍止也。」故戒之曰往則吝。

（艱難）

象曰：即鹿无虞，以從禽也。君子舍之，往吝窮也。

(一) 以—裴學海古書虛字集釋曰：「以猶則也。」

(二) 從—陸德明經典（禮記曲禮）釋文曰：「（從）放縱也。」

(三) 禽—班固白虎通曰：「禽者何？鳥獸之總名，為人所禽制也。」

案：處屯之時，如至於山麓，而無虞人之引導協助，則縱其禽，蓋莫輕舉也。君子止之者，以往則艱困，故勿妄動也。

六四，乘馬班如，求婚媾，往，吉无不利。

案：本卦，下卦為震，震為馬，（說卦傳）六四，跨震馬，此乘馬之象也。上卦為坎，坎為險，（見坎卦彖傳）六四，體坎險，故「班如」（見本卦六二爻注）。

六四為陰，而九五為陽，六四承乎九五，陰配於陽，乃「求婚媾」之象。「往」者，由內之外也。以居正位，而承九五，應初九，乃「吉无不利」之象。

夫屯以阻難為義，「阻難」者，此屯卦之籠罩原則，然而六四於「阻難」之卦義籠罩下，具備「承」、「比」九五之特殊機緣，則能突破阻難，於「班如」之後，往求婚媾，可「吉无不利」。張惠言周易虞氏義曰：「言四當求五為婚媾，疑屯時不利有所往，故解之。」

象曰：求而往，明也。

案：六四求婚媾於九五，而前往，於阻難之境遇中，特見遠景光明也。

九五，屯其膏；小貞吉，大貞凶。

(一)膏—李鼎祚周易集解引虞翻曰：「坎雨稱膏，詩云：『陰雨膏之。』是其義。」

(二)凶—禍殃也。（見高亨周易古經通說）

案：本卦，上卦為坎，坎為雨，（據說卦傳，坎為水，雨之象也。）又為險，（見坎卦彖傳）九五居尊體正，將以普施，然陷於險中，故有難於雨澤之象。以居尊體正，下有六二之應，此「小貞吉」之象。然陷險中，則「大貞凶」之象。

本爻陽剛中正，然當屯之時，難於有所雨澤也。貞者，卜問也，（見說文）「小貞吉」，問小事則吉。「大貞凶」，問大事則凶。即以求小成則易，若圖大德則反因激蕩而招禍，故云。

象曰：屯其膏，施未光也。

案：難於雨澤，有所阻也，故其施未廣（光）。

上六，乘馬班如，泣血漣如。

(一)泣血—姚配中周易姚氏學曰：「泣無聲如血出，曰泣血。」

(二)漣如—許慎說文解字心部引作慸，曰：「泣下也。」「如」猶「然」也。「漣如」猶「漣然」，淚垂之貌也。

案：本卦，上卦為坎，坎為馬，（說卦傳）上六跨九五之上，此乘馬之象也。又上六處屯難之極，下無所應，上無所往，故「班如」。

又坎為加憂，為血。（說卦傳）上六既居屯極，下無應，上無往，乃憂而泣，泣以血，且至於「漣如」，此「泣血漣如」之象也。

夫「乘馬班如」，狀其難也，「泣血漣如」，見其悲矣。屯極之象明矣！吉凶可知也。

象曰：泣血漣如，何可長也。

案：「泣血漣如」者，屯之極矣。「何可長也」者，示以不可長久，蓋極則返，窮則變，乃天之道，易之理也。

序卦傳曰：物生必蒙，故受之以蒙。蒙者，蒙也；物之穉也。

(一) 蒙—李鼎祚周易集解引鄭康成曰：「蒙，幼小之貌。齊人謂萌為蒙也。」

案：屯有「始生」之義，物生必先經歷「幼小」階段，而後日漸壯大。而「蒙」正有「幼小」之義，是以屯卦之後，次之以蒙。

果行育德

䷃ 山水蒙 四

果行育德

蒙第四

☶☵ 坎下 艮上

蒙，亨。匪我求童蒙，童蒙求我。初筮告，再三瀆，瀆則不告。利貞。

(一) 蒙、童蒙——毛奇齡仲氏易曰：「蒙，蔽也。」朱子周易本義曰：「童蒙，幼穉而蒙昧。」

(二) 筮——陸德明經典釋文曰：「筮，決也。鄭云問」。即以蓍草占卦，而決難問疑也。

(三) 瀆——朱駿聲六十四卦經解曰：「瀆，古黷字，褻也。」

案：蒙卦，下卦為坎，坎為通，（說卦傳）上卦為艮，艮為止。（說卦傳）毛奇齡仲氏易曰：「夫以卦言，則艮為止，坎為通。下欲通而上止之，是蔽也。蔽者，蒙也。」是以「蒙」者，乃以蔽為義。

毛奇齡仲氏易曰：「蒙必求其通，是蒙，亨也。」此言亨之象。

本卦，上卦為艮，艮為少男，（說卦傳）此「童」之所以取象也。據毛奇齡仲氏易曰，上艮有止其通之象，故有蔽義。蔽則昧也，故曰「童蒙」。下卦為坎，據張惠言周易虞氏義曰，坎為師象。「我」即指九二，作易者曾筮得此爻，因以自謂並記錄之也。夫九二剛正，居下卦之中，得「師」之正位，為六五所應。六五陰柔，居上卦之主位，故稱「童蒙」。而陰陽相應，當以陽為主，陰為從。六五即下應九二，自「我」之立場言之，乃「匪我求童蒙，童蒙求我。」此其象也。

蒙者蔽也，蔽則求其通，故涵有亨通之運。「匪我求童蒙，童蒙求我。」此示啟蒙之態度與責任。「初筮告」，夫筮者，所以決疑也，俗曰：「誠則靈。」「初筮」者，六五求決於九二，表現有所疑（蒙—蔽）而求決（亨—通）之誠懇，故「告」之。如果「再」、「三」・以筮，則為輕心慢心，雖求決疑，而輕慢之心，對「筮」而言，其為褻瀆乎！且對己而言，亦轉成自我閉塞，終無亨通之道，故「不告」。

此卦辭，殆為筮者就其某次經驗，有所感觸，因而湧發其使命莊嚴之感，乃據實以記錄之。「利貞」，所卜問者，雖蒙昧而實利之也。

彖曰：山下有險，險而止，蒙。蒙亨，以亨行，時中也。匪我求童蒙，童蒙求我，志應也。初筮告，以剛中也。再三瀆，瀆則不告，瀆蒙也。蒙以養正，聖功也。

案：蒙卦，下卦為坎，坎為險，（見坎卦彖傳）上卦為艮，艮為山、為止，（說卦傳）艮山之下有坎險；雖險則因艮山而止，即有所蔽也，此「蒙」之義也。

蒙之義為蔽，雖然，蔽中有通，（坎為通—見說卦傳）故「亨」。蒙而亨，亨固有所蔽，而通之運潛焉。以此亨通之運行之，則發蒙之義涵焉。發蒙以亨，則適其時宜而合乎中道也。

「匪我求童蒙，童蒙求我。」童蒙之志與我相應，而其蒙可發也。

「初筮告」，六五有所疑而求決於九二，九二以陽剛居下卦之中，又體坎師，故告之，使有所發也。如果再、三筮，則輕慢而褻瀆此神聖之工作矣，故不告。

「蒙以養正」，「蒙」者，蔽也；蔽中有通，則蒙而發之，有其可能與必須矣。「養正」，對「蒙」而言，乃發之也，期於無蔽也。相對「聖功」而言，蔽者，乃指氣質與私欲而言。由於氣質與私欲之蔽，使其心靈滯於蒙昧之狀態，則行為不得其正矣。「養正」，一則消融氣質與私欲，使其無蔽，一則開發心靈內容，自蒙昧狀態中超拔。如斯則生命之質性臻於粹純，而任運以化矣。斯乃所養之正也，成聖之功也。

象曰：山下出泉，蒙；君子以果行育德。

案：蒙卦，上卦為艮，艮為山，（說卦傳）下卦為坎，坎為水，（說卦傳）水出於山下則為泉，故曰「山下出泉」。山下出泉，為山所蔽，此「蒙」之象也。

君子體蒙，當知山下出泉之理，蓋泉者蘊蓄於山，為山所蒙，終順善下之性，發乎蒙以出之。人之育德，亦復如是。夫德者，有得於道也，而蘊蓄於生命之中，每為生命所限。育德者，超拔乎生命之限而實踐之也，「果行」即為必要之功夫，故曰「以果行育德」。

初六，發蒙，利用刑人，用說桎梏，以往吝。

(一)利用—利於。（見裴學海古書虛字集釋）

(二)用說—王引之經傳釋詞曰：「用，詞之以也。」高亨周易古經今注曰：「說借為挩。說文：『挩，解挩也。』古書通以脫與說為之。」

(三)桎梏—桎，足械也。梏，手械也。（見許慎說文解字）

案：蒙卦，初六為陰，九二為陽。依易例，初為陽位，本爻以陰居之，失正也，又在陽之下，此蒙之象也。李鼎祚周易集解引虞翻曰：「發蒙之正以成兌，兌，刑人也。」意謂發「初之失位」而歸正，則為「發蒙」。而且下卦之「坎」成「兌」矣，兌為刑人，（虞氏義）此利用刑人所以取象也。

本卦，下卦為坎，坎為桎梏，（九家易義）又李鼎祚周易集解引虞翻曰：「初發成兌，兌為說。

坎象毀壞。」此「用說（脫）桎梏」之象也。

往者，自內之外也。外卦為艮，艮為止，（說卦傳）故曰「以往吝」。

刑人，因蒙昧而陷於罪以致受刑，桎梏加於其身。發蒙即發其蒙昧，使之免於桎梏，此所以「利用刑人，用說桎梏」。

「以往吝」，乃示本爻涵義之限度，蓋本爻，雖有發蒙而免於刑罰之象，亦當知其所止，如果越此以往，則吝。（艱難）

象曰：利用刑人，以正法也。

案：初六，有發蒙之象，其效應則「利用刑人」。夫發刑人之蒙，其方式有二，積極方面，即教化是也；消極方面，懲罰是也。至於其效應則在維護其「法」之尊嚴，故曰「以正法也」。

九二，包蒙吉，納婦吉，子克家。

㈠克—杜預左傳宣公八年注曰：「克，成也。」

案：九二，以陽剛居下卦之中，所乘之初六，所承之六三，所應之六五，諸交皆屬陰，本交以陽剛居中，涵蓋相關諸陰之「蒙」，「包蒙」之象也。

九二，以陽剛居下卦之中，上有六五之應，六五陰柔，「婦」之象，來應陽剛，為九二所「納」，「納婦」之象也。以陰陽相應，故「吉」。

九二，既乘初六，承六三，應六五；諸陰象乎家務，九二陽剛包之，象乎一家之主體，既包之，猶子之克（成）家。

夫蒙則蔽於昧，女則待其歸，家當期之成。當蒙之時，本爻以陽剛涵蓋諸陰，故包蒙足以發之，納婦則能和之，皆可得其吉。而克家亦得成之，其吉可知也。夫養正之功，於是見焉。

象曰：子克家，剛柔接也。

案：子克家，取象於九二之包乎初六、六三、六五諸陰，蓋九二為剛，諸陰為柔，包之即接也故曰「剛柔接」也。

六三，勿用取女，見金夫，不有躬，无攸利。

(一) 勿用—裴學海古書虛字集釋曰：「用訓宜，，……勿用即不宜也。」

(二) 取—陸德明經典釋文曰：「取，本又作娶。」

(三) 金夫—朱子周易本義日：「金夫，蓋以金賂己而挑之」。

案：本卦，九二、六三、六四、六五、上九為大離象，離為女。（說卦傳）依易例，三為陽位，而本爻以陰居之，失正，此勿用取女之象也。「金夫」乃指九二，九二陽剛，與本爻相比，故為本爻所「見」。六三、六四、六五互坤，坤為身，（虞氏義）躬之象也。又本爻所居非正，故无攸利。

本爻設女之擇配為象，而以第三者之立場論之。勿用取女者，以其性行不正也，其見多金之夫，則捨上九之正應而就之，此見異思遷，而迷失自己，其「蒙」甚矣，是以「无攸利」也。

象曰：勿用取女，行不順也。

案：不宜於取（娶）此女者，以其捨正應而迷於金夫，故曰「行不順也」。

六四，困蒙，吝。

案：本卦為「蒙」。六四為陰柔，且處六三、六五兩陰之間，又與初六之陰不相應；尤其居上艮之始，艮為止，（說卦傳）此「困」境也。夫既當「蒙」之時，復處「困」之境，故曰「困蒙」。

既蒙且困，所問者則「吝」（艱難）也。

象曰：困蒙之吝，獨遠實也。

案：依易例，陽為實，陰為虛。本卦之九二與上九為陽，故稱「實」。本爻之所以當蒙處困，乃上隔六五，下隔六三而與上九、九二相遠也，故曰「獨遠實也」。

六五，童蒙，吉。

案：本卦上卦為艮，艮為少男，（說卦傳）故有「童」之象。本卦為「蒙」，五為尊位，而陰柔居之，故為「蒙」，此「童蒙」所以取象也。夫陰柔居尊，能謙虛也。又上承上九，下應九二，上九、九二其助緣也，故其占曰「吉」。

童蒙，由於蒙昧，唯求通，則得其養（養正—彖傳），是以吉也。

象曰：童蒙之吉，順以巽也。

㈠ 以—王引之經傳釋詞曰：「以猶而也。」

案：六五所以有「童蒙之吉」象者，上承上九，是「順」也；下應九二，乃「巽」也。所順之上九，所巽之九二，皆陽之屬，足以發其「童蒙」也。

上九，擊蒙，不利為寇，利禦寇。

㈠ 擊—許慎說文解字曰：「擊，攴也。」

㈡ 禦—李鼎祚周易集解引虞翻曰：「禦，止也。」

案：卦為蒙。上卦為艮，艮為手（說卦傳）此「擊」之象，故曰「擊蒙」。又下卦為坎，坎為盜，（說卦傳）此「寇」之象。上卦為艮，艮為止，（說卦傳）本爻居艮止之上位，故無「為寇」之理，而有「禦寇」之象。

上九陽剛居蒙卦上位，乃蒙極將發之象。「擊蒙」，許慎說文解字曰：「擊，攴也。」而「教」字亦從「攴」，段玉裁說文解字注：「（教）上施故从攴。」施指施教，則「攴」有「教」義，以此則「擊」既有「攴」義，當然亦有「教」義。是以「擊蒙」即「教蒙」，教蒙所以發其蒙。夫蒙卦，既象蔽中有通（蒙，亨。）之義：而六爻分別象其始終之階段性意義，自初六之始發，至上九之終擊（教），其「亨」義見焉。

王船山周易稗疏曰：「舉兵政人曰寇。」則寇者，其蒙之至，禍之烈也。本爻既有蒙極將發之象，故「不利為寇，利禦寇」。

姑且引而申之，本爻設「寇」為象，乃因「寇」與「蒙」皆屬負面作用。「擊蒙」之「擊」，「禦寇」之「禦」，皆對治、止息其負面作用之意義，故於「禦寇」為「利」。而「為寇」者，反而助長此負面作用，故曰「不利」。

象曰：利用禦寇，上下順也。

案：上九所以有「利用禦寇」之象者，乃上順下情以發其蒙，下順上旨以養其正。故曰「上下順也」。

序卦傳曰：物穉不可不養也，故受之以需。需者，飲食之道也。

案：蒙有物穉之義，物穉則當養之，養之，其所需者為飲食，而「需」正有「飲食之道」義。是以蒙卦之後，次之以需。

飲食宴樂

䷄ 水天需五
飲食宴樂

需第五

☰乾下 ☵坎上

需，有孚，光亨，貞吉；利涉大川。

(一)需—段玉裁說文解字注曰：「凡相待而成曰需。」

(二)有孚—許慎說文解字曰：「孚……一曰信也。」有孚即有信。

(三)光亨—光借以代廣。（見王引之經義述聞）光亨即廣通。

案：需卦，下卦為乾，乾為健，（說卦傳）上卦為坎，坎為水，（說卦傳）為險。（坎卦彖傳）以乾卦之將上進，則遇坎險而未能，故當待之。是以「需」者，乃以待為義。又上卦為坎，九五以陽剛居中正之位—體坎中實，中實為「有孚」（信）之象。中實以待，則其成可期。其成可期，則其運廣通，此「光亨，貞吉」之象也。上卦為坎，坎為大川，（虞氏義）下卦為乾，乾為健，（說卦傳）以乾健「涉大川」，相待水勢稍退，則「利」。

需者待也，以中實，故有孚（信），光亨，（廣通）所問（貞）者吉。且利涉大川。

彖曰：需，須也，險在前也；剛健而不陷，其義不困窮矣。需，有孚，光亨，貞吉。位乎天位，以正中也。利涉大川，往有功也。

(一) 須—鄭康成詩邶風匏有苦葉箋曰：「須，待也。」

案：「需」為本卦卦名，其義則為須。須者，待也。蓋本卦上卦為坎，坎為險，（坎卦彖傳）坎險在前，此需之道也。下卦為乾，乾之性剛，其德健，剛健遇險，體信以待，則不陷於險。繫辭下傳第十二章曰：「夫乾，天下之至健也，德行恒易以知險。」夫遇險且須（待），又剛健不屈，其「待」之義顯矣，故「不困窮」也。

「需，有孚，光亨，貞吉。」諸義乃得之九五之象，蓋依易例，五為天位，又屬陽位，且當上卦之中，而九五以陽剛居之，即得正，居中，位天位也。

「利涉大川」，以乾健遇險而能待，相機而行，故往則有功。

象曰：雲上於天，需；君子以飲食宴樂。

案：需卦，上卦為坎，坎為雲，（李鼎祚周易集解）下為乾，乾為天。（說卦傳）乾天在下，坎雲在上，是「雲上於天」。「雲上於天」，其將醞釀以成雨乎！唯必須服從發展過程，故猶有「待」也。此「需」之象也。

君子體需，則當於其上進而未能之過程中，稍安勿躁以待之。飲食宴樂者，正所以滋養生命、維護活力，此姑安以有待之道也。

初九，需于郊，利用恒，无咎。

(一) 郊—程子周易傳曰：「郊，曠遠之地也。」

(二) 恆—許慎說文解字曰：「恆，常也。」

案：本卦為需，初九以陽剛而居下卦之初位，上距外卦之坎險尚遠，此「需于郊」之象也。下卦為乾，乾為健，（說卦傳）健則有恆，上卦為坎，坎為險，（坎卦彖傳）以乾健遇坎險，「利用恆」

之象也。得位有應，「无咎」之象也。

需者，待也，以乾健上進而遇險也。初九去險尚遠，故需（待）于郊，而利於常德者，即守常以遠待，可以无咎（無災患）。

象曰：需于郊，不犯難行也。利用恒，无咎，未失常也。

案：「需于郊」，待於曠遠之地。夫下乾有健進之志，上坎險難在前，初九，以去險尚遠，故不冒險犯難以行。

雖然，能體乾健之常德，遇險則姑待，姑待而不懈，是所「利」以「无咎」者，乃「未失常」之故也。

九二，需于沙，小有言，終吉。

㈠小有言——劉百閔周易事理通義曰：「易凡言『有言』，讀為『有愆』，『愆』，過也。『愆』與『吉』為對文。」

案：本卦為需，九二、九三、九四互兌，兌為澤，（說卦傳）本爻為澤畔，澤畔為沙地，此「需于沙」之象也。兌綜為巽，巽為進退，為躁（說卦傳）此「小有言」（愆）所以取象也。以居下卦之中，故「終吉」。

需于沙，高亨周易古經今注曰：「沙上難行，需于沙以象人處難遴之境也。」蓋需卦過初九而至本爻，已漸近坎險，其艱難有如「于沙」也。此間難免小有愆過，然終可卜吉慶。

象曰：需于沙，衍在中也。雖小有言，以吉終也。

㈠衍——段玉裁說文解字注曰：「衍字水在中。在中者，盛也。」

案：沙在澤之畔，水盛澤之中，待於沙上，備嘗艱難者，乃遇水盛於澤中也。

待於沙上，雖因浮躁而小有愆過，然以體乾居陰，善自調燮，乃以「吉」終也。

九三，需于泥，致寇至。

(一) 致─段玉裁說文解字注曰：「致，引申為召致之致。」

案：本卦為需，上卦為坎，坎為水，（說卦傳）李鼎祚周易集解引荀爽曰：「親與坎接，故稱泥。」此「需于泥」之象。又坎為盜，（說卦傳）盜即寇。本爻離坎已近，故有「致寇至」之象。

本爻離險已近，「需于泥」，泥已浸水，有滯陷之虞，待於是，即臨於險也。臨險而待，其險之來，如盜寇之召致也。

象曰：需于泥，災在外也。自我致寇，敬慎不敗也。

案：「需于泥」，臨於坎險也，坎險在本爻之外，故曰「災在外也」，其將至矣。此坎險具體言之，即盜寇也。夫臨險而待，則盜寇之來，亦自致也。雖然，三體下乾，有「終日乾乾，夕惕若。」之德，唯其敬慎，則「不敗」。由是可知，當「需」之時，唯敬慎可以臨險也。

六四，需于血，出自穴。

案：本卦為需，上卦為坎，坎為血，（說卦傳）此「需于血」之象也。又坎為陷，（說卦傳）「穴」之象也。

王弼周易注曰：「凡言血者，陰陽相傷者也。陰陽相近而不相得，陽欲進而陰塞之，則相害也。」夫下卦為乾，三爻皆陽，自初而二，過三又欲上進，而六四為陰，塞其進路，乃有相傷之象。又坎為險，（坎卦彖傳）則六四者，陰陽相傷之險境，故稱「血」。卦自初九之「需于郊」，九二之「需于沙」，九三之「需于泥」，至六四之「需于血」，其所「待」之境，即由曠遠而艱難，而滯陷，至相傷，可謂險矣。

既待於相傷之險場，孔穎達周易正義曰：「穴即陰之路也，而處坎之始，是居穴者也。三來逼己，四不能距，故出此所居之穴以避之。」

古人穴居，如果遇險，先以搏鬪；如果不敵，則出以避之，亦「待」之方式也。

象曰：需于血，順以聽也。

案：「需于血」，待於相傷之險境也，搏鬪不敵則出避，程子周易傳曰：「順從以聽於時，所以不至於凶也。」夫「需」時之運既如此，則且順以聽之。

九五，需于酒食，貞吉。

案：需者，待也。李鼎祚周易集解引荀爽曰：「五互離，坎水在火上，酒食之象。」故曰「需于酒食」。又陽剛中正，「貞吉」之象也。

酒食，安享之事。待於酒食之安享，則何待之有？是待於無所待。蓋九五以陽剛而居申正，得乎天位，「需」之為道，發展至此，「有孚」之德既彰，「相待而成」之義遂見，故曰「需于酒食」。所問則吉。

象曰：酒食，貞吉，以中正也。

案：待於酒食之安享，所問者吉。以五為上卦之中，又為陽位，九五即居中得正也，故有是象。

上六，入于穴，有不速之客三人來，敬之終吉。

(一) 不速之客—陸德明經典釋文曰：「（速），徵也，召也。」不速之客即不請而自來之客。

案：本卦上卦為坎，坎為陷，（說卦傳）「穴」之象也。又為險（坎卦彖傳）本爻居坎險之極，而無險，此「入于穴」之象。初九、九二、九三、三陽待時上進，本爻柔而能容，此「不速之客三人來」之象。又柔則順，「敬」之象也。得位有應，故吉。

上古穴居，六四遇險而出穴，本爻險既極，則「夷」之機伏焉，反可自若無事，而入于穴。當「需」（待）之時，所待之「事」已過，所歷之「境」已遷，「需」極而至於成矣。「不速之客三人來」，即示所待事已至於成，敬之而已，故終吉。

高亨周易古經今注曰：「此殆古代故事歟！」誠然，其作易者隨事之記錄乎！

象曰：不速之客來，敬之終吉。雖不當位，未大失也。

案：不速之客指初九、九二、九三、三陽待時而進。而上為陰位，上六以陰柔居之，故能容來客，能順以敬而終吉。自本爻之立場言之，誠當位也。然自「相待」之立場觀之，程子周易傳曰：「陰宜在下而居上為不當。」雖不當，亦乘時得勢，故「未大失」。

序卦傳曰：飲食必有訟，故受之以訟。

案：飲食，乃生理之實然要求，每為欲望所鼓蕩，一旦失却其平衡，則必有所爭。爭正是訟之義，是以需卦之後，次之以訟。

作事謀始

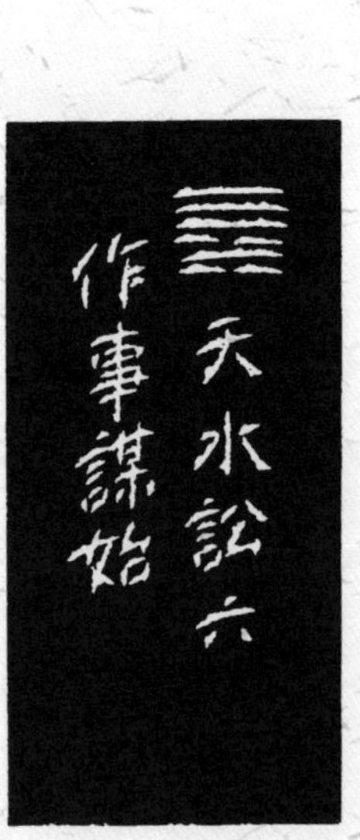

訟第六

坎下
乾上

訟，有孚，窒，惕，中吉，終凶。利見大人，不利涉大川。

(一) 訟—許慎說文解字曰：「訟，爭也。」
(二) 窒—張惠言周易虞氏義曰：「窒，塞止也。」

案： 訟卦，下卦為坎，坎為險，（坎卦彖傳）上卦為乾，乾為剛。（雜卦傳）朱子周易本義曰：「上剛以制其下，下險以伺其上。……皆訟之道。」上制下伺，相抗以爭也，是以「訟」者，乃以爭為義。

下卦為坎，九二以陽剛居下坎之中—坎體中實，為有孚（有信）之象。反之，九二陷於初六、六三兩陰之間，又上無應與，（九五亦陽）此「窒」之象也。又坎為加憂，（說卦傳）此「惕」所以取象也。九二以陽剛居下卦之中，故曰中吉。上九過剛失位，所以終凶。

「大人」乃指九五，九五陽剛中正，主乎訟，故曰「利見」。下卦為坎，坎為水，（說卦傳）「大川」之象也。又坎為險，（坎卦彖傳）為陷，（說卦傳）而上卦為乾，乾之性剛，（雜卦傳）朱子周易本義曰：「以剛乘險，以實履陷，有『不利涉大川』之象。」

訟者為爭其「直」，其「直」遇「曲」故爭。九二有孚中實，是「直」也，陷於兩陰之間，則窒而致「曲」。由於「直」、「曲」未決，則應惕懼自持。中吉者，乃以自我之立場言之，有孚中實而爭「曲」「直」，則得理不讓人。終凶者，蓋從訟爭之歷程衡之，滯陷於對立之立場而不能自拔，且傷神、曠時，非人生之福也。

持惕以訟之際，「利見大人」者，以其能明斷「直」「曲」。「不利涉大川」者，不可行險以僥倖也。

彖曰：訟，上剛下險，險而健，訟。訟，有孚，窒，惕，中吉，剛來而得中也。終凶，訟不可成也。利見大人，尚中正也。不利涉大川，入于淵也。

(一) 尚──主也。（見廣雅釋話）

案： 訟卦，上卦為乾，乾為剛，（雜卦傳）下卦為坎，坎為險，（坎卦彖傳）故曰「上剛下險」。又依易例，下卦稱內，上卦稱外，孔穎達周易正義曰：「猶人意懷險惡，性又剛健，所以訟也。」故曰「險而健」，此「訟」之義也。

「訟，有孚，窒，惕，中吉。」此取象於九二，九二所以中實「有孚」，外「窒」於二陰，持「惕」以「訟」而「中吉」者，乃以陽剛居下坎之中。此陽剛之九二，則來自需卦之九五，蓋需與訟相反綜（來氏義），需卦上坎，來居訟卦之下卦，則需卦之九五，來居訟卦為九二，並得其中位，故有是象。

「終凶」，因訟爭，或生於欲望，或出於誤會，或矜於意氣，或迫於無奈，總屬非理性行為。作易者設訟卦以垂教，乃在無訟息爭，莫使恣縱而至於其極。

「利見大人」，此大人乃九五所象者，九五居上卦之中，得陽位之正，能尚（主）中正以斷「曲」

「直」。

「不利涉大川」，「大川」為「淵」之所在，涉之則入矣，興訟者亦如斯也。

象曰：天與水違行，訟；君子以作事謀始。

案：訟卦，上卦為乾，乾為天，（說卦傳）下卦為坎，坎為水，（說卦傳）天運在上，水流於下，相「違行」也。孔穎達周易正義曰：「象人彼此相乖戾，故致訟也。」此「訟」之象也。

君子體訟，當知訟之興也，乃由於人之主觀方面為滿足其私心，客觀方面為維護其權益。方其私心之滿足，權益之維護，遭受阻擾或對立，則訟於是作焉。順之以發展，則心緒難以安寧，社會將陷混亂。君子之作事，體乎訟道，必先防微杜漸，方訟之未興，相應主觀方面，消融其私心，此非教化不為功；相應客觀方面，維護其權益，此非法制不見效。斯乃疏息訟源之道也。

初六，不永所事，小有言，終吉。

㈠ 不永所事—李鼎祚周易集解引虞翻曰：「永，長也。」「所事」，指訟事。

案：初六，始訟之位，陰柔居之，此不能久其訟之象。又初為陽位，而陰居之，失正，故「小有言」。（愆也—見需卦九二注。）然上有九四之應，則「終吉」之象也。

訟之始也，不能而且不可久其訟，即當及早息訟。雖然小有言，（愆過）亦終可吉慶。

象曰：不永所事，訟不可長也。雖小有言，其辯明也。

案：「不永所事」，言訟事不可長久稽延也，亦即當及早息訟。「雖小有言（愆）」，其將辯明，可以無訟矣。

九二，不克訟，歸而逋，其邑人三百戶无眚。

(一)克—孔穎達周易正義曰：「克，勝也。」

(二)逋—來知德易經來註圖解曰：「逋，逃避也。」

(三)其邑人三百戶—姚配中周易姚氏學引鄭康成曰：「小國之下大夫，采地方一成，其定稅三百家，故三百戶也。」

(四)无眚—許慎說文解字曰：「眚，目病生翳也。」此本義也。李鼎祚周易集解引虞翻曰：「眚，災也。」此引申義也。

案：九二以陽剛居下卦之中，上與九五不相應，因九五亦陽剛居上卦之尊位，兩剛相敵，此訟之由也。然而九二陷於坎險之中，自非九五之匹，故有「不克（勝）訟」之象。下卦為坎，坎為隱伏，此「歸而逋」所以取象。

二為陰位，九二以陽居之，失位，變而之正，則下卦成坤，坤為戰。上卦為乾，乾為百，三爻，故為三百。二變應五，故稱「三百戶」。又下卦坎，坎為眚，二變則坎化為坤，故「无眚」。（此段取李鼎祚周易集解引虞翻義）

高亨周易古經今注曰：「此殆古代故事，蓋有大夫者，受封邑三百戶，虐其邑人，邑人訟其主於公所或王所，其主敗訴，邑其奪，且將獲罪，乃歸而逃，其邑人遂免於災虐。」

象曰：不克訟，歸逋竄也。自下訟上，患至掇也。

(一)掇—許慎說文解字曰：「掇，拾取也。」

案：九二，上與九五相敵，又陷坎險之中，故其訟不克（勝），歸而逋竄矣。尤其自下訟上，其患乃自取也。

六三，食舊德，貞厲，終吉。或從王事，无成。

(一) 食舊德—姚配中周易姚氏學曰：「食舊德，謂食父故祿也。」

案：本卦，上卦為乾，乾為王，為舊德。（虞氏義）古者稱德而受祿，「舊德」即其父所受於君之祿。六三、九四、九五互巽，巽綜為兑，兑為口，（說卦傳）「食」之象也。又下卦為坎，坎為險，（坎卦彖傳）三為陽剛之位，六三以陰柔居之，既履險，又失位，且逼於九二、九四兩陽之間，並為上卦乾剛所抑制，此「貞厲」之象也。然而，上有上九之應，故終吉。

成蓉鏡周易釋爻例曰，凡三四爻亦稱或。上卦為乾，乾為王，（說卦傳）本卦以陰柔上承乾卦，故有「或從王事」之象，然而，以柔弱之質，居坎險之地，不足以有為，此「无成」之象也。夫「食舊德」，側面觀之，臣與君對立、抗衡之格局具焉，訟爭之義涵焉。然臣究非君之敵，故所貞（卜問）者厲（危）。雖然，而訟卦涵有「惕」義，（見卦辭）如果既知所處者厲，而能自惕，則終可吉慶。

訟者爭也，對立、抗衡之格局乃在所難免。因此，或從王事，其无成乎。

象曰：食舊德，從上吉也。

案：六三承乎上卦之乾，有「食舊德」，「或從王事」之象，當訟之時，唯「從上」則無「訟」，故「吉」。

九四，不克訟，復即命，渝，安貞吉。

(一)復即命—孔穎達周易正義曰：「復，反也。即，就也。」

(二)渝—爾雅釋言曰：「渝，變也。」

案：四為陰位，本爻以陽剛居之，失正。又上比九五，九五亦陽剛，當訟之時，九四與九五兩剛相比，則「訟」義見焉，然九五居尊，九四失位，非其敵也，此「不克訟」之象也。

九四既失位，變正，則上卦成巽，巽者順也，故有「復」「即」之義。又張惠言周易虞氏義曰：「巽為命令」。此「復即命」所以取象也。渝即變也，九四變而為陰，以承九五，則以陰承陽，是九四反復以順從九五之命，乃化訟為順，息訟於無形，此「安貞吉」之象也。

下與上訟，不能勝，則反復以順從其命令，由於此一改變，得以相安而無爭，是故如以安否為問，（安貞）則吉。

象曰：復即命，渝，安貞，不失也。

案：當訟之時，改變態度，反復以順從其上之命令，以得安正，（易傳例釋貞為正）蓋相安無訟，故「不失也」。

九五，訟，元吉。

案：易者，舉事而設象，作辭以斷占。夫卦之結構有異，爻之關係不同，因此，乃能依次表示宇宙之原理，人間之變化，並且指示其迷津，判斷其吉凶。是以每卦之卦辭，乃為某一特定境況，揭示一涵蓋原則；每爻之爻辭，乃為某一特定階段，提出一因應之態度。至於其所敘述之事件，或僅及於單純之主體，如乾卦九三曰：「君子終日乾乾，夕惕若，厲，无咎。」或兼涉於相關之客體，如蒙卦卦辭曰：「匪我求童蒙，童蒙求我。」而訟卦之卦辭，以及初、二、三、四、六諸爻辭，皆自主訟者言之，唯獨九五爻辭，則反從聽訟者落筆，此不可不辨也。

「訟」，此指聽訟者言，九五陽剛中正，居一卦之尊位，最可稱職，故曰「元吉」（大吉）。

象曰：訟，元吉，以中正也。

案：聽訟者稱職，可卜大吉。以中正故也。以其「中」，則立場超然；以其「正」，故斷案明快。此聽訟者所應具備之必要條件也。

上九，或錫之鞶帶，終朝三褫之。

(一) 錫—公羊莊公元年傳曰：「錫者何?賜也。」

(二) 鞶帶—來知德易經來註圖解曰：「鞶帶，大帶，命服之飾。又紳也，男鞶革，女鞶絲。」

(三) 終朝—陸德明經典釋文曰：「馬云：旦至食時為終朝。」

(四) 褫—焦循易章句曰：「褫猶奪也。」

案：本卦，六三、九四、九五互巽，巽為命令，（虞氏義）此「錫」所以取象。上卦為乾，乾為衣，（九家易義）乃有「鞶帶」之象。本爻乘九五、九五主訟，為能錫；本爻勝訟，為受錫，故曰「或錫之鞶帶」。

本卦，上卦為乾，乾為天，（說卦傳）天中有日麗焉，此「終朝」所以取象也。又下卦為坎，坎為盜，（說卦傳）「奪」之象也。本爻居訟卦之終，所應在六三，六三居下卦第三爻，又體坎盜，以有「終朝三褫之」之象。

本爻既勝訟，故「或錫之鞶帶」，寵加其身矣，由是無復惕懼之懷，則辱亦隨之，故「終朝三褫之」。此示訟之不可恃也。

象曰：以訟受服，亦不足敬也。

案：以訟受服，其狀況必須終其訟，勝其訟。終其訟，非先哲設卦之本意乎！故卦辭有「終凶」之啟示。依此，則勝其訟，亦非作易者所鼓勵。故曰「以訟受服，亦不足敬也。」

序卦傳曰：訟必有眾起，故受之以師。師者，眾也。

案：訟，必能引起眾人之抗爭，而師者，即是擔任抗爭任務之士眾。是以訟卦之後，次之以師。

容民畜眾

䷆地水師七

容民畜眾

師第七

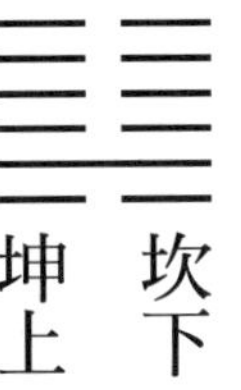

坎下
坤上

師，貞丈人吉，无咎。

(一)師—序卦傳曰：「師者，眾也。」大象傳曰：「師，君子以容民畜眾。」鄭康成周禮地官小司徒注曰：「師，二千五百人。」

(二)丈人—李鼎祚周易集解引崔璟曰：「子夏傳作大人。」

案：師卦，下卦為坎，坎為水，（說卦傳）上卦為坤，坤為地，（說卦傳）象傳曰：「地中有水」，是「容畜」之象。又坎為險，（坎卦彖傳）坤為順，（說卦傳）納險於順，是「統率」之象。而所容畜、統率者眾也。是以「師」者，乃以眾為義。

丈人（大人）此取象於九二，九二以陽剛居下卦之中，而初六、六三、六四、六五、上六諸陰順從焉。是一陽之足以統眾陰，亦丈人（大人）之足以率王師。此所以「吉、无咎」之象也。

師者眾也。貞者卜問也，「貞丈人（大人）」即丈人（大人）之有所問，則有統眾、率師之吉。無災患（无咎）也。

象曰：師，眾也。貞，正也。能以眾正，可以王矣。剛中而應，行險而順，以此毒天下，而民從之，吉又何咎矣。

(一) 毒—許慎說文解字曰：「毒，厚也。」

案：易傳所以解經，而易傳所解者與古經之義，則略有出入。本卦彖傳曰：「師，眾也。貞，正也。」即其一例，則卦辭當以「師貞」斷句。依此，則師者二千五百人之眾，畜之以義，率之以道，皆正。丈人（大人）以（用也）此義道之師眾正天下，可以王天下矣。

九二所象之丈人（大人），以陽剛居下卦之中，上有六五之應，六五為尊位，下應九二，是信之專，倚之重。而九二之丈人（大人）統率師眾。師眾者，以武力涵蓋一切，此其險也；以信念安保蒼生，此其順也。既體坎險以行，又應坤順而厚撫（毒）天下，則羣陰所象之百姓歸往焉。故曰「吉又何咎矣！」

象曰：地中有水，師；君子以容民畜眾。

案：本卦，上卦為坤，坤為地，（說卦傳）下卦為坎，坎為水，（說卦傳）故曰「地中有水」，而所容畜者眾矣，此「師」之象也。

君子體師，則當有以「容民畜眾」。夫民者，各樂其生，各安其業，雖羣居而實散漫，「容畜」之者，乃欲以有所凝聚而呈現一特定之總體力量，其方式乃在客觀化其使命為信念，客觀化其組織為紀律。於此信念、紀律涵蓋下，對其生業，不但無妨，而且得以成全，此容畜之道也。

初六，師出以律，否臧，凶。

(一) 律—爾雅釋詁曰：「律，法也。」

(二) 否臧—許慎說文解字曰：「否，不也。」張惠言易義別錄適陸氏義，「否」字作「不」。許慎說文解字曰：「臧，善也。」王船山周易稗疏曰：「否，不然也。謂以律為不臧，則必黷武致敗也。」

案：初六為師卦之始位，故有師出之象。本卦下卦為坎，坎為律，（九家易義）故曰「師出以律」。本爻以陰居陽位，又無應，此「否臧」、「凶」之象也。

師者，納險於順，順中有險，故當慎其始，而「以律」，正所以慎之也。「否臧」，假然推理也，乃謂如果不以律，導致「黷武致敗」，則有禍殃（凶）。反之，如果「以律」，則未必凶，是以本爻之斷占，實暗寓吉凶雙照之戒。

象曰：師出以律；失律，凶也。

案：「師出以律」，此引敘爻辭正面所肯定者。「失律，凶也。」此淺釋爻辭反面之假設也。蓋師者，代表一特定之總體力量，而此特定之總體力量，必待「律」之維繫而後期其呈現。如果「失律」，則此「力量」或有相互抵消之虞，或為偏差行險之失，而「凶」矣。

九二，在師中吉，无咎；王三錫命。

(一)王三錫命—鄭康成禮記曲禮注曰：「凡仕者，一命受爵，再命受服，三命受車馬。」

案：「在師中吉」」句，斷句之方式有二：

(一)「在師，中吉。」—「中」不與「師」連屬，而獨立作「中道」解。此以程子周易傳為代表。

(二)「在師中吉」—「中」與師連屬，謂「師之中」，毛奇齡仲氏易曰：「『師中』即春秋傳所謂『將中軍』者。」茲從之。

九二，為師卦唯一之陽爻，此外，五爻皆陰；一陽而統眾陰，為眾陰之主，故有「在師中」之象。又以陽剛居下卦之中，上有六五之應，故「吉」、「无咎」。

來知德易經來註圖解曰：「本卦錯同人，乾在上，王之象。離在下，三之象。中爻巽，錫命之象。全以錯卦取象……。」

本爻乃自主師之立場言之，蓋一陽為眾陰之主，是能容畜、統率之，故「在師中」—將中軍，得吉慶而无咎。

王指六五，六五以柔居尊，為能虛心聽政，信任主師者。主師者既得君心信任，承命率師，故「王三錫命」焉，則勳業著矣。

象曰：在師中吉，承天寵也。王三錫命，懷萬邦也。

案：「在師中吉」者，乃謂主師者承命率師，著有勳業，故受六五所象之天（王）所寵任。「王三錫命」者，乃在獎勵主師者之勳業，肯定師眾之功能，以懷安萬邦。

六三，師或輿尸，凶。

㈠輿尸—許慎說文解字曰：「輿，車輿也。」「輿尸」即以車載尸。

案：本卦為師。成蓉鏡周易釋爻例曰，凡三、四爻亦稱「或」。本卦下卦為坎，坎為輿（說卦傳）上卦為坤，坤為尸，（虞氏義）此「師或輿尸」之象也。繫辭下傳第九章曰：「三多凶。」故凶。六三，陰柔又不中不正，且居坎險之極，其出師非所宜也，或將輿尸而歸乎。其占為凶。

象曰：師或輿尸，大无功也。

案：「師或輿尸」，其挫敗也，无功之甚也，故曰「大无功也」。

六四，師左次，无咎。

㈠左次—左氏莊公三年傳曰：「凡師一宿為舍，再宿為信，過信為次。」則次者，舍止也。王船山周易稗疏曰：「兵法前左下，後右高。高者在後，據險以結屯，下者在前，馳野而趨利。前左不行，則後右皆止。不言前而言左者，軍雖不進，前軍猶必遠哨以防敵，惟左則屯聚以止耳。」

案：本卦為師，焦循易章句曰：「易以初、四為左，三、上為右。」又九二、六三、六四互震，震綜為艮，艮為止（說卦傳）此「師左次」之象。得位，故无咎。

依易例，四為陰位，又多懼，（繫辭下傳第九章）本爻以陰居之，可謂得位，然多懼之地，且

五、上亦皆陰柔，無所比、援，用師至此，宜於舍止，故口「師左次」。蓋姑安之，則「无咎」。

象曰：左次无咎，未失常也。

案：彖傳曰：「行險而順」，則用師之道，以進、止得宜為常。六四，以得位，故用師；以多懼、无應，則不當進也。故「左次无咎」者，言其未失其常度也。

六五，田有禽，利執言，无咎。長子帥師，弟子輿尸，貞凶。

(一)田有禽—李鼎祚周易集解引荀爽曰：「田，獵也。」陸德明經典釋文曰：「禽，徐本作擒。」

(二)言—朱子周易本義曰：「言，語辭也。」

案：本卦上卦為坤，坤為田，（九家易義）本爻下與九二相應，惠棟周易述曰：「凡交相比相應而相得者，謂之獲。獲亦得也，又謂之田。」此「田有禽」（擒）所以取象也。

九二、六三、六四互震，震綜為艮，艮為執，（虞氏義）六五下與九二相應，以有所擒獲，即出於君命之所執也，又五多功，（繫辭下傳第九章）此「利執言，无咎」所以取象也。

九二、六三、六四互震卦，震為長子。（說卦傳）而九二以陽剛為眾陰之主，有「在師中吉」之象，故曰「長子帥師」。下卦為坎，坎為中男，（說卦傳）六三體坎，乃弟子之象。又六三爻辭有「輿尸」之象，故曰「弟子輿尸」。三多凶，（繫辭下傳第九章）故「貞凶」。

本爻爻辭，前半言蒐狩，後半言征伐。毛奇齡仲氏易曰：「蒐狩，征伐皆師也。」六五以柔而居尊，是能任賢以用師，故於田獵則有所執獲。至於征伐，如果命九二所象之長子帥師，則「在師中吉」，可著有勳業。如果使六三之弟于出戰，則「輿尸」，必挫敗而歸，而所問（貞）者凶。

象曰：長子帥師，以中行也。弟予輿尸，使不當也。

(一)使—許慎說文解字曰：「使，令也。」

案：本象傳乃釋六五之象，故自六五之立場言之。夫六五所象之君，其使令，如果以九二所象之長子（即丈人—大人）帥師，則能體剛用中以行，功業其可期乎！如果以六三所象之弟子帥師，則因失位、居險，挫敗豈能免乎，斯乃六五使令之不當也。

上六，大君有命，開國承家，小人勿用。

㈠開國承家—李鼎祚周易集解引宋衷曰：「開國謂析土地以封諸侯。」程子周易傳曰：「承，受也。」姚配中周易姚氏學曰：「大人受采邑賜氏族，立宗廟，世不絕祀，故稱家。」

案：本卦，上卦為坤，坤錯為乾，乾為君，（說卦傳）為言，（九家易義）此「大君有命」之象也。又坤為地，（說卦傳）乃「國」、「家」（采邑）所以取象也。本爻以陰居上，依易例，陰為小人，居上則過亢，故有「勿用」之象。

程子周易傳曰：「此專言師終之義，不取爻義。」夫依易例，上為宗廟，宗廟者，乃示用師既終，而社稷安固也。六五之大君，既命九二之丈人（大人）帥師，自初六之「師出」，至本爻之「師終」，則凡丈人（大人）以下，莫不論功而行賞，或析土地使開國，或賜采邑以承家。至於小人，其德不足以當開國、承家之任者，則勿為諸侯、大夫之用也，其慎之也。

象曰：大君有命，以正功也。小人勿用，必亂邦也。

案：師之既終，「大君有命」，以論功行賞，是對其勳業，作一客觀化之承認。「小人勿用」，乃以其德之不足以稱之，則得意忘形，胡作非為，必亂其邦家也。

序卦傳曰：眾必有所比，故受之以比；比者，比也。

案：士眾，則必羣聚以親輔，而比者正是親輔之義，是以師卦之後，次之以比。

相親相輔

䷇ 水地比八

相親相輔

比第八

坤下
坎上

比，吉。原筮元永貞，无咎。不寧方來，後夫凶。

(一) 比—據高鴻縉先生中國字例曰：比，於甲骨鐘鼎時期，乃仁二大（象正面人形）並排相比較。小篆時代，則畫反身側面之人形以相比較。彖傳曰：「比，輔也，。下順從也。」

(二) 原筮—俞曲園羣經平議曰：「原筮，猶蒙初筮。」

(三) 不寧方來—俞曲園羣經平議曰：「方之言並也。……不寧方來，猶云不寧並來，言不寧者無不來。」

(四) 後夫凶—孔穎達周易正義日：「後夫凶者，夫，語辭也。親比貴速，若及早而來，人皆親已，故在先者吉。若在後而至者，人或疎己，親比不成，故後夫凶。或以夫為丈夫，謂後來之人也。」

案：比卦，下卦為坤，坤為地，（說卦傳）上卦為坎，坎為水，（說卦傳）象傳曰：「地上有水。」是親輔之象。又六爻之中，五陰一陽，一陽居上卦之中位，為王者之象，此外五爻皆陰，於數量上，足以窮盡代表王者之臣民，而性質上則有所順成之也。（坤為順—說卦傳）夫一陽居尊，眾陰順成，亦親輔之象也。是以「比」者，乃以親輔為義。

「原筮」即初筮。（參見蒙卦卦辭）「元永貞」，高氏周易古經今注引左氏昭公七年傳考曰：「元下疑當有『亨』字，轉寫挩去。」則當作「元亨，永貞。」「元亨」者大通也。夫「地上有水」，五陰順成一陽，以成親輔之功，此「元（亨），永貞，无咎。」之象也。

九五為比之主，而初六、六二、六三、六四、上六競相比之，不寧之象也。「後夫」指上六，蓋依易例，下爻為前，上爻稱後。上六對九五，亦有親輔之分，然而，上卦為坎，坎為陷，（說卦傳）上六體坎，陷於後，又下無應援，致誤親輔之時效，故曰「後夫凶」。

吉者，乃綜合揭示筮得比卦者之徵兆。

原筮猶初筮，表示「誠則靈」之價值，比道以誠為貴，故有大通之運，而卜問未來之休咎，（永貞）則无咎。

不寧者，其盼望親輔者，如諸陰之順成一陽，並（方）來親輔，以成比道。「後夫」，因延誤時效而後至，有失比道，故凶。國語魯語曰：「仲尼曰，昔禹致羣臣於會稽之山，防風氏後至，禹殺而戮之。」此其例也。

「原筮」基於誠，「方來」出於誠，此比道之基礎也。

彖曰：比，吉也。比，輔也，下順從也。原筮，元永貞，无咎，以剛中也。不寧方來，上下應也。後夫凶，其道窮也。

案：比，吉也。此引敘卦名及其占斷，而綜示本卦於人事上之價值。（朱子周易本義曰：「此三字疑衍文。」）

比，初六、六二、六三、六四、上六諸陰，親於九五一陽，所以輔之也。尤其下四陰為大坤象，坤為順，（說卦傳）以順從九五。

「原筮，元永貞，无咎。」謂九五所以為五陰所親輔，以陽剛居上卦之中。「不寧方來」，乃指上之上六，下之初六、六二、六三、六四諸陰，並來應於九五一陽。「後夫凶」，謂上六居比卦之終，雖欲親輔於九五，而陷於「後」，行與志違，比道於此窮矣。

象曰：地上有水，比；先王以建萬國，親諸侯。

案：比卦，下卦為坤，坤為地，（說卦傳）上卦為坎，坎為水，（說卦傳）「地上有水」，則水與地親輔而無間，此「比」之象也。

先王體比，則推諸政務，以親輔天下百姓。然而，百姓眾多，天下廣闊，如果以直接之方式親輔之，事實上有其困難，是以必須轉出間接之方式，以曲盡其情。「萬國」者，客觀之組織，所以使百姓於精神上有歸屬之感。「諸侯」者，生活之領袖，所以使百姓於行動上有依託之君。「建萬國，親諸侯。」來知德易經來註圖解曰：「先王觀比之象，建公侯伯子男之國，上而巡狩，下而述職，朝聘往來，以親諸侯。諸侯承流宣化，以親其民，則天下猶一家，萬民猶一身，而天下比於一矣。」此先王藉組織之功能，領袖之照應，以間接之方式，與天下百姓，於精神上親輔無間矣。

初六，有孚，比之，无咎。有孚盈缶，終來有它，吉。

(一)缶—許慎說文解字曰：「缶，瓦器，所以盛酒漿。」

(二)它—它即古之蛇字。許慎說文解字曰：「上古草居患它，故相問無它乎？」

案：本卦，上卦為坎，坎中實，有孚之象也。（見坎卦卦辭）九五居上坎之中，為諸陰所比，而初六比之，此「有孚，比之，无咎。」之象也。

上卦既為坎有孚，下卦為坤，坤為缶，（虞氏義）此「有孚盈缶」之象也。「終來有它」，劉百閔周易事理通義曰：「來，疑未字之譌。」它即蛇字，乃古人常見之偶然患害。上卦為坎，坎為多眚，（說卦傳）本爻居下坤之初位，未見坎象，此「將來（未）有它」之象也。下坤又為順，（說卦傳）初六體順，順以上比，故吉。

初六於比為親輔之始，親輔，所貴者在精神上之契應，九五為比之主而有孚（信），本爻比之，故无咎。

初六比乎九五，九五有孚，本爻受之如缶之盈，則終未有患害，此所以吉也。

象曰：比之初六，有它吉也。

案：「比之初六」，言本爻於比卦中之階段與性質。「有它」，劉百閔周易事理通義曰：「有它上脫『終未』二字，『終未有它』句。」「終未有它，吉也。」複述爻辭而已。

六二，此之自內，貞吉。

案：六二在下卦之中位，依易例，下卦稱內。二以陰柔居內卦之中，上與九五為正應，當比之時，故有「比之自內」之象。以陰柔居中得正，故「貞吉」。

「比之自內」，形式上既備正應關係，精神上則見親輔契應，故所問（貞）者吉。

象曰：比之自內，不自失也。

案：六二比乎九五，主客各皆居中得正，自六二「比之」之立場言，是「不自失也」，此「得體」之態度。

六三，比之匪人。

案：六三，下卦之上位也。「比之匪人」之「匪人」，乃謂所比者，非所當比之九五。姚配中周易姚氏學曰：「比，六爻唯五不曰比之，其餘皆曰比之，比五也。」今六三所乘者六二，所承者六四，所應者上六，皆屬陰柔，比之，皆非其所當比者，故曰「比之匪人」。

「比之匪人」，則精神上無所契應也。

本爻未繫占辭，而陸德明經典釋文曰：「王肅本作『……匪人，凶。』」李鼎祚周易集解引虞翻曰：「（六三）失位无應，三又多凶。」則當有「凶」字為是。

象曰：比之匪人，不亦傷乎！

(一) 傷—來知德易經來註圖解曰：「傷，哀傷也。」

案：六三所比者，既非所當比者，於精神上無所契應，故哀傷也。

六四，外比之，貞吉。

案：依易例，自下往上為外，曰「外比之」，即四比五也。四為陰位，而陰居之，得正也；五為陽位，而陽居之，至尊也，此「外比之」所以得象也。以得正，「貞吉」之象也。

四外比於五，既陰陽相親，又位近而輔。故所問（貞）可有親輔之吉。

象曰：外比于賢，以從上也。

也。

案：九五以陽剛居上卦中正之位，故有賢德之象；又在六四之上位。六四外比九五，因而親從之也。

九五，顯比。王用三驅，失前禽，邑人不誡，吉。

(一) 顯比—毛奇齡仲氏易曰：「離中暗而坎內光，位居坎中，則正處光明之地，昭然示所比於天下。」

(二) 王用三驅，失前禽—姚配中周易姚氏學曰：「鄭康成曰：王者習兵於蒐狩，驅禽而射之，三則已，法軍紀也。失前禽者，在前者不逆而射之，旁去又不射，唯背走順而射之，不中則已，是皆所以失之。用兵之法亦如之。」

(三) 邑—程子周易傳曰：「邑者居邑，易中所言邑皆同，王者所都，諸侯國中也。」

(四) 誡—俞曲園羣經平議曰：「誡當讀如駭。」

案：九五，於比卦之中，乃主體所在，為羣陰所比。其所以如此者，乃由於陽剛之盛德，居一卦之尊位，此「顯比」之象也。

九五，陽剛居尊，為王者之象。本卦下卦為坤，坤為車，（說卦傳）上卦為坎，坎為馬，（說卦傳）九五體坎馬，據坤車，以驅也，乘下三陰，故曰「三驅」。李鼎祚周易集解引虞翻曰：「三驅，謂驅下三陰，不及於初，故失前禽，謂初已變成震，震為鹿，為驚走；鹿之斯奔，則失前禽也。」又下卦坤，坤為邑，（虞氏義）為眾，（謝卦傳）為順，（說卦傳）皆比於九五，比「邑人不誡」之象也。夫以陽剛中正，下有六二之應，吉之象也。

「三驅」，王者之事著矣。禽，但射其背走者，乃承「天生萬物以養民」之義以盡物之用，而王者之威見矣。若其逆來，旁去，或順射而不中者，則已而不射，此遂物之生，而王者之恩被矣。邑人不誡（駭），此王者之信明矣。夫王者，藉其事，恩威逆信於民，其德足以為天下所比矣。故曰「顯比」。其占為吉。

象曰：顯此之吉，位正中也。舍逆取順，失前禽也。邑人不誡，上使中也。

案：九五為「顯比之吉」，以得正居中也。其驅禽，舍逆以遂其生，取順而盡其用，致失前禽，恩威並見矣。「邑人不誡」，乃由於王者之驅禽，而推知其使民以中，無所偏失也。

上六，比之无首，凶。

案：成蓉鏡周易釋爻例曰：「凡上爻亦稱首。」上六為陰爻，而陰乃順夫陽以成變化，陰陽變合而為變化之整體，則陰當以陽為首。比卦既以九五為主爻，諸陰皆親輔之，並以之為首。故卦辭曰：「不寧方來。」然而上六，以陰柔而居上位，乘九五之陽剛，按理言之，亦當比之。自位言之，則過亢而悖之矣，故卦辭曰：「後夫凶。」本爻既過亢而悖乎九五，故比之，无首也。此其象也。過亢無應，凶之象也。

「比之无首」，無所親輔也，故其占為凶。

象曰：比之无首，无所終也。

案：比者，陰當比陽而以陽為首，上六既過亢而悖乎九五，以致「无首」。「无首」則無所比也：「无所終」即無所成其比也。

序卦傳曰：比必有所畜，故受之以小畜。

案：比者，親輔也，親輔則有所積聚，積聚正為畜之義，是以比卦之後，次之以小畜。

懿其文德

風天小畜九

懿其文德

小畜第九

乾下
巽上

小畜，亨。密雲不雨，自我西郊。

(一) 小畜─陸德明經典釋文曰：「小畜，本又作蓄。……積也，聚也。」程子周易傳曰：「小畜，謂以小畜大，所畜聚者小，所畜之事小，以陰故也。」

案：小畜，下卦為乾，乾為天，（說卦傳）上卦為巽，巽為風，（說卦傳）象傳曰：「風行天上。」則陰氣聚焉。又本卦五陽一陰，一陰居中，五陽為其所積。而陽之勢強，陰之氣弱，依易例，陽稱大，陰為小。蓋以小畜大，所畜者小，故曰「小畜」。是以「小畜」者，乃以小積、小聚為義。一陰畜乎五陽，一陰在四，四亦陰位，得正，又應乎初九，故「亨」。

李鼎祚周易集解曰：「案雲雨者，陰之氣也。今小畜一陰畜乎五陽，所畜者小，既微小纔作密雲，故未能為雨。」此「密雲不雨」之象。又九二、九三、六四互兌。兌，依相傳文王八卦方位圖，乃西方之卦，為密雲積聚之所，此西郊所以取象。

小畜，有亨通之運。王船山周易稗疏曰：「所從來曰自，自西郊者，自西鄉東也。凡雲鄉東行，乃不雨之徵。」是以「密雲不雨，自我西郊」者，乃示「醞釀」之象，而明小積、小聚之義。

象曰：小畜，柔得位而上下應之，曰小畜。健而巽，剛中而志行，乃亨。

密雲不雨，尚往也。自我西郊，施未行也。

(一) 尚—上也。（李鼎祚周易集解引虞翻說）

案：小畜者，一陰畜乎五陽，一陰居四，四為陰位，故曰「柔得位」，上下五陽皆應之以為其所畜，故曰「上下應之」。依易例，陰稱小，所畜者小，故曰「小畜」。王弼周易注曰：「謂六四也，成卦之義在此爻也。體无二陰以分其應，故上下應之也。既得其位而上下應之，三不能陵，小畜之義。」

本卦下卦為乾，乾為健，（說卦傳）上卦為巽，巽者順也。依易例，下卦為內，上卦為外；內健外順，此本卦之德，亨通之必要條件。又上下兩卦，皆陽剛居中，此推拓之動力，故曰「志行」，是以「亨」也。

「密雲不雨」，一陰畜乎五陽，陰氣猶弱，未能雨—夫本卦與履相綜，履卦一陰在三，三為陽位，失矣。綜小畜，則三尚（上）往為四。（來知德易經來註圖解說）朱子周易本義曰：「尚往，言畜之未極，其氣猶上進也。」「自我西郊」，正「不雨之徵」（王船山周易稗疏說）故曰「施未行也」。皆在醞釀中也。此見小積小聚之義矣。

象曰：風行天上，小畜；君子以懿文德。

(一) 懿—孔穎達周易正義曰：「懿，美也。」

(二) 文德—來知德易經來註圖解曰：「以道而見諸躬行曰道德，見諸威儀文辭曰文德。」

案：本卦下卦為乾，乾為天，（說卦傳）上卦為巽，巽為風，（說卦傳）故曰「風行天上」，蓋醞釀雲也，此「小畜」之象也。

君子體小畜，則當懿美其文德。夫「文德」不同於「道德」，「道德」乃指內在之光輝，「文德」則為外在之風範。君子亦人，人為自然觀念，君子乃價值觀念。書大禹謨曰：「帝乃誕敷文德。」故「文德」乃積聚而成。程子周易傳曰：「文德方之道義，為小也。」雖然，大成必先小積。是以君子之懿其文德，乃小畜之道也。

初九，復自道，何其咎，吉。

(一)復自道—雜卦傳曰：「復，反也。」裴學海古書虛字集釋曰：「自猶于也，於也。」李鼎祚周易集解引虞翻曰：「乾稱道也。」則復自道者，反於乾健也。

(二)何其咎—王船山周易稗疏曰：「何字之義，本訓擔也，負也。从人从可，人所可勝之任則擔負以行也。」段玉裁說文解字注曰：「何，俗作荷。」

案：本卦，下卦為乾，乾為健，（說卦傳）本爻居乾卦之初，有潛之德。（乾卦初九為潛龍）然而，本卦唯六四之陰為能畜，本爻則與之正應而為所畜，且亦因此將為所沖和，而失其潛德。究竟，初九居下得正，不失其乾健之潛德，此「復自道」所以取象也。「復自道」，相應小畜之義而言，其咎也，此本爻所當何（荷）者，故曰「何（荷）其咎」。以得位，有應，故吉。

當小畜之時，本爻居小畜之始，當盡其始畜之道以為其所畜，然而，反復其乾健之潛德，不為所畜，此其咎也，而何（荷）之。雖然，亦守其分耳，故吉。

象曰：復自道，其義吉也。

(一)義—中庸第二十章曰：「義者，宜也。」

案：小畜之時，其始也，積聚之義未顯，反復於乾初潛隱之分，其於時也宜，故吉也。

九二牽復，吉。

(一) 牽—廣雅釋詁曰：「牽，引也。」

案：小畜，其能畜者在六四，而羣陽輻湊以為其所畜。九二之於六四，雖非正應，亦具有為其所畜之義，既為所畜，則為所沖和矣。然而，本卦下卦為乾，三陽相引，「牽」之象也。本爻居下乾之中，復其乾健也，故曰「牽復」。以陽剛居下卦之中，「吉」之象也。當小畜之時，本爻無所與畜，反於下乾三陽牽引中復其乾健。而其占為吉。

象曰：牽復在中，亦不自失也。

案：九二，為下乾三陽所牽引，得復其陽剛之自我，並居下卦之中，於六四無所與畜，亦如初九而不自失也。

九三，輿說輻，夫妻反目。

(一) 輿說輻—許慎說文解字曰：「輿，車輿也。」說，通作脫。陸德明經典釋文曰：「輻本亦作輹。馬云：車下縛也。」

(二) 夫妻反目—孔穎達周易正義曰：「夫妻乖戾，故反目相視。」

案：下卦為乾，乾錯為坤，坤為輿，（說卦傳）為輻。（虞氏義）九二、九三、六四互兌，兌為毀折，（說卦傳）此「輿說輻」所以取象也。又上卦為巽，巽為妻，（虞氏義）為多白眼。（說卦傳）九二、九三、六四互兌，兌錯為艮，艮綜為震，震為夫，（虞氏義）故有「夫妻反目」之象。「輿說輻」，「夫妻反目」，論其事，則上下不相連屬；論其義，則主從有所乖違。此作易者設之以喻此爻之旨。

九三，居下卦之上，過其中矣，且與上九無應。反而與六四為鄰，九三，陽也，六四，陰也。且九二、九三、六四互兌，兌為說（悅）故九三欲上進以取悅六四，然以過剛、不中，無應，又體互兌之毀折，遇上巽之白眼，以致如輿之說（脫）輻—車脫其輪，夫妻之反目，不得其畜也。

象曰：夫妻反目，不能正室也。

(一) 正室—來知德易經來註圖解曰：「室者，閨門也。正者，男正位乎外，女正位乎內也。」

案：正室者，夫唱而婦隨。今因主觀之困擾、客觀之限制，夫不能悅畜於其妻，而致反目，是不能正其室也。

六四，有孚，血去惕出，无咎。

(一) 血—李富孫易經異文釋曰：「血，馬云：『當作恤，憂也。』……惠氏曰：『古文恤作血。』」

(二) 惕出—焦循易章句曰：「惕，逷也。」許慎說文解字曰：「逷，古文逖。」又曰：「逷，遠也。」高鴻縉先生中國字例第二篇曰：「（出）託足（止）離門口外出之形，以寄外出之意。」

案：來知德易經來註圖解曰：「五陽皆實，一陰中虛，孚信中虛之象也。」故曰「有孚」。九三、六四、九五互離，離之中爻有「出」之象。（參見離卦六五爻辭）離錯為坎，坎為加憂，（說卦傳）此「血」（恤）之所以取象。故曰：「血（恤，憂也。）去惕（逷，遠也。）出。」

夫小畜以小積、小聚為義，而結構上則以本爻為其主體。本爻則以陰居柔位，得正也，以畜羣陽。羣陽勢強，一陰氣弱，且四多懼，（繫辭下傳第九章）故「血」（恤）。然以有孚信之德，故血（恤，憂也。）可去。而惕（逷，遠也）出者，高氏周易古經今注曰：「今世卜者，往往告人去家避禍，即此類也。」故其占為「无咎」。

象曰：有孚惕出，上合志也。

案：有孚信之德，遇憂，遠出避禍，正上合九五之志。九五之志者，本卦彖傳曰：「健而巽，剛中而志行，乃亨。」上合九五之志，乃推拓變化之機也。

九五，有孚攣如，富以其鄰。

(一) 攣如—李富孫易經異文釋曰：「案說文云：『攣，係也。』……漢書外戚傳云：『上所以攣攣顧念』，讀與戀同，攣戀形聲相近，義亦通。」

(二) 以—李鼎祚周易集解引虞翻曰：「以，及也。」

案：來知德易經來註圖解曰：「本卦大象中虛，而九五中正，故有孚誠信。」九五乘乎六四，六四承乎九五，陰陽相畜，故曰「攣（戀）如」。又上卦為巽，巽為近利市三倍，（說卦傳）九五處中，故有「富」者之象。李鼎祚周易集解曰：「鄰，謂四也。」

九五有孚信之德，並攣（戀）如之志，故能推其富以及其鄰，蓋亦為其所畜也。

象曰：有孚攣如，不獨富也。

案：九五既有孚信之德，並攣（戀）如之志，而推其富以及其鄰，此示其能自畜其富，並兼為其鄰所畜，故曰「不獨富也。」

上九，既雨既處，尚德載，婦貞厲。月幾望，君子征凶。

(一) 既雨既處—李鼎祚周易集解引虞翻曰：「既，已也。」俞曲園古書疑義舉例曰：「周易亦多用韻之文，亦有變文協韻者。如小畜上九，『既雨既處』按處者止也，既雨既處者，……既雨既止也。止謂雨止也。不曰既雨既止，而曰既雨既處，變文以協韻也。」

(二) 尚德載—姚配中周易姚氏學曰：「尚，上也。」李富孫易經異文釋曰：「蓋古不以德為道悳字，樂記云：『德者，得也。』故德與得經傳多通用。」案「德」，京房、虞翻及子夏傳皆作「得」。許慎說文解字曰：「載，乘也。」

(三) 月幾望—陸德明經典（周易中孚六四「月幾望」）釋文云：「幾，荀作既。」是「月幾望」即「月既望」。「望」為陰曆十五日，「既望」則為十六日。

(四) 征—行也。（見孔穎達周易正義）

案：上為陰位，而陽居之，失正。變，則上巽成坎，坎為雨，（說卦傳）故曰「既雨」。又上卦為巽，巽為進退，為不果，（說卦傳）此「既雨既處（止）」所以取象也。

「尚德載」，巽變坎，坎為車，（說卦傳）本爻在變坎之上，此「尚（上）德載」之象也。

「婦貞厲」，本卦上卦為巽，巽為長女，（說卦傳）此「婦」之象也。巽之性順，婦之德亦順；德順，乃容畜之必要條件。既變坎，李鼎祚周易集解引虞翻曰：「坎成巽壞。」故貞（所問者）厲（危）也。

「月幾望」，巽為坎，坎為月。（說卦傳）小畜之積聚，猶月之漸盈；畜之至終，猶月之幾望，此其象也。又巽為進退，為不果，（說卦傳）況際一卦之極，無所進矣，故「君子征凶」。

夫小畜之卦辭以「密雲不雨」綜敘其積聚之義。上九既為一卦之終，其「時」乃示積聚至極，故曰「既雨」。然而，卦為小畜，是其所積聚者小，不能為滂沱狀，唯適量而止，故曰「既處」。爻辭繫以「既……既……。」則既照應卦辭所設「密雲不雨」之喻，且又兼明卦象發展之終。

「尚德載」，乃相應九三「輿說輻」而言，九三為陽，以主客之困擾與限制，不得其畜，有如「輿說輻」。本爻當小畜之極，視九三之「輿說輻」，猶如車之得乘，得其畜也。

小畜以小積為義，本爻為其終，非婦之所可畜，故「貞厲」。

「月幾（既）望」畜極而反也，故君子有所往則凶。

象曰：既雨既處，德積載也。君子征凶，有所疑也。

案：積雲而雨，雨而復止，是所積者小；所積者小，可得（德）為車所載乘也。君子既有所積而欲征（行），則凶，蓋小畜既極，過此，則何底於成？是所疑也。

序卦傳曰：物畜然後有禮，故受之以履。

(一) 禮—禮記祭義曰：「禮者，履此者也。」許慎說文解字曰：「禮，履也。」

案：物之積聚，則有質量之增加；質量之增加，則見情態之變化；情態之變化，則為實際之運動，其於行為則為禮（履）。是以小畜卦之後，次之以履。

循禮慎行

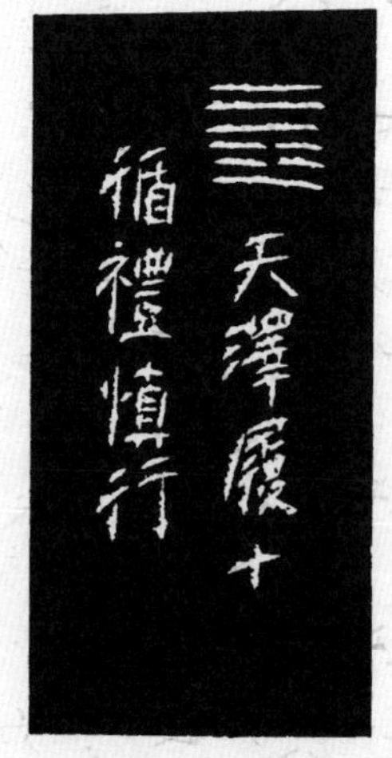
天澤履十
循禮慎行

履第十

☱☰ 兌下 乾上

履虎尾，不咥人，亨。

(一)履—段玉裁說文解字注曰：「（履）引申之訓踐。」王船山周易稗疏曰：「凡彖皆先自言卦名，後乃繫以象占之辭，此徒連虎尾為句，則卦名履者省文也。」即「履」字既作卦名，且為卦辭之首字，因疊而省其一。

(二)咥—陸德明經典釋文曰、「咥，馬云；齕也。鄭云：齧也。」案許慎說文解字曰：「齕，齧也。」

案：履卦，下卦為兌，兌為澤，（說卦傳）上卦為乾，乾為天，（說卦傳）象傳曰：「上天下澤。」履踐之象也。（見本卦象傳）又本卦主體在六三，姚配中周易姚氏學引荀爽釋履之取象曰：「謂三履也。」三為陰柔，二為陽剛，故彖傳曰：「柔履剛也。」（程子周易傳曰：「不曰剛履柔，而曰柔履剛者，剛乘柔常理不足道，故易中唯言柔乘剛，不言剛乘柔也。」）此履踐之所以取象也。是以「履」者，乃以踐為義。

本卦為履。毛奇齡仲氏易曰：「虎屬金，為西方之獸，而乾與兌皆位金。」此虎之所以取象。又上卦為乾，乾為首。（說卦傳）相對乾上為「虎」，為「首」，則兌下為「虎」、為「尾」，此履虎尾之象也。

下卦為兌，兌為口，（說卦傳）「咥」所以取象也。又為說（悅），（說卦傳）而上卦為乾，以悅應乾，雖在口而無傷，此「不咥人，亨」之象也。

「履虎尾，不咥人。」可謂履險而如夷也，故亨。王船山周易稗疏曰：「履為憂患之卦。」即於憂患中示人以希望也。李鼎祚周易集解本「亨」下有「利貞」二字。

彖曰：履，柔履剛也。說而應乎乾，是以履虎尾，不咥人，亨。剛中正，履帝位而不疚，光明也。

(一)疚—陸德明經典釋文引馬曰：「疚，病也。」案此乃指心理上之憂苦言。

案：曰「履」，乃取象於六三之柔，履九二之剛。

由於「柔履剛」，而設「履虎尾」之象，然而，本卦，下卦為兌，兌為說，（說卦傳）上卦為乾，乾為健。（說卦傳）下說（悅）而應乎上乾，故「履虎尾，不咥人。」此所以「亨」也。

「剛中正」，指九五也，九五以陽剛居上卦中正之位，此帝者之象。當履之時，履此帝位以臨乎天下，無所憂苦（疚），遠景一片光明也。

象曰：上天下澤，履；君子以辯上下，定民志。

(一)辯—李鼎祚周易集解引虞翻曰：「辯，別也。」

案：本卦，上卦為乾，乾為天，（說卦傳）下卦為兌，兌為澤，（說卦傳）上天履乎下澤，此「履」之象也。

君子體履，自建制之立場言之，當「辯上下」。「上下」者，客觀分位之等級也，各賦予其權責，亦規定其職分。然後選賢舉能，而期德稱其位，則上下之分辯矣。程子周易傳曰：「古之時，公卿大夫而下，位各稱其德，終身居之，得其分也。」自施政之立場言之，上履其位以臨下，上下之間彌綸一行政秩序，則民安其志業，程子周易傳云：「農工商賈勤其事而所享有限，故皆有定志，而天下之心可一。」是以「辯上下，定民志。」乃履踐之道也。

初九，素履，往无咎。

(一)素—鄭康成尚書大傳注曰：「素猶始也。」

案：素猶始也，初九為履卦之始爻，故曰「素履」。以剛居陽位，得正，此「往无咎」之象也。履以踐為義，素履者，踐之始也，乃指本爻於本卦之階段性意義。「往」，初九之始踐，以陽剛而居下兌之始位，說卦傳曰：「兌為說（悅）。」繫辭下傳第七章曰：「履以和行。」又履卦彖傳曰：「說（悅）而應乎乾。」故體乎兌卦「和」、「悅」之德，以應上卦之乾，則自「始踐」而往也，有「无咎」之占。

象曰：素履之往，獨行願也。

案：始履之「往」，以體「和」、「悅」而應乾，故其「往」，乃獨行其所願，即理想性之嚮往也。

九二，履道坦坦，幽人貞吉。

(一)道—許慎說文解字曰：「道，所行道也。」案此當指行為上所當行之大道。

(二)坦坦—廣雅釋訓曰：「坦坦，幸也。」

(三)幽人—俞曲園羣經平議曰：「幽人為幽繫之人。」

案：本卦下卦為兌，朱駿聲六十四卦經解曰：「兌為剛鹵，地廣衍。」此「道」、「坦坦」所以取象也。九二，以陽剛居下兌之中，毛奇齡仲氏易曰：「此則履之最正者。」故曰「履道坦坦」。「幽人」，毛奇齡仲氏易云：「坦坦然進無應，（原注：謂九五。）而退有比，（原注：謂初九。）非幽人乎？幽亦兌象，兌位西，周禮所謂極西多陰是也。」故幽人亦取象於兌卦。陽剛居下卦之中，故貞吉。

初九為「往无咎」，繼之，九二為「履道坦坦」，示其所履者為坦然無險。自特殊狀況言之，如果占者為幽人，則所問（貞）者吉也。其或有取乎文王幽於羑里之事，而設是辭乎！亦化險為夷之兆也。

象曰：幽人貞吉，中不自亂也。

案：「履」有險象，幽人所問（貞）者吉，乃以陽剛居申，故履險而不自亂也。

六三，眇能視，跛能履，履虎尾，咥人，凶。武人為于大君。

(一) 眇能視，跛能履—許慎說文解字曰：「眇，小目也。」二「能」字，李鼎祚周易集解俱作「而」字。案「能」、「而」古通用，作「而」字文氣較為自然。李富孫易經異文釋曰：「跛能履，釋文云『（跛）依字作被。』案說文云：「跛，行不正也。」「被，蹇也。」二字義異。依上文眇字，當作被。跛為假字。」

(二) 于—劉淇助字辨畧曰：「于猶其也。」

案：本卦，論其取象，九二、六三、九四互離，離為目，（說卦傳）六三體離，故有「視」象。六三、九四、九五互巽，巽為股，（說卦傳）六三體巽，故有「履」象。又下卦為兌，兌為毀折，（說卦傳）故有目而「眇」，有股而「跛」。兌又有「虎」、「尾」之象，（見卦辭案語）以及「口」之象。（說卦傳）夫以眇能視，跛能履，既履虎尾，又當其口，且以三為陽位，陰居之，失正；尤其三多凶，（繫辭下傳）故曰「咥人，凶。」

六三既以陰而居陽位，李鼎祚周易集解曰：「案以陰居陽，武人者也。」而九二、六三、九四互離，說卦傳曰：「離為甲冑，為戈兵。」又曰：「聖人南面而聽天下，嚮明而治，蓋取諸此（離）也。」此武人挾其甲冑，逞其戈兵，以為其大君之象也。

綜觀本爻所繫之事象，眇目小而視，跛行蹇而履，逞其強者也。「履虎尾，咥人。」履於險，為所傷矣。「武人為于大君」，無德而稱也。皆非履之正道也。

象曰：眇能視，不足以有明也。跛能履，不足以與行也。咥人之凶，位不當也。武人為于大君，志剛也。

案：目小而強視，故「不足以有明也。」行蹇而強履，故「不足以與行也」。「咥人之凶」，以三為陽位，而陰居之，不當也。「武人為于大君」，以陰居陽位，故曰「志剛」。

九四，履虎尾，愬愬終吉。

(一) 愬愬—陸德明經典釋文曰：「愬愬，子夏傳云：『恐懼貌。』馬本作虩虩，云：『恐懼也。』許慎說文解字曰：「虩，易履虎尾虩虩。虩虩，恐懼也。」又曰：「愬，訴或从朔心。」又曰：「訴，告也。」案虩為本字，而愬為訴之或體字，此借以代虩。

案：本卦下卦為兌，兌為「虎」、「尾」，（見卦辭案語）九四乘乎下兌，故有「履虎尾」之象。又四為上卦之初爻，不中也；陰位而陽居之，不正也；繫辭下傳第九章云：「四多懼。」夫居不中不正之位，本多懼之情，此「愬愬」之象也。

雖然，而李鼎祚周易集解引虞翻曰：「變，體坎得位，承五，應初，故終吉。」「履虎尾」而「愬愬」，固本於其情；「愬愬」以「履虎尾」，則為臨深履薄之態度，庶幾乎無傷也，是以終吉。

象曰：愬愬終吉，志行也。

案：履虎尾，能愬愬以終吉者，蓋恐懼戒慎，故得行其志也。

九五，夬履，貞厲。

(一) 夬—許慎說文解字曰：「夬，分決也，从又，象決形。」高鴻縉先生中國字例曰：「按夬原倚『又』畫其持棍擊缶缺形。……易有夬卦，音古快反，則引申借用也。」

案：夬者決也，於行事上能審時度勢，分別「當」或「不當」，（此破裂之義也）而當機立斷。

夫九五以陽剛而居至中至正之尊位，下有兌悅之應，則當機立斷，志得意滿，故有此象。

履以踐為義，王船山周易稗疏曰：「履為憂患之卦。」即其履也，當以「憂患」為涵蓋原則，如果當機立斷以履，而有志得滿意之情，則所問者危（厲）矣。

象曰：夬履貞厲，位正當也。

案：當機立斷以履踐，則因志得意滿而見危象，以所居者「中」「正」之位也。

上九，視履考祥，其旋元吉。

(一) 考祥—俞曲園羣經平議曰：「爾雅釋詁云：考，成也。……成字正釋考字，言視其所履以成其祥。」許慎說文解字曰：「祥，福也。」

(二) 旋—毛奇齡仲氏易曰：「李贊以旋為回視其履。」

案：本卦為大離象，離為目，（說卦傳）視之象也。本卦為履，故曰「視履」。本爻居本卦之終，履道已成，此「考祥」之象也。其旋者，回視其履也，即視履之意。以陽剛居上，履道已成，「元吉」之象也。

夫反顧履道自始至終之全幅歷程，則臨深履薄以成其福祥。能回視之則可體察其經驗而得元吉。

象曰：元吉在上，大有慶也。

案：元吉在上位，乃因為履道已成，此所以大有慶也。

序卦傳曰：履而泰，然後安。故受之以泰。泰者，通也。

案：履者，踐也。履踐則通泰，通泰然後安舒，通泰正是泰之義。是以履卦之後，次之以泰。

天地交泰

泰第十一

乾下
坤上

泰，小往大來，吉亨。

(一) 泰─陸德明經典釋文曰：「（泰）鄭云：通也。」

案：泰卦，下卦為乾，乾為天，（說卦傳）於氣為純陽。上卦為坤，坤為地，（說卦傳）於氣為純陰。自「不易」之立場言之，天尊而地卑也。自「變易」之立場言之，乾在下，乃示陽氣下降，即天德之下貫。坤在上，則表陰氣上升，即地德之上應。夫兩氣交感，而無不化生矣。是以「泰」者，乃以通為義。

「小往大來」，毛奇齡仲氏易曰：．．「往來以爻言。」依易例，小謂陰也，大謂陽也；下卦稱內，上卦稱外。爻之自內往外為往，則「往」者指爻之在外也；爻之自外來內為來，則「來」者指爻之在內也。是故「小往」者，即謂三陰爻（坤）往外也；「大來」者，即謂三陽爻（乾）來內也。此「小往大來」之象也。由於天地感應，故吉亨。

泰者通也，稱小之陰氣上應，稱大之陽氣下貫，此當通泰之運，故其占為「吉亨」。

象曰：泰，小往大來，吉亨。則是天地交而萬物通也，上下交而其志同也。內陽而外陰，內健而外順，內君子而外小人，君子道長，小人道消也。

案：泰卦，下卦為乾，上卦為坤。依說卦傳，乾為天，坤為地。論常理，乾天當在上，坤地當在下。卦辭曰「小往大來」，則已落在「氣化」之一層次矣。而其取象乃在坤卦往上，乾卦來下，此即表示坤地之陰氣上升，（小往）乾天之陽氣下降，（大來）是以吉亨。夫「小往大來」則「天地交」，「天地交」，即天德下貫以生物，地德上應而成物。老子第三十六章曰：「萬物負陰而抱陽，沖氣以為和。」萬物負抱陰陽之氣，沖和舒暢，而見其生機發越，是所謂「通」也。移之人事，論常理，上自上，下自下。今「上下交」，則感情交流，觀念溝通，而志意和同矣。此推卦象以明天道與人事。

依易例，下卦稱內，上卦稱外。本卦下卦為乾，乾之氣為陽，其德健；上卦為坤，坤之氣為陰，其德順。故曰：「內陽而外陰，內健而外順。」觀乎民風，當泰之時，陽健之君子居內，陰順之小人在外；則君子之道增長而大行，小人之道消退而隱匿。斯見民德之歸厚，世風之醇良，此推卦象以言卦氣、卦德與民風。

象曰：天地交，泰；后以財成天地之道，輔相天地之宜，以左右民。

(一)后—孔穎達周易正義曰：「后，君也。」

(二)財成天地之道，輔相天地之宜—朱子周易本義曰：「財，裁同。……財成以制其過，輔相以補其不足。」

(三)左右—來知德易經來註圖解曰：「左右，扶植之意，扶植以遂其生。」

案：泰卦，下卦為乾，乾為天，（說卦傳）上卦為坤，坤為地，（說卦傳）此自「變易」之立場，象乎「天地交」。天地交則萬物通，此「泰」之象也。

天地交，萬物通，此「泰」之時也。能參贊之者，非君王莫屬，故曰「后」。（此取孔穎達周易正義說）夫參天地贊化育，聖王之化功也，而「財成」、「輔相」乃其具體德業。則「裁成」、「輔相」乃相應天地生化之道而言，蓋天地之生化，自實然意義言之，但見蓊鬱、蓬勃。如果自價值意義衡之，則未必盡合天地之時宜，或有過之者而致泛濫，或不足者因以衰萎。財（裁）成即「制其過」，「輔相」即「補其不足」。期於天地之生化，無不盡合其時宜。

至於本此生化之功業，施之政事，則當勸善而矜不能，以扶植（左右）百姓使皆盡其性而遂其生，則泰道著矣。

初九，拔茅茹以其彙，征吉。

(一) 拔茅茹以其彙—王船山周易稗疏曰：「茅茹二艸名。茹，藘也，一名茅蒐，今謂之茜艸，其艸蔓生，與茅俱枝莖堅韌，拔之不絕，必連其根彙而拔之。」王引之經傳釋詞曰：「以猶及也。」李鼎祚周易集解引虞翻曰：「彙，類也。」

(二) 征—毛奇齡仲氏易曰：「征，進也。」

案：泰之錯為否，否之初六爻辭亦為「拔茅茹以其彙」。夫否卦之六二、六三、九四互艮，艮為手。（說卦傳）又六三、九四、九五互巽，巽為草木。（說卦傳）初爻則草木之根也。初六與九四相應，「拔」之象也。泰既與否錯，故初九有「拔茅茹以其彙」之象。（此取李鼎祚周易集解引虞翻說）王船山周易稗疏曰：「泰之三陽，否之三陰，皆相連成體而無間斷，故有此象。」本卦下卦為乾，乾為健，（說卦傳）健以征（進）則吉，此其象也。

論卦義，有結構之一面，有發展之一面。本卦卦辭曰：「小往大來」，乃言泰卦之結構。而初九爻辭「拔茅茹以其彙」，則表卦義發展歷程之最初階段。夫自發展歷程之次第觀之，則為自下而及上。初九，如根之潛植，而上有六四之應，故其征「進」可吉。

象曰：拔茅征吉，志在外也。

案：「拔茅征吉」，有上進之象，有吉慶之占。「志在外也」，程子周易傳曰：「志在外，上進也。」即有上進之志。

九二，包荒。用馮河，不遐遺；朋亡。得尚于中行。

(一) 包荒—焦循易通釋曰：「包，容也。」毛奇齡仲氏易曰：「夫三坤，地也。地曰荒，猶四方之稱四荒也。」

(二) 馮河—李鼎祚周易集解引虞翻曰：「馮河，涉河。」

(三) 遐遺—孔穎達周易正義曰：「遐，遠也。遺，棄也。」

案：泰卦，下卦為乾，乾為天。（說卦傳）九二居下卦之中，體乎天道者也。上卦為坤，坤為地，（說卦傳）爻辭所謂「荒」者也。六五居上卦之中，本乎地德，以應九二，故九二有皇天包容大地之象，故曰「包荒」。

「包荒」，乃示泰之上通。俞曲園周易互體徵曰：「按自二至四互兌，兌為澤。自三至五震，震為足。震足在兌澤之上，故有『馮河』之象。」又九二既居下卦之中，體乎乾，乾為健，（說卦傳）其勁力足以「馮河」也。九二既「馮河」以上應六五，六五雖在遠，（遐）而不棄（遺）也。六五來應九二，乃陰從陽也。蓋六五居坤上三陰之中，與為朋類，既下應九二，則喪其朋類矣，此「朋亡」之象也。（此取惠棟周易述說）

「中行」李鼎祚周易集解引荀爽釋之為「行中和」。二、五皆居乎中，而二為陽，五為陰，陰陽相應則「和」矣。惠棟周易述曰：「漢儒皆以二五為中和。」既然，九二陽氣上升，並有六五陰氣之應，是九二能上（尚）以「行中和」，此其象也。

綜觀九二爻旨，乃在表其上通之義。首節總通泰之卦義而敘九二所體現之涵蓋性，次節承之以喻九二上通之剛健性，末節則言即通即和之消融性。

象曰：包荒，得尚于中行，以光大也。

案：九二體乾天以包容坤地，能上（尚）以行中和，（程子周易傳曰：「象舉包荒一句，而通解四者之義。」）此示通泰之廣（光）大。

九三，无平不陂，无往不復，艱貞无咎。勿恤其孚，于食有福。

(一) 陂—李鼎祚周易集解引虞翻曰：「陂，傾。」
(二) 艱貞—高亨周易古經今注曰：「占問患難之事，謂之艱貞。」
(三) 恤—許慎說文解字曰：「恤，憂也。」

(四)有福—據羅振玉殷虛文字類編曰：福為祭酒，即饗神飲之餘。有福，即有福酒可飲。

案： 三為下卦之終，位當下卦乾陽與上卦坤陰交會之際，為變化出入之樞機。蓋陽已盛極而盡，陰將繼踵以代。當此際，「泰」之發展，「通」之過程，已見坎坷之象，而其時運，即將由平順而轉為傾陂，此「无平不陂」之所以取象也。至於其消長，即將由陽氣之上往，轉為陽氣之下降，此「无往不復」之所以取象也。以陽剛不中，「艱」之象也。以得正，上有上六之應，故无咎。

「勿恤其孚」，李鼎祚周易集解引虞翻曰：「二之五得正，在坎中。」即謂本卦二、五失位，易之，得正，則三在坎中。坎為憂，（說卦傳）恤之象；又中實，有孚之象，（見坎卦卦辭）今二五既失位，三當半坎，此「勿恤其孚」之象也。又九二、九三、六四互兌，兌為口，（說卦傳）「于食」之象也。而九三據乾下以臨坤上，坤為漿，（九家易義）此福酒所以取象也。故曰「于食有福」。

九三，其時運，即將由平順而轉為傾陂；其消長，即將由陽氣之上往，轉為陽氣之下降，如以患難之事為問，則无咎。

「勿恤其孚」孚者信也，此指通泰之當然。夫機變固艱，而通泰則勿恤（憂），「半食有福」其可期乎。

綜觀九三爻旨，上半乃謂通泰之歷程，雖免有偶然性之機變時運，即「泰」中有「變」。下半則示偶然性之機變時運，無損於通泰之歷程，即「變」中猶「泰」。

象曰：无往不復，天地際也。

(一)際—段玉裁說文解字注曰：「凡兩合皆曰際。」

案： 下卦為乾，乾為天，初九、九二、九三皆陽爻，示陽氣之上升。上卦為坤，坤為地，六四、六五、上六皆陰爻，示陰氣之下降。九三之象，象乎陽氣上往，遇及陰氣下降，故曰「无往不復」。此示九三乃當天地交會之際也。

六四，翩翩，不富以其隣；不戒以孚。

(一)翩翩—許慎說文解字曰：「翩，疾飛也。」

(二)「不戒以孚」之「以」—王引之經傳釋詞曰：「以猶而也。」

案：時至六四，位已過中，而且六四、六五、上六皆陰爻，三陰連袂而下，依次與初九、九二、九三相應，故有「翩翩」之象。

京房易傳曰：「陽實陰虛，故坤虛无陽為不富。」則陽實為富，陰虛為「不富」。六四、六五、上六皆為陰，並相連比，「其鄰」之象也。「不富以其鄰」乃謂六四既體坤虛，又並六五與上六，翩翩然下與乾之三陽相應。

「翩翩，不富以其鄰。」乃正面敘述。而「不戒以孚」，乃補足文義也。夫六四當半坎，（見九三案語）坎為通，（說卦傳）「不戒」之象。又為中實，「孚」之象，（見坎卦卦辭）故云。孚者，信也。不戒，正「孚」之形容。謂六四翩然下應，乃自然之道，無所掛礙。

劉百閔周易事理通義曰：「泰卦以上下交為義。」繫辭下傳第九章曰：「四多懼。」「以其鄰」而「翩翩」下應，「不戒以孚」，則有所伴助而通泰也。

象曰：翩翩不富，皆失實也。不戒以孚，中心願也。

案：六四，連比六五、上六，三爻皆為陰虛，翩翩然下應乾之三陽，以三爻皆為陰虛，故曰「皆失實也。」

「不戒以孚」，言六四無所掛礙，順乎自然而應初九，乃中心之所願也。

六五，帝乙歸妹，以祉，元吉。

(一)帝乙—李鼎祚周易集解引虞翻曰：「帝乙，紂父。」

(二)歸妹—公羊隱公二年傳曰：「婦人謂嫁曰歸。」王弼周易歸妹注曰：「妹者，少女之稱也。」

(三) 以祉—劉百閔周易事理通義曰：「以，古音有。」許慎說文解字曰：「祉，福也。」

案：泰卦：九三、六四、六五互震，震為帝。九二、九三、六四互兌，兌為妹。（此取李鼎祚周易集解引虞翻說）且五為尊位，而陰爻居之，故有「帝」、「妹」之象。六五下與九二相應，陰配乎陽，「歸」之也。故曰「帝乙歸妹」。六五下應九二，陰陽交泰，此「以祉」之象也。以居中得應，故「元吉」。

泰者，通也。本爻乃作易者取殷末故事以繫焉。顧氏周易卦爻辭中的故事曰：「自從太王『居岐之陽，實始翦商。』（魯頌閟宮）以來，商日受周之壓迫，不得不用和親之策，以為緩和之計，像漢之與匈奴一般。所以王季的妻，就從殷商嫁來，雖不是商的王族，也是商畿內的諸侯之女。」夫歸妹以和親則事通矣，事通則有福而大吉。

象曰：以祉，元吉，中以行願也。

案：六五所以有「以祉（有福）」「元吉（大吉）」之象者，乃九二之陽往「尚」，六五之陰來「歸」，陰陽交泰，自六五之立場言之，乃中心之願以行也。

上六，城復于隍，勿用師，自邑告命，貞吝。

(一) 城復于隍—許慎說文解字曰：「隍，城池也，有水曰池，無水曰隍。」高亨周易古經今注曰：「復疑當讀為覆，傾也。……城復于隍者，城覆而傾覆於隍中也。」

(二) 勿用師—高亨周易古經今注曰：「師上疑當有「行」字，轉寫挩去，易屢言『行師』。」

(三) 邑—惠棟周易述曰：「人主所居謂之邑。」

案：本卦上卦為坤，坤為積土，（虞氏義）「城」之象也。坤虛稱隍。（仲氏義）上位，既極而「復」（覆）之象也。故曰「城復于隍」。

本卦上卦為坤，坤為眾。（說卦傳）九三、六四、六五互震，震為動。（說卦傳）此「（行）師」之所以取象。李鼎祚周易集解引虞翻曰：「陰皆乘陽，行不順，故勿用（行）師。」

坤為自邑，（虞氏義）九二、九三、六四互兌，兌為口，（說卦傳）兌綜為巽，「命」之象，（來知德易經來註圖解說）故曰「自邑告命」。陰柔居一卦之極，「吝」之象也。

程子周易傳曰：「掘隍土積累以成城，如治道積累以成泰。及泰之終，將可反于否，如城土頹圮，復反于隍也。」此非常之時，乃有「勿用（行）師」之戒。「自邑告命」，告人主之命也。而所告者，即「城復于隍，勿用（行）師。」之應變措施也。夫泰以通為義，而泰極則否，艱難（吝）之時也，故「貞吝」。

象曰：城復于隍，其命亂也。

(一) 命—來知德易經來註圖解曰：「命字謂政令也。」

案：「城復于隍」，乃謂政令之亂也，政不通，人不和也。

序卦傳曰：物不以終通，故受之以否。

案：通泰之極，則轉為不通矣，此「物極必反」之道也。而「不通」正是「否」之義。是以泰卦之後，次之以否。

儉德辟難

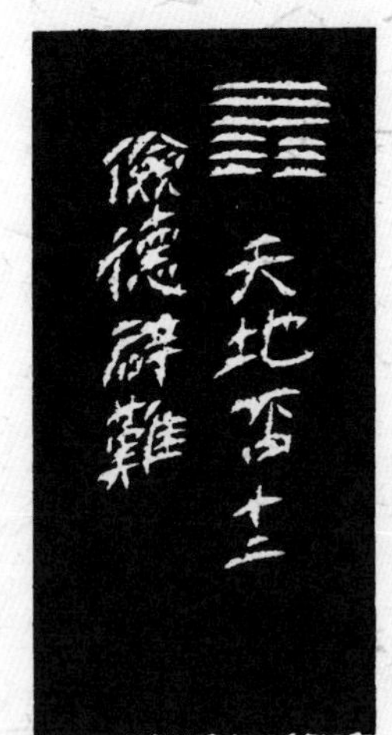

否 第十二

☷ 坤下
☰ 乾上

否之匪人，不利君子貞，大往小來。

(一) 否—陸德明經典釋文曰：「（否）閉也，塞也。」案「否」字既作卦名，且為卦辭之首字，因重疊而省其一。（參見王船山周易履卦稗疏。）

案：否卦，下卦為坤，坤為地，（說卦傳）上卦為乾，乾為天。（說卦傳）乾三爻皆陽以象天，既在上，尊也。坤三爻皆陰而象地，則在下，卑也。此不易之定位也。然而易者，不易之中有變易，如自變易之一面觀之，當以泰卦所設者，天地交、萬物通，始為盛世。今否卦，乾猶在上，是陽氣之未下降，天德之未下貫。坤尚在下，是陰氣之未上升，地德之未上應，故天地不交，萬物不通。是以「否」者，乃以閉塞為義。

否者，世風之閉塞也，乃天運之數，故曰「否之匪人」。李鼎祚周易集解引崔憬曰：「君子道消，故不利君子貞也。」

否為泰之反綜，泰曰「小往大來」，否曰「大往小來」。「大往小來」，即依易例，大謂陽也，小謂陰也。下卦稱內，上卦稱外。爻之自內往外為往，則「往」者指爻之在外。爻之自外來內者為來，則「來」者指爻之在內。是以「大往」者，乃三陽在外，「小來」者，乃三陰在內，此「大往小來」之象也。

否以閉塞為義，白天道觀之，以天地不交，而乾坤顛倒。自人事言之，乃運會不濟，則世風敗壞。故否者，乃示一閉塞之風氣籠罩於一切。夫其來也固有所自，「否之匪人」，乃謂致使此敗壞風氣之出現，非人也，乃天運之數也。時運如此，君子生當閉塞之時，其志節必非否世所能容，故不利於其所卜問。

「大往小來」者，言乎乾坤顛倒，陰陽否隔也。此本卦卦象所示之涵蓋原則也。

象曰，否之匪人，不利君子貞，大往小來。則是天地不交而萬物不通也，上下不交而天下无邦也。內陰而外陽，內柔而外剛。內小人而外君子，小人道長，君子道消也。

案：致使時代閉塞者，乃天運之數，匪（非）人也。不容君子之志節者，則所問不利。其設象蓋乾卦三陽爻往外，坤卦三陰爻來內，故曰「大往小來」。夫乾陽在上，坤陰在下，乃天尊地卑不易之定位。然而，易者既言其不易，亦言其變易，自變易一面觀之，則落在「氣化」一層次上，則當以陽氣下降、天德下貫，陰氣上升，地德上應，所謂「天地交而萬物通」始為通泰。今否卦，乾猶在上，坤猶在下，陰陽之氣阻隔，化育之機閉塞，即是天地不交，萬物不通。移之人事，上自上，下自下，此不易一面之定理也。然而，其具體生活，則當感情交流，觀念溝通，此變易一面之常情也。今否卦所示之象，乾否坤塞，即上下不交，則邦國之道式微矣。此推卦象以明天道與人事。

依易例，下卦稱內，上卦稱外。本卦下卦為坤，坤屬陰，其性柔；上卦為乾，乾屬陽，其性剛。

故曰「內陰而外陽，內柔而外剛。」觀乎民風，當泰之時，陽健之君子居內，陰順之小人在外；而君子之道增長而大行，小人之道消退而隱匿。今當否世，則反之，即陰柔之小人居內，陽剛之君子在外；而小人之道增長而大行，君子之道消退而隱匿。斯見民德之澆薄，世風之日下。此推卦象以言卦氣、卦性與民風。

象曰：天地不交，否；君子以儉德辟難，不可榮以祿。

(一) 辟—陸德明經典釋文曰：「(辟)音避。」

案：否卦，上卦為乾，乾為天，(說卦傳)下卦為坤，坤為地，(說卦傳)「天地不交」，乃自變易之立場言之，天德未能下貫，地德未能上應，則生機遲滯矣，此「否」之象也。

君子體否，蓋君子之志在於有所為，其節則有所不為，「有所為」則期於貢獻，「有所不為」乃樹立風範。故志節者，君子之承當也。然而閉塞之時代，乾坤顛倒，君子之志節，不僅難於申張，反而易受摧折，故當且以凝斂之德，歸於自己，而避免不必要之禍難。「榮以祿」者，以祿為榮也。祿者，仕之居位以代其耕也。「不可榮以祿」，即不可以祿位榮顯，所以韜晦也。中庸第十四章曰：「故君子居易以俟命。」亦此之謂乎！此濟否之道也。

初六，拔茅茹以其彙，貞吉。亨。

案：否泰兩卦，其初爻，同以「拔茅茹以其彙」為辭。

否卦，六二、六三、九四互艮，艮為手，(說卦傳)而初六與九四相應，此「拔」所以取象也。又六三、九四、九五互巽，巽為草木，(說卦傳)下卦三陰相連，初為其始，有「根」之義，故有「拔茅茹以其彙」之象。

泰之初九，外有六四之應，順乎通泰之卦義，故曰「征（進）吉。」而否卦之初六，雖當閉塞之時，且上下不交，然而能下自守，（成蓉鏡周易釋爻例曰：凡初爻，亦稱下，亦稱卑。）此「貞吉。亨。」之象也。

「拔茅茹以其彙」者，示本爻於卦義發展歷程中，尚屬最初階段，拔之者，三陰連類以發展之可能見矣，故所問者吉，其運則亨。

象曰：拔茅貞吉，志在君也。

案：否為閉塞之時，初則其否未深。曰「拔茅」者，以上有九四之應援，「啟發」之機猶存，故「貞吉」。劉百閔周易事理通義曰：「易為君子謀，不為小人謀，故凡爻所言者，皆為君子謀也。」初六之設象，即示當存「在君」之志。

六二，包承，小人吉，大人否。亨。

(一) 包承—包容承順。（朱子周易本義）

案：觀乎爻象，二為下卦之中，而陰柔居之。於一般狀況，上有九五之應，然因閉塞之世，上下否隔，六二既以陰柔而居中正之位，其下之初六同為陰柔，乃為所「包」；其上之六三，亦為陰柔，則為所承，故有「包承」之象。如果移之人事，陰柔乃小人之象，小人雖遇否世，以其既得中正之位，包下承上，同類為羣，於其特定之生活領域，自有其吉慶也。至於「大人」，既當否隔之世，又於六二無所取象，故「否」也。以陰柔居中得正，「亨」之象也。

否隔之世，六二示乎小人包下承上，同類為羣，自有吉慶，大人則為否隔所限，自當「以儉德辟難」（見大象傳）。所以「居易俟命」也。故其占曰「亨」。

象曰：大人否，亨，不亂羣也。

案：六二之象，於大人為否隔，如能「以儉德辟難」，則有「居易俟命」之「亨」。故不亂小人之羣也。

六三，包羞。

㈠包羞—包為包容，（見焦循易通釋）廣雅釋詁曰：「羞，恥也。」

案：三為陽位，陰居之，非正也。又初六、六二皆陰，升而至六三，可謂極矣。雖然，其上之九四、九五、上九皆陽，無奈上下否隔，陰陽不交，則六三者，唯包容乎同類之初六、六二。六三包容初六、六二則成坤，坤為恥、為羞，（虞氏義）此「包羞」所以取象也。「包羞」，於人事上則象徵有所隱含屈辱也。

象曰：包羞，位不當也。

案：六三，所以有隱含屈辱者，以三為陽位，又為下卦之上位，六三居之，不正不中，故曰「位不當也」。

九四，有命，无咎，疇離祉。

㈠疇離祉—李鼎祚周易集解引九家易曰：「疇者，類也。……離，附。祉，福也。」

案：九四承乎九五，九五以陽剛居上卦之中，君之象也。又六三、九四、九五互巽，李鼎祚周易集解引九家易曰：「巽為命。」九四既承乎九五，此「有命」之象也。來知德易經來註圖解曰：「四近君，居多懼之地，易於獲咎。今變巽順，則能從乎五矣。故有命，无咎。」

本卦上卦為乾，三爻皆陽，九四其疇（類）也。惠棟周易述曰：「乾為福。」「祉」之象也。九四既承九五之命，雖否隔之世，亦福在其中，故曰「疇離祉」。即以同類而得其福。

九四承乎九五之君，有君之命以濟否（程予義），當否之時，可以无咎，並以同類而得其福。

象曰：有命无咎，志行也。

案：九四有「有命，无咎。」之象，以承九五也。程子周易傳曰：「有君命則得无咎，乃可以濟否，其志得行也。」

九五，休否，大人吉。其亡其亡，繫于苞桑。

(一) 休否──高亨周易古經今注曰：休猶怵也，休怵雙聲。怵，懼也。「休否」者，懼否塞之來也。

(二) 其亡其亡──王引之經傳釋詞曰：「其猶將也。」許慎說文解字曰：「亡，逃也。」

(三) 繫于苞桑──王船山周易稗疏曰：「苞，枹木也。爾雅，枹遒木魁瘣。郭璞曰，樹木叢生，根枝節目盤結磈磊。蓋桑田之桑，分畦而種，枝幹條達，雖為柔韌之木，而枝弱尚易折斷，唯當道而生者，木幹瘣磈，繫風馬逸牛於其幹，則必不能逸。大人居否世而固本自彊，得賢為輔之象似之。」

案：否者，自其發展以觀之，陰之消陽也。九五以陽剛居上卦之尊位，大人之象也。大人既得其位，而能憂（休──怵也。）乎否塞之來，此「休否」所以取象也。以當位，故吉。

「其亡其亡」，懼乎其畜之將逃也。本卦上卦為乾，乾為馬，（說卦傳）象其畜也。下卦三陰連類以上逼，故有「其亡其亡」之象。又六三、九四、九五互巽，巽為木，為繩，（說卦傳）此「繫于苞桑」之象也。

本爻陽剛中正，而象乎居尊之大人，當否之時，慨然以休（怵）之，故吉。夫否塞之時，大人憂之，如牧者之慮乎其畜之將亡，則繫于苞桑，蓋「未雨綢繆」，亦濟否之道乎！

象曰：大人之吉，位正當也。

案：大人處「否」，能「休（怵）」以濟之，而得吉慶者，蓋以陽剛居中正之位也，故曰「位正當也」。

上九，傾否，先否後喜。

(一) 傾—許慎說文解字曰：「傾，仄也。」段玉裁注曰：「按仄當作矢，矢下曰傾頭也。」

案：否之發展，至上位而極，極則變，此「傾否」之象也。順否之發展，則否也，故曰「先否」；至極而變，變則反而為泰，可喜矣，故曰「後喜」。

傾否，表示否塞之世運已發展至極端，面臨一變化之情況。就此變化之情況而言，之前尚為否塞之時，故曰「先否」。之後則啟通泰之運，故曰「後喜」。

作易者，畫卦設象，既示其結構之關係，亦導以發展之方向。夫自其結構之關係，可以明瞭某一卦義涵蓋下之實然情況；自其發展之方向，可以預知某一情況發展中之必然方向。知易者於是而增長其宇宙人生之智慧焉。本爻爻辭曰：「先否後喜。」則示「否極泰來」之機運也。

象曰：否終則傾，何可長也。

案：否卦至終，則發生變化，而轉為通泰，此天之道，易之理。此謂「否終」之機運豈能長久，故曰「何可長也」。

序卦傳曰：物不可以終否，故受之以同人。

案：事物之發展，固有其否塞之時，然終必發生變化，變化則有所「合會」，「合會」正是同人之義。是以否卦之後，次之以同人。

和同於人

同人 第十三

離下
乾上

同人于野，亨，利涉大川；利君子貞。

(一) 同人—許慎說文解字曰：「同，合會也。」孔穎達周易正義曰：「同人，謂和同於人。」案「同人」既作卦名，且為卦辭之首兩字，因重疊而省之。（參見王船山周易履卦稗疏。）

(二) 于野—許慎說文解字曰：「邑外謂之郊，郊外謂之野。」孔穎達周易正義曰：「于野，喻其廣遠。」

案：同人卦，下卦為離，離為火，（說卦傳）上卦為乾，乾為天，（說卦傳）火炎於天，同之之象。惠棟周易述引虞氏曰：「乾為人。」即火炎上而有和同於人之象。是以「同人」者，乃以和同於人為義。

毛奇齡仲氏易曰：「初與二為地道，故稱野。」此「于野」所以取象也。

本卦五陽一陰，一陰—六二也，上與九五相應，陰陽既感，則上下相通，此「亨」之象也。

本卦下卦為離，離錯為坎，坎為水，（說卦傳）此「大川」所以取象也。而六二有九五之應，故曰「利涉大川」。

惠棟周易述曰：「二五得正，故稱君子。」且二、五相應上下相通，故利於君子之貞。

「同人于野」，野者廣遠之地，「同人于野」即彖傳曰：「通天下之志」也。故有亨通之運且利涉大川。蓋同人之道成，故利君子之貞。（卜問）

彖曰：同人，柔得位得中而應乎乾，曰同人。同人曰，同人于野，亨。利涉大川，乾行也。文明以健，中正而應，君子正也；唯君子為能通天下之志。

(一) 同人曰—程子周易傳曰：「（同人曰），此三字羨文。」孔穎達周易正義曰：「同人曰，猶言同人卦曰也。」

案：同人卦，五陽一陰，一陰者六二。二為陰位，且為下卦之中，六二以柔而居之，是「得位得中」。又上應乎九五，九五體上乾，是「應乎乾」。蓋柔和同於剛，故曰「同人」。「同人曰，同人于野，亨，利涉大川。」乃「乾行也」，說卦傳曰：「乾健也。」乾卦象傳曰：「天行健。」是以「乾行」即乾之健行。同人卦之所以「同人于野」，「亨」，「利涉大川」，乃六二應乎九五，得之於上乾之健行。

本卦下卦為離，離有文明之象，上卦為乾，乾為健，故有「文明以健」之德。六二，乃居中得正，上應九五，九五亦居中得正，故曰「中正而應」。二、五居中得正，以象君子，故曰「君子正也」。（易傳例釋貞為正。）夫卦曰「同人」，此君子則指和同於人之君子，君子之和同於人，非行迹之苟同，乃心志之渾通。程子周易傳曰：「天下之志萬殊，理則一也。君子明理，故能通天下之志，聖人視億兆之心猶一心者，通於理而已。」即客觀化其精神，以服從理性，而和同於人也。

象曰：天與火，同人；君子以類族辨物。

(一)類族辨物—朱子周易本義曰：「類族辨物，所以審異而致同也。」

案：本卦上卦為乾，乾為天，（說卦傳）下卦為離，離為火，（說卦傳）天既在上，火則炎上以同之，此「同人」之象也。

君子體同人，則當類族辨物。夫物者，有其殊相，有其共相。辨物者，別其殊相也；類族者，聚其共相也。別其殊相，所以肯定其價值；聚其共相，所以成就其統類。是以類族辨物，乃和同之道。

初九，同人于門，无咎。

案：本卦為同人。初為陰位，而陽居之，失正，變，則下卦為艮，艮為門，（說卦傳）此「同人于門」之象也。本爻以剛，承六二之柔，故无咎。

據象傳，「于門」乃出門之意。「同人于門」即出門以和同於人，此同人之始也。其占則為「无咎」。

象曰：出門同人，又誰咎也。

案：出門，同人之志乃形焉，而所和同之對象則尚未限定，既未限定，則無「厚薄親疏之異」（程子周易傳說）蓋坦然以順應，「又誰咎也」。

六二，同人于宗，吝。

(一)宗—許慎說文解字注曰：「宗，尊祖廟也。」段玉裁注曰：「當云尊也，祖廟也。今本奪上也字。」

案：本卦為同人。本爻以柔居下卦中正之位，上應九五，九五體上乾，來知德易經來註圖解曰：「乾乃六十四卦陽爻之祖，有祖則有宗，故所應者為宗。」此「同人于宗」之象也。本爻為柔，宗為「尊」者，欲和同之，所以吝也。

本爻上應九五，而居於下離之中位，九五為上乾之中位，離為火，（說卦傳）乾為天，（說卦傳）為人，（虞氏義）夫火炎上，和同於天，和同於「尊」者之人，最得同人之義。然而，以柔應尊，作易者特繫一「吝」字，其寄戒慎之微意乎！

象曰：同人于宗，吝道也。

案：「同人于宗」，本爻陰柔而和同於「尊」者之九五，其遇固恰，其分則未必「稱」，故「吝（艱難）」在其中矣。

九三，伏戎于莽，升其高陵，三歲不興。

(一) 戎—許慎說文解字曰：「戎，兵也。」段玉裁注曰：「兵者，械也。」

(二) 興—李鼎祚周易集解引虞翻曰：「興，起也。」

案：論取象，同人卦，下卦為離，離為戈兵，（說卦傳）戎之象也。離在下，故曰「伏戎」。（此取俞曲園周易互體徵義）六二、九三、九四互巽，巽為草木，（說卦傳）莽所以取象。故曰「伏戎于莽」。又巽為股，（虞氏義）升所以取象。為高；（說卦傳）巽錯為震，震為陵。（虞氏義）故曰：「升其高陵」。又上卦為乾，乾為歲，（虞氏義）三之所應在上，三至上歷三爻，一爻象一歲，故曰「三歲」。然而三與上敵應，故有「不興（起）」之象。

論涵義，九三以陽居下卦之上位，不中，致有過剛之忌。固然，本乎同人之卦義，以求有所上同，但因上遇上九，位雖為伏陰，爻則為剛，所謂同性相斥也。王弼周易注曰：「其敵剛健，非力所當，故伏戎于莽，不敢顯亢也。升其高陵，望不敢進，量斯勢也，三歲不能興者也。」蓋本卦以和同於人為義，九三本此卦義以求和同於伏陰之上九，而其機既已不遇，且為所斥，無可奈何，唯委屈以待時，終於三年猶不興（起）。

象曰：伏戎于莽，敵剛也。三歲不興，安行也。

(一) 安—孔穎達周易正義曰：「安，語辭也，猶言何也。」

案：本爻既欲和同於上九，反而「伏戎于莽」，乃因九三興上九，兩剛相敵也。既已「三歲不興」，則又安（何）能行也。

九四，乘其墉，弗克攻，吉。

(一) 墉—許慎說文解字曰：「墉，城垣也。」

(二) 弗克攻—弗與「勿」、「不」通。克，能也。（俱見裴學海古書虛字集釋。）弗克攻即勿能攻，能勿攻。

案：依同人之卦，九四，上既無所應，下則與初九為敵剛。故轉而求和同於六二，而六二居離卦之中，毛奇齡仲氏易曰：「離剛堅乎外為墉。」則九三為六二之墉，而四乘之，此「乘其墉」之象也。本爻以陽居陰位，失正，所欲和同之六二又堅其城垣，是以「弗克攻、吉。」

本爻欲和同於六二，而乘其墉，其難也。「弗克攻，吉。」此辭與占，構成一假然推理之命題，即如果弗克攻，則吉。（春秋文公十四年秋七月日：「公至自會，晉人納捷菑于邾，弗克納。」「弗克納」，「弗克攻」之句法似之。）「弗克攻」即勿能攻，能勿攻。此承「乘其墉」而言。蓋九四既「乘其墉」，有所圖謀於六二，而六二以九三為墉，不得其「同」；且四多懼，（繫辭下傳第九章）以是之故，如果「弗克攻」，則「吉」。亦示適可而止之意乎！

象曰：乘其墉，義弗克也；其吉，則困而反則也。

㈠反則—程子周易傳曰：「（反則）反於法則。」

案：九四求同於六二，為九三之墉所阻，九四乘之，然而六二正應在九五，九四徒為非分之覬覦耳，故於義則「弗克攻」。

「吉」者，以「弗克攻」為前提。「弗克」者，乃經過一番「攻」或「不攻」之猶豫困惑，然後基於義道之決定。此一決定，相應「乘其墉」之企圖，反而合乎定然不移之常則。

九五，同人先號咷而後笑，大師克相遇。

㈠號咷—陸德明經典釋文曰：「號咷，啼呼也。」

㈡克—勝也。（見孔穎達周易正義）

案：本卦為同人。六二、九三、九四互巽，而九五居上乾之中，李鼎祚周易集解引虞翻曰：「巽為咷，乾為先。」又巽錯為震，震卦卦辭曰：「笑言啞啞。」依乎互巽、上乾、錯震，乃有「先號咷而後笑」之象。又上卦為乾，乾為大，（虞氏義）同人旁通為師卦，故稱「大師」，九五與六二相應，「相遇」之象也。

本卦一陰五陽，卦義為陰陽和同，一陰在六二，九三、九四求和同於人而不得，故有「伏戎」、「乘墉」之象。至九五，陽剛中正，下有六二之應，得其「和同」也。雖然，其間由於九四「乘墉」，九三「伏戎」之求有所和同而不得，構成九五之困擾，故「先號咷」。終於以「大師」而遂其願，故「而後笑」。「大師」者，九五以陽剛居中正之尊位，故得興「大師」，以勝九三「伏戎」，九四「乘墉」之困擾，終與六二和同。

象曰：同人之先，以中直也。大師相遇，言相克也。

(一) 直—朱子周易本義曰：「直謂理直。」

案：「先」，即爻辭之先號咷。九五有和同於六二先號咷之象，固然，由於九三「伏戎」，九四「乘墉」求其有所和同而不得之困擾；其「而後笑」者，乃因居中理直之故也。終於以「大師」而遂相遇六二之願者，謂相克乎九三、九四而後成其與六二之和同也。

上九，同人于郊，无悔。

(一) 郊—許慎說文解字曰：「邑外謂之郊，郊外謂之野。」

案：本卦為同人，上卦為乾，李鼎祚周易集解引虞翻曰：「乾為郊。」本爻居上乾之上位，故有「同人于郊」之象。

上九，以陽剛居上位，依易例，上為陰位，陽居之，失正，又下與九三為敵剛。固然，依同人之義，有同人之道，但同人發展至此，其極矣，居上失位又無應，故雖「同」而無所「同」，夫同人既極雖無所「同」，亦無所悔。

象曰：同人于郊，志未得也。

案：同人于郊，雖「同」而無所「同」，無所同，則同人之志未得也。

序卦傳曰：與人同者，物必歸焉，故受之以大有。

案：同人與大有相反綜（來氏義），同人為同之於人，同之於人，則「物必歸焉」；「物必歸焉」則有之於己，有之於己，正是「大有」之義。是以同人卦之後，次之以大有。

民和年豐

民和年豐

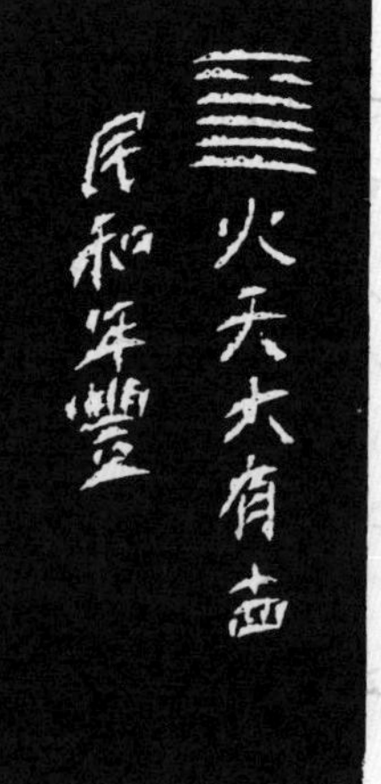

大有 第十四

乾下
離上

大有，元亨。

(一) 大有—穀梁宣公十六年傳曰：「五穀皆熟為有年也，五穀大熟為大有年。」則「大有」者，大豐年也。高亨周易古經今注曰：「大有二字疑當重，『大有，大有。』者上大有二字乃卦名，下大有二字乃卦辭，此全書之通例也。」

案：大有卦，下卦為乾，乾為天，（說卦傳）上卦為離，離為火。（說卦傳）象傳曰：「火在天上。」則光輝被於萬物，擁有者富。又本卦一陰五陽，一陰為六五，居上卦之中位，五陽應之。依易例，陽稱大，五陽應乎一陰，為一陰所擁有。李鼎祚周易集解引姚規曰：「互體有兌，兌為澤，位在秋也。乾則施生，澤則流潤，離則長茂，秋則成收，大富有也。」是以「大有」者。乃以大富有為義也。

象傳曰：「其德剛健而文明，應乎天而時行；走以元亨。」

大有者，大富有也，其占為「元亨」。

彖曰：大有，柔得尊位大中而上下應之，曰大有。其德剛健而文明，應乎天而時行，是以元亨。

案：大有卦，六五以柔居五之尊位，又為上卦之中，其餘五爻皆剛，益顯柔有調劑之功，尊有擁眾之能，大中而為一卦之宗，上下五陽應之，為所調劑、擁有，故曰「大有」。

「大有」卦，下卦為乾，其德剛健，上卦為離，其德文明。依易例，下卦稱內，上卦稱外。內剛健，則創生其用，外文明，乃富有之業。夫剛健以創生，此內在之德性，文明而富有，乃外在之德業。是以「大有」者，上應乎天，以見剛健創生之不息；與時偕行，而致文明富有之無疆。故「元亨」。

象曰：火在天上，大有；君子以遏惡揚善，順天休命。

(一)休—來知德易經來註圖解曰：「休，美也。」

案：本卦，下卦為乾，乾為天，（說卦傳）上卦為離，離為火，（說卦傳）火在天上，光輝被於萬物，所有者富矣，此「大有」之象也。

君子體大有，則當成就其德業，德業者，乃內在德性之呈現，猶光輝之廣被萬物。萬物既被光輝，則莫不祛暗趨明。君子亦當呈現其德性之光輝，以遏止邪惡，發揚善端。夫天之生物，以自然之一面觀之，則無不蓄息，自價值之一面判之，則有其良莠。中庸第一章曰：「天命之謂性。」性者，即至善之本質，原則上為萬物所同具，唯人為能擴而充之，及其擴充，則以遏惡揚善，即為「順天休（美）命」，此大有之道也。

初九，无交，害，匪咎；艱則无咎。

(一)交—惠棟周易述曰：「陰陽相應為交。」惠士奇易說曰：「交，謂上下交。」

(二)害—許慎說文解字曰：「害，傷也。」左氏桓公六年傳曰：「謂其三時不害，而民和年豐也。」

案：初九，陽剛而居初位，所應之四亦屬陽剛，為敵應，此「无交」之象也。下卦為乾，乾為寒、為冰（說卦傳）「害」之象也。尚屬「初」時、故「匪咎」。

本爻居初而無應，「艱」之象也。以陽剛得正，故「无咎」。

大有，有大豐年之義，大豐年當以陰陽相感，上下相交為要件，然後無傷害。而初九既「无交」，則「害」矣。但以尚屬「初」時，雖有「无交」之「害」，而「匪咎」（非災患）。

「艱」者，所以警乎占者，當知其艱，然後果真「无咎」（無災患）。

象曰：大有初九，无交，害也。

案：大有初九之象，乃謂於九四，無陰之應，則有所傷也。

九二，大車以載，有攸往，无咎。

案：本卦，下卦為乾，李鼎祚周易集解引盧氏曰：「乾為大車。」九二，以剛健居下卦之中，朱駿聲六十四卦經解曰：「體剛履中，可以任重。」此「載」之象也。又上與六五為應，六五居上卦之中，上卦為離，離為牝牛，（九家易義）大車載物，得牛之引，此「有攸往」之象也。以居中有應，故「无咎」。

九二體乾車重任以載物，上以往應六二，為六二所擁有，故其占曰「无咎」。

象曰：大車以載，積中不敗也。

(一) 積—朱駿聲六十四卦經解曰：「包納一切為積。」

案：大車以載，言包納一切於中，而不損壞，足以當大有之任也。

九三，公用亨于天子，小人弗克。

(一) 公用亨—姚配中周易姚氏學曰：「公用，用禮也。」陸德明經典釋文引京房曰：亨，獻也。」

案：易緯乾鑿度曰：三為公，五為天子。大有卦，以六五為主爻，六五以陰柔居天子之位，虛而能容，為諸陽所應。九三以陽剛居三公之位，當大有之時，亦屬六五所擁有，且三與五同功（繫辭下傳第九章）此「公用亨于天子」之象也。本爻以剛居三公之位，非小人之事，故曰「小人弗克」。

姚配中周易姚氏學曰：「九三乾惕之爻，著諸侯朝王之義，敬之至也。」占者當以有其德，備其位為必要條件，方能稱此爻兆。至於「小人」，「德」、「位」不稱，故「弗克」（不能）。

象曰：公用亨于天子，小人害也。

案：九三有公用禮朝獻於六五之天子之象，反之，如為小人，則非為六五之君所容受，於大有之道，乃為傷害。

九四，匪其彭，无咎。

(一) 匪其彭—匪，分也。（見俞曲園羣經平議）彭，通作旁，盛也。（見王弼周易注）。

案：九四，自爻位言，下乘乾卦，上承六五。乾卦，三爻皆陽，是陽之極盛。「彭」即所以狀其盛。自爻性言，六五以陰柔為諸陽所應，九四即以陽剛承以應之。九四既應六五，則不與下乾之三陽合。「匪其彭」（分其盛），即所以遮此關係。此其象也。本爻雖失位，然多懼（繫辭下傳第九章）而近於六五，故「无咎」。

九四雖乘下乾三陽之盛，而不與合，但承六五而與之應，為六五所擁有。（此取俞曲園羣經平議說）可謂得大體也，故无咎。

象曰：匪其彭，无咎，明辨晳也。

(一) 晳—朱子周易本義曰：「晳，明貌。」

案：九四，能分三陽之盛，應六五以成大有者，以其晢然明辨也。蓋辨乎三陽、六五之分際也。

六五，厥孚交如，威如，吉。

(一) 厥孚交如—俞曲園羣經平議曰：「交當讀為晈，六五一爻，居外卦離體之中，為明之主，故其信（厥孚）晈然。晈之言明也。。」

(二) 威如—程子周易傳曰：「威如，有威嚴之謂也。」

案：本卦，上卦為離，離為明，（離卦彖傳）「交（晈）如」之象。離錯為坎，坎中實，「孚」之象，（坎卦卦辭）又為宮、為律，（九家易義）「威如」之象也。故曰「厥孚交如，威加。」以柔居中，下與九二為應，故吉。

六五，以陰柔而居尊位，為大有之主，蓋虛而能容，諸陽應之，此厥孚（其信）之交（晈）如也。然而，以陰柔而擁有諸陽，為免於諸陽之驕逼，故厥孚（其信）既已交（晈）如，亦富威如，乃能保其大有，以致吉慶。

象曰：厥孚交如，信以發志也。威如之吉，易而无備也。

(一) 无備—劉百閔周易事理通義曰：「左氏昭二十三年傳：『去備薄威。』備為戰備之備。鹽鐵論：『文學曰：「德盛則備寡，故无備。」』」

案：「厥孚交如」，言六五之孚信，既為上下諸陽所應，亦足以激發諸陽來應之志，以成大有之道。

「威如之吉」，言其威嚴，非刻意雕飾，乃於平正坦蕩中，而無所假於武備，自有懾人之威儀。此大有之氣象也。

上九，自天祐之，吉无不利。

(一) 祐—繫辭上傳第十二章曰：「易曰：『自天祐之，吉无不利。』子曰：『祐者，助也。』」

案：依易例，上與五俱為天位，上九以陽剛居此天位，下乘六五以成大有，其大有乃天之助也，此「自天祐之」之象也。居一卦之高位，成六五之大有，故「吉无不利。」

大有之卦，有大豐年之象，則上九可謂富有之極。然大有卦究以六五虛而能容之君為主體，上九則乘而從之，是富而不自有，以為六五之所有，乃成大有之道。夫富而不有，天之道也。是上九之富而不有，以成六五之大有，蓋「自天祐（助）之」也。既「自天祐之」，故吉无不利。

象曰：大有上吉，自天祐也。

案：大有上位之吉，乃因雖富有之極，且致六五之大有；此富而不有，天之道也，故曰「自天祐（助）也」。

序卦傳曰：有大者不可以盈，故受之以謙。

案：大有之極則滿盈，而滿盈非道也，故有之大者不可以滿盈，當善於減損、退讓，此減損、退讓，正是謙之義。是以大有卦之後，次之以謙。

謙沖自牧

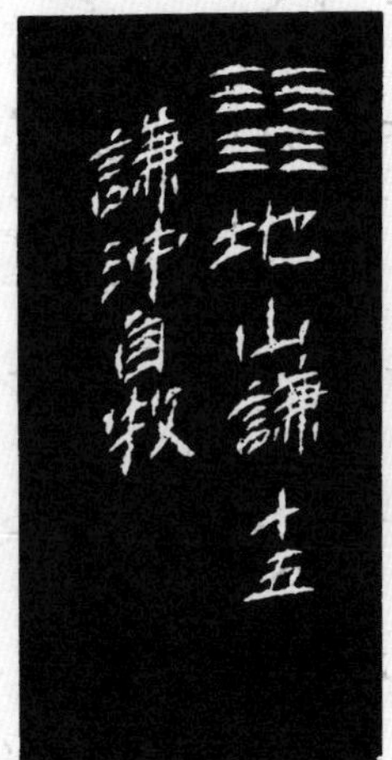

謙第十五

艮下
坤上

謙，亨，君子有終。

(一) 謙—謙卦彖傳曰：「天道虧盈而益謙。」是謙有不盈之義。許慎說文解字曰：「謙，敬也。」史記樂書曰：「君子以謙退為禮。」玉篇曰：「謙，讓也。」是謙有謙退、禮讓之義。李鼎祚周易集解引鄭康成曰：「謙者自貶損以下人。」是謙有謙損之義。

(二) 終—繫辭下傳第九章曰：「初辭擬之，卒成之終。」則終有成義。

案：謙卦，下卦為艮，艮為山，（說卦傳）上卦為坤，坤為地。（說卦傳）就象言，坤地既在上，艮山反在下。就形言，則山高反而屈居地卑之下。足以「謙」者，乃以謙退、禮讓為義。艮山反而謙處坤地之下，此「亨」之象也。

「君子有終」，其象取於九三，蓋謙讓，乃君子之德。謙卦，一陽五陰，一陽在九三，以象乎君子，而為眾陰之主。九三以陽剛居下卦之上位，下卦為艮，艮終萬物，（說卦傳）為眾陰所歸，則可以「有終（成）」，此「君子有終」所以取象也。

夫謙讓者，非退避也；君子之立身處世，當讓則讓，該爭則爭，或讓或爭，貴在發乎敬，止於禮。出於禮敬，其讓其爭，莫非謙讓所涵蓋，此謙讓之客觀精神也，故亨，斯乃終成之道也。

彖曰：謙亨，天道下濟而光明，地道卑而上行。天道虧盈而益謙，地道變

盈而流謙，鬼神害盈而福謙，人道惡盈而好謙；謙尊而光，卑而不可踰，君子之終也。

(一)濟─來知德易經來註圖解曰：「濟者，施也。」

(二)虧─孔穎達周易正義曰：「虧謂減損。」

(三)變─高誘呂氏春秋至忠篇注曰：「變，毀也。」

案：「謙亨」者，天道至尊，而德澤下施，其功化則光明也。地道處卑，而生氣上行，則萬物其生發也。夫天道下濟，地道處卑，其謙也；功化光明，萬物生發，乃亨也。

盈者，滿也。謙者，損也。自宇宙而觀之，盈謙並非絕對，乃相對以互為消長，即盈極則謙，謙極則盈。是以天之運也，滿盈者減損之，謙損者增益之。地之形也，高盈者傾頹之，謙下者流注之。自價值而言之，滿則招損，謙則受益。（書經大禹謨曰：「滿招損，謙受益。」）是以鬼神之主也，驕盈者禍害之，謙退者福祐之。人之性也，恣盈者疾惡之，謙讓者愛好之。

由是可知，謙道於宇宙人生，有其尊貴之涵蓋性，與盛大之普遍性。其德則又卑讓不可違踰，此君子之所以體之以成終也。

象曰：地中有山，謙；君子以裒多益寡，稱物平施。

(一)裒多─程子周易傳曰：「（裒多）裒取多者。」

(二)稱物平施─程子周易傳曰：「稱物之多寡，以均其施與，使得其平也。」

案：謙卦，下卦為艮，艮為山，（說卦傳）上卦為坤，坤為地。（說卦傳）地中有山，程子周易傳曰：「地體卑下，山之高大而在地中，外卑下而內蘊高大之象，故為謙也。」此「謙」之象也。

君子體謙，則多者裒（取）之，寡之益之，稱物之量，均施其平，以歸於中道。蓋人間之事物，其勢有高下，其形有大小，其積有多寡，……。如果順之以發展，則難免產生反對之作用。而謙者，在救多之失，而因寡受益，此天之道，人之義。客觀言之，則轉為均平原則，此蓋謙道也。

初六，謙謙君子，用涉大川，吉。

案：本卦為謙。初者，謙卦之始位，而陰柔居之，謙之又謙也，故曰「謙謙」。謙卦，乃以德為名，而謙德則為君子之形容，此「謙謙君子」所以取象也。

本卦，六二、九三、六四互坎，坎為大川，（說卦傳）為險，（坎卦彖傳）故大川具有險象。互坎大川在本爻之前，故有「用涉大川」之象。以柔居謙之下，乃吉之象也。

依易例，初與四為應，四亦陰柔，無應。然其發展之趨向則潛存焉，其發展之趨向，必須歷乎互坎之川，故曰「涉」，用者，以也。君子以謙謙之德涉大川，雖有險象，據卦辭「謙，亨，君子有終。」可卜其「吉」。

象曰：謙謙君子，卑以自牧。

(一)牧—王弼周易注曰：「牧，養也。」

案：君子之有「謙之又謙」之德者，非偶然之掩抑，乃德性之沖虛。而此沖虛之德性，貴在人情世故之歷練。「卑以自牧」，即在人情世故之歷練中，自牧（養）其謙沖之德。

六二，鳴謙，貞吉。

(一)鳴—許慎說文解字曰：「鳴，鳥聲也。」段玉裁注曰：「引申之，凡出聲皆曰鳴。」廣雅釋詁曰：「鳴，名也。」是鳴有聲名發見於外之義。

案：本卦，下卦為艮，艮綜為震，震為雷，又為善鳴（說卦傳），此「鳴」之象也。本卦為謙，故為「鳴謙」之象也。本爻以柔居中，故「貞吉」。

鳴謙者，雖鳴而謙。六二以陰柔居下卦之中，得其正位，且承九三之陽，是能體乎卦義以見謙德，故雖有令聞廣譽，而能謙退。是以所問（貞）者吉。

象曰：鳴謙，貞吉。中心得也。

案：雖鳴（名）而謙，所問（貞）者吉。其謙也有素，乃中心有得於謙道也。

九三，勞謙，君子有終，吉。

(一)勞—韋昭國語周語注曰：「勞，功也。」

案：本卦六二、九三、六四互坎，說卦傳曰：「勞乎坎。」李鼎祚周易集解引荀爽曰：「體坎為勞。」九三居互坎之中，此「勞」之象。本卦為謙，故曰「勞謙」。本卦一陽五陰，一陽為五陰之主，一陽即九三，「君子」之象也。九三居下艮之上位，而艮終萬物，（說卦傳）故曰「有終（成）」。本爻剛居陽位，上有上六之應，故吉。

君子者，固有德可稱，而德者，其內在義乃有得於道，而外在義則有功於民。夫有功於民，表示生命價值之升高，然而自功之傲氣亦隨之膨脹。雖勞而謙，即示雖有功勞以升高其生命之價值，亦能謙讓而沖虛其傲慢其氣性。此為心智活轉之樞要，故可以「有終（成）」，則其占為「吉」。

象曰：勞謙君子，萬民服也。

案：雖有功勞，而能謙讓之君子，以有功勞，故可信賴，以其謙讓，故致欽敬，此萬民所以服之也。

六四，无不利，撝謙。

(一)撝—許慎說文解字曰：「撝，裂也。」段玉裁注曰：「撝謙者，溥散其謙，無所往而不用謙，裂義之引申也。」李富孫易經異文釋曰：「撝義興麾同。……京房作揮。」

案：武億經讀考異，以為本爻爻辭傳鈔而倒亂，以初、二、三、及上之爻辭例之，當作「撝謙，无不利。」為宜。

六四，乘乎九三，以陰得陽之助；承乎六五，以臣受君之任。（依易例，四為諸侯，五為天子。）故得以有所發揮，「撝」之象也。又上卦為坤，坤為順，（說卦傳）四為上坤之始，其位為陰，六四以陰居正位，又體坤順，故得謙德。此「撝謙」所以取象也。以居正位，體坤順，「无不利」之象也。

「撝謙」者，雖撝而謙，即雖有所發揮，而能謙遜。故其占「无不利」。

象曰：无不利撝謙，不違則也。

案：雖有所發揮，而能謙遜，以无不利者，蓋「撝」者有為也，「謙」者有守也，此常則也，雖撝而謙，即「不違則也」。

六五，不富以其鄰，利用侵伐，无不利。

(一) 利用侵伐—宋翔鳳周易考異曰：「利用侵伐，音義『侵』，王廙作『寑』。按『寑伐』猶言『寑兵』。此廙所讀謂征不服者，宜先寑兵息戰。」

案：「不富以其鄰」，泰卦六四爻辭亦有此語。蓋陽實為「富」，陰虛為「不富」。本卦，上卦為坤，三爻皆陰，六五以陰柔居上卦之中，乃「不富」之象，李鼎祚周易集解引荀爽曰：「鄰謂四與上也。」四、上與五皆陰而相連比，此「不富以（及）其鄰。」所以取象也。

五為陽位，一卦之尊，陰居之，失正，變，則九三、六四，九五互離，離為戈兵，（說卦傳）所以攻伐也。然而，九三、六四、六五互震，震綜為艮，艮為止，（說卦傳）止戈兵，乃「侵（寑）伐」之象也。夫以柔居尊體順，故「无不利」。

本爻及其鄰皆為不富，則雖居至尊之君位，亦當本謙讓之德，故利於寑兵息戰。（利用侵伐）寑兵息戰，睦鄰之道也，故「无不利」。

象曰：利用侵伐，征不服也。

案：作象傳者，所見之古經六五爻辭，當為「利用侵伐」。而對「侵伐」者，乃就本字之義以解之，故曰「征不服也」。此解之病，即在六五為柔順之君，當謙之時，於正常狀況下，當善彰其謙德，豈有「利用侵伐，征不服也。」之理？如果以「侵」為「寑」之假字，如王廙本作「寑伐」，解作利於寑兵息戰，則不征為征，而不服自服，此謙道之大用也。

上六，鳴謙，利用行師征邑國。

(一) 鳴謙—俞曲園羣經平議曰：「疑上六鳴謙當作冥謙，猶豫上六曰冥豫也。兩爻皆以陰柔居卦之終，故同為冥耳。升上六曰冥升，正同此例。」李鼎祚周易豫卦上六象傳集解引荀爽曰：「陰性冥昧。」

案：謙卦，至於上六，自爻位言之，既至乎其終。自爻德言之，則極乎其順。（上卦為坤，坤為順。）蓋時窮氣衰，乃有冥昧之象。本卦為謙卦，故曰「鳴謙」。本卦九三、六四、六五互震，震為行，（虞氏義）上卦為坤，坤為眾，「師役」之象，（鄭康成說）又為邑國，（虞氏義）此「行師征邑國」之象也。

鳴（冥）謙，雖鳴（冥）而謙也，然而謙者，非徒退避而已，所貴者乃在於「發乎敬，止於禮。」之原則涵蓋下，該讓則讓，該爭則爭，以維護均平原則，並求其有所終成。（故象傳曰：「君子以裒多益寡，稱物平施。」卦辭曰：「君子有終」。）故本爻曰：「利用行師征邑國」。亦謙道之所涵乎。

象曰：鳴謙，志未得也。可用行師，征邑國也。

案：雖鳴（冥）而謙，以其冥昧，故謙志未得。可用行師，為「征邑國」，亦君子體謙道而有終（成）之義也。

序卦傳曰：有大而能謙必豫，故受之以豫。

案：有大者，大富有也。大富有者，每因滿足而驕矜；如能謙損，則可和樂。利樂正是豫之義。是以謙卦之後，次之以豫。

喜豫說樂

喜豫說樂

雷地豫 十六
喜豫說樂

豫第十六

䷏ 坤下 震上

豫，利建侯行師。

(一) 豫—李鼎祚周易集解引鄭康成曰：「豫，喜豫說樂之貌。」朱子周易本義曰：「豫，和樂也。」

案：豫卦，下卦為坤，坤為順，（說卦傳）上卦為震，震為動。（說卦傳）依易例，下卦稱內，上卦稱外。內坤順則成物不違，外震動則運行無滯。是以宇宙間洋溢一悅樂之情。又本卦一陽居四之位，而諸陰應以和之，張惠言虞氏易事曰：「豫者陰得陽而豫怡。」是以「豫」者，乃以和樂為義。

李鼎祚周易集解引鄭康成曰：「震又為雷，諸侯之象。坤又為眾，師役之象。」夫震居坤上，則侯國得建，坤處震下，則師役以行，此「利建侯行師」所以取象也。

豫者，和樂也。於和樂卦義涵蓋下，建侯、行師皆得其利。李鼎祚周易集解引九家易曰：「建侯，所以興利。行師，所以除害。利興害除，民所豫樂也。」

彖曰：豫，剛應而志行，順以動，豫。豫，順以動，故天地如之，而況建侯行師乎！天地以順動，故日月不過，而四時不忒；聖人以順動，則刑罰清而民服；豫之時義大矣哉！

(一) 過—李鼎祚周易集解引虞翻曰：「過謂失度。」

(二)忒—李鼎祚周易集解引虞翻曰：「忒，差迭也。」

(三)豫之時義大矣哉—孔穎達周易正義曰：「豫之時義大矣哉者，歎美為豫之善，言於逸豫之時，其美大矣，此歎卦也。凡言不盡意者，不可煩文其說，且歎之以示情，使後生思其餘蘊，得意而忘言也。」

案：豫卦，唯九四為陽剛，其餘各爻皆陰柔。九四陽剛為諸陰所應，而諸陰應之以相和樂，故其豫悅之志得行矣。又下卦為坤，坤為順，（說卦傳）上卦為震，震為動。（說卦傳）依易例，下卦稱內，上卦稱外。內坤順而外震動，則成物不違；運行無滯，而宇宙秩序見其諧和矣，此「豫」之義也。

豫卦，既然內順成而外動運，斯亦宇宙常新之秩序。故天地者，其功化之作用，亦如此而已。即順萬物而育成之，而見日月之代明，四時之周行。卦辭曰「利建侯行師」，乃聖王之德業，亦順萬民而撫牧之，以期其利之興，其害之除。夫天地之功化，以內順成而外動運，故日月代明不失其度，四時周行無差其迭，此宇宙秩序之和諧。聖王之德業，以內順成而外動運，則百姓從化，刑罰清簡，而萬民歸服，此政治秩序之和樂。

易有六十四卦，每卦乃設為一特定之境況，或象宇宙之秩序，或表人間之遭遇。每一特定境況之出現，可為生活上之接觸面，可為時間上之階段性。如果依據序卦傳之排列，則又環繞而窮盡人生之行程，以為其經驗境況，故謂之「時」。豫之時，即豫卦所設定之境況，象乎宇宙秩序之和諧，人間生活之和樂。「義」者，所涵之超越與現實兩層次之深義。「大矣哉」、極致其讚歎也。蓋至豫之境，無窮之義，非觀念化所可得而盡發之也。

象曰：雷出地奮，豫；先王以作樂崇德，殷薦之上帝，以配祖考。

(一)奮—孔穎達周易正義曰：「奮是（雷）震動之狀。」

(二)崇—李鼎祚周易集解引鄭康成曰：「崇，充也。」

(三)殷—王船山周易稗疏曰：「按堯典「以殷中春」，殷，中也。……雷之出地在仲春，亦中候

也

(四)薦—李鼎祚周易集解引鄭康成曰：「薦，進也。」

(五)薦之上帝，以配祖考—王船山周易稗疏曰：「當云配以祖考，薦之上帝。」又曰：「配之為言合也。」

案：豫卦，下卦為坤，坤為地，（說卦傳）上卦為震，震為雷。（說卦傳）「雷出地奮」，是雷之既動，出諸地上以作聲。此象陰陽相擊，李鼎祚周易集解引鄭康成曰：「取其喜佚動搖，猶人至樂，則手欲鼓之，足欲舞之也。」此「豫」之象也。

先王體豫，因而作樂，禮記樂記云：「流而不息，合同而化，而樂興焉。」則作樂，固統同君臣之情志，亦敬仰上帝之功化，懷念祖考之基業，故於仲春，配以祖考，薦之上帝，則上帝之功化長流，祖考之基業輝耀，君臣之情志敦睦，而王德其崇（充）矣。

初六，鳴豫，凶。

案：豫卦，上卦為震，震為雷，又為善鳴。（說卦傳）初六上應九四，而九四體震，此「鳴」之象也。本卦為豫，故曰「鳴豫」。以陰居陽位，非正，故凶。

「鳴」者，其本義為鳥聲，（許慎說文解字）其引申義則凡出聲之謂，（段王裁說文解字注）故亦借以代「名」，（如莊子大宗師曰：「子以堅白鳴。」）是以鳴者，聲名發見於外也，亦即令聞廣譽也。鳴豫者，既鳴（名）且豫。初六，當豫之始，以九四之應援，故鳴（名）豫。然而，初為陽位，陰居之，失正，則既享令聞廣譽，非分也；悅樂，越分也。蓋得意忘形，故「凶」。

象曰：初六鳴豫，志窮凶也。

(一)窮—朱子周易本義曰：「窮，謂滿極。」

案：初六，當豫之始，既非分以鳴（名），越分而豫，蓋其志滿致凶也。

六二，介于石，不終日，貞吉。

(一) 介于石—陸德明經典釋文曰：「介，古文作砎。」晉書音義中引字林曰：「砎，堅也。」王引之經傳釋詞曰：「于，猶如也。」「介于石」，即堅如石也。

案：豫卦以和樂為義，和樂乃基於「順以動」之故。下卦為坤，依易例，二為陰位，六二以陰居之，又當下卦之中，是得乎坤順之中正，而上待九四之陽，此能堅守其分際（介）之象。再者，六二、六三、九四互艮，艮為小石，（說卦傳）此「介于石」所以取象也。「不終日」，即繫辭下傳第五章之「不俟終日」。姚配中周易姚氏學曰：「剛柔者，晝夜之象，二不化之陽，故不終日。」本爻以陰柔居中正之位，故「貞吉」。

六二之豫，乃「介于石」而不流，「不終日」而不溺，故所貞（卜問）者吉。

象曰：不終日貞吉，以中正也。

案：六二，「不終日」以溺於豫，而貞吉者，乃因居下卦之中，得陰位之正。

六三，盱豫，悔；遲，有悔。

(一) 盱—許愼說文解字曰：「盱，張目也。」

案：六三、九四、六五互坎，坎錯為離，離為目，（說卦傳）「盱」之象也。本卦為豫，故曰「盱豫」。三為下卦之極，為陽位，本爻以柔居之，不中不正，「悔」之象也。六二、六三、九四互艮，艮為止，（說卦傳）此「遲」之象也。

盱豫，既盱且豫也。六三，既不中不正，失其位也。失位者，猶人之有過失。以其處下卦之上，而上承九四，故張目，所以仰視也。九四體震，震為動，（說卦傳）張目仰視，則示其情為所動也。夫失位動情，其豫逾越分際而流矣，故「悔」也。

「遲，有（又）悔。」，此假然命題也。蓋既已「盱豫」而招悔，言下之意，則寓有知過（失位）當改之勸。然而，六三偏處互艮止之中，有「遲」之象。是以如果「遲」，則非豫樂之道，故「有（又）悔」。

象曰：盱豫有悔，位不當也。

案：六三，張目仰視，豫樂適分，致有悔者，以其所居之位，既不中，又不正也。

九四，由豫，大有得。勿疑，朋盍簪。

(一)由─許慎說文解字曰：「由，或繇字。」又曰：「繇，隨從也。」

(二)盍簪─盍，合也。（見爾雅釋詁）簪，古文易當作朁。朁或从心作憯，憯有疾速之義。隸書通作簪。（此取宋翔鳳周易考異說）

案：本卦一陽五陰結構以成卦，本爻即其陽也，居四之位，為羣陰所從，此「由」之象也。本卦為豫，故曰「由豫」。依易例，陽稱大，本爻既為陽並為羣陰所從，故有「大有得」之象。六三、九四、六五互坎，坎多疑。（虞氏義）又六二、六三、九四互艮，艮為止，（說卦傳）此「勿疑」之象也。既勿疑，而羣陰畢從，此「朋盍簪」之象也。「由豫」，既由且豫也，即既為羣陰所隨從，且以豫樂，此所以「大有得」也，即大行其豫樂之志也。「勿疑」，乃示乎筮得本爻者，既得羣陰之所從，則勿有所疑，然後羣朋即能疾速從聚。

象曰：由豫，大有得，志大行也。

案：羣朋從聚以豫樂，大有所得者，乃豫樂之志大行也。

六五，貞疾，恒不死。

(一)恆─恆借以代極。許慎說文解字曰：「極，竟也。」裴學海古書虛字集釋曰：「竟猶終也。」

案：本卦，六三、九四、六五互坎，坎為心病，為多眚，（說卦傳）此「疾」所以取象也。本爻乃應有疾者之卜問（貞），故曰「貞疾」。雖疾，而上卦為震，震為反生，（說卦傳）震綜為艮，艮為止，（說卦傳）六五體上震、綜艮，故有「不死」之象。周易古經，所以決疑也。本爻乃因有人問疾之事，而示以「恆（終）不死」，並記錄之。書經曰：「王有疾弗豫。」亦終於不死。

象曰：六五貞疾，乘剛也。恆不死，中未亡也。

案：六五有問疾之象者，以六五乘乎九四之陽剛，為剛所逼也。所以「恒（終於）不死」者，以陰柔居上卦之中位，故未亡。

上六，冥豫，成有渝，无咎。

(一)冥—惠士奇易說曰：「翕目為冥。（原注：『古瞑字，俗作眠。』）」段玉裁說文解字冥字注曰：「冥，夜也。引申為凡闇昧之稱。」

(二)成—繫辭下傳第九章曰：「初辭擬之，卒成之終。」則成有終義。

(三)有—裴學海古書虛字集釋曰：「有猶而也。」

(四)渝—郭璞爾雅釋言注曰：「渝，謂變易。」

案：上為一卦之終，「豫」而至斯，可謂極矣。又為陰位，本爻以陰居之。李鼎祚周易集解引荀爽曰：「陰性冥昧。」此「冥」之象也。本卦為豫，故曰「冥豫」。成者終也，豫卦之既終故曰成。渝者變也，蓋上卦為震，震為動，（說卦傳）豫終震動，乃「有（而）渝（變）」之象也。以得位故「无咎」。

冥豫者，既冥且豫也，即既冥昧，且溺於豫樂。夫豫卦，至此而極，終於發生變化。蓋發展歷程中向上超轉之契機也。是以如能相應以超化自己，則「无咎」。

象曰：冥豫在上，何可長也。

案：既冥昧而溺於豫樂，在豫卦之上位，此示不可長溺於豫樂也，故曰「何可長也。」

序卦傳曰：豫必有隨，故受之以隨。

案：豫以和樂為義，而爻辭多戒以勿輕易逾越分際，然後庶幾無失。豫而無失，則自有隨之者。隨之正是隨之義。是以豫卦之後，次之以隨。

順應
自然

順應自然

䷐澤雷隨 十七
順應自然

隨第十七

☳震下
☱兌上

隨，元亨，利貞，无咎。

(一)隨—許慎說文解字曰：「隨，從也。」又曰：「從，隨行也。」

案：隨卦，下卦為震，震為動、為雷。（說卦傳）上卦為兌，兌為說、為澤。（說卦傳）象傳曰：「澤中有雷。」說卦傳又曰：「動萬物者莫疾乎雷……說萬物者莫說乎澤。」夫震如雷以動之，兌如澤以說之。雷震澤中，澤從雷動，所以鼓盪宇宙之生機，而生化萬物。是以「隨」者，乃以從為義。

夫雷動澤隨，此「元亨，利貞，无咎。」之象也。

隨者，從也。生機既鼓動，萬物則化生，是以有元亨（大通）之運，利貞（利於所卜問），无咎（無災患）之占。

彖曰：隨，剛來而下柔，動而說，隨。大亨貞无咎。而天下隨時，隨時之義大矣哉！

案：隨卦，乃蠱卦之反綜。（來氏說）依易例，自上卦來下卦稱來，自下卦往上卦稱往。今蠱卦之上九為剛，來居隨卦之初位為初九，於六二陰柔之下，故曰「剛來而下柔」。又本卦，下卦為震，震為動，（說卦傳）上卦為兌，兌為說，（說卦傳）故曰「動而說」。動者雷之動，說者澤之從，此「隨」之義也。

「大亨貞无咎」，作彖傳者藉此以象隨道既成之機運。「天下隨時」，時者，通於經常性理則之特殊性境況。「隨時」，即隨從特殊性境況而切合經常性理則，故程子周易傳曰：「君子之道，隨時而動，從宜適變不可為典要，非造道之深，知幾能權者，不能與於此也。」夫聖人之道，有其超越義之一面，有其現實義之一面。超越義之一面，即是普遍之經常性理則；現實義之一面，必須對應其特殊性境況。論語子罕篇曰：「可與共學，未可與適道；可與適道，未可與立；可與立，未可與權。」可見由能「立」而知「權」，乃為「適道」之極成。孟子萬章篇稱孔子為「聖之時」，即示孔子對應特殊性境況，或仕、或止、或久、或速，皆能推其時宜，以彰其聖德，兼及現實與超越兩面而體證其至道。故「隨時」者，非隨緣流轉，乃於現實上對應特殊性境況，莫不適道以立，當機而權。「天下隨時」，則隨道之成。是以「隨時」所涵具之超越與現實兩層次意義，可謂「大」矣。

象曰：澤中有雷，隨；君子以嚮晦入宴息。

(一) 嚮晦—來知德易經來註圖解曰：「嚮與向同，晦者日沒而昏也。」嚮晦即日近黃昏。

(二) 宴息—許慎說文解字曰：「宴，安也。」宴息即宴安休息。

案：本卦，上卦為兌，兌為澤，（說卦傳）下卦為震，震為雷，（說卦傳）「澤中有雷」，雷之動則澤說以隨，此「隨」之象也。

君子體隨，則當隨其時之機宜。「嚮晦入宴息」即示隨時以作息。蓋天道之運，春去秋來，則耕穫有期。月落日出，則作息以時，此宇宙之律則也。君子隨之，所以從化也。作象傳者，於此僅舉「日入而息」，則「日出而作」之義賅焉，而春耕秋穫之事畢矣。此隨從宇宙之律則，以盡其人生之職分也。而隨道見焉。

初九，官有渝，貞吉。出門交有功。

(一) 官有渝—焦循易通釋曰：「隨初九，官有渝，貞吉。何也？管子宙合云：『天不一時，地不一利，人不一事。是以著業不得不多，人之名位不得不殊，方明者察于事，故不官于物，而旁通於道。』注訓官為主。說文：『官，吏，事君也。』官承君之令，以司主其職事。不官于物而旁通于道，謂不專主一物，而視道為變通。此正合官有渝之義。」

案：本卦，下卦為震，震為長子，（說卦傳）長子主器，「官」之象也。（來氏義）又震為動，（說卦傳）「渝」之象也。故曰「官有渝」。以剛居陽位，故曰「貞吉」。

又震為足，為動，（說卦傳）足動以出也。六二、六三、九四互艮，艮為門闕，（說卦傳）互艮疊於下震之上，是為「出門」之象。「交」者，交通也，初九與六二也。蓋初為陽剛，於九四為敵應，而隨家以陰隨陽為義，初九既與六二相比，則為六二所「係」，（見六二爻辭）所隨，「有功」之象寓焉。

「官有渝」，謂主事能適時以應變，而得所隨，故所貞（問）者吉。出門交通其所隨者，所以有功也。

象曰：官有渝，從正吉也。出門交有功，不失也。

案：主事而變通，以初為陽位，陽居之，正也，（易傳例釋貞為正）六二從之，故吉也。初九交乎六二，為六二所隨，且有功，不失其隨者也。

六二，係小子，失丈夫。

㈠係—許慎說文解字曰：「係，絜束也。」段玉裁注曰：「絜者，麻一耑也。絜束者，圍而束之。」是以「係」者，即以繩係人也。

案：六二為陰爻，於隨卦，陰不能獨立，當從陽而後成隨。依易例，二與五為應，則六二陰柔與九五陽剛為正應，然九五其遠，不如初九之近。據王筠說文句讀曰：隨家之以陰隨陽，可不論應否。六二既遠九五而近初九，則隨之也。初九為小子，九五為丈夫者，惠棟周易述曰：「陽大陰小，易之例也。今謂初陽為小者，繫下云：『復小而辯于物。』虞彼注云：『陽始見，故小。』是小子謂初也。二至上體大過，大過九二云：「老夫得其女妻。」虞彼注云：「乾老故稱老夫。」丈夫猶老夫也。四、五本乾，故稱丈夫。二係於初，初陽尚小，故係小子；不兼與五，故失丈夫也。」六二既近初九而隨之，故有「係小子」之象，既遠九五，且不必與應，乃有「失丈夫」之象。

「係小子」乃謂緊隨所近而不當隨之「小子」。「失丈夫」，則失去所當隨之「丈夫」。程子周易傳曰：「係小子而失丈夫，捨正應而從不正，其咎大矣。二有中正之德，非必至如是也。在隨之時，當為之戒也。」

象曰，係小子，弗兼與也。

案：係小子而失丈夫，乃因隨以陰從陽為義，而六二即近隨初九，弗能兼及遠與之九五。

六三，係丈夫，失小子。隨有求得。利居貞。

案：六二為「係小子，失丈夫。」本爻曰「係丈夫，失小子。」，兩者事象固然相反，而取象則依爻位而不同。

依易例，三、上為應，然兩者皆屬陰柔，無應。如果依王筠說文句讀之說，隨以陰柔從陽得義，不必有應。則六三陰柔，適因近而上比九四之陽剛。九四陽剛為丈夫，六三比而隨之，故曰「係丈夫」。而初九為小子，六三與之相遠，故曰「失小子」。

「隨有求得」，蓋六二、六三、九四互艮，艮為山，（說卦傳）上卦為兌，兌為澤，（說卦傳）又說卦傳第五章曰：「山澤通氣。」夫同氣相求，故有「求」之象。又六三、九四、九五互巽，巽為利市三倍，故有「得」之象。「求」者，即六三之陰，求六四之陽；以陰隨（求）陽而成變化，故有「得」也。

互巽既為利市三倍，又互艮為居，（虞氏義）此「利居貞」之象也。

當隨之時，本爻既緊隨所近而當隨之「丈夫」，而失去不當隨之「小子」。如以「居」為問，則吉。

象曰：係丈夫，志舍下也。

案：係丈夫者，六三之志，乃以陰而隨其上所近之陽，捨棄其下之初九。

九四，隨有獲，貞凶。有孚在道，以明，何咎。

(一) 在——裴學海古書虛字集釋曰：「在猶於也」。

(二)以明—裴學海古書虛字集釋曰：「以猶則也。」明，明哲也。(見程子周易傳)

案：隨以陰隨陽為義，本爻以陽為六三之陰所隨，而獲乎六三，此「隨有獲」之象也。以失正無應，故「貞凶」。

六三、九四、九五、上六為大坎象，坎中實為有孚。(見朱子周易坎卦卦辭本義)大坎象錯為大離象，離為明，(說卦傳)此「有孚在道，以明。」之象也。「以明」，故何咎。

本爻為六三所隨，而獲乎六三。但近九五，九五為君，本爻極人臣以逼君，此所以貞(卜問)凶。如果誠信見於隨道，則明哲自持，雖極人臣以「隨有獲」，又「何咎」。

象曰：隨有獲，其義凶也。有孚在道，明功也。

案：極人臣，為人所隨以有獲，非其分也，故所貞(問)者凶。然而，如果誠信見於隨道，則可明哲自持而有功。

九五，孚于嘉，吉。

(一)嘉—嘉謂嘉禮。(見惠棟周易述)周禮大宗伯曰：「以嘉禮親萬民。以飲食之禮親宗族兄弟，以昏寇之禮親成男女，以賓射之禮親故舊朋友，以饗燕之禮親四方之賓客，以脤膰之禮親兄弟之國，以賀慶之禮親異姓之國。」案據鄭注，其六為別名，嘉禮為總名，即吉慶之事。

案：本卦，六三、九四、九五、上六為大坎象，坎中實，「孚」之象也。(見朱子周易坎卦卦辭本義)九五以陽剛居上卦中正之位，下有六二之應，六二則以陰柔居下卦中正之位。九五為六二所應，正示其孚信有所隨之，有所親之，此「孚于嘉」之象也。以居中履正、故吉。

隨道信於嘉禮之親，故其占曰「吉」。

象曰：孚于嘉，吉，位正中也。

案：隨道信於嘉禮之親而得吉者，其象乃因九五得中正之位，而下有六二之正應也。

上六，拘係之，乃從維之。王用亨于西山。

(一)乃—又也。（見孫經世經傳釋詞補）

(二)維—段玉裁說文解字注曰：「引申之，凡相系者曰維。」李鼎祚周易集解引虞翻曰：「兩係稱維。」

(三)用亨—參見大有卦九三注(一)

案：本卦，上卦為兌，兌綜為巽，巽為繩，（說卦傳）此「拘係」、「維」之所以取象也。本爻，一卦之上位，隨之極也，而陰柔居之。夫隨家，陰柔不能獨立，必隨於陽。上六，下既無應，則所隨者，其近之九五而已，九五陽剛中正為本卦之主，上六隨之，既拘係之，又從而維係之，則隨極而固之象見矣。故曰「拘係之，乃從維之。」

隨者，陰之隨陽也，本爻所隨者九五、九五陽剛中正，故有「王」者之象。又本卦上卦為兌，依相傳文王八卦方位圖，兌為西方之卦。兌錯為艮，艮為山，（說卦傳）為巫。（說卦傳）巫者通乎神明，此「王用亨于西山」所以取象也。

「拘係之，乃從維之。」表示堅其志以相隨也。來知德易經來註圖解曰：「如七十子之隨孔子，五百人之隨田横，此爻足以當之。」又「王」為所隨者，「用亨于西山」，（朱駿聲六十四卦經解曰：

「王，文王也，文王為西伯。」此用其事也）足證天與人歸，則本爻之從乎九五，如萬民之親隨。

象曰：拘係之，上窮也。

案：上六拘係九五以隨之，以上位為一卦之終，隨道窮也。

序卦傳曰：以喜隨人者必有事，故受之以蠱。蠱者，事也。

案：以喜隨人者，如陰之隨陽，則有所事也。事者正是蠱之義。是以隨卦之後，次之以蠱。

振民育德

振民育德

☶☴ 山風蠱 十八

振民育德

蠱　第十八

䷑ 巽下艮上

蠱，元亨，利涉大川。先甲三日，後甲三日。

(一) 蠱—序卦傳曰：「蠱者事也。」王引之經義述聞曰：「蠱之訓事，蓋假借為故字。尚書大傳『五帝之蠱事』是也。非謂蠱本字有事之訓。」案：許慎說文解字：「蠱腹中蟲也。」段玉裁注曰：「腹中蟲者，謂腹內中蟲食之毒也。」从蟲从皿會意是其本意。故歷來注家多訓為壞亂，然後引申訓為「事」。實則蠱以同音借以代「故」，爾雅釋故詁曰：「故，事也」。是以序卦傳曰：「蠱，事也。」未必有「壞亂」之義。

案：蠱卦，下卦為巽，巽為風，（說卦傳）上卦為艮，艮為山，（說卦傳）象傳曰：「山下有風。」說卦傳第六章曰：「撓萬物者莫疾乎風。」此自然之「事」，「蠱」之象也。又據虞氏及九家易，蠱自泰來。泰者，天德下貫，地德上應，故有「通」之象。蠱即以此為基礎，初九之上，陽往據陰也；上六下初，陰來承陽也。陰陽復交，則有所「事」，此亦「蠱」所以取象。是以「蠱」者，乃以事為義。

蠱既自泰來，又有陰陽復交之象，故有「元亨」（大通）之象。

「利涉大川」，毛奇齡仲氏易曰：「所謂涉河者何?夫河者水也，坎也。凡爻之適剛中而成坎象者，即為涉川，此通易之例也。」蠱既自泰來，初六、九二、九三、六四為大坎象，初六適以上之，故有「利涉大川」之象。

「甲」者，李鼎祚周易集解引虞翻曰：「乾為甲。」蠱既自泰來，泰之下卦為乾，故有「甲」象。又「甲」為天干之始數，古以天干地支紀日，天干一周，適為一旬。古人每有預卜下一旬行事之習慣，下一旬即以「甲」為始日。「先甲」、「後甲」，即以下一旬之甲日為設準。「先甲三日」即所卜下一旬之甲日以前三日，亦即所設準之上一旬之辛日。「後甲三日」即所卜下一旬之甲日以後三日，亦即所設準之旬之丁日。

蠱者，事也，凡筮遇此卦者，則可主客感應以有「事」也。並有「元亨」之運，「利涉大川」「先甲三日，後甲三日」之占。俞曲園羣經平議曰：「古人行以先後三日為節。」此示所卜之事，宜於以下一旬之甲日為設準，並先此三日始之，後此三日終之。

彖曰：蠱，剛上而柔下，巽而止，蠱。蠱元亨而天下治也。利涉大川，往有事也。先甲三日，後甲三日，終則有始，天行也。

案：蠱卦，虞氏及九家易，以為自泰來，泰之下卦為乾，上卦為坤。蠱自泰來，即泰之初九為剛，上為本卦之上九。泰之上六為柔，下為本卦之初六。故曰「剛上而柔下。」又來知德易經來註圖解則以本卦為隨之反綜，隨之下卦為震，上卦為兌。隨綜為蠱，則下卦之初九往居上位，上卦之上六來居下位，故曰「剛上而柔下」，所以成「蠱」也。又本卦下卦為巽，巽者順也。上卦為艮，艮為止。（說卦傳）「巽而止」，巽順而終止，成其事矣，此「蠱」之義也。

「蠱，元亨。」者，其運大通，於政治上則「天下治也」。

「利涉大川」，往也，有事而往，其利也。

「先甲三日」，始其事也。「後甲三日」，終其事也。夫十日為旬，旬之始日稱甲，古之計日，旬之又旬，故甲復有甲，俞曲園羣經平議曰：「古人行以先後三日為節。」既「先甲三日」以始之。

「後甲三日」以終之，是終則有始，終始無窮。此所以經緯人間生活之秩序。此「終則有始」之秩序，超越言之，即「天行也。」是以「蠱者，事也。」而超越以及生活之秩序寓焉。

象曰，山下有風，蠱，君子以振民育德。

案：蠱卦，上卦為艮，艮為山，（說卦傳）下卦為巽，巽為風。（說卦傳）「山下有風」，說卦傳第六章曰：「撓萬物者莫疾乎風。」乃自然之「事」，此「蠱」之象也。

君子體蠱，而有「事」焉，如風之撓（外在之影響作用）萬物。「民」者，為謀個體生命之生存，則每致力於生業；為求羣居生活之和諧，則當引導其精神。庶幾於和諧中，生業得以順遂，於生存中，精神有所發展。君子之牧民，必有「事」焉，則振民育德乃其要務。夫「振民」者，激其志節；「育德」者，勵其言行，所以化成之也。此文化之理想，亦蠱之道也。

初六，幹父之蠱，有子，考无咎。厲終吉。

(一)幹—俞曲園羣經平議曰：「蠱卦諸幹字並當作斡。斡，說文斗部云：「斡，蠡柄也。」柄則有秉執之義，故引申之，得訓為主字，亦通作「管」。……蓋古音斡與管相近。」

(二)考—禮記曲禮曰：「生曰父母，死曰考妣。」

案：李鼎祚周易集解引虞翻曰：「泰乾為父，坤為事。」蓋蠱自泰來，泰之下卦為乾，上卦為坤，此「父之蠱」之象也。變而為蠱，乃初往上，上來初。既然泰之上六，來居蠱之初位，但初為陽位，陰居之，失正，而陽伏焉。姚配中周易姚氏學曰：「有子謂初伏陽。」此有子以幹（主）之象，故曰「幹父之蠱，有子。」泰變成蠱，乃初、上易位，蠱之上卦為艮。毛奇齡仲氏易曰：「今與上易位而成艮剛，是父之亡矣。父亡稱「考」。又初六、九二、九三、六四為大坎象，坎為險，（見坎卦彖傳）厲之象也。下卦為巽，巽為順，本爻居大坎象，巽順之下，故有「无咎，厲終吉。」之象。

主父之事者，子也。有子以主父事，雖父亡，可無災患。此中或有危厲，然有子體巽順以主父之事，故終吉也。

象曰：幹父之蠱，意承考也。

案：有子巽順，以主父之事，則亡父无咎者，蓋在承繼其遺志也。

九二幹母之蠱，不可貞。

案：九二以陽剛居下卦之中，上與六五相應。而蠱自泰來，泰之上卦為坤，坤為母，（說卦傳）為事，（虞氏義）故六五乃體泰坤之中，有「母之蠱」之象。爻辭未言「子」，相應「幹母之蠱」而言，本爻陽剛以應，為幹（主）之者，其象明矣。二為陰位，陽居之；五為陽位，陰居之，並失位，「不可貞」之象也。

本爻有「幹母之蠱」之象，但本爻與應爻皆失位，故「不可貞」——不示其兆。

象曰：幹母之蠱，得中道也。

案：本爻有「幹母之蠱」之象，蓋雖失位而不正，然得乎中道，無過剛之虞。

九三，幹父之蠱，小有悔，无大咎。

案：蠱自泰來，李鼎祚周易集解引虞翻曰：「泰乾為父，坤為事。」此「幹父之蠱」所以取象也。九三，處下巽之上位，過中；又所應在上九，兩者敵剛，故「小有悔」。然三為陽位，九三以陽居之，得正，又體巽順，故「无大咎」。

本爻有「幹父之蠱」之象，雖小有悔（恨），然无大咎。

象曰：幹父之蠱，終无咎也。

案：九三有「幹父之蠱」之象，雖「小有悔」，然以得正體順，故終可「无咎」。

六四，裕父之蠱，往見吝。

(一) 裕—韋昭國語周語注曰：「裕，緩也。」

案：蠱自泰來，泰之下乾，有父之象，（虞氏義）上坤則有事（蠱）之象。（虞氏義）變而為蠱，四為陰位，六四以柔居之，陰柔以治父之事，裕（緩）之象見焉，故曰「裕父之蠱」。

本卦九二、九三、六四互兌，雜卦傳曰：「兌見。」又上卦為艮，艮為止。（說卦傳）六四體上艮、互兌，又下無應援，故有「往見吝」之象。

「裕父之蠱」者，本爻以柔居陰之位，致為其才、為其時之所限也，如果往則見吝（艱難）。

象曰：裕父之蠱，往未得也。

案：緩於父之事者，其才、其時之限也，是以往則未得也。即「吝（艱難）」之不易克服。

六五，幹父之蠱，用譽。

(一) 用—裴學海古書虛字集釋曰：「用猶則也。」

案：蠱來自泰，泰之下乾為父，上坤為母，為事。（虞氏義）本卦九二曰「幹母之蠱」，母取象於六五，蓋九二應乎六五，而六五體泰坤之中。今六五則曰「幹父之蠱」，父取象於九二，蓋六五應乎九二，而九二體乎泰乾之中。此見易者，不易之中有變易也。六五以陰柔居一卦之尊位，以主父之事，下有九二之應，而九二以陽剛居下巽之中，以順應六五，並且五多功，二多譽，（繫辭下傳第九章）是則六五以陰柔之君，任九二陽剛順應之臣，故曰「幹（主）父之蠱（事）」，「用（則）譽」也。

本爻，以主父之事，則譽也。

象曰：幹父用譽，承以德也。

案：六五之君，主父事則有譽者，以任九二之臣也；而九二之臣以陽剛之德而承順六五之君也。

上九，不事王侯，高尚其事。

案：本卦以「蠱」為名，蠱乃「故」之假借，其訓為「事」。本卦自初至五諸爻，雖有尊卑之位，皆設人子蠱道之象。及其發展至上位，蠱之極矣，而見其無事焉，此「不事」之象也。而上九，所應在三，據虞氏義，九三、六四、六五互震，震為侯，九三為震之首，其性陽剛，於上九為敵應，故曰「不事王侯」。本卦為蠱，蠱為事。本爻居卦之高位，故有「高尚其事」之象。

夫蠱之既極，則不事矣。「不事王侯」，乃灑然事外，即事無事也，故曰「高尚其事」。

象曰：不事王侯，志可則也。

案：人子蠱道既終，不再以事王侯，而能灑然於事外，事其無事，此超轉自己之機也，故其志可為法則。

序卦傳曰：有事而後可大，故受之以臨。臨者大也。

案：蠱者事也，有事，韓康伯周易注曰：「可大之業，由事而生。」夫事，其主觀作為；而業，其客觀成就。業為事之大者，大者正是臨之義。是以蠱卦之後，次之以臨。

監臨天下

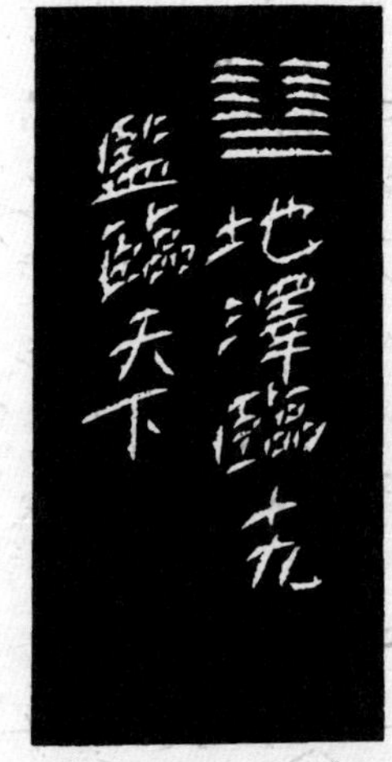

臨　第十九

兌下
坤上

臨，元亨，利貞。至于八月有凶。

(一)臨─許慎說文解字曰：「臨，監也。」序卦傳曰：「臨者大也。」劉百閔周易事理通義曰：「臨不訓大─大者，以上臨下，以大臨小；凡稱臨者，皆大者之事，故以大釋之。臨之訓大，蓋為監臨一義之所通轉。」

案：臨卦，下卦為兌，兌為澤，（說卦傳）上卦為坤，坤為地，（說卦傳）兌下坤上，其象為地之臨澤，引而申之，則上之臨下，大之臨小，其義涵焉。是以「臨」者，乃以①眷顧、親近。②大為義。

又兌下坤上，兌為說（悅），（說卦傳）坤為順，（說卦傳）坤上以順臨之，兌下以說（悅）承之，上下大通之象，故曰「元亨」。且利於所問之事，故曰「利貞」。

「至于八月有凶」者，夫卦，設象以示所遇之境，而爻則因變而見發展之兆。易之為卦，六十四，漢孟喜卦氣圖取其十二為「消息卦」，京房則以之為「辟卦」，其卦如下：

復卦一陽當十一月

臨卦二陽當十二月

泰卦三陽當一月

大壯卦四陽當二月

夬卦五陽當三月

乾卦六陽當四月

姤卦一陰當五月

遯卦二陰當六月

否卦三陰當七月

觀掛四陰當八月

剝掛五陰當九月

坤掛六陰當十月

此十二卦，乃漢人據夏曆以編製，復卦一陽初起，相當於子月，子月於夏（建寅）為十一月，於殷（建丑）為十二月，於周（建子）則為正月。臨卦二陽生起，相當於丑月，丑月於夏（建寅）為十二月，於殷（建丑）為正月，於周（建子）則為二月。……其餘以類推之。夫周易之作者，固不得而詳考，而年代，大概在殷末周初，所用者殆為殷曆。若然，則臨卦乃當夏之十二月，於殷為正月。本爻爻辭云：「至于八月有凶。」「八月」乃指殷曆而言，換算夏曆則為七月。夏曆七月於卦氣圖則為否卦臨卦既為二陽生起，有元亨（大通）之象，而否卦則乾坤顛倒，天地不交，此所以「八月有凶」。

臨者，親近眷顧之也。有元亨之運，利貞之占。至於「至八月有凶」者，蓋作易者，其遇臨卦二陽方盛之象，依乎陰陽消長之理，而慮否塞之時，不旋踵而至，故戒占者如此。（參見王弼周易注及李鼎祚周易集解）

彖曰：臨，剛浸而長，說而順，剛中而應。大亨以正，天之道也。至于八月有凶，消不久也。

(一) 浸—或作寖，漸也。（見裴學海古書虛字集釋）

案：臨卦，自復卦一陽初生，至臨卦之二陽，見陽漸盛，陽之性剛，故曰「剛浸（漸）而長」又下卦為兌，兌為說（悅），上卦為坤，坤為順，（說卦傳）故曰「說而順」。剛既漸而長，由初（復卦）而二（臨卦），居下卦之中，四陰為應，故曰「剛中而應」。夫剛漸長體說（悅）以臨諸陰，四陰體順以應剛中之所臨，此臨卦之結構也。

「大亨」者即「元亨」之義。「以正」，易傳例釋貞為正，「以正」即以至於貞，而卦辭所言之「利」賅焉。意謂由元亨至於利貞。「元亨利貞」於古經，乃所以釋示運會與斷占之疑惑。而易傳則藉以闡述天道生物之四大歷程，元者始也，即指天道而言。亨者通也，乃謂天道生物，生機暢旺。利者向也，蓋言天道之生機，撲向其特定對象。貞者正也、定也，萬物稟此天賦而各正定其性命。（參見乾卦卦辭以及彖傳案語）是以由「大亨」而「以正」，乃天道生物之四大歷程，故曰「天之道也」。

由殷曆之正月，（臨卦所象者）至於八月，（否卦所象者）預測「有凶」，乃因為陽之生，（復卦）而長，（臨卦）而盛至其極，（泰卦、大壯卦、夬卦、乾卦。）則陰生而陽消，（姤卦、遯卦、否卦……。）自臨之立場觀之，陽盛則消；其將消也不久矣，（相對而言，則為陰長。）此「有凶」之故也。乃臨道所可能遭遇之危機。

象曰：澤上有地，臨；君子以教思无窮，容保民无疆。

案：臨卦，下卦為兌，兌為澤，（說卦傳）上卦為坤，坤為地，（說卦傳）「澤上有地」，地高乎澤而臨於澤，此「臨」之象也。

君子體臨，則當有所臨民，蓋民者，列子仲尼篇引康衢謠曰：「不識不知，順帝之則。」即每安習處順生活於既成之環境中而不自覺，因此，其智慧之幽光，生命之潛能，皆有待開發。君子臨之，固情之親近，亦義之眷顧。所謂「教思无窮」，「教思」即教以智思，「无窮」，則見其精神之涵蓋。且又「容保」，即容納保育，「无疆」，則見其德業之廣被。此所以培養其智慧，開發其生命，以呈現其價值，是為臨民之道也。

初九，咸臨，貞吉。

(一) 咸—王弼周易注曰：「咸，感也。」

案：依易例，初四為應，本卦，初為陽剛，四為陰柔，陽臨乎陰以咸（感）乎陰，而陰應之，此「咸臨」之象也。本爻以陽居陽位，上有九四之應，「貞吉」之象也。

陽之咸臨於陰，乃出於天機之自然，推之，上之臨下，大之臨小，亦如是，此始見恩澤之眷顧也，是以「貞（卜問）吉」。

象曰：咸臨貞吉，志行正也。

案：初九有「咸臨貞吉」之象者，以居陽體正以見其志之正，以臨陰得應而見其行之正，故曰「志行正也」。

九二，咸臨，吉，无不利。

案：咸（感）臨者，陽之感（咸）乎陰、臨乎陰也。九二，以陽剛而居下卦之中，上有六五之應。此「咸臨」之象也。以居中得應，故「吉，无不利」。

本爻陽剛臨乎六五之陰柔，然而六五以陰柔而居君位，九二其臣耳。九二之咸（感）以臨乎六五者何也？惠士奇易說以為即師氏保氏之與人君也。蓋自位言，九二象師氏保氏，居其下；六五象人君，居其上。自德言，九二陽剛，表示能教導者；六五陰柔，表示所教導者。方師保之履行其職責，則有如爻辭所云之咸之臨之。故吉，无不利。

象曰：咸臨吉无不利，未順命也。

案：九二乘陽剛浸長之勢，以咸（感）臨乎六五，而卜吉无不利者。蓋依正常之狀況，君為能命，臣為所命。今九二能臨六五者，乃特殊之狀況。夫易之取象，或觀其結構，如本交為陽剛，咸（感）臨於六五之陰柔。或論其發展，如本交為陽剛之浸長。或依常例，以言其關係，如本爻為臣，上承六五之君。或依對應而賦以作用，如本爻為師氏保氏以教六五之主。本爻既象師氏保氏，故未順六五之命。

六三，甘臨，无攸利。既憂之，无咎。

(一)甘—許慎說文解字曰：「甘，美也。」案俞曲園以為甘乃「含」之初文，後借為甘美之意。

(二)既—裴學海古書虛字集釋曰：「既猶若也。(原注：作『若或』解。)」

案：本卦下卦為兌，兌為說(悅)，六三居下兌之上位，故有甘悅之象。本卦為臨，故曰「甘臨」。又三為陽位，本爻以陰居之，失當，且上無應援，故「无攸利」。既者「若或」也。成蓉鏡周易釋爻例曰：凡三四爻亦稱或。「或」者如果也。蓋三多凶，(繫辭下傳第九章)又陰居陽位，故「憂」。憂則變而為正，即兌成乾，臨成泰。然後「无咎」。臨者，乃以陽之臨陰為正格。本爻則以陰而居下兌之上位，臨乎其下之陽；以陰臨陽，才氣不足，則巧媚繼之，故曰「甘臨」，「无攸利」也。作易者乃設一假然推埋以指示其迷津，即如果「憂之」則「无咎」。(故繫辭下傳第七章曰：「作易者，其有憂患乎。」)

象曰：甘臨，位不當也。既憂之，咎不長也。

案：六三，有以甘悅臨下之象者，乃其位之不中不正。若能憂而改之，以自我變化，則咎(災患)不長久。

六四，至臨，无咎

(一)至—象墜矢及地。(羅振玉說)李鼎祚周易集解引虞翻曰：「至，下也。」

案：本卦，下卦為兌，兌為澤，(說卦傳)上卦為坤，坤為地，(說卦傳)臨即取象於地以高而臨下之澤。六四體坤地以臨兌澤，此「至(下)臨」之象也。四為陰位，本爻以柔居之，得正，又下有初九之應，故「无咎」。

象曰：至臨无咎，位當也。

案：本爻有「至臨无咎」之象者，以柔當陰位也，故曰「位當也」。

六五，知臨，大君之宜，吉。

(一)宜—許慎說文解字曰：「宜，所安也。」

案：臨卦，既取上卦坤地，臨乎下卦兌澤之象。六五即當上坤之中，坤文言之傳坤卦六五曰：「君子黃中通理。」六五體坤，乃稟通理之知（智），繫辭上傳第四章曰：「知（智）周乎萬物而道濟天下。」此見其用也。本卦為臨，是以有「知臨」之象。

五為君位，六五以陰柔居之，「大君」之象也。下與九二之陽剛相應，則九二其臣也，得賢而任之也，夫居中得應，乃「宜」，「吉」之象也。

本爻為大君，本其「通理」之知，以臨其下之賢臣，此大君以臨之宜，故其占為吉。

象曰：大君之宜，行中之謂也。

案：六五居上卦之中為大君，臨下卦中爻之賢臣，得其所宜（安）者，以行其中道也。

上六，敦臨，吉，无咎。

(一)敦—段玉裁說文解字敦字注曰：「凡云敦厚者，皆假敦為惇。」又許慎說文解字曰：「惇，厚也。」

案：敦借以代惇，其訓為厚。本卦上卦為坤，坤卦彖傳曰：「坤厚載物。」上六居上坤之位，體乎坤厚之至德，雖於六三無應，然坤地臨乎下卦之兌澤，故有「敦臨」之象。上為陰位，本爻以陰居之，得正，故「吉，无咎。」

程子周易傳曰：「六居臨之終，而不取極義；臨无過極，故止為厚義。」是以敦厚如地以臨之乃臨之至也，其占為「吉，无咎。」

象曰：敦臨之吉，志在內也。

案：敦臨者，坤地臨乎兌澤也。上六有敦厚以臨之吉者，所臨在內卦之兌澤也，故曰「志在內也」。

序卦傳曰：物大然後可觀也，故受之以觀。

案：臨者，上臨下，大臨小，故有「大」義。物之臨之者，既有「大」之象，則其「大」為可觀，觀正是觀之義。是以臨卦之後，次之以觀。

觀仰盛德

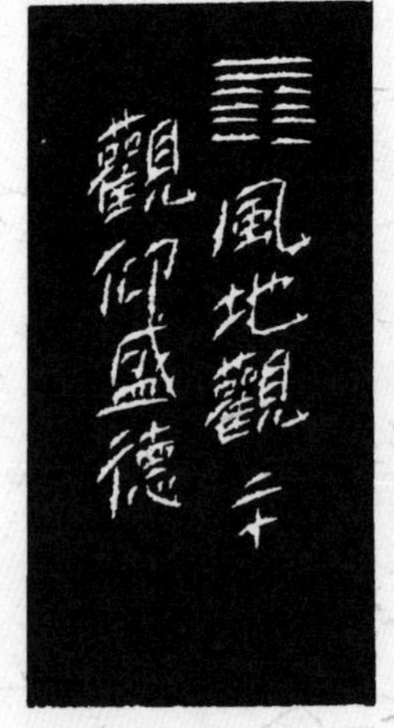

觀　第二十

坤下
巽上

觀，盥而不薦，有孚顒若。

(一)觀—許慎說文解字曰：「觀，諦視也。」爾雅釋言曰：「觀，示也。」段玉裁說文解字觀字注曰：「穀梁傳曰：『常事曰視，非常曰觀。』凡以我諦視物曰觀，使人得以諦視我，亦曰觀。」

(二)盥—李鼎祚周易集解引馬融曰：「盥者，進爵灌地以降神也。」此盥讀為祼也。許慎說文解字曰：「祼，灌祭也。」則盥者以同音借以代祼也。

(三)薦—爾雅釋詁曰：「薦，進也。」孔穎達周易正義曰：「薦者謂灌之後，陳薦籩豆之事。」

(四)顒—許慎說文解字曰：「顒，大頭也。」引申之，則有①仰義。（見詩大雅卷阿）②敬義。（見李鼎祚周易集解引馬融說）

案：觀卦，下卦為坤，坤為地，（說卦傳）上卦為巽，巽為風，（說卦傳）象傳曰：「風行地上。」，廣被萬物，此遍視之義。又觀卦乃臨卦之反綜，二陽居上，四陰在下，二陽為四陰所觀，此示其可觀而為所仰視之義。是以「觀」者，乃以視（遍視、仰視。）為義。

本卦，九五、上九為陽剛，為其下四陰所觀。依易例，五為天子，上為宗廟。「盥而不薦」乃祭祀之盛，示王道之可觀，故有是象（馬融說）。又本卦初六、六二、六三、六四為大坤象，坤為眾，（說卦傳）二陽在上，坤眾仰之，此「顒若」之象。坤眾顒若，則天子之信（有孚）著矣。故曰「有孚顒若」。觀之義為視，李鼎祚周易集解引馬融曰：「國之大事，唯祀與戎。王道可觀，在於祭祀，祭祀之盛，莫過初盥降神，故孔子曰：『禘，自既灌而往者，吾不欲觀之矣。』此言及薦簡略則不足觀也。以下觀上，見其至盛之禮，萬民信敬，故云：『有孚顒若。』此謂上示其可觀者，民則既信且仰以觀之。

彖曰：大觀在上，順而巽，中正以觀天下。觀，盥而不薦，有孚顒若，下觀而化也。觀天之神道，而四時不忒，聖人以神道設教而天下服矣。

(一)神—繫辭上傳第五章曰：「陰陽不測之謂神。」
(二)忒—李鼎祚周易集解引虞翻曰：「忒，差也。」

案：觀卦之道，在陽以觀陰，陽為陰所觀。本卦，九五以陽剛中正居於尊位，以觀其下之四陰，並為其下之四陰所觀。此見觀道之大，故曰「大觀在上」。夫本卦下卦為坤，坤為順，（說卦傳）上卦為巽，巽以卑順容入為義。（見巽卦）「順而巽」，觀道諧矣。觀道既諧，其中正之德，為觀於天下矣。

觀道，如於盥（祼）祭之示其王道之盛，萬民信敬仰觀，自爾而從其王化。

觀道，自超越之立場言之，即天之生物不測之神道，此生物不測之神道，但見四時行焉而無差忒，百物生焉而無為之者。天以神道為觀於天下，聖人觀之，體不測之神道，設無為之神道，則天下仰觀而從服。

象曰：風行地上，觀；先王以省方觀民設教。

㈠省方—來知德易經來註圖解曰：「省方者，巡狩省視四方也。」

案：觀卦，上卦為巽，巽為風，（說卦傳）下卦為坤，坤為地，（說卦傳）「風行地上」，廣被萬物，此「觀」之象也。

先王體觀，則當有所為觀於天下，蓋王者，承乎天以牧其民。而天者，無不遍覆，且日月迭運，風雨時興，則萬物仰沾其澤以欣然生發矣。此天之道而為觀於天下，以為萬物仰觀也。先王承此，以示其王道之可觀，則當照拂百姓，即省方，所以視之；觀民，所以親之；設教，所以化之。此觀道之終始歷程。

初六，童觀；小人无咎，君子吝。

㈠童—陸德明經典釋文引鄭康成曰：「童，稚也。」

案：觀卦，為大艮之象，艮為少男，（說卦傳）而初六居於始位，此「童」之象。本卦為觀，故曰「童觀」。

本爻陰柔，「小人」之象也。下卦為坤，坤為順，（說卦傳）本爻體乎坤順，故「无咎」。又初為陽位，伏陽，「君子」之象也，以「伏」，故「吝」。

「童觀」其觀如童，即所視限於感性一層次，既未廣且未遠也。

「小人」以位言，即百姓，其見短而識淺，唯滿足於其感性注活。初六於觀卦，既陰居陽位，又去五最遠，於觀道有如童稚，此「爻象」正與小人之「本分」相稱，故小人筮遇此爻，可卜無災患（无咎）。

君子則不然，蓋「君子」德厚位崇，其觀既廣且遠，非初六所象之境所能安，故其占為「吝」（艱難）。

象曰：初六童觀，小人道也。

案：初六失位、落遠，而有童觀之象，正合小人（百姓）見識短淺，感性生活之觀道，故曰「小人道也」。

六二，闚觀，利女貞。

（一）闚—揚雄方言曰：「闚，視也。凡相竊視，南楚謂之闚。」

案：本卦，下卦為坤，三爻皆陰。然依易例，初、三為陽位，六二居兩伏陽之間，則離象伏焉，離為目。（說卦傳）又六三、六四、九五互艮，艮為門闕。（說卦傳）下卦為坤，繫辭上傳十一章曰：「闔戶謂之坤。」夫六二陰柔上應九五之陽剛。以其體伏離之目，自坤之闔戶，經艮門之闕，以觀九五，此「闚觀」之象也。

六二既體伏離，離為中女。（說卦傳）又居中得正，此「利女貞」之象也。

「闚觀」者，所觀甚狹也。「闚觀」之象，正合古代女子之習慣，故有利於女子卜問（貞）之占。」

象曰：闚觀女貞，亦可醜也。

案：依門闚而闚觀，正如女子之習慣，則其觀為可醜之事也。

六三，觀我生，進退。

(一) 生—孟子告子篇曰：「告子曰：『生之謂性。』」案依訓詁學之原則，「性」由「生」所孳乳，並由之得聲。是以「性」字較「生」字為後出。方「性」字之未造，「生」字即兼具「性」字之意義。「性」字之意義，至戰國乃逐漸豐富；而其原始意義由「生」所表示者，乃指生命之實然性質。（此取徐復觀先生中國人性論史第一章之說）周易成書於殷末周初，此「生」字正表示「性」字之原始意義。是以京房作「性行」解，可謂得之。

案：本卦為觀，下卦為坤，坤為我，（虞氏義）為生，（生者性行也，蓋坤為地道，所以成物，而性行具焉，故有是象。）此「觀我生」之象也。成蓉鏡周易釋爻例曰，凡三四爻亦稱進退。又上卦為巽，巽為進退。（說卦傳）

本卦，於九五示其盛觀，本爻，視初六童觀，六二闚觀為有進，觀道發展至此，去其可觀者之九五漸近，但為六四所阻，故唯觀我有所感應於王道之性行，然後隨機以進退。

象曰：觀我生進退，未失道也。

案：觀我有所感應於王道之性行，然後隨機以進退，未失其觀道也。

六四，觀國之光，利用賓于王。

(一) 賓—來知德易經來註圖解曰：「賓者，已仕而朝覲乎君，君則賓禮之；未仕而仕，進于君，君則賓興之也。」

案：本卦為觀，下卦為坤，坤為國，（虞氏義）六三、六四、九五互艮，艮為光。（見艮卦彖傳）此「觀國之光」之象也。五為王位，四比之，乃「賓于王」之象也。

九五以陽剛居尊，其觀盛矣。民之仰觀，利近不利遠，來知德易經來註圖解曰：「內卦三陰遠於五，草莽之民也；六四之陰近於五，仕進之民也。」四近於五，陰觀於陽，為臣之朝於王庭，而賓事於王。國者，王之都；國之光，即王道之盛。夫四為陰位，而陰居之，得正，故能仰觀國中王道之盛，利於賓其王事。

象曰：觀國之光，尚賓也。

㈠ 尚—李富孫易經異文釋曰：「尚，京、陸績作上，經典尚上二字通用。」

案：四近於五，陰觀於陽，以「觀國之光」者，蓋仰觀王庭，其緣既熟，故得尚（上）賓於王。

九五，觀我生，君子无咎。

案：本卦為觀，本爻為體觀道之王者，此「觀我生」所以取象也。以陽剛居中履正，做有「君子无咎」之象。

「觀我生」，辭與六三同。六三之「觀我生」，乃仰觀九五，阻於六四，故即其有所感應於九五王道之性行以觀之。九五之「觀我生」，以九五為陽剛居尊位，主乎一卦，而示可觀者於天下。此所示於天下而為可觀者，就事而言，固王道之光輝。就人而言，即王者之性行（生）。必須王者呈其如是之性行，然後王道煥乎如是之光輝，兩者乃互為表裏。是以本爻「觀我生」者，即示其性行之光輝，以為天下所仰觀。故彖傳曰：「大觀在上。」

筮者如為君子，其遇此爻，則「德位」與「爻象」相稱，可占「无咎」。

象曰：觀我生，觀民也。

案：九五示其性行之光輝，乃以尊位之大觀，為觀於天下之民，故曰「觀民也」

上九，觀其生，君子无咎。

案：本卦為觀，「其生」乃指九五而言，故有「觀其生」之象。以陽剛居上，下有六三之應，故有「君子无咎」之象。

本卦曰觀，其義則有二，即陽為觀於陰，而陰仰觀於陽。五上同為陽爻，然究以九五為主。九五示其可觀者，上九性同九五，而位則過矣，雖亦下為四陰所觀，終須尊乎九五。「觀其生」，「其」字即指九五，蓋上九為眾陰之仰觀，乃特推尊九五，以九五之可觀者，而示乎天下；九五之可觀者，其性行體乎王道之光輝也，故曰「觀其生」。

爻性陽剛，雖居一卦之極，而能推尊九五，君子遇此，其稱之乎！故无咎。

象曰：觀其生，志未平也。

(一) 平—程子周易傳曰：「平謂安寧也。」

案：上九推尊九五性行之光輝，以示天下者，乃因下為眾陰所仰觀，而其志未寧（平）也。

序卦傳曰：可觀而後有所合，故受之以噬嗑。嗑者，合也。

案：可觀者，王道之盛也。王道可觀而有所合者，「合」以噬嗑為規定，即化有間，而後合，故王道之盛，必涵「明罰勑法」。（噬嗑象傳語）合正是噬嗑之義。是以觀卦之後，次之以噬嗑。

䷔ 火雷噬嗑 二十一

小懲大誡

噬嗑 第二十一

震下
離上

噬嗑，亨，利用獄。

(一)噬嗑—王弼周易注曰：「噬，齧也；嗑，合也。」

案：噬嗑卦，下卦為震，震為雷。（說卦傳）上卦為離，離為電。（說卦傳）雷作電閃，則聲光相合也。又本卦乃頤中有物之象。夫頤卦，初、上為陽，外實也；二、三、四、五為陰，中虛也，故象乎頤。噬嗑卦則於頤卦之中爻—四為陽，象乎物；「頤中有物」（彖傳）食也。是以「噬嗑」者，乃以食、合為義。（俞琰周易集說曰、「噬嗑倒轉為賁，亦為頤中有物之象，而以為賁，何耶？曰：『凡噬者必下動，賁無震故不得為噬嗑也。』」故噬嗑當以下震為要件。）

頤中有物，齧則化之，此「亨」之象也。

「利用獄」，本卦六三、九四、六五互坎，坎為獄。（虞氏義）

噬嗑者，頤中有物，齧以化之，故有亨通之運，且利用（於）獄。夫獄者，所以拘繫罪人之囹圄也。噬嗑卦，於人體，固象頤中有物，有物，梗之也，故噬以嗑之；於政教，則象獄中有人，有人，罪者也，故刑而化之，是以「利用獄」。

彖曰：頤中有物，曰噬嗑。噬嗑而亨。剛柔分，動而明，雷電合而章，柔得中而上行，雖不當位，利用獄也。

案：頤卦，初、上為陽，外實也；二、三、四、五為陰，中虛也；乃頤之象。而頤之中爻—四為陽，物之象，故曰「頤中有物」。頤中有物，於頤為梗，乃噬以嗑之，故名「噬嗑」。

「噬嗑而亨」，彖傳增「而」字以解之，蓋「而」者，承上轉下之詞，以示由上至下，乃自然之事。噬嗑既頤中有物之梗，噬以嗑之，則其梗化矣，故亨。

「剛柔分」者，繫辭下傳第四章曰：「陽卦多陰，陰卦多陽。」本卦，下卦為震，震一陽二陰，為陽卦，其性剛。上卦為離，離二陽一陰，為陰卦，其性柔。剛在內，柔在外，內剛外柔，無物不化也。且震為動，（說卦傳）離為明，（說卦傳）「動而明」，噬以拘繫之用見矣。又震為雷，（說卦傳）離為電，（說卦傳）「雷電合而章」，嗑以化之之功著矣。復以主爻論之，蓋噬嗑為賁之反綜，（來氏義）賁卦下卦為離，上卦為艮。本卦下卦為震，上卦為離。賁卦綜為本卦，則賁卦之六二，反而為本卦之六五，故曰「柔得中而上行。」六五得上卦之中位，「柔得中」以主乎刑之之用，化之之功，可無偏激之失，且有上進之宜。是以六五，雖柔居剛位，不當，然「利用獄」也。

象曰：雷電噬嗑，先王以明罰勅法。

(一) 勅—陸德明經典釋文曰：「此俗字也，字林作敕。鄭云：勅猶理也。一云，整也。」

案：本卦，下卦為震，震為雷，（說卦傳）上卦為離，離為電，（說卦傳）雷作而威，電閃而明，則聲光相合也。此「噬嗑」之象也。

先王體噬嗑，移於政教，則當明罰勑法。夫法者，政治生活之客觀規範也。其功能，一則導以勸其善，此積極之價值；一則罰以化其頑，此非常之手段。夫法之不勑，每因罰之不明，故唯罰明然後法勑，法勑自爾頑化而善勸，此噬嗑之道也。

初九，屨校滅趾，无咎。

(一) 屨校—許慎說文解字曰：「校，木囚也。」案：校，乃木製囚人刑具之通稱，其施於足者謂之桎，施於項者謂之枷。說文又曰：「屨，履也。」又曰：「履，足所依也。」段玉裁注引晉蔡謨曰：「今時所謂履者，自漢以前皆名屨。」是以「屨校」即以桎械加以足如納屨。

(二) 滅—沒也，遮沒也。（見程子周易大過傳）

(三) 趾—陸德明經典釋文作止，許慎說文解字無趾字，趾古文作止。高鴻縉先生中國字例曰：「止字原象人足形。」是趾者，古文作止，後世加足作趾，故趾者足也。

案：成蓉鏡周易釋爻例曰，凡初爻稱屨、稱趾。又本卦下卦為震，震為足，（說卦傳）此「趾」所以取象也。又六三、九四、六五互坎，坎為桎梏，（九家易義）此「校」所以取象也。大坎疊震上，故稱「屨校」。震在坎下，初為陰位，陽居之，失正，變，則震成坤，而足不見，故曰「滅趾」。此「屨校滅趾」之象也。以陽居陽位，故无咎。

初在下位，象乎下民；下卦為震，震為躁，（說卦傳）而剛居之，能無犯乎?下民犯罪，噬嗑之時，「屨校滅趾」，亦其應然。但當噬嗑之始，其過猶輕，繫辭下傳第五章曰：「子曰：『小人不恥不仁，不畏不義，不見利不勸，不威不懲，小懲而大誡，此小人之福也。』易曰：『屨校滅趾，无咎。』此之謂也。」蓋既初犯，用小懲，收大誡之效，故无咎，此噬嗑之旨也。

象曰：屨校滅趾，不行也。

案：初之犯，其過猶輕，加桎於足，以示薄懲，故不得行也。

六二，噬膚滅鼻，无咎。

(一)膚—廣雅釋器曰：「膚，肉也。」朱駿聲六十四卦經解曰：「膚，皮之表也。豕腹之下，大臠無骨，柔脆肥美之肉也。」

案：本卦六二、六三、九四互艮，艮為膚，為鼻。（九家易義）又六三、九四、六五互坎，坎為隱伏。（說卦傳）坎疊艮上，故有膚噬、鼻滅之象。本爻以陰柔居下卦之中，故「无咎」。

王船山周易稗疏曰：「膚，大臠無骨，貪食無狀，捧而齧之，則上揜其鼻。」來知德易經來註圖解曰：「初九、上九，受刑之人，中四爻則用刑者。」二象治獄之人，而陰居之，以柔得中，乘乎初剛。初剛象下民因躁而小過，六二治之，其易如噬膚滅鼻。治獄既易，故其占无咎。

象曰：噬膚滅鼻，乘剛也。

案：六二，有治獄之易，如齧臠肉，上揜其鼻者，以乘初剛也。蓋初剛象下民因躁而小過也。

六三，噬腊肉，遇毒，小吝，无咎。

(一)腊肉—許慎說文解字無腊字，僅有昔字，曰：「昔，乾肉也。」籀从肉作「昔肉」，（下形上

聲）隸則作腊。（左形右聲）

（二）毒—許慎說文解字曰：「毒，厚也。」即陳腐之厚味。

案：本卦為噬嗑。六二、六三、九四互艮，艮為膚，（九家易義）六三體艮中，李鼎祚周易集解引虞翻曰：「三在膚裏，故稱肉。」此「肉」所以取象。又初九、六二、六三、九四為大離象，九四、六五、上九亦互離，離為火，（說卦傳）上下皆火，肉置其中，則乾矣，故稱「腊肉」。由於六三、九四、六五互坎，坎為毒。（虞氏義）互艮、互離、互坎相疊，故有「遇毒」之象也。以不當位，故「小吝」。上有上九之應，故「无咎」。

三為陽位，陰居之，不正，以象治獄者，如噬腊肉遇毒，乃喻其事之艱，所遇之棘，則其獄難斷矣，故曰「小吝」，但可无咎。

象曰：遇毒，位不當也。

案：六三，噬腊肉，所以有「遇毒」之象者，以陰居陽位，非正也。位既不當，如於治獄，則其斷難矣。

九四，噬乾胏，得金矢，利艱貞，吉。

（一）胏—李鼎祚周易集解引陸績曰：「肉有骨謂之胏。」

（二）金矢—王船山周易稗疏曰：「金矢者，以金為鏃之矢也。」

案：本卦為噬嗑。上卦為離，離為乾肉。（李鼎祚周易集解引陸績說）又六三、九四、六五互坎，坎有金象、矢象，（來知德易經來註圖解說）六四居離之下，坎之中，故有「噬乾胏，得金矢」

之象。又坎為險，（坎卦彖傳）「艱」之象也。成蓉鏡周易釋爻例曰，凡三四爻亦稱或。「或」者乃示事之發展，每為相反之兩端，故雖艱，而利且吉也。

九四於噬嗑，象有物間於頤中。噬嗑以食喻治獄，今其所食者，為乾胏，且得金矢。太平御覽載王肅解曰：「金矢所以獲野禽，故食之反得金矢。君子于味，必思其毒，于利必備其難也。」是則治獄者，其所遇愈艱，則所慮愈深也。占者如以所遇者艱為問，則因所慮者深而利，且吉也。

象曰：利艱貞吉，未光也。

案：既遇棘手之案件，由於所慮者深，則雖艱猶利，且吉。但為「艱」所限，故治獄之格局未廣（光）也。

六五，噬乾肉，得黃金；貞厲，无咎。

案：本卦上卦為離，離為乾肉，（李鼎祚周易集解引陸績說）又六三、九四、六五互坎，坎為金，（來知德易經來註圖解）六五居離之中，坎之上，故有「噬乾肉，得黃金。」之象。本爻以陰居陽位，於下無應，故「貞厲」。然得中，故「无咎」。

黃金者，黃金之丸，所以彈獵，西京雜記曰：「韓嫣好彈，嘗以金為丸，所失者日有十餘，長安為之語曰：『苦饑寒，逐金丸。』」噬乾肉，得其中獵者所彈而存留之黃金丸，於食固為困擾。以喻治獄，乃枝節之橫生。

五為陽位，陰居之，失正，又逼於九四、上九兩剛之中，下無應援，其於治獄，偏遇橫生之枝節，能無危乎？然以本乎陰柔，體乎離明，能慎者也，是則以厲（危）為問，可卜无咎。

象曰：貞厲，无咎，得當也。

案：六五以厲（危）為問，可卜无咎者，以本乎陰柔，體乎離明，治獄能慎，是得其當也。

上九，何校滅耳，凶。

（一）何—陸德明經典釋文曰：「何，本亦作荷。……王肅曰：『荷，擔。』」李富孫易經異文釋曰：「何荷古今字。」

案：本卦九四、六五、上九互離，離為木，（說卦傳）「校」所以取象。六三、九四、六五互坎，坎為耳。（說卦傳）離在坎上，故曰「何（荷）校滅耳。」以居極失正，故凶。

王船山周易稗疏曰：「何校在項，從下視之，則不見耳。」來知德易經來註圖解曰：「初九、上九，受刑之人。中四爻則用刑者。」上九，上為陰位，而陽居之，非其位也。且踞卦之亢極，是其罪之重也，故有「何（荷）校滅耳。」之刑象。繫辭下傳第五章曰：「善不積，不足以成名。惡不積，不足以滅身。小人以小善為无益而弗為也。以小惡為无傷而弗去也。故惡積而不可掩，罪大而不可解。易曰：『何校滅耳，凶。』」罪既重，校已何（荷），故凶。

象曰：何校滅耳，聰不明也。

（一）聰—管子宙合篇曰：「聞審謂之聰。」

案：上九有「何（荷）校滅耳。」之象者，以其平素聞之不審有以致之。

序卦傳曰：物不可以苟合而已，故受之以賁。賁者，飾也。

案： 噬嗑，其義為嚙而合之，其象則示獄刑以化頑。然刑者，究屬消極之矯揉，非物性之自然，故曰「不可以苟合」——「不可苟合於刑」。（李鼎祚周易集解引崔憬語）唯文飾足以「化性起偽」，（旬子性惡篇語）文飾正是賁之義。是以噬嗑卦之後，次之以賁。

文以飾質

文以飾質

䷕ 山火賁 二十二
文以飾質

賁　第二十二

☲☶ 離下艮上

賁，亨，小利有攸往。

(一) 賁—李鼎祚周易集解引鄭康成曰：「賁，文飾也。」呂氏春秋壹行篇曰：「孔子卜得賁，孔子曰：『不吉。』子貢曰：『夫賁亦好矣，何謂不吉乎？』孔子曰：『夫白而白，黑而黑，夫賁又何好乎？』」古人貫貝繫之於頸，以為美飾，而貝之顏色有素貝、玄貝、黃貝、紫貝、文貝，是賁為雜色之文飾。（此取高氏周易古經今注說）

案：賁卦，下卦為離，離為火。（說卦傳）上卦為艮，艮為山。（說卦傳）山之上，草木生焉，百物聚焉。象傳曰：「山下有火。」則光被物表，所以文飾之也，是以「賁」者，乃以文飾為義。「山下有火」，光被山上草木、百物之表，以文飾焉，故亨。彖傳曰：「分剛上而文柔。」此「小利有攸往」之象也。

賁者，文飾也，相應宇宙人生之原始狀態，而賁之以精神價值，此所以有「亨」之運，以及「小利有攸往」之占也。

彖曰：賁，亨，柔來而文剛，故亨。分剛上而文柔，故小利有攸往。天文也；文明以止，人文也。觀乎天文以察時變，觀乎人文以化成天下。

(一) 止—朱子周易本義曰：「止謂各得其分。」

案：賁卦，以文飾為義，李鼎祚周易集解引荀爽曰：「此本泰卦。」即以泰卦為基礎。蓋泰卦者，乾下而坤上，示乎天地相交，陰陽相感，而生機通泰，萬物長育。賁卦則基此，以表陰陽相賁，剛柔相文，而致其盛。

「柔來而文剛」者，即泰之上六為柔，來居下乾之中，乾為剛，故曰「文剛」，而下卦成離，離為文明──文明見矣，故亨。

「分剛上而文柔」者，即泰之九二為剛，分離而上，居上坤之上，坤為柔，故曰「文柔」，而上卦成艮，艮為止──「止謂各得其分」。則其盛見矣。此所以得「小利有所往」之占。

「天文也」，依下文「文明以止，人文也。」之句例，其上當有脫文。馬國翰玉函山房輯佚書，輯徐鄖周易新義正作「剛柔交錯天文也。」茲從之。（此取劉百閔周易事理通義之說）夫泰卦者，乃設天地交，陰陽感之象。賁卦，則基於泰卦，「柔來而文剛」，「分剛上而文柔」，剛柔交錯矣。其實義則象乎日月之代明，晝夜之交替，寒暑之迭運……。凡此皆經緯於天，以成其文，是之謂「天文也。」至於「文明以止」，「文明」者，乃指原始生命之開發所超升之精神生活狀態，此精神生活狀態，即彌綸於人與人間之倫理、以及常道──父子有親、夫婦有別、長幼有序、君臣有義、朋友有信。「以止」者，即各盡其分，各成其德。凡此皆經緯於人，以成其文，是之謂「人文也」。

「觀乎天文」，即觀此日月之代明，晝夜之交替，寒暑之迭運……。「察時變」，即察其四時之變化。四時之變化者，莫非寒暑之迭運，晝夜之交替，日月之代明，……。夫原始狀態之宇宙，是一層次。日月之代明，晝夜之交替，寒暑之迭運；四時之變化，則為經之緯之於天之文，又是一層次。天之所以為天，其價值乃即此得以肯定。此賁卦設陰陽相賁，柔剛相飾──「剛柔交錯」所示之象也。「觀乎人文」，即觀此人與人間之倫理與常道，父子有親、夫婦有別。長幼有序、君臣有義、朋友有信；則超乎原始生命一層次，而有精神生活一層次之價值，人間之所以特具意義，乃據此得以肯定。「化成天下」，即明此倫理，教其常道，以經緯天下之人人，使天下之人人，超化其自然生命，修成其人格，蔚成其風俗。此亦賁卦設陰陽相賁，柔剛相飾──「文明以止」所示之象也。

象曰：山下有火，賁；君子以明庶政，无敢折獄。

(一)庶政—來知德易經來註圖解曰：「（庶政）庶者，眾也，繫庶小事。」

(二)无敢折獄—孔穎達周易正義曰：「无敢折獄者，勿得直用果敢折斷訟獄。」

案：賁卦，上卦為艮，艮為山，（說卦傳）下卦為離，離為火，（說卦傳）「山下有火」，火光上被山上草木百物之表，此「賁」之象也。

君子體賁，其使命乃為化民成俗，其實務則在為政牧民。夫政者，乃羣居生活之事，諸如厚生、利用……既瑣且煩，君子則當本其生命之光輝，文以明之，而期其得以樂業安居，此之謂「明庶政」，蓋攸關人羣之福祉也。至於偶犯罪刑，亦人性之弱點，君子自應抒其悲憫之情懷，感以化之，萬勿輕率而致冤抑，故「无敢折獄」，此用賁之道也。

初九，賁其趾，舍車而徒。

(一)徒—許慎說文解字曰：「徒，步行也。」

案：成蓉鏡周易釋爻例曰，凡初爻稱趾。此「趾」之象。而趾者，古文作止，即足也。賁者，以柔飾剛。初九為剛，所應在六四，六四為柔以應之，故有「賁其趾」之象。又六二、九三、六四互坎，坎為車，（說卦傳）六四、六五、上九互艮，艮為止，（說卦傳）艮疊坎上，「舍車」之象也。初九在下，故曰「徒」。（步行）

高亨周易古經今注曰，賁其趾，趾者，足也。文其足，如果乘車則其文不見，舍車而赤足步行，則人皆見之，此務文失實之象。

象曰：舍車而徒，義弗乘也。

案：古人車乘不便，徒步為習。賁其趾者：乃文飾之一；舍車乘者，亦生活之常。義者，宜也，順生活上之常習，故「弗乘」也。

六二，賁其須。

㈠須—許慎說文解字曰：「須，頤下毛也。」

案：李鼎祚周易集解引侯果曰：「自三至上，有頤之象也，二在頤下，須之象也。」二為陰柔，五亦陰柔，無應，然三為陽剛，二比以承之，乃須之附頤，柔之賁剛。此「賁其須」之象也。

高亨周易古經今注曰：「賁其須者，須有黑有白也，此老人之象，壽考之徵也。」

象曰：賁其須，與上興也。

㈠興—許慎說文解字曰：「興，起也。」

案：九三、六四、六五、上九有頤之象，（侯果說）又九三、六四、六五互震，震有動義，（說卦傳）是九三兼備「頤」「動」之象。本爻既承乎九三，有「賁其須」之象。且隨九三之揚起而揚起也，故曰「與上興也」。

九三，賁如濡如，永貞吉。

㈠如—張惠言虞氏易言曰：「如者文之著也。」

㈡濡—霑濡也。（見段玉裁說文解字注）

案：本卦，下卦為離，離為火，（說卦傳）其光足以被物之表，「賁如」之象也。又六二、九三、六四互坎，坎為水，（說卦傳）水能潤澤。「濡如」之象也。以剛居陽位，際水火交賁之盛，故「永貞吉」。九三居乎離上坎中，賁如濡如，其文飾之光澤盛矣。是以如問（貞）長久（永）之事，則吉。

象曰：永貞之吉，終莫之陵也。

㈠陵—朱駿聲六十四卦經解曰：「陵，侮也。」

案：長久之事，可卜其吉者，以本爻有文飾之光澤至盛之象，故終莫能侮（陵）之。

六四，賁如皤如，白馬翰如，匪寇婚媾。

(一)皤—李鼎祚周易集解曰：「皤亦白素之貌。」

(二)翰—徐灝說文解字注箋引戴侗曰：「羽之強者曰翰。」

案：本卦，以陰陽相賁為義，本爻為陰柔，下與初九之陽剛相賁，此「賁如」之象也。但中有九三之隔，九三、六四、六五互震，震為白，（李鼎祚周易集解引陸績說）六四體互震，故有「皤如」之象。本爻既體乎互震，震為馵足，為的顙，（說卦傳）故有「白馬」之象。「翰如」者，其飛如羽之疾。六二、九三、六四互坎，坎為亟心之馬，（說卦傳）本爻又體互坎，故有「白馬翰如」之象。坎又為盜，本爻往應初九，有九三之隔，九三體坎，致有為寇（盜）之疑。然六四所賁在初九，故有「婚媾」之象。

本爻下應初九以求有所賁，由於九三之阻，以致若「皤如」之未成其賁。終於似飛翰之疾，突破阻難，與初九成婚媾。

象曰：六四當位，疑也。匪寇婚媾，終无尤也。

(一)尤—程子周易傳曰：「尤，怨也。」

案：四為陰位，本爻以陰居之，此六四之當位。以所責在初九，但為阻於九三，不能無疑。九三雖阻之，非為寇也，六四與初九得以成其婚媾矣，故終無怨尤。

六五，賁于丘園，束帛戔戔；吝，終吉。

(一)丘園—孔穎達周易正義曰：「丘謂丘墟，園謂園圃，唯草木所生，是質素之處。」

(二)戔戔—朱子周易本義曰：「戔戔，淺小之意。」

案：本卦為賁。上卦為艮，艮為山，為果蓏，（說卦傳）六五在上艮之中，此「丘園」之象。又九三、六四、六五互震，震錯為巽，巽為帛，（虞氏義）為繩，（說卦傳）此「束帛」之所以取象。六五為陰，依易例，陰為小，故曰「戔戔」。以失位，故「吝」。以居中，故「終吉」。

六五，以陰柔居尊位，為賁之主，下於六二無應，則其所賁之格局狹矣，如戔戔束帛之賁于丘園，文飾不足以勝其質素也。

文飾於質素，既有所不勝，故其占為吝（艱難）。然本爻總屬賁之主，又上有上九之陽剛以相賁，故終吉。

象曰：六五之吉，有喜也。

案：六五有吉慶之象者，以居一卦之主位，得上九而相賁也，故「有喜也」。

上九，白賁，无咎。

㈠ 白—李鼎祚周易集解引干寶曰：「白，素也。」

案：本卦，上卦為艮，艮錯為兌，兌綜為巽，巽為白。（說卦傳）本卦為賁，此「白賁」之象也。本爻為剛，乘乎六五，六五為柔，得其賁也，故「无咎」。

白之義為素，白賁即程子周易傳所曰之「尚質素」。蓋賁者文飾也，文飾乃繼乎質素，故自初九、六二、九三、六四、六五皆言文飾之事，至上九，賁之極矣，則反其質素。然下有六五之相賁，故質素非無所飾，乃以質素為飾。賁之既極，則反見其質素之飾，故占曰「无咎」。

象曰：白賁无咎，上得志也。

案：上九，居賁之極，而反其質素；然下有六五相賁，得以用質素為飾，可卜「无咎」者，以上位為剛，有六五之柔所相賁，是得其志也。

序卦傳曰：致飾然後亨則盡矣，故受之以剝。剝者，剝也。

㈠ 致—許慎說文解字曰：「致，送詣也。」

案：致飾者，賁卦之文以飾質，質飾以文，則其運亨矣，而其質為所掩也。質為文所掩則盡也。夫一盛一消，正是剝之義。是以賁卦之後，次之以剝。

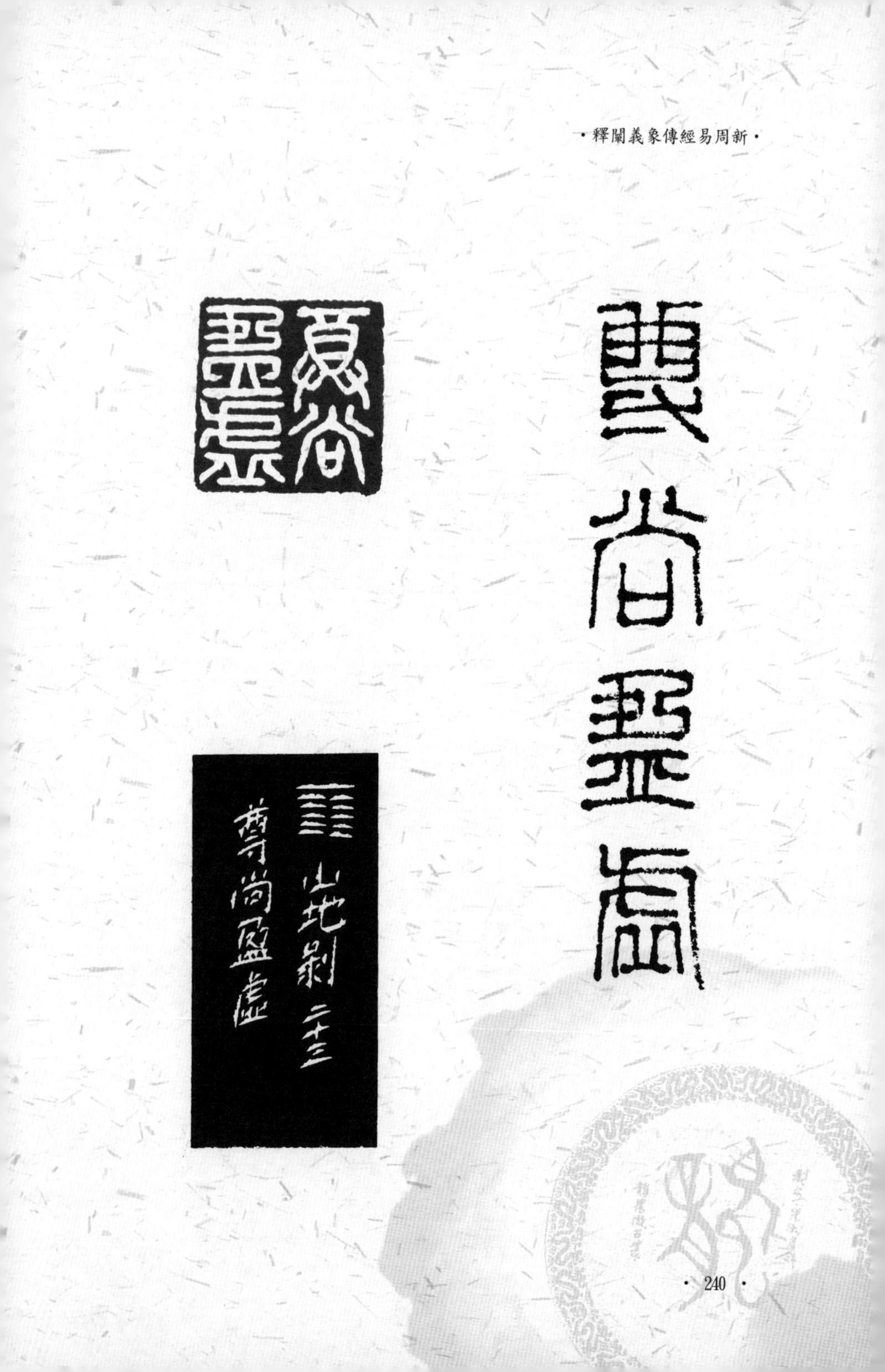

䷖ 山地剝 二十三

尊尚盈虛

剝 第二十三

坤下
艮上

剝，不利有攸往。

(一) 剝—許慎說文解字曰：「剝，裂也。」孔穎達周易正義曰：「剝，剝落也。」

案：剝卦，下卦為坤，坤為地，（說卦傳）上卦為艮，艮為山，（說卦傳）象傳曰：「山附於地。」蓋本卦自初六、而六二、六三、六四、至六五為大坤象，坤既為地，而艮山為坤地所裂而落矣。又卦有六爻，不外陰陽而已，自相對之立場觀之，則各象其性，各表其能。自相繼之立場觀之，或相生焉，或相剋焉。六爻成卦，自下而上，以象特定之境況，而表發展之過程。剝卦，自初六、而六二、六三、六四、至六五，皆屬陰爻，此象陰之長而盛。唯上九為陽爻，此象陽之消而衰。夫五陰既盛而消乎陽，一陽則不絕如縷矣。五陰消陽，是為裂之，一陽如縷，其將落也。是以「剝」者，乃以裂、落為義。

往者，自下而上之謂。剝卦正取陰盛剝陽為象，而陰盛剝陽，乃示正面價值之減退，負面價值之增長，故以象乎「攸往」，則「不利」焉。

剝者，裂也，此示正面價值之減退，負面價值之增長。當此之時，故「不利有攸往」也。

彖曰：剝，剝也；柔變剛也。不利有攸往，小人長也。順而止之，觀象也。君子尚消息盈虛，天行也。

案：剝之義為剝裂、剝落。其卦序由姤䷫、而遯䷠、否䷋、觀䷓至剝䷖，乃一柔初起而寖長以剝剛，迄本卦，眾剛漸落至將盡，是柔之變乎剛也。

「不利有攸往」者，「小人長也」，依易例，陽為君子，陰象小人，本卦既設陰柔寖長以剝落陽剛之象，正小人道長，世風晦闇之時，故「有攸往」則「不利」。

本卦，下卦為坤，坤為順，（說卦傳）上卦為艮，艮為止，（說卦傳）能「順而止之」，斯為善於觀乎剝象以知易者也。

來知德易經來註圖解曰：「消息者，盈虛之方始；盈虛者，消息之已成，消息盈虛四字皆以陽言。」天行者，有其過程可言，有其境界可觀。自過程言之，則為陰陽之生、剋而消長。論陰陽，究以陽為代表正面價值，而陰則代表負面價值，故當以陽為主，陰為從。既以陽為主，則「消」者陽之消，暑往是也；相對而言，則為陰之盛，寒來是也。「息」者陽之息，暑來是也，相對而言，則為陰之衰，寒往是也。陽有消、息之變化，而陰則相對從之以盛、衰，故能永保宇宙之平衡，此宋儒所謂之「氣化作用」。自境界觀之，天道有盈有虛，盈者，乃由陽之息至於其極，而呈現其圓足，月滿是也。虛者，則因陽之消為所剝落，致顯露其虧欠，月缺是也。夫消息往來以不已，則盈虛循環而有常。君子尊尚此消息盈虛之理，即是體現天行之道也。

象曰：山附於地，剝；上以厚下安宅。

案：剝卦，下卦為坤，坤為地，（說卦傳）上卦為艮，艮為山，（說卦傳）「山附於地」，則自初六、而六二、六三、六四、至六五為大坤象，坤既為地，則艮山為坤地所裂而落矣，此「剝」之象也。

在上位者體剝，觀剝之象，乃由下積漸而上，猶如宮室，其固其危，端視其始基為如何？為防止下頹而上傾，則應先厚植其礎石，然後安享其宅居。尚書五子之歌曰：「民惟邦本，本固邦寧。」蓋亦務本治剝之謂也。

初六，剝牀以足，蔑。貞凶。

(一)以—裴學海古書虛字集釋曰：「以猶自也。」

(二)蔑—滅也。（見本爻象傳）

案：本卦為剝。五陰在下，一陽在上，乃牀之象，本爻居於其下，足之象也，故有「剝牀以足」之象。初為陽位，而陰居之，又於上無應，故有「蔑」、「貞凶」之象。

夫易者，以卦示義，其發展，乃自下而上；剝卦，即陰依次遞進以剝陽。方其始也，如以牀為象，則猶剝牀之足。故爻辭曰「剝牀以足」，即示剝之始。蔑者滅也。蓋剝者，陰以剝陽，即陰長陽消。陽表正面價值，始剝，如剝牀之足，是正面值值之始見否定，故所貞（卜問）者凶。

象曰：剝牀以足，以滅下也。

案：剝卦有牀之象，始剝則如剝牀之足，足為下，故曰「以滅下也」。

六二，剝牀以辨，蔑。貞凶。

(一)以—裴學海古書虛字集釋曰：「以猶之也。」

(二)辨—王引之經義述聞曰：辨當讀為蹁，膝頭也，古聲相通而假借。

案：本卦為剝，有牀之象。辨為蹁之假借，指膝頭。王引之經義述聞曰：「膝頭在足之上，故初爻言足，二爻言蹁，二居下卦之中，猶膝頭居下體之中，故取象於蹁焉。」夫陰氣連貫，於上無應，乃「蔑」、「貞凶」之象。

陰氣寖長，如「剝牀以辨」，蔑（滅）乎陽也，是以「貞凶」。

象曰：剝牀以辨，未有與也。

案：以牀為喻，剝而至於其足與身之「辨」，乃示陰氣復進以剝陽。與者，應與也。六二陰爻，所應在五，所乘之初，所承之三，亦皆陰柔，無所應與，故曰「未有與也」。「未有與也」，乃示陰氣之寖長。

六三，剝之，无咎。

案：陸德明經典釋文作「剝，无咎。」李富孫易經異文釋曰：「古本當無之字。」

本卦乃設羣陰剝陽之象，六三既處羣陰之中，以成其剝，故曰「剝之」。而三為陽剛之位，本爻以陰柔居之，上有上九陽剛之應，夫以柔居剛應剛，「无咎」之象也。

剝者，羣陰剝陽也，本爻即乘其勢以「剝之」。然而上應上九之陽，特立獨行者也，故无咎。

象曰：剝之无咎，失上下也。

案：六三與羣陰而成其「剝之」，又可卜「无咎」者，以上之六四、六五，下之初六、六二，皆剝乎陽，而本爻獨與上九陽剛相應，是本爻與上下四陰，形式上固同列，意向之間則有所違異，故曰「失上下也」。

六四，剝牀以膚，凶。

(一) 以—裴學海古書虛字集釋曰：「以，及也。」

(二)膚—據許慎說文解字曰：膚為臚之籀文，而臚者皮也。以後，臚廢膚行。則膚者，皮也。

案：本卦為剝，有牀之象。上卦為艮，艮為膚，（虞氏義）六四為艮之下，有「膚」之象。故曰「剝牀以膚」。以無應，故凶。

剝卦，所剝者，乃以牀為象，初為牀足，二為牀辨，推之，則三為牀上。三者皆屬下卦，皆指牀而言。而本爻，則指牀上之人矣。李鼎祚周易集解引王肅曰：「在下而安人者牀也，在上而處牀者人也。」是以爻旨所示者，直見陰氣之上剝，以牀為喻，則自下而上，並及其上之人之膚矣。夫四者，下上兩卦之際也，下卦既盡之，上卦又及之，是剝道之寖長不已，故凶。

象曰：剝牀以膚，切近災也。

案：陰氣上剝，及於牀上之人之膚，其災已切近其身矣。

六五，貫魚以宮人寵，无不利。

(一)以—裴學海古書虛字集釋曰：「以猶如也。」

案：本卦，自初六、而六二、六三、六四、至六五，五陰依次遞進，有如「貫魚」。又上卦為艮，艮為宮室，（說卦傳），艮錯為兌，兌為少女，（說卦傳）此「宮人」（宮女）所以取象也。以居中比上，故有受「寵」之象，且「无不利」。

陰氣遞進，至於六五，可謂盛矣，唯上九一陽不絕如縷。本爻爻旨即謂六五統乎羣陰，如魚之串貫，宮人之序列。依乎既成之勢言之，直有上剝之象。然而，易之為道，陰陽之消長，非一成不變；乃隨位以應，與時而異。今六五雖有上剝之勢，卸遇上卦之艮，艮為止，（說卦傳）六五體乎艮止，又與上九之陽剛，相承而比，相親而從，故為上九所寵，即五陰貫魚上剝，反如宮人受寵，是以曰「貫魚以宮人寵」，而剝道反為上九之陽剛所消融。此所以「无不利」。

由是觀之，作易者於本爻，既示剝道寖進之勢，亦啟適時超轉之機。

象曰：以宮人寵，終无尤也。

案：五陰貫魚上剝，反如宮人為上九之陽剛所寵，剝道為所消融矣，故終无過尤。

上九，碩果不食，君子得輿，小人剝廬。

(一)碩—爾雅釋詁曰：「碩，大也。」

(二)輿—許慎說文解字曰：「輿，車輿也。」

案：剝卦，上卦為艮，艮為果蓏，（說卦傳）本爻居艮之上，故有「果」象。又上九為陽剛，依易例，陰小陽大，是以曰「碩果」。剝卦，五陽皆消於下，一陽猶存其上，「碩果不食」之象也。依易例，陰為小人，陽為君子。朱駿聲六十四卦經解曰：「五陰載一陽，輿象。」故有「君子得輿」之象，即得其所載。又剝卦，五陰列下，一陽亙上，廬（舍）之象也。五陰象小人，五陰剝陽，其勢上剝，此「小人剝廬」之象也。

剝極之時，宇宙生機，人間希望，絕未泯滅，君子得乘其復興機運，小人則伺此有所企圖。至於如何自處，亦一念之間耳。

象曰：君子得輿，民所載也；小人剝廬，終不可用也。

案：剝之既極，興復之機運潛焉。君子得乘此機運，端賴眾民之持載以擁戴。小人則有所企圖，終未能得逞也。

序卦傳曰：物不可以終盡，剝，窮上反下，故受之以復。

案：剝卦，陰氣寖長以剝陽，至於一陽不絕如縷其將盡，雖然，陽氣興復之機運潛焉。李鼎祚周易集解引崔璟曰：「夫易，窮則有變，物極則反於初。」此天之道也。故剝，示物之將盡，而不可以將盡；雖窮於上，其反於下。反於下，正是復之義。是以剝卦之後，次之以復。

反復其道

䷗ 地雷復 二十四

反復其道

復　第二十四

震下
坤上

復，亨。出入无疾，朋來无咎；反復其道，七日來復，利有攸往。

(一) 復—雜卦傳曰：「復，反也。」、王弼周易注曰：「復，反本之謂也。」老子第四十章曰：「反者道之動。」

(二) 疾—王弼周易注曰：「疾猶病也。」

(三) 其—王引之經傳釋詞曰：「其猶之也。」

案：復卦，下卦為震，震為雷，為動，（說卦傳）上卦為坤，坤為地，（說卦傳）雷動於地中，即道之反也以呈現其自己。又本卦，乃剝之反綜，初九為陽，六二、六三、六四、六五、上六為陰，一陽始生於五陰之下，對陰而言，乃盛極而將衰；就陽而言，則衰極而將盛，此道之反也。是以「復」者，乃以反（反陽消陰，即道之呈現。）為義。

一陽復生於五陰之下，此「亨」之象也。

一陽始生，「出」之象也，羣陰將消，「入」之象也。李鼎祚周易集解引虞翻曰：「坎為疾，十二消息不見坎象，故『出入无疾』。」

坤卦卦辭曰：「西南得朋。」本卦六二、六三、六四、六五、上六為大坤象，故曰「朋」。依易例，於內稱來，羣陰連類以從陽，「朋來」之象也。一陽為羣陰所從，故「无咎」。

於陰陽消長之過程，方陰盛陽衰而至其極，則陰盛必衰，陽衰必盛，此道之反復，故為「反復其道」之象。

「七日」者，李鼎祚周易集解引侯果曰：「豳詩曰一之日觱發，二之日栗烈，一之日，周之正月也，二之日，周之二月也。則古人呼月為日明矣。」是「七日」即稱七個月。「來復」者，由陰始生而消陽，至於其極，則陽來復於下，其將消陰也。據孟喜卦氣圖，「七日來復」之卦序如下：

䷫ 姤卦—五月之卦

䷠ 遯卦—六月之卦

䷋ 否卦—七月之卦

䷓ 觀卦—八月之卦

䷖ 剝卦—九月之卦

䷁ 坤卦—十月之卦

䷗ 復卦—十一月之卦

由姤卦一陰始生以消陽，至一陽來復於下，歷七月，古人呼月為日，此「七日來復」之象也。

一陽復生於五陰之下，將上進以消陰，故有「利有攸往」之象。

復卦，一陽復生，乃示天道之反復，生機之鼓盪，故有亨通之運。當復之時，其出其入，乃乘乎天運，可以「无疾（病）」。朋友之來，一陽為主於內，所以「无咎」。

天道之運，陰陽消長過程中，歷七月（日），一陽來復於下，生機又見其暢旺，此所以「利有攸往」也。

彖曰：復亨，剛反。動而以順行，是以出入无疾，朋來无咎。反復其道，七日來復，天行也。利有攸往，剛長也。復其見天地之心乎！

案：復卦可卜其亨者，以復為剝之反綜（來氏義），剝卦上九之剛，反而為復卦初九之剛，即剝極而復之意。

本卦，下卦為震，震為動，（說卦傳）上卦為坤，坤為順，（說卦傳）故曰「動而以順行」。此示復之行程，「動」者，由於一陽始生所鼓盪，則萬物以「出」；「順」者，坤之德，萬物因之以「入」，即動即順，即出即入，故曰「出入无疾」。「朋」者，坤順五陰（大坤象）連類所象者，「來」者，從乎一陽始生所鼓盪者，順而從動，故曰「朋來无咎」。

「反復其道」，於陰陽消長之過程中，由姤卦所象，一陰始生以消陽之夏曆五月，歷遯卦、否卦、觀卦、剝卦、坤卦所象陰氣寖長，之六月、七月、八月、九月、十月，至於其極，則反而為復卦所象，一陽復生以消陰之十一月，其間凡經七月，「七日」即指「七月」，（侯果說）陽氣由始消而反復，故曰「七日（月）來復」。天行者，分解言之，陰陽之互為消長，迭見盛衰而已，故「七日（月）來復」，即天道之運行。

「利有攸往」者，初九陽剛，始生於下，且有向上發展之潛能，故曰「剛長也」。

「天地之心」者，何謂也？「心」者，主宰義也。夫天地之化育萬物，覆之載之，而四時周行，萬物孳生；蓋自然、渾然，生機煥發焉，實無心也，故曰「天地無心而成化」。今曰「天地之心」者，乃為萬物之化育，超越安立一形而上之實體，並彰顯其主宰義。李光地論語陽貨篇「予欲無言」章劄記云「蓋四氣默運，莫非天地一元之心，萬物受之，皆若默喻乎天地之心。」雖然，天地之「心」既已超越之安立，其主乎化育，實亦無欲而自然，無為而渾然，生機煥發而洋溢於宇宙。如斯乃足以當乎「天地之心」。復卦之「復」，其歷程既當溯自姤卦一陰始生以消陽，歷遯卦、否卦、觀卦、剝卦、坤卦、陰氣依次逐漸寖長以消陽至於其極，相對而言，則陽氣為所消歇，陽氣消歇則天地閉塞，天地閉塞則其「心」隱藏矣。然而天之行也，陰盛之極則必衰，陽消之至則必復；陽氣既復則天地變化，天地變化則生機鼓盪，生機鼓盪則天地之「心」重現矣，故「復其見天地之心乎！」

象曰：雷在地中，復；先王以至日閉關，商旅不行；后不省方。

(一)至日—李鼎祚周易集解引虞翻曰：「至日，冬至之日。」朱駿聲六十四卦經解曰：「至日者，概乎冬至以後言之也。」

(二)后—李鼎祚周易集解引虞翻曰：「后，君也。」

(三)省方—米駿聲六十四卦經解曰：「省，視也。」孔穎達周易正義曰：「（王弼周易注曰）方，事者，恐方是因方境域，故以方為事也。」省力，即省視四方之事。

案：復卦，下卦為震，震為雷，（說卦傳）上卦為坤，坤為地，（說卦傳）「雷在地中」，即陽氣始生以動，道之反而呈現其自已，此「復」之象也。

先王體復，「以至日閉關」，「至日」，冬至之日，在復卦所象之夏曆十一月，王船山周易稗疏曰：「日至以後兩月之中，純陰固結於上，復之象也。於時寒氣方盛，民當入室，以息老慈幼。若任商旅之嗜利奔馳，則觸寒威以傷生，而廢父子兄弟歲時聚順之好。后若省方，則車徒跋涉，吏民迎候，履冰踐雪，怨咨繁興，皆非以保養孤陽而順天行。故兩月之中，下靜處之，令以法復卦之德。」又曰：「蓋自至日，以迄乎雷出於地，驚蟄之後，（原注：古曆驚蟄正月中。）而後啟關，以聽商旅之行，后乃出行以省方。」

李鼎祚周易集解引虞翻曰：「已言先王，又更言后；后，君也。六十四卦唯此重耳。」

初九，不遠復，无祇悔，元吉。

(一)祇—李鼎祚周易集解引侯果曰：「祇，大也。」

案：初九，乃復卦之主爻，初九所以為復者，乃以陽剛居下卦之始位—一陽始生於五陰之下。相應陰陽消長過程中，前此之階段，陰長而盛，陽消而衰。本爻，正象一陽復生，則前此其消而衰為不遠，此「不遠復」之象也。初九陽剛居正，上有六四陰柔之應，故有「无祇（大）悔，元（大）吉。」之象也。

「不遠復」，推之行事，即以往雖有所失，不遠，則可復其善。故其占為「无祇（大）悔，元（大）吉。」

象曰：不遠之復，以脩身也。

案：其過，不遠即復之於善，此「復」之功夫，所以脩身之道也。繫辭下傳第五章曰：「子曰：顏氏之子，其殆庶幾乎！有不善未嘗不知，知之未嘗復行也。易曰，不遠復，无祇悔，元吉。」

六二，休復，吉。

(一) 休—鄭康成詩商頌長發箋曰：「休，美也。」

案：本卦為復。二為陰位，屬下卦之中，而本爻以柔居之，既中且正。上雖無應，下則乘剛。初剛，一陽始生，繼此，將遞進至二，以消其陰；而六二以陰柔，乘而順之；則一陽之既生，二陽亦可期，此本爻所以見其休（美）於復，故有「休復」之象。以既中且正，故吉。

本爻既中且正，下乘初剛，以成其復，美於復也，其占為吉。

象曰：休復之吉，以下仁也。

案：六二，所以有休（美）於復之吉象者，由於下乘初剛。初剛，乃一陽始生於五陰之下，即彖傳所曰「復其見天地之心」。此「天地之心」，即暢旺之生機，孔子名之曰「仁」。下乘初剛，即下從於仁，為仁之呈現所涵攝焉，故曰「以下仁也」。

六三，頻復；厲，无咎。

㈠ 頻—王弼周易注曰：「頻，頻蹙之貌。」

案：頻者，蹙也。蹙者，憂也。三為陽位，而陰居之，不中不正；又當震動之極，（下卦為震）多凶之地；（繫辭下傳第九章）且於上無應，故有「頻」象。本卦為復，此「頻復」之象也。震動之極，多凶之地，又不中不正，故厲（危）。然復之機潛運焉，故「无咎」。「頻復」者，頻（蹙）於復也。蓋一陽既生於初，將遞進於二，至於三，歷經艱難，故厲（危）。但復之機潛運焉，故无咎。

象曰：頻復之厲，義无咎也。

案：頻（憂）於復之厲（危），以復之機潛運焉，故於義為无咎也。

六四，中行獨復。

㈠ 中行—爾雅釋宮曰：「行，道也。」中行猶中道也。

案：成蓉鏡周易釋爻例曰，凡二五稱中行。二五稱中行，以其各為下卦上卦之中。三四爻亦稱中行，如復四，益三四。三四稱中行，以其為一卦之中也。

六四，依易例稱中行。又復卦，五陰列於一陽之上，六四則居五陰之中，亦中行之象。夫四為陰位，陰居之，得其位；並下應初剛，以成其復，本卦唯本爻為獨備此緣，故稱「獨復」。「中行」，得其中道；「獨復」，獨於復，獨與陽應以成其復，復道無礙也。

象曰：中行獨復，以從道也。

案：六四，得乎復卦之中道，獨與初剛相應以成其復，而見復道之無礙。蓋初剛為復卦之主，復道之樞，六四應之，故曰「從道」。

六五，敦復，无悔。

案：敦者，厚也。本卦上卦為坤，坤表地德，地以載物為德，故有「厚」義。六五居上坤之中，故稱「敦」。夫復卦以反陽消陰為義，及至本爻，以載物之厚德，待陽之復，此「敦復」所以取象也。以居中，故无悔。

敦復，以厚德待陽而成其復，故无悔（恨）。

象曰：敦復无悔，中以自考也。

(一) 考—朱子周易本義曰：「考，成也。」

案：六五，敦（厚）於復而所以无悔者，以其體乎上坤之中，備乎博厚之德，有以自成（考）之也。

上六，迷復，凶，有災眚；用行師，終有大敗，以其國君，凶；至于十年不克征。

(一) 迷—許慎說文解字曰：「迷，惑也。」

(二) 災眚—朱駿聲六十四卦經解曰：「傷害曰災，妖祥曰眚。」

(三) 用—王引之經傳釋詞曰：「用，詞之以也。」

(四) 以—王引之經傳釋詞曰：「以猶及也。」

案：本卦，上卦為坤，坤為迷，（九家易義）本卦為復。本爻既體坤迷，又居高無應，則於陽之上復，不為所消，此「迷復」之象也。以居高無應，故凶。上卦既為坤，然五為陽位，伏陽焉，則上卦隱伏坎象，坎為災眚，本爻居伏坎之上，故為「有災眚」之象。（此取虞氏說）

上卦既為坤，坤為眾，（說卦傳）此「師」之象也。下卦為震，震為動，（說卦傳）故曰「行師」。坤卦上六爻辭曰：「龍戰于野，其血玄黃。」即陰陽之戰中，陰為陽所敗也，是以本爻有「終有大敗」之象。又坤為國，（虞氏義）六五居坤國中之尊位，為本爻所累及，故曰「以（累及）其國君」。

上卦為坤，坤為地，（說卦傳）地之數十，（繫辭上傳第九章）此「十年」之象也。五為伏陽，上卦為伏坎象，坎為險，（坎卦彖傳）本爻居伏坎之上，「不克征」也，故曰「至于十年不克征」。

方復道上進，以消羣陰，經六二之「休復」，六三「頻復」，六四「中行獨復」，六五「敦復」，雖際遇有異，總見所復。至於本爻，則「迷復」—迷惑於復，不為所消，故「凶，有災眚。」當此天道反復以呈現其大用之時，陰與陽戰，必非其敵，是以其行師，終有大敗，並累及其國君，故凶。此示影響之深也。

陽氣上復，至是而極，既「迷復」、「大敗」，且「至于十年不克征」，此示影響之遠也。

象曰：迷復之凶，反君道也。

案：復卦，以反陽消陰為義，而上六「迷復」，陰不為陽所消，其「凶」者，「反君道也」。蓋依易例，陽象君，陰為臣，復卦反陽消陰，為天道之呈現其作用，猶如君道表率臣民，以致邦國之安寧，今上六陰不為陽所消，猶臣之不為賓服於君，故曰「反君道也」。

序卦傳曰：復則不妄矣，故受之以无妄

案：復者，反陽以消陰，亦即天道反復以呈現其作用。夫天道反復則生氣勃然，如雷在地中，動以真誠，無所虛偽，此正是无妄之義。是以復卦之後，次之以无妄。

真誠無偽

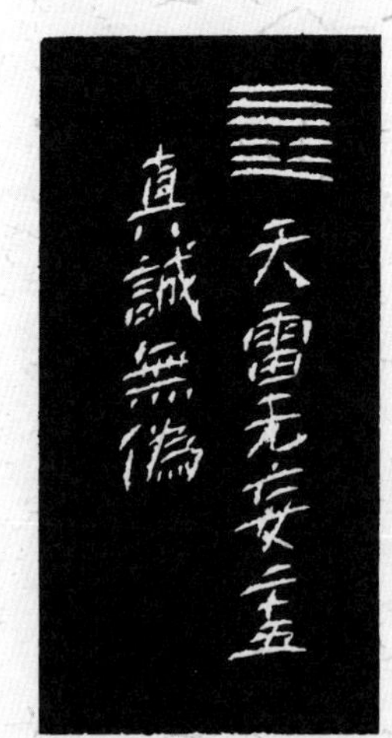
☰☳ 天雷无妄⚌
真誠無偽

无妄　第二十五

☰ 乾上
☳ 震下

无妄，元亨，利貞；其匪正有眚，不利有攸仕。

(一) 无妄—許慎說文解字曰：「无，奇字無也。」又曰：「妄，亂也。」孔穎達周易正義曰：「无妄者，……无敢詐偽虛妄。」雜卦傳曰：「无妄，災也。」

(二) 其—王引之經傳釋詞曰：「其猶若也。」

(三) 眚—許慎說文解字曰：「眚，目病生翳也。」段玉裁注曰：「引伸為過誤。」

案：无妄卦，下卦為震，震為雷、為動，（說卦傳）上卦為乾，乾為天，（說卦傳）象傳曰：「雷行天下」雷行乃承天而動，故其動至健，而鼓盪勃然之生機，於是特見天道之真誠。天道之真誠，則無偽也。其於萬物，既生之，此正面之意義；亦煞之，此負面之價值。煞之，於人間之境遇，則為意外之變化。是以「无妄」者，乃以①真誠而無偽，②意外之變化為義。

本卦，九五、六二皆居中履正，此「元亨，利貞。」之象。

本卦，初九、六二、六三、九四為大離象，大離象旁通為大坎象，坎為眚，（說卦傳）為險，（坎卦彖傳），此「其匪正有眚」，「不利有攸往」之象也。

「无妄」者，天道之真誠，反面觀之，則無偽。本卦卦名乃以遮詮之方式彰顯之，而透顯此真誠之絕對性境界，故能一則以生，一則以煞；煞之所以極成其生之。移之人事，則有元亨之運，而利於貞（卜問）。

然而，當以「真誠而無偽」為要件，所謂「正」也。其者，如果也，假設之詞也。如果（其）匪正有眚（過失），則「不利有攸往」。蓋恐有「意外之變化」。

彖曰：无妄，剛自外來而為主於內，動而健，剛中而應，大亨以正，天之命也。其匪正有眚，不利有攸往。无妄之往，何之矣？天命不祐，行矣哉？

(一)天之命—程子周易傳曰：「天命謂天道也。」

(二)祐—許慎說文解字曰：「祐，助也。」

案：无妄為大畜之反綜（來氏說），大畜上九為陽剛，居外也，反綜為无妄，則為初九，於內也，為本卦之主。初九陽剛，既由大畜之外，反而來為无妄之內為主爻，則下卦為震，震為動，（說卦傳）上卦為乾，乾為健，（說卦傳）「動而健」，則生機勃然，此之謂「大亨」。又本卦，九五以陽剛居上卦之中，六二以陰柔居下卦之中，各正其位而相應，故曰「剛中而應」，此之謂「正」。「動而健」以見生機勃然之「大亨」（大通），剛柔各得其位以相應之「正」，乃生機勃然於陰陽之正應，即為「天之命」—真誠之天道。此自正面言之也。

至於自負面觀之，如果匪正有過失，則「不利有攸往」者，蓋意外之變化，其往，何之（往）？以悖乎真誠，天命（天道）不祐（助），豈可行矣哉？

象曰：天下雷行，物與，无妄；先王以茂對，時育萬物。

(一)與—裴學海古書虛字集釋曰：「與，猶從也，隨也。」

(二)茂對—劉百閔周易事理通義曰：「茂，盛也。對，配也。……猶言以盛德配天地。」

案：无妄卦，上卦為乾，乾為天，（說卦傳）下卦為震，震為雷，（說卦傳）故曰「天下雷行」。程子周易傳曰：「雷行於天下，陰陽交和相薄而成聲，於是驚蟄藏振，萌芽發生，萬物其所賦與，洪纖高下，各正其性命。」蓋「天下雷行」，特見天道之真誠，生機之勃然，流注於萬物，萬物則隨從而承受之，此「无妄」之象也。

先王體无妄，乃以盛德配乎天地（茂對）。夫天所以覆之，地所以載之，天覆地載以生化萬物，至真至誠也。其真誠則見之於春生與秋煞，春生秋煞然後勃發其生機。先生體乎无妄之道，以盛德配之，則如春生以輔相之，如秋煞以裁成之，是為依時育成萬物，此真誠无妄之道也。

初九，无妄，往吉。

案：本卦卦名稱曰无妄，本爻爻辭亦為无妄。蓋卦名无妄者，取象於乾天之下，震雷之動，而本爻處震之下，居動之始，而且體剛得正，「為主於內」（彖傳語），是以爻辭亦曰「无妄」，此其象也。以剛居初得正，並體下震，故吉。

无妄，真誠無偽也。往者，由內之外之謂，初九以陽剛體乎內震之動，其往，外得乾健之緣助，故吉。

象曰：无妄之往，得志也。

案：體乎天道真誠之往，又外得乾健之緣助，則其往也得其志矣。

六二，不耕穫，不菑畬，則利有攸往。

(一)菑—許慎說文解字曰：「菑，不耕田也。」「不耕田」即荒田，引申為治荒田。

(二)畬—許慎說文解字曰：「畬，三歲治田也。」「三歲治田」即熟田，引申為治熟田。

案：惠棟周易述曰，「畬」、「則」之間有「凶」字。劉百閔周易事理通義引孫志祖讀書脞錄續編三引海寧俞潛山思謙曰：「未知何時，誤凶字為則字。」

耕、穫、菑、畬，皆就「田」言。據繫辭下傳第十章，六畫之卦，上二爻表天，中二爻表人，下二爻表地。又下二爻初為地下，二為地上，故二有「田」之象。（乾卦，初九日「潛龍勿用」，九二曰「見龍在田」。）本卦，下卦為震，震為耒、為耜，（仲氏義）為禾稼。（說卦傳）六二、六三、九四互艮，艮為手。（虞氏義）手持耒耜，「耕」之象也。手持禾稼，「穫」之象也。又六三、九四、九五互巽，巽為入，（說卦傳）下卦為震，震為動。（說卦傳）上入下動，「菑」、「畬」之象也。（此取來氏說）以陰柔中正，上應九五，此「利有攸往」之象也。

「不耕穫，不菑畬。」王弼周易注曰：「不耕而穫，不菑而畬。」此以假然推理，從側面落筆，即如果不耕而求穫，不菑而求畬，即卦辭「其匪正有眚」之意，非天也，乃妄也，是以則凶。

本爻居下卦震動之中，得陰柔之正，以上應陽剛中正之九五，得无妄之卦義，體天道之真誠，故「（則）利有攸往」。此轉而自正面言之，即既正則利也。

象曰：不耕穫，未富也。

案：不耕而求穫，此僥倖之心，非真誠之志，故「未富也」。

六三，无妄之災，或繫之牛，行人之得，邑人之災。

(一) 災—許慎說文解字作烖，曰：「天火曰烖。」引申之，凡損害曰災。

案：六三，三為陽位，又為下卦之上，陰居之，不中不正，且為多凶之地，（繫辭下傳第九章）當无妄之時，則為意外之境況，此「无妄之災」所以取象也。

本卦，初九、六二、六三、九四為大離象，離為牛，（九家易義）六二、六三、九四互艮，艮為鼻，（九家易義）為止，（說卦傳）又六三、九四、九五互巽，巽為木，為繩。（說卦傳）夫以繩繫牛鼻止於木下，即為「或繫之牛」所以取象。

本卦，下卦為震，震為足，為大塗，（說卦傳）「行」之象也。依易例，三為人位，故曰「行人」。又九四陽居陰位，失位，變而為正，則六二、六三、六四互坤，坤為邑，（虞氏義）三為人位，故曰「邑人」。

本爻，既不中不正，且為下卦震動之極，又多凶，故有意外之變化—无妄之災。作易者乃以牛之得失為喻，牛繫而失，意外也；行人之得，亦意外也。其得其失，總屬邑人意外之損失。

象曰：行人得牛，邑人災也。

案：牛繫而失，行人意外以得，此於邑人，乃為无妄之災—意外之損失。

九四，可貞，无咎。

案：无妄以承天而動為義，九四居上乾之下，乾為健，（說卦傳）九四體乎乾健，為下震所承以動之，則无妄之道存焉。此「可貞、无咎。」之象也。

占者凡遇此爻，則所問（貞）者可，並卜「无咎」。

象曰：可貞无咎，固有之也。

案：「貞」者，古經當作「卜問」解，易傳作「正」解，故乾文言曰：「貞固足以幹事。」朱子周易本義曰：「貞固者，知正之所在而固守之。」九四既有「可貞（正）无咎」之象，則當固守而保有之，蓋指无妄之道也。

九五，无妄之疾，勿藥有喜。

(一)疾—許慎說文解字曰：「疾，病也。」

案：本卦為「无妄」。九五居上乾之中，然四、上皆為陰位，是以坎象伏焉，坎為疾。（說卦傳）此「无妄之疾」所以取象也。又六三、九四、九五，互巽，巽為木，（說卦傳）巽錯為震，震綜為艮，艮為石，（說卦傳）古多以木、石為藥，故有「藥」象。又巽綜為兌，兌為說，（說卦傳）「喜」之象也，此所以「勿藥有喜」。

九五既陷伏坎之中，故有「无妄之疾」—意外疾病之象。然而，以體乾健，居尊位，下有六二之應，六二陰柔中正，且體震動，當无妄之時，是以生機勃然，則其疾有勿藥之喜矣。

象曰：无妄之藥，不可試也。

(一) 試—程子周易傳曰：「試，暫用也，猶曰少嘗之也。」

案：本爻有「无妄之疾，勿藥有喜。」之象，以其體乎乾健，應在震動，而生機勃然，則雖有意外之疾，其無礙乎！是以藥不可試也，庶幾免於逐末迷外之妄。

上九，无妄，行有眚，无攸利。

案：本卦為「无妄」，本爻居其極，无妄之極也，乃以為爻辭。上九，以陽剛居上位，又當上乾之終，乾卦上九為「亢龍有悔」，既終而亢，「眚」所以取象也。又所應在六三，六三為下震之上位，震為足，為動，(說卦傳)「行」之象也。故曰「行有眚」。以居極失正，故「无攸利」。

无妄之極，則轉生意外之變化，故其行有眚，且「无攸利」也。

象曰：无妄之行，窮之災也。

案：无妄之極，則其行，由真誠而無偽，轉為意外之變化，此災以窮(亢也)之故也。

序卦傳曰：有无妄然後可畜，故受之以大畜。

案：无妄者，承天而動也，承天而動以見真誠，則有所積；所積之大，正是「大畜」之義。是以无妄之後，次之以大畜。

日新其德

䷙ 山天大畜二十六

日新其德

大畜 第二十六

乾下
艮上

大畜，利貞；不家食，吉；利涉大川。

(一) 大畜—許慎說文解字曰：「畜，玄田也。」段玉裁注曰：「玄田謂力田之蓄積也。」故畜者積也。毛奇齡仲氏易曰：「大畜者，大者為所畜也。」是以大畜者，大積也，所積者大也。

(二) 不家食—朱子周易本義曰：「不家食，謂食祿於朝，不食於家也。」

案：大畜卦，下卦為乾，乾為天，（說卦傳）上卦為艮，艮為山。（說卦傳）象傳曰：「天在山中。」天為山所畜。畜者積也。相對而言：天為大，山為小；大之天為小之山所積，故曰「大畜」。是以「大畜」者，乃以所積者大為義。

引申之，朱駿聲六十四卦經解曰：「畜有三義：畜賢，畜養也；畜德，蘊畜也，一作蓄；畜健，畜止也。」

本卦，能納天於山中，以成大畜，故有「利貞」之象。

本卦，上卦為艮，艮為宮闕，（說卦傳）九二、九三、六四互兌，兌為口，（說卦傳）兌口向外，既疊艮之宮闕，又比五之尊位，是食君祿—「不家食」之象也。食君祿，吉之象也。

本卦，九二、九三、六四互兌，兌為澤，（說卦傳）澤亦川象，（朱駿聲六十四卦經解說）兌綜為巽，巽為木，（說卦傳）木可以為舟，故有「利涉大川」之象也。

「大畜」，所積者大，故利於貞（卜問）。「不家食」，食君祿也，亦大畜之義也，故吉。禮記表記曰「子曰：『事君大言入則望大利，小言入則望小利，故君子不以小言受大祿，不以大言受小祿。易曰：「不家食，吉。」』」而「利涉大川」者，乃示可以有所作為也。

彖曰：大畜，剛健篤實輝光，日新其德。剛上而尚賢，能止健，大正也。不家食，吉，養賢也。利涉大川，應乎天也。

案：大畜卦，下卦為乾，上卦為艮。孔穎達周易正義曰：「剛健謂乾也，乾體剛性健，故言剛健也。篤實謂艮也，艮體靜止，故稱篤實也。」來知德易經來註圖解曰：「剛健者內而存主也，篤實者外而踐履也。」夫內存剛健，外履篤實，光輝洋溢矣，大畜之道著焉。所積者大，盛德也；剛健篤實，日新矣。故曰：「日新其德。」

剛上，指上九以陽剛居上位，相應六五而言，六五以陰柔居尊位，上九陽剛，於六五則為賢者也，居六五之外，為六五所畜，故能「尚賢」。又外卦為艮止，內卦為乾健，乾健為艮止所畜，「止健」，即「畜健」。外「尚賢」，內「止健」，此大畜之正道也。（易傳例釋貞為正）

「不家食」，食君祿也，其吉者，君之養賢也。

「利涉大川」，以有所作為也。「應乎天也」，天者，當然之道，即有所作為，乃大畜之道所當然也。

象曰：天在山中，大畜；君子以多識前言往行，以畜其德。

(一) 識—許慎說文解字曰：「識……一曰知也。」

案：大畜卦。下卦為乾，乾為天，（說卦傳）上卦為艮，艮為山，（說卦傳）就卦象觀之，天在山中，相對而言，天大山小，天為山所畜，畜者積也，是所積者大也，此「大畜」之象也。

君子體大畜，則當「多識前言往行，以畜其德。」蓋前言往行者，乃謂古聖先賢至德內充所觀念化為言辭，具體化為行事，凡此皆已載之於典籍，為系統性之學術。「多識」者，乃即此典籍具載之觀念化言辭，具體化行事，加以探討體悟，並且進而契應古聖先賢內充至德之心靈。庶幾自我之生命，與古聖先賢之精神光輝互為內在，此畜積其德之義理途徑也，大畜之道也。

初九，有厲，利已。

㈠已—來知德易經來註圖解曰：「已者，止也。」

案：大畜卦，下卦為乾，乾為健，（說卦傳）健有上進之義。本爻居一卦之初位，具發展之潛能，又體乾健，則上進之志萌焉。然而，所應在六四，六四體乎上艮。當大畜之時，下乾為上艮所畜，艮為止，（說卦傳）本爻上進之志為所畜止矣，此「有厲」之象也。既為所畜止，故「利已」。當大畜之時，本爻欲上進以成其畜，然遇艮所止，以致「有厲（危）」；即遇艮止，故利於已（止）。

象曰：有厲利已，不犯災也。

案：初九既萌上進之忘，以「有厲（危）」當前，唯利於已（止），即不可輕犯其災也。（來知德易經來註圖解曰：「災即厲也。」）

九二，輿說輹。

㈠輿—許慎說文解字曰：「輿，車輿也。」

(二)輹—李鼎祚周易集解曰：「輹，車之鉤心夾軸之物。」

案：本卦下卦為乾，乾錯為坤，坤為輿，為輹。（虞氏義）九二、九三、六四互兌，兌為毀折，（說卦傳）「說」（脫）之象也。故曰「輿說（脫）輹」。

九二居下乾之中，體乾健上進之勢。然上有六五之應，六五居上卦艮畜之中，止其進也。九二體乾健，居中位，得乎中道，知所「進」「止」，既遇艮畜，故能自止。「輿說（脫）輹」即喻能自止也。

象曰：輿說輹，中无尤也。

案：「輿說（脫）輹」，蓋喻自止也。以居中體健，得乎中道，故无尤過也。

雜卦傳曰：「大畜，時也。」朱子周易本義曰：「止健者，時有適然。」夫得乎中道，知所「進」、「止」，既遇艮畜而自止，然待時以上進之義亦涵焉。

九三，良馬逐，利艱貞；曰閑輿衛，利有攸往。

(一)逐—許慎說文解字曰：「逐，追也。」

(二)曰—王船山周易稗疏曰：「曰，猶爰也，而有告戒之意。」王引之經傳釋詞曰：「爰，於是也。」

(三)閑—爾雅釋詁曰：「閑，習也。」

(四)輿衛—姚配中周易姚氏學曰：「禮，君行師從，卿行旅從。輿衛者，從君卿之師。」

案：本卦，下卦為乾，乾為良馬，（說卦傳）九三、六四、六五互震，震為動，為作足，（說卦傳）本爻居下乾之上，互震之下，此「良馬逐」所以取象也。上卦為艮，艮為止，（說卦傳）且三多凶，（繫辭下傳第九章）本爻上遇艮止，又居多凶之地，是「艱」之象也。雖然，三為陽位，而陽居之，得正，又體乾健，故「利」。

「曰閑輿衛」，九二、九三、六四互兌，兌為口。（說卦傳）此曰之象。曰者，猶「於是告戒曰」。閑者，習也。本卦，二為陰位，陽居之；五為陽位，陰居之。皆失位。變正，則成六二、九三、六四之互坎，坎為習。（見習坎卦大象傳，虞氏說）又成九三、六四、九五之互離，離為甲冑，為戈兵。（說卦傳）本爻體互坎、互離，故有「閑輿衛」之象。下卦為乾，乾為健。九三、六四、六五互震，震為動，（說卦傳）九三體乾健、震動，故「利有攸往」。

王船山周易稗疏曰：「曰猶爰也，而有告戒之意。……良馬方逐，申戒僕從，以素所閑習者護車，勿為敗績，斯以為艱貞之吉。」蓋本爻以陽居陽位，又體乾健之極，震動之始，乃有銳進之勢，故設「良馬逐」之喻。但上遇艮畜，故「艱」。雖然，乘乾健、震動銳進之勢，能如「閑輿衛」，則攸往者利。

象曰：利有攸往，上合志也。

案：九三，有「利有攸往」之功者，「上合志也」。上謂上九，上九陽剛，居大畜之極，極則反，大畜反綜為无妄，大畜之上九，反而為无妄之初九，无妄之初九曰：「无妄，往吉。」是以大畜之上九，大畜既極，反見「往吉」之象矣，而本爻「利有攸往」，其志與相合矣。

六四，童牛之牿，元吉。

(一)童牛—惠士奇易說曰：「童牛為小牛。」

(二)之—吳昌瑩經詞衍釋曰：「之猶以也。」

(三)牿—來知德易經來註圖解曰：「牿者，施橫木于牛角，以防其觸。」

案：本卦，上卦為艮，艮為童，（蒙卦六五體上艮為童蒙）九三、六四、六五、上九為大離象，離為牛，（九家易義）故曰「童牛」。又艮為手，（說卦傳）九三、六四、六五互震，震錯為巽，巽為木，為繩，（說卦傳）此以手持繩、縛木，橫於小牛之角，為「牿」之象也，以居正位，下應初九，「元吉」之象也。

大畜卦，上艮畜乎下乾，本爻，體艮止以應乾初，有止進防患以成大畜之象，故設「童牛之牿」為喻。蓋童牛，其角未堅，而性喜觸；牿之，則免於傷人，亦免於傷角。禮記學記曰：禁於未發謂之豫。」以防其未然，故元（大）吉。

象曰：元吉，有喜也。

案：元（大）吉者，以防其未然之故也，是以有喜。

六五，豶豕之牙，吉。

(一)豶豕—惠士奇易說曰：「豶豕為幼豕。」

(二)牙—陸德明經典釋文曰：「牙，鄭讀為互。」李富孫易經異文釋引陳道祥禮書曰：「互、牙古字通用。」高亨周易古經今注曰：「互者，蓋交木為闌以閑豕也。」．

案：本卦，九三、六四、六五、上九為大離象，離錯為坎，坎為豕。（說卦傳）上卦為艮，艮為手，（說卦傳）九三、六四、六五互震，震錯為巽，巽為木，為繩，（說卦傳）此以手持繩、縛木為闌以閑豶豕（幼豕）之象。六五體上艮居尊位，下應乾進之中，當大畜之時，上艮畜乎下乾，防閑之義見矣，故吉。

「豶豕之牙」，防閑以成大畜也。

六四、六五，雙雙體乎艮止，雙雙畜乎乾進，以著防其未然之效。而六四陰居陰位，得正，故「元吉」。六五陰居陽位，非正，故「吉」而已。

象曰：六五之吉，有慶也。

案：六五之吉者，以防其未然以成大畜也，故有慶。

上九，何天之衢，亨。

(一) 何—何，荷也。參見噬嗑卦上九注）後漢書王延壽魯靈光殿賦曰：「荷天衢以元亨。」何作荷。

(二) 衢—陸德明經典釋文曰：「四達謂之衢。」

案：依易例，卦六爻，凡上爻於人為首，於宇宙為天，故有「何（荷）」象，「天」象。（參見成蓉鏡周易釋爻例）又上卦為艮，艮綜為震，震為大塗，（說卦傳）故有「衢」象。王弼周易注曰：「處畜之極，畜極則亨。」

來知德易經來註圖解曰：「一陽一畫，象擔二陰，垂嚲（垂下貌）于兩邊，有擔挑之象。言一擔挑起天衢也。」衢為四達之大路，人所共由也。天衢，乃形容人所共由之當然大道。「何（荷）天之衢」，故亨。

象曰：何天之衢，道大行也。

案：承當表率羣倫之非凡大任，乃大畜之極而見其效，故其道可以大行也。

序卦傳曰：物畜然後可養，故受之以頤。頤者，養也。

案：大畜者，所積者大也。物之既積，其用在於養也。養正是頤之義。是以大畜卦之後，次之以頤。

自求口實

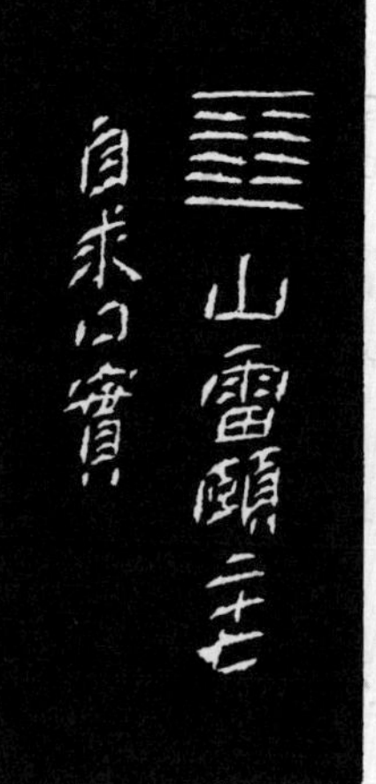
山雷頤 二十七
自求口實

頤第二十七

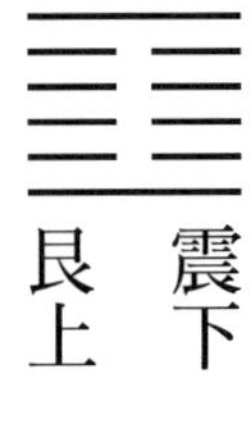

頤，貞吉。觀頤，自求口實。

(一)頤—頤，古文作𦣞。許慎說文解字曰：「𦣞，顄也，象形。」段玉裁注曰：「按鄭意（鄭康成易注）謂口下為車，口上為輔，合口、車、輔三者為頤。」高鴻縉先生中國字例曰：「按𦣞即俗所稱下巴。下巴動而向上，則嚼物以養人，故謂之頤養。」篆文則加頁作頤。

(二)口實—李鼎祚周易集解引鄭康成曰：「頤中有物曰口實。」

案：頤卦，下卦為震，震為雷，為動，（說卦傳）上卦為艮，艮為山，為止。（說卦傳）其義象乎口車動於下，口輔止於上，乃嚼物以養也。又初九、上九為陽，此外實也，象乎口之下車、上輔。中為四陰，此內虛也。外實、內虛，頤之象也。中四陰，為大坤象，說卦傳曰：「坤也者，地也，萬物皆致養焉。」是以「頤」者，乃以養為義。

卦以頤為名，而有養之義，故所問（貞）者吉。

本卦，上、下二爻為陽，中四爻為陰，此大離之象。離為目，此「觀」所以取象。本卦為頤，故曰「觀頤」。中為四陰，為大坤象，坤地載物以養人，人得以食，頤即求得其物以食之，此「自求口實」之象。

頤，養也。得其養，則所貞（卜問）者吉。「觀頤」，即體察頤養之客觀意義與價值，則必須「自求口實」以致養。

彖曰：頤，貞吉，養正則吉也。觀頤，觀其所養也；自求口實，觀其自養也。天地養萬物，聖人養賢以及萬民，頤之時大矣哉！

案：頤以養為義，養之以正則吉，故曰「貞吉」。（易傳例釋貞為正。）

「觀頤」，即體察頤養之客觀意義與價值。古經揭此以為籠罩原則，轉而勸戒占者當「自求口實」。彖傳則順此籠罩原則，推擴頤養之義為二：①所養—養人。②自養。是以「觀頤，觀其所養也。」與「自求口實，觀其自養也。」當為互文以足義。不論所養或自養，其層次有二：①養生。②養德。是以所養—養人者，當養人之生，養人之德。自養者，亦當自養其生，自養其德。

「天地養萬物」，夫提升頤道至絕對性層次，則天地一頤也，其「養萬物」，既順自然生命以養其生，亦順精神生命以養其德，並展現其頤養之正道。如果就萬民言，自然生命固有其實然性意義，而精神生命則有其高貴性價值。但二者之表現則為綜合之現象。以其如此，其精神生命每為自然生命所夾雜，或為自然生命之泛濫所掩沒，故有待聖人之裁成輔相。而聖人者，與天地合德，故能體現天地頤養萬物之道，順精神生命一面，以盡裁成輔相之功，而頤養萬民之德。至於賢者，亦萬民之屬，唯精神生命為高一層級，聖人頤養之者，所以玉成之也，並兼為萬民之模範。故曰「聖人養賢以及萬民」。

「頤之時」，「時」者，乃謂所設定之境況也。蓋周易六十四卦，莫不相應宇宙秩序，或人間遭遇，設為一特定之境況，並依序環繞窮盡人生行程，以啟示其時間階段或生活經驗之境況。「頤之時」，即頤卦所設定之境況，乃象乎宇宙間之生命，皆當所養，亦應自養，以成就其價值。「大矣哉！」，極致其讚歎也，蓋頤養之道至正至妙，非觀念化所可表詮也。

象曰：山下有雷，頤；君子以慎言語，節飲食。

案：頤卦，上卦為艮，艮為山，（說卦傳）下卦為震，震為雷，（說卦傳）「山下有雷」，雷象乎口車動於下，山象乎口輔止於上；車動、輔止，嚼物以養，此「頤」之象也。

君子體頤，則當知所自養，其綱領有二：①養其德。②養其生。夫養其德者，「德」以有得於道為義，乃順精神生命之發展，積極方面當以「持其志，養其氣。」（孟子公孫丑篇義）為具體功夫。消極方面則以「無暴其氣」為必要條件。「言語」者，意念之觀念化表達；慎言語，則為持養而無暴，以超升其意念之境界，此為「有得於道」之進路，乃養其德之道也。而養其生者，則順自然生命之要求；蓋自然生命之維持其生存，當有其必要條件之要求，而所要求者，必須獲得適度之滿足；飲食即屬其中之一——最必須之要求。「節飲食」者，調節飲食之質、量，以滿足其適度之要求，此養其生之道也。

初九，舍爾靈龜，觀我朵頤，凶。

(一)舍——陸德明經典釋文曰：「舍，音捨。」

(二)靈龜——邢昺爾雅疏引雒書曰：「靈龜者，玄文五色，神靈之精也。」龜之甲可卜，以通鬼神，而有「神而明之」之功者，稱靈龜。又其肉可食也。

(三)朵頤——高氏周易古經今注曰：「食在口中，頤團然隆起如華朵，故曰朵頤。」

案：頤卦，初、上為陽，中有四陰，大離之象也。離為目，（說卦傳）目有靈義，離又為龜，（說卦傳）故稱「靈龜」。「觀」亦取象於離目，而朵頤者，以下卦為震，震為動，（說卦傳）初九為口下之車，又體震動，車動所以嚼物，故其頤團然隆起如華朵。此其象。

惠士奇易說曰：「頤，上止下動。全卦之義，止吉動凶，外三爻止也，故皆吉；內三爻動也，故皆凶。」

文既「我」、「爾」對稱，象則初、四相應，故「我」謂初九，「爾」指六四。「觀我朵頤」，即觀我食欲初動之狀。「舍爾靈龜」，即捨爾靈龜而不食。方頤養之始，既捨所食，徒見其慾，不得其養也。

象曰：觀我朵頤，亦不足貴也。

案：觀我之頤，團然隆起如華朵之食狀，然而，實捨所食，徒見其慾，則此朵頤食狀，亦不足貴也，蓋不得其養也。

六二，顛頤，拂經于丘頤，征凶。

(一)顛—孔穎達周易正義曰：「顛，倒也。」

(二)拂經—李鼎祚周易集解引王肅曰：「拂，違也。經，常也。」拂經即違悖常情。

案：頤卦，其初也，尚不得其養。至於二，以陰柔而居下卦中正之位，如欲成其養，則當有陽剛之應。二之所應在五，五亦陰柔，不得其應，無奈，唯倒求之於初九陽剛，以成其養，此「顛頤」之象也。

本卦，上卦為艮，艮為山，（說卦傳）上九陽剛，體乎艮山；六二既於六五無應，如果求之上九

以成其養，則為「丘頤」。然而，實不合其宜也，故曰「拂經」。（違悖常情）

本卦，下卦為震，震為足，（說卦傳）此「征」（往）所以取象。本爻，如果求應於上九，則「拂經」，故其征（往）則凶。

顛頤，反比於初，倒求於下，以成其養也。如果求養其上之上九，則違悖常情。是以有所往則凶也。

象曰：六二征凶，行失類也。

案：六二有「征凶」之象者，以其如果求應於上九之陽剛，則由於上九所應在六三，而六三與六二同屬陰類，六二「拂經」以應，則其行（往）也，失六三之類矣。

六三，拂頤，貞凶。十年勿用，无攸利。

案：依易例，六三陰柔，與上九陽剛為應。然而，三為陽位，又處下卦之上位，六三居之，不中不正。又下卦為震，震為動。（說卦傳）上卦為艮，艮為止。（說卦傳）本爻既不中不正，又體震動之極，是妄動也，而上遇艮止，則其相應，非頤養之正，此「拂頤」之象也。繫辭下傳第九章曰：三多凶。故「貞凶」。

「十年勿用」，本卦六二、六三、六四、六五為大坤象，坤為地，（說卦傳）地之數十，（繫辭上傳第九章）此「十年」之象。六三、上九相應，非頤養之正道，故曰「勿用」。以不中不正，故「无攸利」。

本爻上應上九以成其養，然非頤養之正道，故所問（貞）者凶。因此，導致十年無所養，故其占「无攸利」。

象曰：十年勿用，道大悖也。

案：「十年勿用」—不得其養者，以六三不中不正體震而妄動，大悖頤養之正道也。

六四，顛頤，吉。虎視眈眈，其欲逐逐，无咎。

(一)眈眈—陸德明經典釋文引馬融曰：「眈眈，虎下視貌。」

(二)逐逐—毛奇齡仲氏易曰：「逐逐，漸漸也。」

案：依易例，初、四為應。六四既為陰柔，初九則屬陽剛，故本爻倒(顛)以下應初九，以成其養，是以有「顛頤」之象。且四、初各得其止，故其占為「吉」。

本卦，初九、上九為陽，中四爻為陰，為大離象，離為目，（說卦傳）此「眈眈」所以取象也。又中四陰爻為大坤象，坤為虎。（虞氏義）故曰「虎視眈眈」。「欲」者，取象於陰爻，（來氏說）本卦六二、六三、六四、六五皆屬陰柔，並依次逐漸上升，故有「其欲逐逐（漸漸）」之象。又六四得正，故无咎。

本爻，既倒求於下以成其養，故其占為吉；其求養也如「虎視眈眈」之專注，而欲望則逐漸上升以滿足，可占无咎也。

象曰：顛頤之吉，上施光也。

案：六四顛倒以應初九而成其養，其吉者，乃六四居上，主動下應初九，此象其德足以廣（光）施，故曰「上施光（廣）也」。

六五，拂經，居貞吉。不可涉大川。

案：五為陽位，陰居之，失正。又於下之六二無應，是則無以成其養，此「拂經」之象也。（違悖常情）然而，上卦為艮，艮為居，（虞氏義）六五體艮居之中，且比其上之上九，此「居貞吉」之象也。

本卦，其旁通則為大坎象，坎為水，（說卦傳）此「大川」所以取象也。又為險，（坎卦彖傳）本爻既失位，又無應，此「不可涉大川」之象也。

本爻，欲求有所頤養，則違悖常情，如居住則吉。但「不可涉大川」。

象曰：居貞之吉，順以從上也。

案：六五間居有吉之象，以陰柔又體中四爻大坤象之順德，而從上九之陽剛也。

上九，由頤，厲吉。利涉大川。

(一) 由—來知德易經來註圖解曰：「由，從也。」

案：頤卦，以陰應陽而成其養為義。上九，下為六三所應（從），此「由頤」之象也。然而，上為一卦之終，並為陰位，陽居之，失正，故厲（危）。但下為六三所從，故吉。

本卦，其旁通則為大坎象，坎為水，（說卦傳）「大川」之象也。六五以失位又無應，故「不可涉大川」。本爻雖亦失位，但有六三之應，故「利涉大川」。

本爻為六三所應，即所從（由）以成其養，以居極失正，故厲（危）。但有應，故吉。是以利涉大川。

象曰：由頤厲吉，大有慶也。

案：上九，有下為六三所從以成其養，雖厲（危）而吉之象者，以成其養也，故「大有慶也」。

序卦傳曰：不養則不可動，故受之以大過。

案：頤以養為義。反面言之，「不養則不可動」；正面言之，養則可動矣。動而逾越常度則過，過正是大過之義。是以頤卦之後，次之以大過。

大而越常

澤風大過二十八

大而越常

大過 第二十八

巽下
兌上

大過，棟僥，利有攸往，亨。

(一)過—許慎說文解字曰：「過，度也。」段玉裁注曰：「引申為有過之過。」孔穎達周易正義曰：「過，謂過越之過。」是以過者，逾越常度也。

(二)棟—許慎說文解字曰：「棟，極也。」段玉裁注曰：「極者，謂屋至高之處。」即承椽瓦之屋脊。

(三)橈—許慎說文解字曰：「橈，曲木也。」段玉裁注曰：「引申為凡曲之稱。」陸德明經典釋文曰：「橈，曲折也。」

案：大過卦，下卦為巽，巽為木，（說卦傳）上卦為兌，兌為澤，（說卦傳）澤在木上，相形而言，澤大木小，大者逾越常度矣。又大過為頤之旁通，初六、上六為陰，中四爻九二、九三、九四、九五為陽。四陽居中，週盛矣；二陰分居上下，則弱也。依易例，陽稱大，陰稱小。四陽過盛而逾越常度，故曰「大過」。是以「大過」者，乃以大而逾越常度為義。

「棟橈」，本卦，初、上為陰，中為四陽，此大坎之象，坎為棟。（九家易義）又上卦為兌，兌為毀折，（說卦傳）下卦為巽，巽為風。（說卦傳）說卦傳曰：「橈萬物者莫疾乎風。」此「橈」所以取象也，故曰「棟橈」。

本卦，下卦為巽，巽為順，上卦為兌，兌為說，（說卦傳）下順上說（悅），可行也，故「利有攸往」，而且「亨」（彖傳義）

「大過」，以大而逾越常度為義。棟者，所以承原椽瓦之屋脊，以常度衡之，中既過越，本末則弱，（彖傳義）橈矣。高氏周易古經今注曰：「棟橈則將折，棟折則室傾，居家則受害，出外則免禍。故曰『棟橈，利有攸往。』」既「利有攸往」，故亨。

彖曰：大過，大者過也。棟橈，本末弱也。剛過而中，巽而說行，利有攸往，乃亨。大過之時大矣哉！

案：大過者，其卦之象，初六、上六為陰，九二、九三、九四、九五為陽。依易例，陽稱大。既然四陽相比而居中，過盛而逾越常度，故曰「大者過也」。

四陽居中而過盛，初六為本，上六為末，二者皆陰，相對四陽居中而過盛言之，則見其弱也。故曰「棟橈，本末弱也。」

「剛過」，四陽相比過盛也。「而中」，居中也，蓋二、五各為下卦、上卦之中；三、四則為一卦之中，四陽相比以居之也。是以「剛過而中」，乃本卦之骨幹。又本卦下卦為巽，巽有順義，上卦為兌，兌為說，（說卦傳）夫順此「剛過而中」之骨幹，說以行之，則「利有攸往」，「利有攸往」乃「亨」。

「大過之時」，夫作易者，既俯仰天地，體察宇宙之道，人間之理，乃設為六十四卦，以序列窮盡其境況。大過卦即所設定境況之一。此一境況，四陽相比居中，二陰則分屬下、上。相形之下，四陽相比居中，逾越常度而過盛。自其取象之立場言之，固宇宙、人間之實然；自其設象之立場觀之，則兼示乎非常之境況，而有期於非常之作為。程子周易傳曰：「如立非常之大事，興不世之大功，成絕俗之大德，皆大過之事也。」故極致其「大矣哉」之贊歎。蓋非常之境況，非常之作為，如大過卦所設、所示者，非觀念化所可表詮也。

象曰：澤滅木，大過；君子以獨立不懼，遯世无悶。

案：大過卦，上卦為兌，兌為澤，（說卦傳）下卦為巽，巽為木，（說卦傳）兌澤在巽木之上，是「澤滅木」之象。相形而言，澤大木小，程子周易傳曰：「澤潤養於木者，乃至滅沒於木，則過甚矣。」蓋大而逾越常度也，此「大過」之象也。

君子體大過，既遇非常之境況，當有非常之作為。所謂非常之境況，乃謂由於社會之演進，時代之推移，而產生其問題，一般之世人但習之而不自知，忍焉而不求變，徒見其問題之擴大，泛濫而已。體乎大過之君子，則當本其雄渾之生命，堅貞之志節，積極方面有所承當，雖悖違流俗，亦獨立不懼。故孟子公孫丑曰：「自反而縮，雖千萬人，吾往矣。」消極方面懷其耿介，雖超然物外，則遯世無悶。故中庸第十一章曰：「遯世不見知而不悔。」此大過之道也。

初六，藉用白茅，无咎。

(一) 藉—許慎說文解字曰：「藉，祭藉也。」

案：初六，陰而居下，上承四剛，「藉」之象也。本卦下卦為巽，巽柔白為茅。（虞氏義）故曰「用白茅」。居下而應九四，故无咎。

王船山周易稗疏曰：「古者席地而坐，別無食床，（桌子）其爵居俎豆籩皆措於地，無藉之者，禮文具可考徵。唯郊祀上帝，禮無其文，則此以茅之白秀鋪地而藉，蓋郊也。」郊所以用白茅者，詩召南野有死麕毛傳曰：「白茅，取絜清也。」

初六，處大過之時，以其居初，猶未過也。且上承四剛，用絜清之白茅，正所以示敬慎也，則何咎之有？繫辭上傳第八章曰：「子曰：苟錯諸地而可矣，藉之用茅，何咎之有？慎之至也。夫茅之為物薄而用可重也，慎斯術也以往，其无所失矣。」

象曰：藉用白茅，柔在下也。

案：本爻，取郊祀用白茅藉地之象，以初六陰柔在下位，而上承四剛也。

九二，枯楊生稊，老夫得其女妻，无不利。

(一) 稊—來知德易經來註圖解曰：「稊者，下之根生也。」
(二) 老夫—來知德易經來註圖解曰：「老夫者，再娶之夫也。」
(三) 女妻—來知德易經來註圖解曰：「女妻者，未嫁而幼者也。」

案：本卦九二、九三、九四互乾，乾為老，（說卦傳）九二體互乾，故稱「枯」。又下卦為巽，巽為楊，（九家易義）此「枯楊」所以取象也。九二乘乎初六，初六居下巽之始，如「根」然，故曰「生稊」。

本爻既體乾老，又居下巽之中，巽錯為震，震為長男，（說卦傳）故有「老夫」之象。本爻所應在五，五亦陽剛，敵矣。然所乘初六為陰柔，故比之。初六陰柔，「女妻」（少女）之象，九二以陽剛比乎初六之陰柔，故曰「老夫得其女妻」。以陽居中，而乘初柔，故无不利。

當大過之時，「枯楊生稊」，「老夫得其女妻」，此生機之過盛也，其占為「无不利」。

象曰：老夫女妻，過以相與也。

案：夫妻，論年齡，以相若為度。本爻象乎老夫，以大過故也，而初六為少妻，得之者，老夫過越常度，而有少妻之相應與也。

九三，棟橈，凶。

案：本卦為大坎象，坎為棟。（說卦傳）三為陽位，本爻以陽居之，是大過之義特顯也。雖然，上有上六之應，但上六居上兌之上，而兌為毀折，（說卦傳）故有「橈」象，是以曰「棟橈」。三多凶，（繫辭下傳第九章）故「凶」。

棟橈則屋頹，故凶。

象曰：棟橈之凶，不可以有輔也。

案：棟為承原椽瓦之屋脊，既橈則凶，而屋頹矣，故「不可以有輔也」。

九四，棟隆，吉。有它，吝。

(一) 隆—小爾雅廣言曰：「隆，高也。」

(二) 有它—許慎說文解字曰：「上古艸（草）居患它，故相問無它乎！」案它即古蛇字，象形。「有它」，示偶然之患害也。

案：本卦為大坎象，坎為棟。（說卦傳）大坎象中為四陽相從，本爻居四陽之三，「隆」之象也，故曰「棟隆」。大過之時，九四既居四陽相從之三、而四為陰位，陽居之，剛柔相濟，則過而不過也。故「吉」。

本爻，既為四陽相從之三，並居陰位，柔以濟剛。然下有初六之應，初六為下巽之始位，巽為風，說卦傳第六章曰：「撓萬物者莫疾乎風。」是以初六對九四而言，乃潛存之意外患害，故曰「有它」。棟隆，而巽風撓於下，「吝」之象也。

高氏周易古經今注曰：「棟高則室巨，室巨則家大，自是吉象。」然而亦潛存意外患害，此所以為「吝」（艱難）。

象曰：棟隆之吉，不橈乎下也。

案：棟高室巨之吉慶，雖其下潛存意外患害，然不為其下所橈也。

九五，枯楊生華，老婦得其士夫，无咎无譽。

(一)老婦—來知德易經來註圖解曰：「老婦者，已嫁而老者也。」

(二)士夫—來知德易經來註圖解曰：「士夫，乃未娶者。」

案：大過卦，中四陽為大乾象，乾為老，（說卦傳）九五體乾，故稱「枯」。上卦為兌，兌綜為巽，巽為楊，（九家易義）此「枯楊」所以取象也。本爻承乎上六，本爻為陽，上六為陰，陽得乎陰，象乎「生華（花）」。

上兌之綜為巽，巽為長女，（說卦傳）九五體乎綜巽，「老婦」之象也。兌錯為艮，艮為少男，（說卦傳）「士夫」之象也。九五，下雖於九二無應，上則與上六相比。爻辭繫一「得」字，本爻為陽，故象能得之「老婦」，上六為陰，體錯艮，乃象所得之「士夫」，以相比，則「得」之。以剛居中，故「无咎」；於下無應，故「无譽」。

九五，既居四陽相從之極，大過也，是以設「枯楊」、「老婦」之喻。上比上六，如枯楊之生華，老婦之得士夫。蓋盛而逾越常度，猶存生機也。「枯楊生華」，「老婦得其士夫」，自「生」之，「得」之以觀，猶盛也，此可喜也，故「无咎」。然而，其「枯」、其「老」，已逾越常度矣，此可虞也，故「无譽」。

象曰：枯楊生華，何可久也。老婦士夫，亦可醜也。

案：本爻爻象，乃示盛極已衰，衰中猶盛之境況。夫盛極已衰，故楊枯、婦老。衰中猶盛，故「生華」（花），「得士夫」。然而，「枯楊生華」，「老婦士夫」，誠過越常度也。故曰「何可久也」，「亦可醜也」。

上六，過涉滅頂，凶，无咎。

(一) 滅頂─程子周易傳曰：「（滅頂）滅沒其頂。」

案：大過卦為大坎象，坎為水，（說卦傳）上卦為兌，兌為澤，（說卦傳）本卦自初至上，即「涉」之象，其名曰「大過」，其義為過越常度，固曰「過涉」。凡上爻稱「頂」，（成蓉鏡周易釋爻例）又當兌擇之水，致為所滅矣。此「過涉滅頂」之象也。

位居一卦之極，窮矣，故「凶」。以柔居陰位，下有九三之應，故「无咎」。

大過，既過矣，又至其極，如涉之滅頂。本爻占辭，既言「凶」，又言「无咎」，自相矛盾矣。對此問題，高亨周易古經今注提出兩種解釋：

(一)「无咎」兩字疑衍。

(二)「或者一卦一爻之辭，非一時一人之作，『凶』『无咎』等乃各據所占，各依其事以記之，故有矛盾之象歟。」

或者，雖當其「凶」之運，亦寓「无咎」之機，端視占者之善自轉化乎。

象曰：過涉之凶，不可咎也。

案：上九之占，既言「凶」，又言「无咎」，而自相矛盾，作象傳者所見之本已如此，故為之曲解。

過涉致遭滅頂之凶，其運如此，故不可咎責也。蓋大過之極也。

序卦傳曰：物不可以終過，故受之以坎。坎者，陷也。

案：大過者，大而逾越常度也，物而過越常度，則陷焉。陷正是坎之義，是以大過卦之後，次之以坎。

險之時用

䷜ 坎為水二十九

險之時用

坎第二十九

☵☵ 坎下 坎上

習坎，有孚，維心亨，行有尚。

(一) 習坎—朱駿聲六十四卦經解曰：「習，重也。」許慎說文解字曰：「坎，陷也。」彖傳曰：「習坎，重險也。」孔穎達周易正義曰：「習有二義：一者習，重也，謂上下俱坎，是重疊有險，險之重疊，乃成險之用也。一者人之行險，先須使習其事，乃可得通，故云習也。」

(二) 維—邢昺爾雅釋詁疏曰：「（維）發語詞。」

(三) 尚—來知德易經來註圖解曰：「尚者，有功可嘉尚也。」

案：依易例，卦辭先舉卦名，則本卦名曰「習坎」。然而，或有疑之者，其說有二：

(一) 八純卦皆用本名，故本卦亦當名「坎」。「習坎」者，「習」字涉初六爻辭而衍。（見高亨周易古經今注）

(二) 疑「習」字上脫一「坎」字。（見毛奇齡仲氏易引郭京說）

夫彖傳，象傳同卦辭稱「習坎」，而序卦傳，雜卦傳則名之為「坎」。四傳未必出自一人之作，疑其時或有兩種不同卦名之傳本流傳，是以稱「習坎」，稱「坎」，其時猶未確定。

習坎，下卦為坎，上卦亦坎，坎為陷，（說卦傳）』陽陷於二陰之中，故險。上下卦皆然，重疊也，故稱「習」—習坎者，重險也。是以「習坎」者，乃以重險為義。

「有孚」，有信也，取象於中實。依易例，陽實陰虛，本卦，上下卦皆坎，坎中實也，故曰「有孚」

「維心亨」，維者語助也。本卦上下皆坎，坎為心，為通，（說卦傳）此「維心亨」所以取象也。

本卦九二、六三、六四互震，震為足，為動，（說卦傳）此「行」之象也。上卦為坎，坎為通，（說卦傳）此「有尚」所以取象也。

當習坎之時，但以孚信，而心靈通達，則可以出險而有功也。

象曰：習坎，重險也。水流而不盈，行險而不失其信。維心亨，乃以剛中也。行有尚，往有功也。天險不可升也，地險山川丘陵也，王公設險以守其國，險之時用大矣！

案：習坎，上下卦皆坎，坎為陷，（說卦傳）陷則險也，故有重險之義。坎又為水，（說卦傳）下卦、上卦皆坎，是水之流之又流而無滯，故「不盈」。「水流而不盈」，則「信」在其中矣。夫水流，乃奔向江河坑壑，江河坑壑，險地也；水流奔之，是行險也。行險如水流無滯之有信，則為履險之道也。

「維心亨」，九二、九五，各以陽剛居下卦、上卦之中，能各比其上下二陰。二陰為虛，其外也；剛中為實，其內也。故心靈通達。

中爻互震行，上卦為坎通，「行有尚」，雖行險而往，則有功也。

習坎之義為重險，作彖傳者藉此以申坎險之遭，而示設險之教。蓋天設不可升之險，以全覆愁幬之道；地設山川丘陵之險，以成持載之德；王公則亦當設城郭溝池、禮樂刑政之險，以盡安保之責。

「險之時用」者，夫易，有不易之一面，有變易之一面，所以窮盡宇宙、人生之內容。不易者，言其經常性律則；變易者，述其特殊性境況。作易者，設為六十四卦，莫非相應宇宙秩序、生活經驗之特殊境況，而彰著其經常性律則；經常性律則乃屬於超越層，特殊性境況則屬於具體層。明於易，自當善於體常盡變也。「坎」者，宇宙、人生之特殊境況，對於經常性律則，每有坎陷之虞，故設險以因應之。「險之時用」，乃謂坎道設險，為成天之覆幬，地之持載，王公之安保，所當因應之特殊境況。此一特殊性境況，乃體常盡變之大用。「大矣哉！」蓋謂坎險之道，盡變而守常，非言詞所得而盡，故極致其贊歎。

象曰：水洊至，習坎；君子以常德行，習教事。

(一) 洊—朱駿聲六十四卦經解曰：「洊，再也。」

案：坎卦，下卦為坎，上卦亦為坎，坎為水，（說卦傳）水之流之又流也，是「水洊至」，此「習坎」之象也。

君子體習坎，如「水洊至」，水之流之又流而無滯，自其變易者而觀之，此物之情也；自其不易者而觀之，此道之常也。君子體坎，亦當順物而守常。夫守常則德行日進以有為，順物則教事重習而有功。故「常德行」以成己，「習教事」而成物，君子之所分也，習坎之道也。

初六，習坎，入于坎窞，凶。

(一) 窞—李鼎祚周易集解引干寶曰：「窞，坎之深者也。」

案：習坎，此舉全卦之象而言之，初六以陰柔而居習坎之下，又陰爻中缺，此正坎之深，「窞」所以取象也。故曰「入于坎窞」。陰柔居下而無應，故凶。既「入于坎窞」，是坎陷之深也，難於出險之期矣，故凶。

象曰：習坎入坎，失道凶也。

案：習坎者，設卦以示重險，而期出險也。本爻既入于坎陷之深，是失坎道，故凶。

九二，坎有險，求小得。

案：九二，陽剛而陷於初六、六三兩陰之間，乃「坎有險」之象。然而，以陽剛居下卦之中，中實也，又下乘初六，初六為陰，依易例，陰稱小，九二以剛中而據初陰，故可「求小得」。既陷於險中，求出險，一時非易事也，小有所得而已—即略有所濟於險也。

象曰：求小得，未出中也。

案：九二，陽剛而陷於二陰之中，一時不易出險，但求小得（小有濟險）而已者，以本爻尚未出中也。

六三，來之坎坎，險且枕，入于坎窞，勿用。

(一) 來之—爾雅釋詁曰：「之，往也。」來之即來往。

(二) 枕—俞曲園羣經平議曰：「枕當為沈，釋文謂古文作沈是也。……釋文引司馬注曰：『沈，深也。』險且沈者，險且深也。」

案：成蓉鏡周易釋爻例曰：凡三四爻稱來往。六三，際上下兩卦之間，下卦既終，上卦繼之。

下卦為坎，在內，稱來；上卦亦坎，在外，稱往，故曰「來之（往）坎坎」。

坎為陷，（說卦傳）陷則險，本卦上下皆坎，險之深矣，故曰「險且枕（沈）」。本爻在兩坎之中，故曰：「入于坎窞」。以不中不正，故「勿用」。

本爻既履乎重險之間，入於坎深之地，故戒占者「勿用」（無所施行）。

象曰：來之坎坎，終无功也。

案：坎道，乃示以重險，而期於出險。六三既陷重險之窞，終無出險之功也。

六四，樽酒，簋貳，用缶，納約自牖，終无咎。

(一) 樽—李鼎祚周易集解作「尊」字。許慎說文解字曰：「尊，酒器也。」段玉裁注曰：「鄭注禮曰，置酒曰尊。凡酌酒者必資於尊，故引申以為尊卑字。……而別製罇樽為酒尊字矣。」朱駿聲六十四卦經解曰：「樽，或刻木，或鑄金為之。」

(二) 簋貳—劉百閔周易事理通義曰：「簋盛黍稷稻粱。（簋圓簠方）……簋貳，疑當作貳簋。損卦卦辭：「二簋可用亨。」貳同二。簋，古讀如九；與酒、缶、牖、咎韻句，則簋貳當作貳簋益明。」朱駿聲六十四卦經解曰：「簋或用竹，或刻木，施丹漆，或加玉飾。」

(三) 缶—許慎說文解字曰：「缶，瓦器。」

(四) 約—毛奇齡仲氏易曰：「約者，儉也。」

(五) 牖—朱駿聲說文通訓定聲曰：「蒼頡解詁：牖，旁窗也。」

案：本卦，九二、六三、六四互震，震主祭器，（虞氏義）六四體震，故有樽、簋之象。上卦為坎，坎為酒。（虞氏義）又九二失位也，變正，則二、三、四互坤，坤為土，（說卦傳）此「缶」

所以取象。九二、六三、六四、九五為大離象，離為牖，（來氏義）故有「牖」象。以柔居陰位，承九五之陽剛，故「終无咎」。

當重險之時，六四以陰居柔位，得其正也。又上承履正周中之九五，藉以濟援而圖出險。既圖出險，王船山周易稗疏曰：「設燕禮之樽，又陳食禮之簋，相間以待賓。（王船山釋貳為間也）且樽簋不用美飾之禮器，而陶器（缶），約之甚矣。飲食賓於室，薦酒食者不從戶入，而從牖入，其簡愈甚。」蓋示以簡約無縈縟也。故終无咎。

象曰：樽酒簋貳，剛柔際也。

案：「樽酒簋貳」者，用陶器，蓋示簡約，而圖出險，乃以居柔而承剛，得剛之濟援也。

九五，坎不盈，祇既平，无咎。

(一) 盈—許慎說文解字曰：「盈，滿器也。」

(二) 祇—陸德明經典釋文引鄭康成曰：「當為坻，小丘也。」

案：本卦，上卦為坎，坎為險，（彖傳）為水，（說卦傳）「坎不盈」即彖傳所曰：「水流而不盈。」蓋九五，正值上卦坎水之中，故有「坎不盈」之象。「祇既平」，鄭康成以祇當為坻，作小丘解。本卦六三、六四、九五互艮，艮為山，（說卦傳）九五居艮山之中，故有「祇（坻）既平」之象。以居中得正故「无咎」。

九五，居上坎之中，曰「坎不盈」，乃自客觀情況言之，猶在坎險之中。然而周上卦之中，履乎正位，曰「祇既平」，則自主觀境遇言之，將出於險，如履平地。故「无咎」。

象曰：坎不盈，中未大也。

案：「坎不盈」，示猶在險中。然九五居上卦之中且正之位，是具乎中德；將出乎險，猶在險中，是其德之未大顯也。

上六，係用徽纆，寘于叢棘，三歲不得，凶。

(一) 係—許慎說文解字曰：「係，絜束也。」段玉裁注曰：「絜束者，圍而束之。」即縛也。

(二) 徽纆—陸德明經典釋文曰：「三股曰徽，兩股曰纆，皆索名。」

(三) 叢棘—古者聽訟，獄外種棘，以防罪人逃逸。（見周禮秋官朝士）

案：坎卦二往上來則成觀卦，觀卦上卦為巽，巽為繩，（說卦傳）「徽纆」之象也。又本卦六三、六四、九五互艮，艮為手，（說卦傳）「係」之象也。故曰「係用徽纆」（此為虞氏義）又本卦上卦為坎，坎為叢棘，（九家易義）六三、六四、九五互艮，艮為止，（說卦傳）「寘」（置）之象也。故曰「寘于叢棘」。坎錯為離，「三」之象也。（來氏說）互艮疊變巽以「係」之，「不得（脫）」之象也。以陰柔居上而無應故「凶」。

上六，居習坎之終，將出險之時，然而，姚配中周易姚氏學引鄭康成曰：「上六乘陽，有邪惡之罪，故縛以徽纆，置於叢棘，而使公卿以下議之……。」蓋作易者，綜觀全卦之客觀時宜，以及占者之主觀行為，雖至坎險將盡之時，而為行為邪惡者戒，即主觀行為悖乎客觀時宜，其有三年之獄乎！故凶。

象曰：上六失道，凶三歲也。

案：上六，以陰柔居坎險之極，下又無應，無以濟險也，故曰「失道」。此爻辭所以曰「凶」、「三歲不得（脫）」也。

序卦傳曰：陷必有所麗，故受之以離。離者，麗也。

案：坎者，陷也，險也。坎陷於險之極，則有所附麗。附麗正是離之義，是以坎卦之後，次之以離。

日麗天明

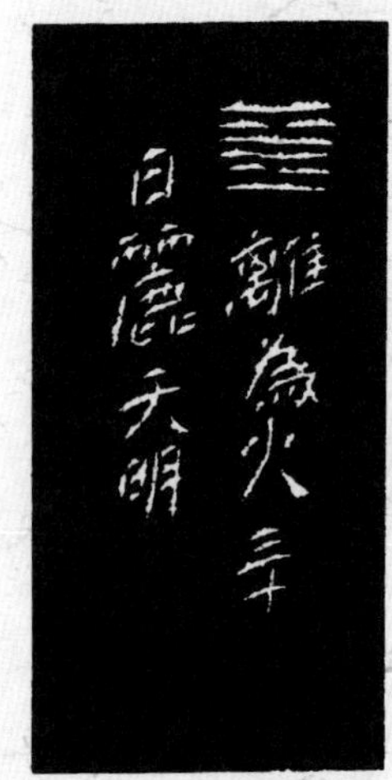
離為火 三十
日麗天明

離第三十

離下
離上

離，利貞，亨；畜牝牛，吉。

(一)離—陸德明經典釋文曰：「離，麗也。麗，著也。」即附麗也。

(二)牝牛—許慎說文解字曰：「牝，畜母也。」牝牛即母牛。

案：離卦，下卦為離，上卦亦離。離為火，為日，（說卦傳）夫火附物而炎，日麗天而明。又本卦既上、下兩卦皆離，而離卦，初、上為陽，中為陰；依易例，陽為主，陰為從；離卦即一陰附麗於兩陽之間。是以「離」者，乃以附麗為義。

離，一陰附於二陽之間，得其麗，故「利貞」，且「亨」。

離卦，一陰麗於兩陽之間，依易例，陽為實，陰為虛，外實中虛，象乎牛牢，（朱駿聲六十四卦經解說）故曰「畜」。又離為牝牛，（九家易義）此「畜牝牛」之象也。

離，附麗也，此組合以成其用也，故利於卜問，有亨通之運。牝牛者，牝牛之匹而附焉，「畜牝牛」，即特見其附麗之義。古者，為祭祀之目的而畜牛，將畜牛如先占卜，則本卦示以「畜牝牛」為吉。

彖曰：離，麗也。日月麗乎天，百穀草木麗乎土，重明以麗乎正，乃化成天下。柔麗乎中正，故亨；是以畜牝牛吉也。

案：離之義為麗，離卦即言乎附麗之道。依易例，六畫之卦，五、上為天，初、二為地，三、四為人。離道之至，具體言之，上焉為「日月麗乎天」以光輝普照，下焉如「百穀草木麗乎地」而生機煥發，上下所麗則離道大明矣。人體乎上下所麗而重明之離道，以麗乎正位，為君、為臣，本其正道，以仁、以忠，則可以化成天下之美俗。

柔謂六五、六二，分別麗乎其上下之兩陽，以居其中位，守其正道，當離之時，所以有亨通之運。既然，畜牝牛，牝牛正具柔順之離德，故可卜其吉。

象曰：明兩作，離；大人以繼明照于四方。

(一) 朱子周易本義曰：「作，起也。」

案：離卦，下卦為離，上卦亦為離，離為火，為日，（說卦傳）說卦傳又曰：「離也者，明也。」故曰「明兩作」，即上、下皆離明，而交相輝映。此「離」之象也。

大人體離，夫大人，大德之人也，其必要條件有二，即①居位以為憑藉，②有功之於生民。是以大人之生命，即見德性之光輝。蓋有所離而明也。故大人之體離，當本其既明之光輝，繼之又明之功業，以照耀於四方，乃為明德之無限也，此離道也。

初九，履錯然，敬之，无咎。

(一) 錯—段玉裁說文解字錯字注曰：「或借為逪遣字，東西曰逪，邪行曰遣也。」

案：凡初爻稱履，（成蓉鏡周易釋爻例）本爻所應之九四為敵剛，唯承六二之柔以成其麗。故其履也錯（斜行）然，此「履錯然」之象也。初為陽剛，二為陰柔，陽剛而居陰柔之下，「敬之」之象也。（劉百閔周易事理通義說）以居正承柔，故「无咎」。

初九，當離卦之始，雖欲上麗而無所附，然而以其「敬之」，故无咎。占者當以為戒也。

象曰：履錯之敬，以辟咎也。

案：初九之象，其履也錯（斜行），不得其麗；而能敬者，所以避免災患（咎）也。

六二，黃離，元吉。

(一) 黃離—許慎說文解字曰：「黃，地之色也。从田炗聲。炗，古文光。」案：黃為炗（光）之聲子，炗（光）為黃之聲母。形聲字，凡从某得聲多有某義，黃从炗（光）得聲，故有炗（光）義，此以聲子代聲母也。黃離即光麗，即有所附麗而光明也。

案：本卦下卦為離，離為火、為日。（說卦傳）本爻體離，如火附物而炎，日麗天而明，此「黃（光）麗」所以取象。本爻以陰柔居中正之位，故「元吉」。

六二體下離，一陰麗於二陽之間，且居中得正，如火附物，如日麗天，而見其光明（黃）。本爻既得乎離道之旨，故其占為元（大）吉。

象曰：黃離，元吉，得中道也。

案：六二，有得所附麗而光明（黃）之象者，以其得乎離之中道也。

九三。日昃之離，不鼓缶而歌，則大耋之嗟，凶。

(一) 昃—許慎說文解字作𣅱，曰：「𣅱，日在西方時側。」

(二) 鼓缶—許慎說文解字曰：「鼓，擊鼓也。」又曰：「缶，瓦器，所以盛酒醬。秦人鼓以節謌。」

(三) 耋—爾雅釋言曰：「耋，老也。」許慎說文解字曰：「耋，八十為耋。」

案：本卦下為卦離，離為日。（說卦傳）毛奇齡仲氏易引九家易曰：「初為日出，二為日中，三為日昃。」故本爻取日昃為象。下卦為離，離中虛為大腹，（說卦傳）象乎「缶」。九三、九四、六五互兌，兌錯為艮，艮為手，（說卦傳）手所以鼓（擊）也。又兌為口，「歌」之象也。九三陽剛居下卦之終，「老」之象，故曰「大耋」。又兌口所以「嗟歎」也。三多凶，（繫辭下傳第九章）故有「凶」之象也。

九三，居下卦之上位，如日之昃，則明將盡，此大化之實然現象，吾人有生之年，亦將隨大化之實然以俱往。作易者既已參悟此天機，乃以假然推理之方式，示之「不鼓缶而歌」，與時乘化，則將有歲月如流，大耋其至之嗟。

其占曰「凶」者，宋翔鳳周易考異曰：「古文鄭本無凶字。」然而，繫辭下傳第九章曰：「三多凶。」或以既居是位，則有是占乎。

象曰：日昃之離，何可久也。

案：六三，象乎日之昃，日之既昃，明亦將盡，故曰何可久也。

九四，突如其來如，焚如，死如，棄如。

(一) 孔穎達周易正義曰：「突然而至，忽然而來，故曰突如其來如。」

(二) 焚—許慎說文解字曰：「焚，燒田也。」

案：本卦，下卦為離，離為火，（說卦傳）上卦亦離，亦火之象。本爻居上卦之始位，下卦之火已盡，上卦之火又生，此「突如」之象也。凡三、四爻稱往來，（成蓉鏡周易釋爻例）上卦繼乎下卦而火，故曰「來如」。上下卦離火相繼，致「焚」之象也，故曰「焚如」。六二、九三、九四、六五，其間九三、九四陽剛居中過盛，有大過之象，繫辭下傳第二章曰：「……後世聖人易之以棺槨，蓋取諸大過。」是以「死」之象，故曰「死如」。又九三、九四、六五互兌，兌為毀折，（說卦傳）此「棄如」所以取象。本爻不中不正，且於下無應，「凶」之象也。

突如、來如、焚如、死如、棄如五者，於文法上皆屬表態句之謂語，其主語則省略矣，以致語意晦闇不明。揣乎五組謂語之意義，乃形容火之破壞性作用，則所省略之主語，疑當指烈火而言。其凶可知矣。

象曰：突如其來如，无所容也。

案：繫辭下傳第九章曰：「四多懼。」本爻既際上、下離火之來焚，故無所容其身。

六五，出涕沱若，戚嗟若，吉。

(一) 沱—張自烈正字通曰：「沱，涕垂貌。」

(二) 戚—朱駿聲說文通訓定聲曰：「戚叚借為慽。」許慎說文解字曰：「慽，憂也。」

案：本卦上卦為離，離為目，（說卦傳）離錯為坎，坎為水，（說卦傳）此「出涕沱若」之象。又坎為加憂，（說卦傳）故曰「戚」（慽）。九三、九四、六五互兌，兌為口，（說卦傳）「嗟」之象也。以柔居中，故「吉」。

六五以陰柔從於九四、上九二陽之間，得其所麗也。然而，五為尊位，陰柔居之，非正；又於下卦無應，是以雖有附麗之機，而乏相稱之德，則難免憂容戚歎矣。其占曰吉，或所以寄殷憂啟聖之微旨乎！

象曰：六五之吉，離王公也。

案：六五陰柔，得麗九四、上九二陽，難免戚憂之嗟。而占為吉者，以麗於五之王位故也。孔穎達周易正義曰：「五為王位，而言公者，此連王而言公，取其便文以會韻也。」

上九，王用出征，有嘉折首，獲匪其醜，无咎。

(一) 嘉—顏師古漢書禮樂志注曰：「嘉，慶也。」

(二) 醜—李鼎祚周易集解引虞翻曰：「醜，類也。」

案：本卦上卦為離，離為乾卦，乾為君，（說卦傳）此「王」所以取象也。又為甲冑，為戈兵，（說卦傳）所以出征也。上九為六五所麗，「有嘉（慶）」之象。凡上爻稱首，（成蓉鏡周易釋爻例）且上卦為離，離為上槁，「折首」之象。上九為六五所麗，上九有「王用出征」之象，則六五為其所獲者；上九為陽，六五為陰，為「匪其醜」之象。本爻以陽為六五所麗，故「无咎」。

上九居離卦之終，離以陰麗陽為義，上九既居終又乘陰，為成其麗，唯有出征之途；既出征，則可卜吉慶，有折其魁首，獲匪（非）其醜之功。

離者，麗也，以陰麗陽為義，則陰為能麗，陽為所麗。本爻居離卦之終，以陽為陰所麗，以成離道，故「无咎」。

象曰：王用出征，以正邦也。

案：王用出征，反被動為主動，以成離道，其有卜吉慶，折魁首，獲匪（非）其醜之功者，所以正邦國也。

序卦傳曰：有天地然後有萬物；有萬物，然後有男女；有男女，然後有夫婦；有夫婦，然後有父子；有父子，然後有君臣；有君臣，然後有上下；有上下，然後禮義有所錯。

㈠錯—段玉裁說文解字錯字注曰：「（錯）或借為措字，措者，置也。」

案：天地者，乃形而上之生化根源，為能生；萬物則為所生。故曰：「有天地然後有萬物。」萬物為共名；萬物之中包括人類、則人類為別名；人類之中，有男有女，則男女為類名。是以萬物者，為男女於分類系統上之統屬。故曰「有萬物，然後有男女。」

男女者，自然意義之觀念；夫婦者，價值意義之觀念。男女乃夫婦之實然性基礎，夫婦則為男女之理則性呈現。故曰：「有男女，然後有夫婦。」中庸第十二章曰：「君子之道，造端乎夫婦。」是以夫婦者，乃由自然世界超升至理性世界之大道。

夫婦組成家庭，則以夫為主，婦為從。並生育子女，而有父子關係，以蕃衍其家族生命。故曰：「有夫婦，然後有父子。」

家族生命既已蕃衍，推擴轉出客觀精神，則有以君臣為綱領之政治組織。故曰：「有父子，然後有君臣。」

君臣，既為政治組織之綱領，所以維繫社會生活之秩序也，而上下莫不有序。故曰：「有君臣，然後有上下。」

上下有序，所以維繫者，禮義也。禮義即錯（措、安置也）於夫婦、父子、君臣、上下之間，而呈現一理性世界。故曰：「有上下，然後禮義有所錯。」

周易以咸卦為下經之始，蓋咸者感也，少男少女相感以成夫婦，此人道之大端也，故下經始之以咸。

感應化生

澤山咸三十一

感應化生

咸第三十一

☶艮下
☱兌上

咸，亨，利貞，取女吉。

(一)咸—彖傳曰：「咸，感也。」

(二)取—陸德明經典釋文曰：「取，本亦作娶，音同。」

案：咸卦，下卦為艮，艮為少男，（說卦傳）上卦為兌，兌為少女。（說卦傳）少男少女，其情最易相感。又本卦，初為陰，四為陽；二為陰，五為陽；三為陽，上為陰，兩兩相感相應。是以「咸」者，乃以感為義。

本卦，下艮之少男，與上兌之少女相感。初六與九四、六二與九五，九三與上六，兩兩相應，故「亨」、「利貞」。

下艮之少男、與上兌之少女相咸，此「取女吉」所以取象也。

咸者感也，有所感則有所應，夫相感應，生成之道也。故其運為亨，所貞（間）者利。中庸第十二章曰：「君子之道，造端乎夫婦。」旬子大略篇曰：「易之咸，見夫婦之道不可不正也，君臣父子之本也。咸，感也。以高下下，以男下女，柔上而剛下，聘士之義，親迎之道，重始也。」夫本卦既有艮以下兌之象，乃有少男以下少女之喻。少男艮止，能感也；少女兌悅，所感也。殷末周初之社會，家庭組織已漸入父系形態，是男女相感，究以男性為主，本卦既以感為義，則取（娶）女可卜其吉也。

彖曰：咸，感也。柔上而剛下，二氣感應以相與，止而說，男下女，是以亨，利貞，取女吉也。天地感而萬物化生，聖人感人心而天下和平，觀其所感，而天地萬物之情可見矣。

案：咸者感也，咸卦即言感之道。繫辭下傳第四章曰：「陽卦多陰，陰卦多陽。」朱子周易本義曰：「震、坎、艮為陽卦，皆一陽二陰；巽、離、兌為陰卦，皆一陰二陽。夫陽卦之性剛，陰卦之性柔。本卦為恆之反綜，恆卦下卦為巽，巽為柔，上卦為震，震為剛。恆綜為咸則下巽之柔，反為上兌之柔；上震之剛，反為下艮之剛，故曰「柔上而剛下」。（此取來氏說）今兌為陰柔之卦而在上，艮為陽剛之卦而在下，是為陰陽兩氣之相感應相親與。又下卦為艮，艮為止、為少男；上卦為兌，兌為說，為少女。止則專其志，說則通其情，「止而說」，乃咸道之正。男下者，誠以感之；女上者，宜而應之，「男下女」，則咸道以成。此「亨，利貞，取女吉」之義也。

感者，非徒情之相通而已，必亦心之相契。心之相契即理之貞定，情之相通即氣之作用。理運乎氣，則秩然有序；氣載其理，則化生不已。少男少女之相感說，乃具體而易見者，推之宇宙，天德下貫，地德上應，則萬物於天地感應中化化生生矣。移之人間，聖功普澤，人心歸仁，則天下於聖功人心感應中和和平平矣。是以觀乎咸道之所感，而天下和平，萬物化生之情可得而見也。

象曰：山上有澤，咸；君子以虛受人。

案：咸卦，下卦為艮，艮為山，（說卦傳）上卦為兌，兌為澤，（說卦傳）故曰「山上有澤」。夫山之容儼然，澤之功善潤；山承乎澤，山乃以儼然之容感之，澤則以善潤之功應之。此「咸」之象也。

君子體咸，亦當有所感人，夫「人」，每安於習慣，每有其矜持，一則以保護自己，一則以抗拒他人，因此，而陷於閉塞與固陋，君子愛人以德，為消融其閉塞與固陋，則當以虛懷之德感之，而人自能以和悅之情應之，此咸道也。

初六，咸其拇。

(一) 拇—陸德明經典釋文曰：「拇，馬、鄭、薛云，足大指也。子夏作𧿹，荀作母。」許慎說文解字曰：「拇，將指也。」段玉裁注曰：「將指，謂手中指也。」案說文無𧿹字，故說文以前，拇字兼有手中指、足大指二義。

案：凡初爻稱足、稱趾，（成蓉鏡周易釋爻例）此「拇」所以取象也。本卦為咸，故曰「咸其拇。」

本爻當咸之時，居初爻，上應九四，陰陽相與，成其感也。夫本卦之相感，其程度之淺深、輕重，乃由初而向上遞升，如初為拇，二為腓，三為股，四為心，五為脢，上為輔頰舌。是以本爻爻辭曰「咸其拇」，乃示既成其感，而所感者始於淺也。

象曰：咸其拇，志在外也。

案：「咸其拇」，初六與九四相應也。九四在外卦，故曰「志在外也」。

六二，咸其腓，凶。居吉。

(一) 腓——程子周易傳曰：「腓，足肚。」

案：本卦為咸，下卦為艮，艮綜為震，震為足。（說卦傳）本卦初爻為拇，三為股，則二為拇與股間之腓也。此「咸其腓」之象也。由於二為下卦之中，陰位，本爻以柔居之，既中且正，又上應九五，成其感矣。然而下卦為艮，艮為止，（說卦傳）本爻既上應九五以成其感，感則動，而悖乎艮止之卦性矣，故其占為「凶」。

反之，下卦既為艮止，「居」之象也。又六二、九三、九四互巽，巽者順也，（巽卦彖傳）六二體乎下卦艮止，互卦巽順，又居中履正，故居則吉。高亨周易古經今注曰：「居下疑當有貞字，轉寫誤挩。」（「居貞吉」即以居為問則吉。）

本爻之象，有極端相反之「凶」、「吉」兩占，蓋易者，以不易為體，以變易為用，其卦、爻，固有客觀之象與喻，然而亦見主觀之感與應。而且，客觀之象與喻，每因主觀之感與應而有不同之占兆。於是，筮者之問，雖得某一客觀之象與喻。而所問之事項，則視其主觀之感與應，以決定其不同之占兆，故易之占兆，每為或然命題「如果……則……。」之形式。至於如何逢凶化吉，端賴占者之自取，故繫辭下傳第七章曰：「作易者，其有憂患乎！」準此，本爻爻辭既曰「咸其腓，凶。」又曰「居（貞）吉。」夫「咸其腓」以妄動，故「凶」；「居」而安靜，則「（貞）吉。」

象曰：雖凶居吉，順不害也。

案：二為陰位，又當下卦之中，本爻以柔居之，備乎中正之德也。當咸之時，如果妄動以感，則凶；雖然，靜居則吉。夫居之靜，順其中正之德，上有九五之應，則不害其感也。

九三，咸其股，執其隨；往吝。

(一)股—許慎說文解字曰：「股，髀也。」

(二)隨—焦循易通釋曰：「隨之義為從行。凡卦之元在此，則人隨我；在彼，則我隨人。」

案：九三，以剛居陽位，得正，上有上六之應，成其咸矣。其設象以示感之程度，自初之拇，二之腓，至三則為股矣。又本卦以六二、九三、九四互巽，巽為股，（說卦傳）故曰「咸其股」。下卦為艮，艮為手，（說卦傳）所以「執」也，本爻為下卦之終，又居正位，上有上六之應。夫咸，以陰陽相感為義，本爻與上六相感應，執意相隨，此「執其隨」之象也。又艮為止，（說卦傳）九三體艮，又不中，宜止不宜動，「往吝」之象也。

「咸其股」，股在足之上，身之下，乃隨身與足而動，為被動者，故執意與物相隨。如有所往則吝。（艱難）

象曰：咸其股，亦不處也。志在隨人，所執下也。

案：「咸其股」，其感愈深矣。「亦不處也」，「亦」者承六二爻辭而言，六二有妄動以感則凶之象，本爻亦有是象，故曰「不處」。

本爻以陽剛體艮止，而志則在隨上六所象陰柔之人，不識大體也，故所執之志卑下也。

九四，貞吉，悔亡。憧憧往來，朋從爾思。

(一)亡—無也。（見高鴻縉先生中國字例）

(二)憧憧—許慎說文解字曰：「憧，意不定也。」陸德明經典釋文引王肅曰：「往來不絕貌。」

(三)爾—王引之經傳釋詞曰：「爾，猶此也。」

案：本爻先言其占。九四，以陽居陰位，失正，有悔也。然而，下有初六之應，動而得正，故「貞吉，悔亡。」（此取虞氏說）

「憧憧往來，朋從爾思。」此謂「心」也。蓋本卦，三為股，五為脢，四處股、脢之間，「心」之象也。孟子告子篇曰：「心之官則思。」心者體也，思者用也。本爻爻辭言用不言體，亦即用以見體。本爻之象既言心，本爻之義則為感，心感以思，故曰「爾思」。九四居上下兩卦之間，成蓉鏡周易釋爻例曰，凡三四爻稱往來，「憧憧」即心思之往來不定。又上卦為兌，兌為明。（兌卦象傳）此「憧憧往來，朋從爾思。」所以取象也。

本爻既居一卦之中，猶身之心，下有初六之應以成其感。心之既感而思，其思也，即通於初六之拇，六二之腓，九三之股，以及九五之脢，上六之輔頰舌。夫九四之心思，通於九五、上六為「往」，通於九三之股，六二之腓，初六之拇為「來」。是以「憧憧往來」，即心之感以思之形容。而朋者，乃指初六之拇，六二之腓，九三之股，以及九五之脢，上六之輔頰舌，莫不從乎此（爾）心之所思。是以本爻設心之象，以明其感而思無不通也。

象曰：貞吉悔亡，未感害也。憧憧往來，未光大也。

案：九四「貞吉悔亡」之占者，感而未害也。「憧憧往來」，有所感，有所應也。繫辭上傳第十章曰：「易，无思也，无為也，寂然不動，感而遂通天下之故。非天下之至神，其孰能與於此。」蓋未能至於超思為之即寂即感境地，故曰未光（廣）大也。

九五，咸其脢，无悔。

(一) 脢—李鼎祚周易集解引虞翻曰：「脢，夾脊肉也。」

案：本卦為咸，四為心，上為輔頰舌，五在其間，故曰「脢」。而下有六二之應，此「咸其脢」之象也。以陽剛中正下有六二之應，故「无悔」。

脢為夾脊肉，其感其應，僅直覺反應之形態。然而，以居中履正，故无悔。

象曰：咸其脢，志末也。

案：咸其脢者，僅為直覺反應之形態，故曰「志末（淺）也」。

上六，咸其輔頰舌。

(一)輔頰舌—來知德易經來註圖解曰：「輔者，口輔也，近牙皮膚與牙相依，所輔相齒牙之物，故曰輔。頰，兩旁也。輔在內，頰在外，舌動則輔應而頰從之。三者相須用事，皆所用以言者。」高亨周易古經今注，則疑「舌」為「吉」之誤。

案：本卦為咸。上為兌，兌為口舌。（說卦傳）故有「輔頰舌」之象。

咸卦至上六，其感極矣，然下應九三，成其感也。雖成其感，而所感在口舌之間，朱子周易本義曰：「感人以言，而无其實。」則所感已反實為虛矣。

象曰：咸其輔頰舌，滕口說也。

(一)滕—來知德易經來註圖解曰：「滕，張口騁辭貌。」

案：咸其輔頰舌，示其所感已反實為虛者，即唯騁其言辭耳。

序卦傳曰：夫婦之道，不可以不久也，故受之以恆。恆者，久也。

案：咸以感為義，少男少女之相感，乃夫婦關係之實然性基礎。而恆卦則以長男長女之定位定分為象，即夫婦之家居生活。夫婦之家居生活，乃由男女之實然意義相感，通過禮樂之貞定，而進入文化意義之關係，故具有永恆之價值。永恆價值，正是恆之義。是以咸卦之後，次之以恆。

天地之道

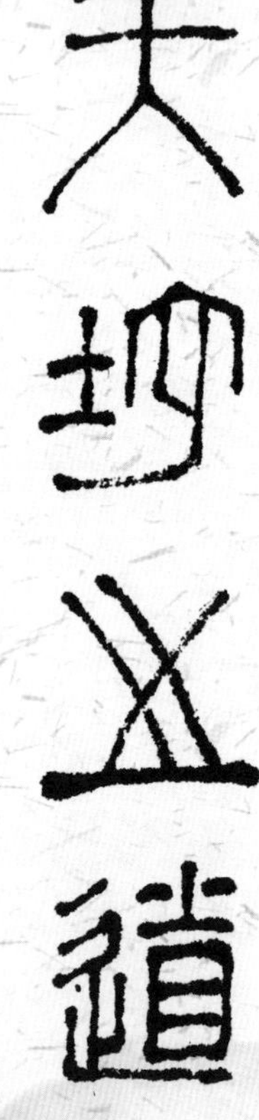
天地之道

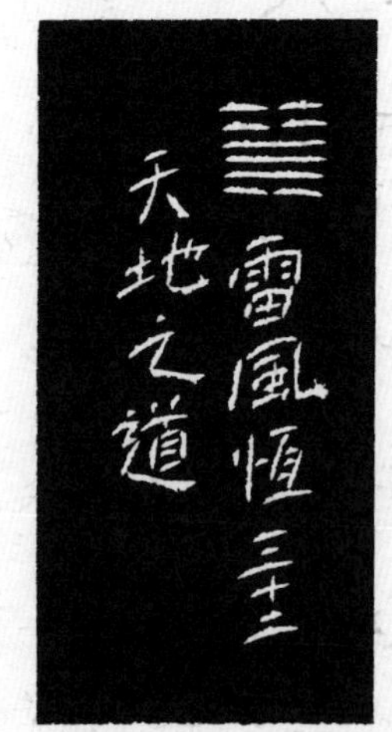
䷟ 雷風恆 三十二
天地之道

恆第三十二

巽下
震上

恆，亨，无咎，利貞，利有攸往。

(一) 恆—許慎說文解字曰：「恆，常也。」段玉裁注曰：「常當作長。」彖傳曰：「恆，久也。」

案：恆卦，下卦為巽，巽為順，為長女，（說卦傳）上卦為震，震為動，為長男。（說卦傳）長男位於上，動乎外；長女位於下，順乎內。自家居言之，長男者，象乎夫也；長女者，象乎婦也。夫婦家居，尊卑定位，動順定分，斯乃人倫之常也。人倫之常者，當然之道也，此不易者也。又巽為風，（說卦傳）震為雷，（說卦傳）李鼎祚周易集解引鄭康成曰：「雷風相須而養物，猶長女承長男，夫婦同心而成家，久長之道也。」斯乃天地之常也。夫天地之常者，自然之道也，此不已者也。是以盡其不易之當然，順其不已之自然，則可長可久矣，此恆卦之所以得義。是以「恆」者，乃以長、久為義。

恆，以其不已，故「亨」，以其不易，故「无咎」。既亨且无咎，則「利貞」，「利有攸往」。

本卦，取夫婦之成家，雷風之相須，以見長久之義。既長久故亨，无咎，利貞，利有攸往。

彖曰：恆，久也。剛上而柔下，雷風相與，巽而動，剛柔皆應，恆。恆，亨，无咎，利貞，久於其道也；天地之道，恆久而不已也。利有攸往，終則有始

也。日月得天而能久照，四時變化而能久成，聖人久於其道而天下化成；觀其所恆，而天地萬物之情可見矣。

案：恆卦，為咸卦之反綜，（來氏說）咸卦下卦為艮，艮為剛；上卦為兌，兌為柔。咸綜為恆，則下艮之剛，反為上震之剛，上兌之柔，反為下巽之柔，故曰「剛上而柔下」。此人倫夫婦而不易之道也。又震為雷為動，（說卦傳）巽為風為順，（說卦傳）震雷動於上，巽風順於下，此天地自然而不已之道也，故曰「雷風相與」，「巽（順）而動。」又本卦，初六為柔，九四為剛；九二為剛，六五為柔；九三為剛，上六為柔，兩兩相應，故能相濟。以上四者，所以成其恆久之道也。卦辭曰：「恆，亨，无咎，利貞。」即本於恆久之卦義，恆久之卦義即象乎天地恆久而不已之道。

「利有攸往」，自古經之立場言之，固攸往者利。自恒道之立場言之，「往」者，表示一歷程之發展，既發展，則有其始有其終，終而即盡，則非恆道。恆道者，乃始而終，終而始，即始即終，即終即始，循環不已。老子第二十五章曰：「有物混成，先天地生。寂兮寥兮，獨立而不改，周行而不殆。可以為天下母。吾不知其名，字之曰道，強為之名曰大。大曰逝，逝曰遠，遠曰反。」此逝、遠、反之周行，即是「終則有始」之義，致其恆也。

日月既麗於天，得天者，順天理也，（程子周易傳義）即日入而月出，月入而日出，出入無窮，故能久照。四時者，春、夏、秋、冬，變化者，暑寒更迭而生煞不已，故能久成其化育之功。聖人之道者，仁義而已，「久於其道」即孟子離婁篇所曰之「居仁由義。」夫仁所以潤之，義所以裁之，則天下之民化而俗美矣。「觀其所恆」乃即「日月久照」，「四時久成」，「聖人久道」之恆道，則天地萬物之情—其具體現象，固屬偶然；而涵蘊理則，則為永恆。

象曰：雷風，恆；君子以立不易方。

(一) 方—孔穎達周易正義曰：「方猶道也。」

案：本卦，上卦為震，震為雷，（說卦傳）下卦為巽，巽為風，（說卦傳）又說卦傳第六章曰：「動萬物者莫疾乎雷，撓萬物者莫疾乎風。」故彖傳曰：「雷風相與。」乃天地養物之常也，此「恆」之象也。

君子體恆，其立身也，乃所以應世。所應之世，既複雜又多變。此複雜多變之社會，對君子之立身，每每形成一反對之「勢」「力」，於此對立之格局中，有德之君子，貴乎能順變而不失其常，此恆之道也。

初六，浚恆，貞凶，无攸利。

(一) 浚—許慎說文解字曰：「浚，抒也。」公羊莊公九年傳曰：「浚之者何?深之也。」

案：恆卦，上卦為震，震為長男，（說卦傳）下卦為巽，巽為長女。（說卦傳）初六居巽之初，為長女之主，上應九四，九四居震之初，為長男之主。陰柔之長女，應乎陽剛之長男，自理言，夫婦之常也，長久之道也。然而，自事言，初為陽位，而陰居之，四為陰位、而陽居之，皆失正也。又下卦巽為入，（說卦傳）且惠士奇易說曰：「陽在初為潛，陰在初為浚，潛與浚皆言深也。」當恆之時，故本爻有「浚恆」之象也。本爻居恆之始，又失正，故「貞凶，无攸利。」

(二) 「浚恆」，深於恆也，即女慕其男，以深求其恆。然而，陰雖應陽，無奈失正，居始反求其深（象傳義），是以所問者凶，无攸利。

象曰：浚恆之凶，始求深也。

案：象為浚恆，占為凶者，以當恆之始，而所求者深，非其宜也。

九二，悔亡。

案：本爻，未繫設象喻事之辭，僅斷占而已，是否有奪，或另立一例乎。九二，二為陰位，陽居之，非正，是應有悔。然而，居下卦之中，上有六五之應，六五為上卦之中—以中應中而成其恆。且二多譽，（繫辭下傳第九章）故「悔亡（無）」。

象曰：九二悔亡，能久中也。

案：九二有悔亡之象者，以陽剛履下卦之中，得六五陰柔之應，而成其恆，故能久中也。

九三，不恆其德，或承之羞，貞吝。

(一) 或—陸德明經典釋文曰：「或，有也。」
(二) 承—許慎說文解字曰：「承，受也。」
(三) 王引之經傳釋詞曰：「之，其也。」
(四) 羞—焦循易章句曰：「羞，猶辱也。」

案：本卦，九二、九三、九四互乾，乾為德。下卦為巽，巽為進退，為不果。（說卦傳）又凡三四爻稱進退，稱往來，（成蓉鏡周易釋爻例）皆不恆之象，故曰「不恆其德」。九三，雖陽居陽位，然過乎中；雖上有上六之應，然九三、九四、六五互兌，兌為口舌，為毀折，（說卦傳）且三多凶。（繫辭下傳第九章）夫「有應」與「毀折」、「進退」之間，「或」之象也。口舌、毀折之來，則受其辱，故曰「或承之羞」。來知德易經來註圖解曰：「九三位雖得正，然過剛不中，當雷風交接之際，雷動而風從，不能自守，故有『不恆其德，或承之羞。』之象。」以過剛不中，「貞吝」之象也。「不恆其德」，心志之無常也，當恆之時而心志無常，則或有所辱，故所貞（卜問）者吝（艱難）。

象曰：不恆其德，无所容也。

案：「不恆其德」，則悖乎常道；羞之所加，則無所容身矣。

九四，田无禽。

(一)田—孔穎達周易正義曰：「田者，田獵也，以譬有事也。」

(二)禽—班固白虎通曰：「禽者何？鳥獸之總名，明為人所禽制也。」

案：九四，四為陰位，而陽居之，失正。變而得正，則上卦成坤，坤為田。（九家易義）又九三、九四、六五互兌，兌為澤，（說卦傳）古者春蒐於藪澤，此澤有禽之象。然而，所居失正，且所應之初六有「浚」象—初六體下卦巽林，則林禽深伏焉。此「田无禽」之象也。

「田无禽」，田獵而無所獲禽也。當恆之時，則示夫之不獲乎婦，徒勞而無功，故占者當以為戒也。

象曰：久非其位，安得禽也。

案：九四，下有初六之應，以成其恆。然而九四以陽居陰位，初六以陰居陽位，皆失其正，故曰「久非其位」，既久非其位，則「安得禽也」。

六五，恆其德，貞，婦人吉，夫子凶。

案：六五陰柔居上卦之中，下應九二，九二則陽剛居下卦之中，得中以應而成其恆，此「恆其德」之象也。本爻為陰柔，下應九二之陽剛，是以如為「婦人」，正合本爻之爻性而吉。如為「夫子（丈夫）」，則悖本爻之爻性而凶。

夫「恆其德」者，心志之有常也。貞者，卜問也。本爻陰柔得中，下應九二，九二陽剛居中。所貞者如為婦人，既體柔順之中德，從乎剛中之丈夫，恆其德矣，故吉。如為夫子（丈夫），則雖得中而柔弱，且所應者，反為剛強之婦人，非恆之道也，無德而稱焉，故凶。

象曰：婦人貞吉，從一而終也；夫子制義，從婦凶也。

㈠制義—來知德易經來註圖解曰：「制者，裁制也。（制義）以義制事。」

案：本爻之象，婦人卜問得吉者，以本柔順之中德，從乎剛中之丈夫（一）而終也。而夫子（丈夫）者，當以義制事，反遇陰柔之爻象，以從剛強之婦人，則凶矣。

上六，振恆，凶。

㈠振—陸德明經典釋文曰：「振，動也。」李鼎祚周易集解作「震」。

案：上六，以陰柔而居恆卦之終，恆卦，上卦為震，震為動，（說卦傳）上六體震，故有「振」之象，當振之時，故曰「振恆」。本爻居恆卦之終，震動之上，「凶」之象也。振恆者，振於恆也，即有所動於恆。夫恆以長久為義，今振恆者，蓋恆終而動則不久矣，故凶。占者當以為戒也。

象曰：振恆在上，大无功也。

案：在上位，恆終而動，則不安於分．難致其久，故「大无功」。此无功非外在之緣不具，乃內在之因不備，故曰「大」。

序卦傳曰：物不可以久居其所，故受之以遯。遯者，退也。

案：恆以長久為義，既長久則有遲滯、陷溺之虞，故當權宜退避，以期曲折發展。退避正是遯之義。是以恆卦之後，次之以遯。

奉身退隱

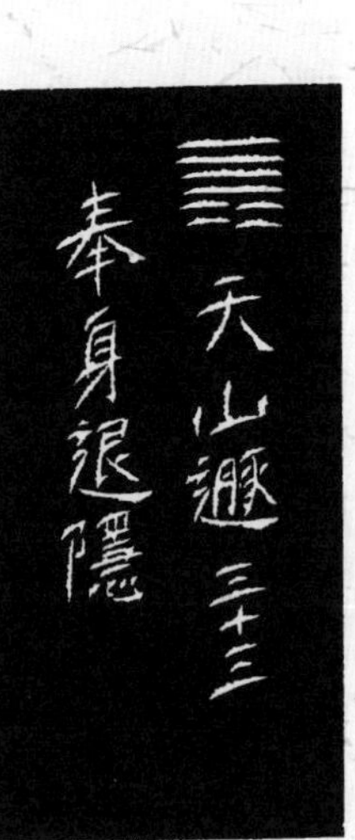

遯第三十三

䷠ 艮下乾上

遯，亨，小利貞。

(一) 遯—陸德明經典釋文曰：「（遯）匿迹避時，奉身退隱之謂也。」

案：遯卦，下卦為艮，艮為山，（說卦傳）上卦為乾，乾為天。（說卦傳）夫山之性為厚重、安然，天之德則高明、泛應。遯者，即取象於天之高明、泛應之下，如山之自守其厚重，安然。又本卦，四陽二陰，二陰生於下，是陰漸長而將盛，相對而言，則陽漸消而將衰。遯者，乃取象於陽之相對陰漸長而將盛，以漸消而將衰。王弼周易注曰：「遯之為義，辟內而之外者也。」是以「遯」者，乃以退避為義。

本卦，九五以陽剛居中正之位，下有六二之應，此「亨」之象也。二陰生於下而漸長，依易例，陰為小，故曰「小利貞」。

遯之義為退避。退避，固為消極義，而於此則涵曲折發展義。蓋方時勢逆轉之時，其機既已不利，姑且退避，以待反復。故亨。陰既為小，本卦正象陰之漸長而將盛，故就陰之立場，乃有「小利貞」之占。「小利貞」，即所卜問（貞）者小利，或其小者則利。

彖曰：遯，亨，遯而亨也。剛當位而應，與時行也。小利貞，浸而長也。遯之時義大矣哉。

(一)浸—孔穎達周易正義曰：「浸者，漸進之名。」

案：遯，亨者，乃遯而亨之謂。蓋九五以陽剛居於尊位—當其位也，且下應六二。本卦，上卦為乾，乾為健，（說卦傳）下卦為艮，艮為止。（說卦傳）九五既體乾健，復應艮止，其進，乃涵蓋原則；其止，則一時權宜，故曰「與時行也。」艮止，於乾進涵蓋下，猶「亨」也。

小者取象於陰，本卦，二陰在下，依易例，將續向上發展。「小利貞」，即取象於二陰之浸長。

宇宙有其秩序，人間有其遭遇，先哲設為六十四卦，所以窮盡之也。是以每卦之卦義，莫不繫於六十四卦序列中，以啟示其特別設定之時間階段，生活際遇之各種價值，此之謂「時」。「遯之時」，即遯卦所設定之境況，於事勢逆轉之過程，姑且退避，以期天道反復，則為曲折之發展。「義」者，曲折發展之超越律則與現實態度所涵之深義也。「大矣哉」，讚歎之極也。蓋遯者，敬乎天，順乎勢，端在知幾而善應也，非儒怯之畏縮。

象曰：天下有山，遯；君子以遠小人，不惡而嚴。

(一)惡—來知德易經來註圖解曰：「惡者，惡聲厲色，疾之已甚也。」

(二)嚴—毛詩小雅六月傳曰：「嚴，威嚴也。」

案：遯卦，上卦為乾，乾為天，（說卦傳）下卦為艮，艮為山。（說卦傳）山之性靜，陰之屬，其勢上浸；天之位高，不為所逼，故退避之，此「遯」之象也。

君子體遯，當其生於衰世，小人道長，君子道消，不可以有為也。因此，當小人猖狂之時，不輕犯其鋒，姑且遠避之，此一時之權也。雖然，猶不失其立身之常也，蓋天道反復，其曲折發展至衰極則必盛。而立身之常者，即孟子盡心篇曰：「反身而誠」而已。所謂「反身而誠」者，即呈現其絕對性自己，「不惡」則無所對立，「嚴」則涵蓋而消融之，是以身雖遠之，德則潤之，此處遯之道也。

初六，遯尾，厲，勿用有攸往。

案：本卦名遯，初爻稱尾，（成蓉鏡周易釋爻例）故曰「遯尾」。劉百閔周易事理通義曰：「遯尾，依三、四、五、上爻辭之繫遯、好遯、嘉遯、肥遯，疑當作尾遯。」初為陽位，陰居之，失正，所應在九四，九四則陽居陰位，亦失正，其機之「厲」（危）也，故「勿用有攸往」。

王弼周易注曰：「遯之為義，避內而之外者也。」「遯尾」（尾遯），即退避在後。夫當危之機，是以不可有所往也。

象曰：遯尾之厲，不往何災也。

案：遯之初，既退避在後，又當危之機，故示之「勿用有攸往」。如果「不往」，則「何災」也？

六二，執之用黃牛之革，莫之勝說。

(一)執—朱駿聲說文通訓定聲曰：「執，假借為縶。」即縛也。
(二)革—許慎說文解字曰：「革，獸皮治去其毛曰革。」
(三)勝—李鼎祚周易集解引虞翻曰：「勝，能。」
(四)說—李鼎祚周易集解引虞翻曰：「說，解也。」

案：本卦下卦為艮，艮為手，（說卦傳）此「執」之所以取象也。（虞氏義）艮體半坤，坤為牛，為中色，（黃色）而體半未全，有革無膚，此「黃牛之革」之象也。（毛奇齡仲氏易義）又艮錯為兌，兌為毀折，（說卦傳）「說」（脫）之象也。「執之」以「黃牛之革」，故「莫之勝說」。

遯者，陰逼陽退也，本爻以陰柔居下卦之中，又履正位，上有九五陽剛中正之應，非關遯也，故爻辭不言遯。雖然，當遯之時，其未遯，非志之堅不可。本爻所設之象，即示其志之堅，如「執之用黃牛之革，莫之勝說。」

象曰：執用黃牛，固志也。

案：執之用黃牛之革者，象遯時而未遯，其志之固也。

九三，係遯。有疾，厲。畜臣妾，吉。

(一) 係—陸德明經典釋文曰：「係，本或作繫。」來知德易經來註圖解曰：「繫，心維繫而眷戀也。」

(二) 疾—尹知章管子注曰：「疾，患苦也。」

案：遯卦，取象於陰逼陽遯。本卦，初六、六二為陰，上逼九三之陽，則九三之陽當遯。然而，九三與初六、六二同體，而乘乎六二—陽乘乎陰；雖欲遯而心眷戀，且六二、九三、九四互巽，巽為繩，（說卦傳）「係」之象也，故曰「係遯」。

夫雖欲遯而心眷戀，所以「有疾」（患苦）也。且三多凶，（繫辭下傳第九章）故「厲」。

本卦下卦為艮，艮為止，（說卦傳）「畜」之象也。來知德易經來註圖解曰：「臣者，僕也。妾者，女子也。指下二陰也。」九三居二陰之上，故有「畜臣妾」之象也。

係遯，當退避而有所眷戀不得退避，其示象則有兩種可能；自不得退避言之，則有所患苦而危；自有所眷戀言之，則於畜臣妾為吉。

象曰：係遯之厲，有疾憊也。畜臣妾吉，不可大事也。

案：當退避而有所眷戀致不得退避，其厲（危）者，有所患苦困憊也。畜臣妾吉者，於內固有所懷撫，於外則無所作為，故不可成大事。

九四，好遯，君予吉，小人否。

(一) 好－焦循易章句曰：「好猶愛也。」
(二) 否－程子周易傳曰：「否，不善也。」

案：李鼎祚周易集解引虞翻曰：「乾為好，為君子，陰稱小人。」本卦，上卦為乾，九四體乾，「好」之象也，當遯之時，故曰「好遯」。又以體乾，有君子之象，且下有初六之應，當遯則遯，得乎遯道，故吉。

四為伏陰，小人之象也，夾於九三、九五兩陽之間，肆其猖狂，當遯而不遯，故「否」。

「好遯」，有所愛好而遯也。本爻爻辭，對君子、小人有不同之啟示，蓋視占者之德，或為君子，或為小人，而各得其不同之占斷。

象曰：君子好遯，小人否也。

案：君子體乾健，當遯則遯，而得吉。小人猖狂，當遯而不遯，是以不善也。

九五，嘉遯，貞吉。

(一) 嘉－孔穎達周易正義曰：「嘉，美也。」

案：本卦上體為乾，乾為嘉，（虞氏義）當遯之時，故有「嘉遯」之象也。本爻陽剛中正，下有六二之應，故「貞吉」。

九五以陽剛居上乾之中，且得正位，下有六二之應，以成遯道。彖傳曰：「剛當位而應，與時行也。」即指本爻而言，則其遯也，主觀言之，乃於乾進原則涵蓋下有所嘉美而遯也，客觀言之，則為曲折之發展過程，故其所問（貞）者吉。

象曰：嘉遯貞吉，以正志也。

案：有所嘉美而遯，所問者吉，蓋非消極之畏縮，乃於乾進原則涵蓋下之曲折發展，則其遯者所以正其不易不流之志也。

上九，肥遯，无不利。

(一) 肥—飛也。（見焦循周易補疏、及李富孫周易異文考）

案：乾卦言龍，有自初潛、二見，而三惕、四躍、至五飛、上亢之象，乾之上九乘乎九五，亢龍即飛龍之飛而過於高亢者，故乾卦上九有飛之象。本卦上卦為乾，本爻以陽剛居上位，下無所係累，故有「肥（飛）遯」之象。以體乎上卦乾道以肥（飛），故「无不利」。

肥（飛）遯者，既居遯極，灑然如飛（肥）也。是以无不利。

象曰：肥遯无不利，无所疑也。

案：遯以初六、六二兩陰上逼，而陽遯為義。上九有灑然如飛以退避之象者，以上九之陽去初六、六二兩陰甚遠，不為所浸，故曰「无所疑也」。

序卦傳曰：物不可以終遯，故受之以大壯。

案：遯卦與大壯相反綜。遯者退避也，乃自陽之立場言之，即陰之逼而陽則退，故曰遯。然而，物極必返，其遯之極，則陽將復於盛，陽盛正是大壯之義，是以遯卦之後，次之以大壯。

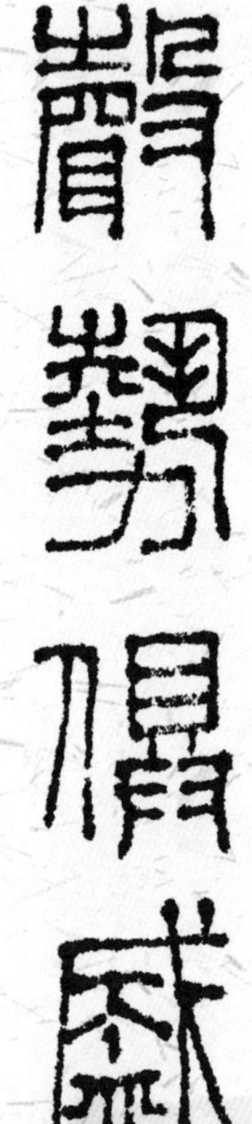
聲勢俱盛

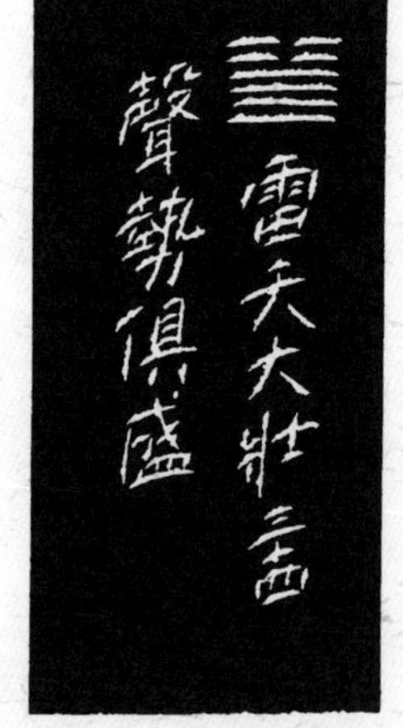
☳ 雷天大壯 三四
聲勢俱盛

大壯 第三十四

乾下
震上

大壯，利貞。

(一) 大壯—陸德明經典釋文引王肅曰：「壯，盛也。」大壯即大者盛也。

案：大壯卦，下卦為乾，乾為天，（說卦傳）上卦為震，震為雷，（說卦傳）象傳曰：「雷在天上。」聲勢俱盛也。又本卦四陽二陰，四陽生於下，是陽之既長而盛，相對而言，則為陰漸消而衰。

大壯者，乃取象於陽之長而盛，依易例，陽稱大，是以「大壯」者，乃以大者盛為義。四陽生於下而既長，且九二以陽剛居下卦之中，上有六五之應，故「利貞」。「大壯」者，陽之長而盛也。說卦傳曰：「立天之道，曰陰與陽。」周濂溪太極圖說曰：「二氣交感，化生萬物。」雖然，實以陽為主也，陽之既盛，則利見焉，故所問（貞）者利。

彖曰：大壯，大者壯也。剛以動，故壯。大壯利貞，大者正也。正大而天地之情可見矣。

案：大壯，四陽在下，二陰在上，依易例，陽稱大，四陽在下，長而盛也，故有「大者壯也」之義。

本卦，下卦為乾，乾之性剛，上卦為震，震之性動，故曰「剛以動」，即其動至剛，其盛見矣，此所以壯也。

卦辭曰「大壯利貞」者，貞字古經作「卜問」解，易傳則作「正」解。夫大壯之卦，四陽在下，長而盛，則其機利焉，其道正焉。依易例，陽為大。大壯卦即以四陽之盛，示乎生機之利，即為天道之正，故曰「大者正也」。

其道之正，其陽（大）之盛，則天地化育，萬物欣然，其情可見矣。

象曰：雷在天上，大壯；君子以非禮弗履。

(一) 履—段玉裁說文解字注曰：「履，引伸之訓踐。」

案：大壯卦，上卦為震，震為雷，（說卦傳）下卦為乾，乾為天，（說卦傳）「雷在天上」，聲勢俱盛，此「大壯」之象也。

君子體大壯，則當養其浩然之氣，以見生命之雄渾。孟子公孫丑篇論養浩然之氣曰：「其為氣也，配義與道；無是，餒也。」夫義者，內在之事理當然；道者，超越之天理當然，其具體化則為道德規律，所謂禮也。蓋禮者理也，其本質乃內在義之事理當然，與超越義之天理當然，其呈現則為道德規律。許慎說文解字曰：「禮，履也。」即所以規範行為，依禮而履，則理直氣壯。是以君子體乎大壯，則非禮弗履。

初九，壯于趾，征凶；有孚。

(一) 征—毛詩小雅小宛傳曰：「征，行也。」

案：初爻稱趾，（成蓉鏡周易釋爻例）大壯之時，故曰「壯于趾」。下卦為乾，依乾卦例，居初則當潛，故「征凶」。又乾三陽為實，「有孚」之象也。

許慎說文解字有「止」而無「趾」字，鄭康成儀禮士昏禮注曰：「止，足也，古文止作趾。」是趾即為足也，「壯于趾」即壯（勇）於行。然而，本卦下卦為乾，而乾卦初九為潛龍，本爻體下乾之初，當潛，又與九四為敵應而無與，不當行。既曰「壯于行」，故斷之曰「征（行）凶」。

下卦為乾，乾中實，「有孚」之象。意謂既「征凶」，如果體乾初以潛而無征（往），則有孚（信），即其壯蘊焉。

象曰：壯于趾，其孚窮也。

案：本爻有「壯于趾」，（勇於行）而「征（行）凶」之象者，蓋雖有孚（信），然居潛位，無應援，其途窮也。

九二，貞吉。

案：九二，二為下卦之中，柔位也，而陽剛居之，夫剛居柔位，則剛柔並濟。又上有六五之應，六五以陰柔居上卦之中，應之，則陰陽沖和。是以當大壯之時，盛而不盛也。故所問（貞）者吉。

象曰：九二貞吉，以中也。

案：九二所以貞（卜問）吉者，以陽剛居下卦之中，而六五以陰柔居上卦之中來應之，故曰「以中也」。

九三，小人用壯，君子用罔，貞厲。羝羊觸藩，羸其角。

(一)罔—王引之經傳釋詞曰：「罔，無也。」

(二)羝—許慎說文解字曰：「羝，牡羊也。」

(三)觸—許慎說文解字曰：「觸，牴也。」

(四)藩—廣雅釋言曰：「藩，籬也。」

(五)羸—俞曲園羣經平議曰：「周易羸字皆以作纍者為正。」許慎說文解字曰：「纍，綴得理也。一曰大索也。」

案：大壯卦，下卦為乾，乾三陽，九三居下乾之上位，陽盛矣，壯之象也。然而，乾卦九三曰：「君子終日乾乾，夕惕若。」蓋三多凶，（繫辭下傳第九章）此「君子用罔」之象也。反之，小人不知過剛不中，且為「多凶」之位，乃順其壯而用之，故曰「小人用壯」。

以過剛不中，且多凶，「厲」之象也。本卦為兼畫大兌象，又九三、九四、六五互兌，兌為羊。（說卦傳）上卦為震，震為蒼筤竹，（說卦傳）此「藩」之象也。兌綜為巽，巽為繩，（說卦傳）此「羸」所以取象也。又下卦為乾，乾為首，（說卦傳）本爻當下乾之上位，故曰「角」。是以本爻設「羝羊觸藩，羸其角。」之象。

當大壯之時，於羣陽漸長之過程中，本爻乃示過剛不中，又多凶之階段，小人無所忌憚，但使血氣而用其壯（勇），非其宜也。君子則本「惕若」之情，而「用罔」—無用其勇，蓋善於乘勢而順變也。占者如有所問（貞）則「厲」（危）。程子周易傳曰：「凡所以致凶而未至者，則曰厲。」本爻之「貞厲」，乃自客觀之立場，指九三之「時」、「勢」而言。至於占者，其主觀德性，或為小人，或為君子，皆當以「厲」為戒。

羊之性溫馴，其角喜觸，乃藉以喻小人之用壯，（輕用其勇）藩籬在前，羝羊觸之，其角則為所羸。此示「壯」者，非小人之血氣所可使也。

象曰：小人用壯，君子罔也。

案：小人每使其血氣以用壯，乃情之不自禁也。君子則秉其惕若而無所用，蓋其氣之無所暴也。

九四，貞吉，悔亡。藩決不羸，壯于大輿之輹。

(一) 決—決从夬聲。高鴻縉先生中國字例曰：「按夬原倚「又」畫其持棍擊缶缺形。」依訓詁之例，凡从某得聲多有某義。決既从夬聲，故有「缺」義。

(二) 輿—許慎說文解字曰：「輿，車輿也。」

(三) 輹—許慎說文解字曰：「輹，車軸縛也。」

案：本卦四陽二陰，四陽上進以逼陰，本爻居四陽之前，壯矣。故曰「貞（所卜問者）吉」。然四為陰位，本爻以陽居之，失正，此當悔也，如果變以自正則「悔亡」。

本卦，上卦為震，震為蒼筤竹，「藩」之象也。又九三、九四、六五互兌，兌為附決。（說卦傳）九三言「羝羊觸藩，羸其角。」今既藩決，則其角不羸（纍）。此「藩決不羸」之象也。

本爻居四陽之上，壯矣。以陽居陰位，失正，變以正，則上卦為坤，坤為大輿，（說卦傳）輹者車軸縛也，所以依之以行。此「壯于大輿之輹」之象也。

本爻之占為「貞吉」並「悔亡」。悔亡之機在「變正」，此以為戒也，其義深矣。

「羝羊觸藩」而「藩決」，此逞其壯而「不羸」也。「壯于大輿之輹」，此見其壯以利行也。不羸、利行，則大壯之效見矣。

象曰：藩決不羸，尚往也。

案：藩籬決缺，羊角不羸者，示乎四陽之壯盛，無所困阻而上（尚）進（往）。

六五，喪羊于易，无悔。

案：本卦，九三、九四、六五互兌，兌為羊，（說卦傳）然而六五，以陰居陽位，失正；變正則成夬卦，夬有缺義，此「喪羊」所以取象。又上卦為震，震為大塗，「易」之象也。以陰柔居中，下應九二、「无悔」之象也。

據顧氏「周易卦爻辭中的故事」一文曰，此用王亥喪羊之故事，王亥為成湯以前殷之先王，曾客於有易之國，從事畜牧牛羊，終為有易之君所殺，而喪其牛羊。（旅卦上九曰：「喪牛于易。」）羊，其角喜觸，喻壯也。本爻既陰柔，又失位，故以喪羊而喻失其壯也。蓋亦時勢所然，故无悔（恨）。

象曰：喪羊于易，位不當也。

案：六五，所以有「喪羊于易」之象者，乃因為柔居剛位之不當也。

上六，羝羊觸藩，不能退，不能遂，无攸利，艱則吉。

㈠遂—李鼎祚周易集解引虞翻曰：「遂，進也。」

案：本卦為大兌象，兌為羊。（說卦傳）上卦為震，震為蒼筤竹，「藩」之象也。上六體大兌、上震，故曰「羝羊觸藩」。又震為動，（說卦傳）上六以陰柔居震動之極，以「動」，故不能退；以「極」，故不能遂（進）。此其象也。既居震動之極，又位一卦之終，自相矛盾也，故「无攸利，艱則吉。」也。

羝羊觸藩，逞其壯也，然而以柔弱居卦終，故進退兩難，是以斷之曰「无攸利」。然而，如果心理上有艱難之準備，則可卜其吉。

象曰：不能退，不能遂，不詳也。艱則吉，咎不長也。

㈠詳—孔穎達周易正義曰：「不詳也者，（詳者，祥也。）祥者，善也。」

案：卦為大壯，質則柔弱，居動之極，致不能退，不能遂（進），此所以不詳（祥）也。如果有艱難之心理準備，則占其吉，是以咎（災患）不長久。蓋亦善於「極深而研幾」，（繫辭上傳第十章）者也。

序卦傳曰：物不可以終壯，故受之以晉。晉者，進也。

案：物之既壯（盛），則發展之機涵焉，上進之勢見焉。上進正是晉之義，是以大壯卦之後，次之以晉。

明出地上

䷢ 火地晉 三五

明出地上

晉第三十五

䷢ 坤下
離上

晉，康侯用錫馬蕃庶，晝日三接。

(一)晉—許慎說文解字曰：「晉，進也，日出萬物進。」

(二)康侯—康侯即康叔封，周武王之弟，為司寇，初封於康，故稱康叔，亦稱康侯。（見顧氏周易卦爻辭中的故事）

(三)錫—公羊莊公九年傳曰：「錫者何?賜也。」

(四)蕃—陸德明經典釋文曰：「蕃，多也。」杜預左傳嘻公二十三年注曰：「蕃，息也。」

(五)庶—陸德明經典釋文曰：「庶，眾也。」

(六)接—陸德明經典釋文曰：「接，鄭云捷，勝也。」

案：晉卦，下卦為坤，坤為地，（說卦傳）上卦為離，離為日，為明，（說卦傳）夫日出地上，（象傳曰：「明出地上。」）冉冉上升進矣，是以「晉」者，乃以進為義。

本卦下卦為坤，坤錯為乾，乾為馬。（說卦傳）六二、六三、九四互艮，艮綜為震，震為蕃，（說卦傳）又坤為眾（說卦傳）故曰「錫馬蕃庶」。又本卦下坤地，上離日，日出地上，為「晝日」所以取象。下坤三爻相連，以象「三接」（捷）。（此取王船山周易稗疏說）

據顧氏「周易卦爻辭中的故事」一文曰，此用康侯故事，蓋康侯為周武王之弟，善牧馬，以王錫之馬蕃息眾多。高亨周易古經今注曰：「康叔曾奉王命，攻伐異國，一日三勝（接—捷也），俘馬甚眾，以獻於王，故記之曰……。」此卦辭乃依事實先後次序記述，先是馬匹蕃息，其後復有一日三接（捷）之功。夫馬匹蕃息，徵乎坤地之德；一日三捷，見於離日之功。

彖曰：晉，進也。明出地上，順而麗乎大明，柔進而上行，是以康侯用錫馬蕃庶，晝日三接也。

案：晉之義為進，晉卦即言乎進道。本卦，上卦為離，離為明，（說卦傳）為麗，（離卦彖傳）下卦為坤，坤為地，為順，（說卦傳）故曰「明出地上」，「順而麗乎大明」。蓋謂以日為主導上進之作用，既出現於地上，則萬物莫不應之以附麗其大明而上進。

又本卦為明夷之反綜，明夷下卦為離，柔居其中，明夷反為本卦，則離卦在上，柔進而居上卦之中，是「柔進而上行。」（此取來氏說）五為剛位，乃一卦之主，六五以柔居之，得乎伏剛之濟，以主乎進道，而上行之勢運焉。故設「康侯用錫馬蕃息，晝日三接。」之象，以示晉（進）之義。

象曰：明出地上，晉；君子以自昭明德。

(一) 昭—許慎說文解字注曰：「昭，日明也。」段氏注曰：「引申為凡明之偁。」

案：晉卦，上卦為離，離為明，（說卦傳）下卦為坤，坤為地，（說卦傳）離上坤下，故曰「明出地上」，此「晉」之象也。

君子體晉，則當自昭（明）其明德。蓋晉卦，乃自宇宙之立場，設「明出地上」之象。「明出地上」乃相應日在地下之昏暗階段，如今見其光明上升於地上。君子之生命，其明德乃光輝之本源，然而每因氣質私欲之恣縱而蒙蔽，「自昭明德」即自覺以由氣質私欲之蒙蔽中超拔，而呈現其明德之光輝，且臻於善。故大學傳首章曰：「康誥曰：『克明德。』大甲曰：『顧諟天之明命。』帝典曰：『克明峻德。』皆自明也。」其此晉道之謂乎。

初六，晉如摧如，貞吉。罔孚，裕，无咎。

(一)摧—陸德明經典釋文曰：「摧，退也。」
(二)罔—王引之經傳釋詞曰：「罔，無也。」
(三)裕—孔穎達周易正義曰：「裕，寬也。」

案：初六，居晉卦之始，上應九四，晉道初成，故曰「晉如」。然而初為陽位，本爻以陰居之，既柔弱又失正，欲進而未逮，故「摧（退）如」也。此其象也。方晉之始，將晉（進）且摧（退），處晉初之道也，故所問（貞）者吉。初六居晉之始，上應九四而將晉（進），然而六三、九四、六五互坎，坎為狐疑，（九家易義）「罔孚」之象也。然而陰柔居始，欲進而不躁，故曰「裕」（寬）。將進且退之時，能如是，則所問者（貞）吉。雖上有應援，然未為上之所信，故唯從容寬裕，則无咎（災患）。

象曰：晉如摧如，獨行正也。裕无咎，未受命也。

案：初六有欲進且退之象者，其進其退，專行其正道也。蓋古經之貞字，易傳皆作正字解，故云。

從容寬裕則无咎者，由於未為上之所信，故曰「未受命」。

六二，晉如愁如，貞吉。受茲介福，于其王母。

(一)愁—許慎說文解字曰：「愁，憂也。」
(二)茲—爾雅釋詁曰：「茲，此也。」
(三)介—陸德明經典釋文曰：「介，大也。」
(四)王母—王船山周易稗疏曰：「王之為言大也，王母，大母也。生謂之王父母，沒謂之祖妣。」

案：二為柔位，本爻以陰居之，又當下卦之中，履正居中，得其晉矣，此「晉如」之象也。然而上與六五為敵應，且六三、九四、六五互坎，坎為加憂，為心病。（說卦傳）六二固有晉如之象，然以前遇互坎，故有「愁如」之象。

六二，既居中履正，故其占為吉。

本卦下卦為坤，坤錯為乾，乾為介福。（虞氏義）王母乃指六五，蓋五為尊位，又上卦為離，離為中女，（說卦傳）六五以陰柔居尊體離，為「王母」之所以取象。然五為剛位，六五以陰柔居之，失正，變則應乎六二，上施下受，故六二有「受茲介福，于其王母。」之象。

「晉如」，乃卦象之發展；「愁如」，亦卦象之示戒。夫進而懷憂，則吉而受福。

象曰：受茲介福，以中正也。

案：六二，有「受茲介幅」之象者，以居下卦之中，並履其正位也。

六三，眾允，悔亡。

(一) 允—許慎說文解字曰：「允，信也。」

案：本卦，下卦為坤，坤為眾，（說卦傳）又為土，（虞氏義）土性信，此「眾允」之象也。本爻不中不正，有悔，然上與上九為應，故「悔亡」。

當晉之時，初爻且進且退，二則亦進亦愁，至於本爻，居坤順之上，且眾信之，以上應上九，上九體上離，離為明，六三應乎上九以附麗大明，示其進之順也。既悔亡，則可進。

象曰：眾允之志，上行也。

案：本卦下卦為坤，坤為順，三爻皆陰，順而上進，以附麗上離之大明，此眾信之，其志在上行也。

九四，晉如鼫鼠，貞厲。

(一) 鼫鼠—許慎說文解字曰：「鼫，五技鼠也。能飛不能過屋，能緣不能窮木，能游不能渡谷，能穴不能掩身，能走不能先人。」陸德明經典釋文曰：「鼫鼠，子夏傳作碩鼠。」郭璞爾雅釋獸碩鼠注曰：「好在田中食粟豆。」

案：九四陽剛，下有初六之應，故曰晉如。本卦六二、六三、九四互艮，艮為鼠，（說卦傳）此「鼫鼠」所以取象。本爻以陽居陰位，不中不正故「貞厲」。

李鼎祚周易集解引翟元曰：「碩鼠晝伏夜行，貪猥无已。」此狀晉如之情態；其進也，如鼫鼠之出乎坤田，暴於離日，貪欲萌焉，畏情見矣。故占者有所問（貞）則厲（危）。

象曰：鼫鼠貞厲，位不當也。

案：其進也之情狀，若鼫鼠之貪、畏，致有所問則厲（危）之象者，蓋陽居陰位之不當也。

六五，悔亡，失得勿恤，往吉无不利。

(一) 恤—許慎說文解字曰：「恤，憂也。」

案：六五，五為陽位，本爻以陰居之，失位，故有悔，變正，則又得上卦之中，故「悔亡」。

本卦，上卦為離，離為火，（說卦傳）火無定體，而某光或明或滅，此「失得」所以取象。凡易，其遇離，或錯離，或中爻離，皆言失得。（此取來知德易經來註圖解說）又六三、九四、六五互坎，坎為加憂，五既欠位，變正，則非坎，故曰「勿恤」。以柔居上離之中，如火之炎上，故有「往吉无不利」之象。

晉而至於五，其進將極，或有所失，或有所得，但能泰然無憂，則「往吉无不利」。

象曰：失得勿恤，往有慶也。

案：其晉，或失或得，泰然無憂，則其往有慶也。

上九，晉其角，維用伐邑。厲吉，无咎，貞吝。

(一)維—發語詞。（見邢瑞昺爾雅釋詁疏）

(二)用—王引之經傳釋詞曰：「用，詞之以也。」

案：本爻居晉卦之上位，几上爻稱角。（成蓉鏡周易釋爻例）故曰「晉其角」。本卦上卦為離，離為甲冑，為戈兵，（說卦傳）此「伐」之象。下卦為坤，坤為邑，（虞氏義）上九與六三相應，上九體離，六三體坤，故曰「伐邑」。

本爻居上失正，「厲」矣。下有六三之應，故「吉，无咎」，居上而欲晉，故「貞吝」。

上九居晉之極，無所復晉矣，下有六三之應，六三體坤邑，唯以伐之，亦反其進也。自全卦言之，晉道終矣，以本爻進而無所復進，故厲（危）。既無所復進，唯伐其下邑，以反其道，猶進也，故吉。晉終猶進，所以无咎。雖然，究以反其進為進，故所問（貞）者吝（艱難）。

象曰：維用伐邑，道未光也。

案：處晉道之終，無所復進，唯反伐下邑，此晉道之未光（廣）也。

序卦傳曰：進必有所傷，故受之以明夷。夷者，傷也。

案：晉卦，以「明出地上」為義，其進之極，則反之，而「明入地中」（明夷彖傳、象傳）其明見傷也。其明見傷，正是明夷之義，是以晉卦之後，次之以明夷。

䷣ 地火明夷 三十六

內明外柔

明夷 第三十六

☲ 離下
☷ 坤上

明夷，利艱貞。(一)

(一) 明夷—小爾雅廣言曰：「夷，傷也。」廣雅釋詁曰：「夷，滅也。」老子第十三章曰：「視之不見名曰夷。」明夷即其明見傷。

案：「明夷卦，下卦為離，離為日、為明，（說卦傳）上卦為坤，坤為地。（說卦傳）離在坤下，即日入地中，故彖傳象傳皆曰「明入地中」。「明入地中」，則其明見傷。是以「明夷」者，乃以其明見傷為義。

本卦六二、九三、六四互坎，坎為艱，〈虞氏義〉為隱伏。（說卦傳）此「艱」之象也。明夷者，其明見傷也。蓋其才德之明因見傷而晦藏，則能善於守常順變，以致其功，故曰「利艱貞」。

彖曰：明入地中，明夷。內文明而外柔順，以蒙大難，文王以之。利艱貞，晦其明也。內難而能正其志，箕子以之。

(一) 大難—朱駿聲六十四卦經解曰：「文王之拘，天下民命攸寄，故曰大難。」

(二) 以之—李富孫易經異文曰：「以之，鄭荀作似之。下亦然。古者似已字同，以與已古通，以與似亦通。」

(三) 晦—爾雅釋言曰：「晦，冥也。」顏師古漢書高帝紀注曰：「晦、冥，皆謂暗也。」許慎說文解字曰：「晦，盡也，謂雕盡也。」

(四) 內難—朱駿聲六十四卦經解曰：「箕子之狂，一家宗社攸關，故曰內難。」

案：明夷卦，下卦為離，離為明，（說卦傳）上卦為坤，坤為地，（說卦傳）離在坤下，即「明入地中」，其明見傷，此「明夷」之義也。

「內文明而外柔順，以蒙大難，文王以之。」此以文王之事印證卦義。文明者取象於內卦之離，柔順者取象於外卦之坤。而文王，詩大雅文王篇曰：「穆穆文王，於緝熙敬止。」史記周本紀曰：「公季卒，子昌立，是為西伯，西伯曰文王，遵后稷公劉之業，則古公王季之法，篤仁、敬老、慈少、禮下賢者，日中不暇食以待士，士以此多歸之。……。」此其內文明也。雖然，猶服事殷紂，則為外柔順也。史記周本紀又曰：「崇侯虎譖西伯於殷紂曰：『西伯積善累德，諸侯皆嚮之，將不利於帝。』帝紂乃囚西伯於羑里。」此文王之「蒙大難」，故曰「文王以（似）之」。「文王以（似）之」，乃謂文王之遭遇，似此卦象所示之義。

「利艱貞，晦其明也。內難而能正其志，箕子以之。」此以箕子之事印證卦義，而釋卦辭（利艱貞）。蓋事之所以艱難者，由於外在、或客觀之壓力，以之為問（貞），其利則在守常以順變，而期於突破。「誨其明」，非不明也，乃其「明」因外在、或客觀之壓力而晦藏，以待時來運轉之突破。「內難」取象於六二、九三、六四之互坎，「正志」取象於六二之居中得正。而箕子，史記殷本紀曰：「紂愈淫亂不止，箕子懼，乃詳（佯）狂為奴，紂又囚之。」此內難也。書微子曰：「父師（箕子）若曰：……自靖，人自獻，（自達其志）于先王。」此正志也。故曰「箕子以（似）之」。「箕子以（似）之」，乃謂箕子之遭遇，如明夷之艱，終於，武王克殷命，召公釋箕子之囚。（見史記周本紀）此證筮者凡遇明夷之卦，能「晦其明」，則「利艱貞」。

象曰：明入地中，明夷；君子以莅眾，用晦而明。

(一) 莅—朱駿聲六十四卦經解曰：「莅，臨也。」

(二) 而—王引之經傳釋詞曰：「而猶如也。」

案：本卦，下卦為離，離為明，（說卦傳）上卦為坤，坤為地，（說卦傳）離在坤下，即明入地中，此「明夷」之象也。

君子體明夷，而君子者，有德之稱也，此德即為生命之光輝—明。當其體明夷以莅（臨）眾，則示其於外在、或客觀之壓力下，必須順應時勢，斂藏其鋒鋩，蘊蓄其光輝。鋒鋩斂藏即是「用晦」，光輝蘊蓄即是「而（如）明」，故曰「用晦而明」。

初九，明夷于飛，垂其翼。君子于行，三日不食；有攸往，主人有言。

(一) 于—裴學海古書虛字集釋曰：「于猶之也。」

(二) 有言—易凡言「有言」，讀為「有愆」。（見劉百閔周易事理通義）

案：明夷卦，下卦為離，離為飛鳥，（虞氏義）初九、九三為陽剛，如健羽相夾之翼，（毛奇齡仲氏易義）初九居下卦之下，飛之始，其翼未展，故有「于飛，垂其翼」之象。

初爻為剛，剛為君子，上有六四之應。而九三、六四、六五互震，震為足，（說卦傳）六四體震以應初九，故有「行」之象，「往」之象。初至四有三爻，故曰「三日」。（張惠言虞氏義疏）又離為大腹，（說卦傳）大腹中空，「不食」之象。初九既有六四之應，則初為主，四為客。六二、九三、六四互坎，坎為多眚，（說卦傳）「有言」（愆）之象也。

明夷以其明見傷而晦藏為義，其初也，猶未晦藏，故以「于飛」喻之。雖未晦藏，即將晦藏，故如于飛之垂其翼。占者如問君子「于行」，則將三日不得其食。于行而不食，難成其行矣。如有攸往，則主人有愆（言），不宜於往也。難成其行，不宜於往，則晦藏之誡寓焉。

象曰：君子于行，義不食也。

(一) 義—中庸第二十章曰：「義者，宜也。」

案：猶未晦藏，其將晦藏之時，君子「于行」，非其時也，今「于行」，義（宜）乎不得其食，難成其行也。

六二 明夷，夷于左股，用拯馬壯，吉。

(一) 用—劉淇助字辨略曰：「用，猶云爰（於是）也。」

(二) 拯—子夏傳作抍，許慎說文解字引亦作抍，曰：「上舉也。」焦循周易補疏曰：「拯馬則猶云升馬策馬而進之。」

(三) 壯—陸德明經典（莊子徐无鬼）釋文曰：「壯猶疾也。」

案：本卦為明夷。六二、九三、六四互坎，坎主左方。（李鼎祚周易集解義）依易例，二為股，故有「左股」之象。又坎為美脊之馬，此「馬壯」所以取象也。以柔居中，故吉。

明夷，承卦名而有其明見傷而晦藏之義。「夷于左股」，劉百閔周易事理通義曰：「夷于左股之夷字，疑因上明夷之夷而衍。與初之明夷于飛？三之明夷于南狩，同其文句，當為『明夷于左股』。夫明夷之設象，乃近取諸身，故初曰翼，二曰股、四曰腹。股乃身之下體，所以行也。股而稱左，蓋行每以左為先，是以左股者，乃承初爻「于行」而示始行。「明夷（夷）于（之）左股」，猶示其明見傷而晦藏於始行之時。

　本爻，居下卦之中，履陰柔之正，得乎晦藏之機宜矣，則當策馬疾行（用拯馬壯），飄逸絕塵。故其占曰吉。

象曰：「六二之吉，順以則也。」

(一)以—裴學海古書虛字集釋曰：「以猶其也。」

(二)則—段玉裁說文解字注曰：「則，引申之為法則。」

案：六二之占為吉者，蓋居中履正，順乎明夷之時勢，應當晦藏之律則也。

九三，明夷于南狩，得其大首，不可疾貞。

(一)狩—李鼎祚周易集解曰：「冬獵曰狩。」

(二)大首—俞曲園羣經平議曰：「首當讀為道，古首、道字通用。得其大首，猶云得其大道。」

(三)疾—段玉裁說文解字注曰：「疾，按經傳多訓為急也，速也，此引申之義。」

案：明夷卦，下卦為離，離為南方之卦，（說卦傳）又為戈兵，（說卦傳）六二、九三、六四互坎，坎為弓輪。（說卦傳）戈兵、弓輪，施之於獵，此「狩」之所以取象也。又九三、六四、六五互震，震為大塗，（說卦傳）故曰「大首」（道）。又為動，（說卦傳）「疾」之象也。

　九三，以陽居剛位，處離明之上，猶在坤地之下，其明猶傷，故曰「明夷于南狩」，即晦藏於南狩。夫狩者，獵之謂也。狩獵，固期於獲，亦所以習武。是以南狩者，非消極退避，乃操練其武藝，待機以有為。然而，本爻又居互震之初，有突破障礙之氣勢，故曰「得其大首」（道）。

　本爻，際於離明坤地之間，且上有上六之應，其明即將復出地上，然而當明夷之世，誠不可操之太急，故不可以疾（急、速）為問（貞）。

象曰：南狩之志，乃大得也。

案：明夷之世，姑晦於南狩，其志乃在破暗見明；並有突破障礙之氣勢，得其大首（道），是其志之大得也。

六四，入于左腹，獲明夷之心；于出門庭。

案：本卦九三、六四、六五互震，震錯為巽，巽為入。（說卦傳）六二、九三、六四互坎，坎為左方。（李鼎祚周易集解）上卦為坤，坤為腹。（說卦傳）六四體錯巽、互坎、上坤，故曰「入于左腹」。又坎為心。（說卦傳）震為足、為動，（說卦傳）「出」之象也。震綜為艮，艮為門，（說卦傳）「門庭」之象也。

古人以心在左腹，（見醫經）左腹為心之所在。入于左腹，然後獲其心，此心乃「明夷之心」。明夷以其明見傷而晦藏為義，「明夷之心」即明夷之世、晦藏之志。本爻以陰居柔位，下應初九，成明夷之道，「入于左腹」者，孔穎達周易正義曰：「腹者，事情之地。」蓋進入明夷之世諸狀況；「獲明夷之心」者，得遂晦藏之心志也。

「于出門庭」，劉百閔周易事理通義曰：「『于』不可解，疑不出門庭之誤。『不』謂為『于』，與節卦初九之『不出戶庭』，九二之『不出門庭』同其文句；不出即為入之對文。』夫時有否泰，運有順逆，既遇明夷之世，乃遂晦藏之志，復誡之「于（不）出門庭」—不可踰乎其外也。

象曰：入于左腹，獲心意也。

案：入于左腹者，進入明夷之世諸狀況也。獲心意也者，遂其晦藏之志矣。

六五，箕子之明夷，利貞。

案：五為一卦之主位，明夷發展至此，．可謂已甚矣。箕子遇乎殷紂之無道，不得用其明，此「箕子之明夷」所以取象也。本爻以柔居中，故「利貞」。

箕子遇乎殷紂之無道，既不能格君心之非，又不願助其為虐，不得已被髮佯狂為奴，此所以晦藏於明夷之世也。故作易者設以為象。夫遇明夷之世，而善自晦藏，故利於所卜問者。

象曰：箕子之貞，明不可息也。

㈠息—孔穎達周易正義曰：「息，滅也。」

案：箕子被髮佯狂為奴，此處明夷世之正道，（易傳例貞作正解。）所以保身全真，是順變而不失其常，此其明之雖晦而不息（滅）。

上六，不明晦，初登于天，後入于地。

案：本卦，以「明入地中」為象，「明入地中」，晦也。本爻為本卦之極，晦極則明。晦為不明，明為不晦，故曰「不明晦」也。凡上爻亦稱天，（成蓉鏡周易釋爻例）本爻為一卦之上位，故曰「登于天」。本卦上卦為坤，坤為地，（說卦傳）本爻體坤，故曰「入于地」。

明夷之極，以世屬明夷，故晦而不明；之極，故明而不晦。明而不晦，其明始登于天矣；晦而不明，其明後入于地。晦、明之間，端賴占者之善自調理。

象曰：初登于天，照四國也。後入于地，失則也。

案：明夷之極，明而不晦，故曰初登于天，照四國也。猶屬明夷之世，故後入于地；後入于地，反失明照之律則。初二之象，順明夷之時勢以晦藏，為「順以則也」。本爻當明夷之終極，當明照四國，反入于地，故曰「失則也。」

序卦傳曰：傷於外者，必反其家，故受之以家人。

案：既傷於外，而反其家，家者，安憩之所，反其家，則得其慰撫。慰撫，正是家之價值。足以明夷卦之後，次之以家人。

親順和睦

䷤風火家人 三十七
親順和睦

家人 第三十七

離下
巽上

家人，利女貞。

(一) 家人—孔穎達周易正義曰：「明家內之道，正一家之人，故謂之家人。」

案：家人卦，下卦為離，離為火，（說卦傳）上卦為巽，巽為風。（說卦傳）毛奇齡仲氏易曰：「推巽與離，則風從火生，火因風發。兩相入而兩無間，如家人然，曰家人。」毛奇齡仲氏易又曰：「夫上為父則初為母，五為兄則三為弟，五、三為夫則四、二為婦。父子兄弟如父子兄弟，夫婦如夫婦，而家人之道，不其正乎。」上、初皆陽，象父母之嚴。五、三亦陽，則兄弟友恭。四、二皆陰，分別承乎五、三之陽，走夫婦咸宜。本卦乃取一家之中，男女相順，上下相親之義。是以「家人」者，乃以親順為義。

本卦，上卦為巽，巽為長女，（說卦傳）下卦為離，離為中女；（說卦傳）六四體巽，六二體離，或承或應，各得其正。此「利女貞」之象也。

家者，精神生活之實體，其成員，則父母、兄弟、夫婦也。李鼎祚周易集解引馬融曰：「家人以女為奧主，長女中女各得某正，故特曰利女貞矣。」蓋女子有承受沖和之作用，以親順和穆其家人，是故如以家人之道為問則利。

彖曰：家人，女正位于內，男正位乎外，男女正，天地之大義也。家人，有嚴君焉，父母之謂也。父父、子子、兄兄、弟弟、夫夫、婦婦而家道正，正家而天下定矣。

(一) 嚴—來知德易經來註圓解曰：「嚴乃偉嚴。」

案：家人卦，六二以陰柔居下（內）卦中正之位，象乎女之正位乎；九五以陽剛居上（外）卦中正之位，象乎男之正位乎外。序卦傳曰：「有天地，然後有萬物；有萬物，然後有男女；有男女，然後有夫婦。」自家人之成員言之，性分男女，義則為夫婦。王弼周易注曰：「家人之義，以內為本，故先說女也。」先說女，即先說婦也。復綜述之，「男女正」；「男女正」即夫婦正。蓋一家之中，究以夫為主，故又先說夫。中庸第十二章曰：「君子之道，造端乎夫婦，及其至也，察乎天地。」從自然宇宙觀之，乃以天地為其覆載原則；由家庭宇宙論之，則以夫婦為其覆載原則。天尊地卑，所以覆載自然宇宙；男女各正其位，乃所以覆載家庭宇宙。故曰「男女正，天地之大義也。」

序卦傳曰：「有夫婦，然後有父子。」相應子女而言，則父母為一家之主，嚴君，即男女（夫婦）正。父母君乎家而嚴之，則為父者盡父道，為子者盡子道，為兄者盡兄道，為弟者盡弟道，為夫者盡夫道。為婦者盡婦道。蓋父慈、子孝、兄友、弟恭、夫唱、婦隨，此家道之正也。天下者，乃以家為日常生活之單位，如果男女（夫婦）各正其位以正其家，則天下自定矣。

象曰：風自火出，家人；君子以言有物而行有恆。

(一) 物—程子周易傳曰：「物謂事實。」

(二) 恆—程子周易傳曰：「恆謂常度、法則也。」

案：家人卦，上卦為巽，巽為風，（說卦傳）下卦為離，離為火，（說卦傳）火炎則生風，故曰「風自火出」。推之人事，則天下之定，乃自家道之正出，此「家人」之象也。

君子體家人，當知家道正則天下定，而家道之正，乃繫於「言有物」與「行有恆」。「言有物」即所言出於至誠，故中庸第二十五章曰：「不誠無物。」「行有恆」即所行合乎規律，故中庸第一章曰：「率性之謂道。」言與行，其外也；至誠以及規律，其內也。中庸第二十五章曰：「合外內之道也，故時措之宜也。」此家人之道也。

初九、閑有家，悔亡。

(一)閑—許慎說文解字曰：「閑，闌也。」段玉裁注曰：「引申為防閑。」

(二)有—裴學海古書虛字集釋曰：「有，猶於也。」

案：初九為家人之始。其始居家，由於六二、九三、六四為互坎，坎為盜，為心病（說卦傳）此象家人心中可能隱伏犯過之陰影，故曰「閑有家」。以剛居陽位，上有六四之應，「悔亡」之象也。夫家居必先防閑，庶幾男女無亂，長幼無逆，恩情不傷，生活不糜。而本爻以剛居陽位，雖心賊隱伏，其防閑乃既必須，又有效，故作易者，示其機宜如此。既然，家居而心賊伏焉；若其萌也，則悔矣；閑之，則悔亡也。

象曰：閑有家，志未變也。

案：防閑於家居之始，蓋家人男女相順，上下相親之志尚未變易也。

六二，无攸遂，在中饋，貞吉。

(一)遂—高亨周易古經今注曰：「遂疑借為隊。」韋昭國語楚語注曰：「隊，失也。」隊俗作墜，廣雅釋詁曰：「墜，失也。」

(二)中饋—許慎說文解字曰：「饋，餉也。」孔穎達周易正義曰：「（婦人）其所職主在於家中，饋食供祭而已。」（左傳僖公三十年曰：「野饋曰饁。」則中饋乃相對野饋而言。）

案：二為陰位，本爻以柔居之，得正，「无攸遂」之象也。又當下卦之中，上應陽剛中正之九五，婦人之正者也，且姚配中周易姚氏學引鄭康成曰：「爻體離，又互體坎；火位在下，水在上，飪之象也，饋酒食也。」故曰「在中饋」。以中正而應九五，故「貞吉」。

本爻爻辭乃就婦人立義，著一「在」字，則婦人於家中所職主之地位見矣。中饋，即婦人在家中所職主之事。婦人在家中職主中饋，是盡其本分。婦人盡其在家中主中饋之本分，固其行之「无攸遂（失）」，且男女相順，上下相親，則家道正矣。婦人能在家中，主中饋，而家道正矣，故貞（卜問）吉。

象曰：六二之吉，順以巽也。

案：六二之占曰吉者，蓋以陰柔居下卦中正之位，上應陽剛中正之九五，故曰「順以巽也」。

九三，家人嗃嗃，悔，厲，吉。婦子嘻嘻，終吝。

(一) 嗃嗃嘻嘻—王船山周易稗疏曰：「按嗃嗃嘻嘻皆取喻於火聲，詩多將熇熇猛烈之狀火始然之聲也。……九三以剛處剛，離道方成，故曰嗃嗃，而上承六四，風將散之，故曰嘻嘻。」

(二) 終吝—毛奇齡仲氏易曰：「終之者吝也。」

案：九三位於本卦之中，且一陽處兩陰之間，故統其上下象乎男女各爻，而稱家人。本卦下卦為離，又九三、六四、九五互離，離為火，（說卦傳）本爻以陽剛居兩離火之間，故有「嗃嗃」之象。以過剛不中，故「悔」、「厲」、「終吝」。以得正，故「吉」。

下卦為離，離為中女，（說卦傳）上卦為巽，巽為長女，（說卦傳）此「婦子」（婦女）所以取象也。又離為火，巽為風，（說卦傳）本爻居離火之上，接巽風之下，風散乎火，故有嘻嘻之聲。

家人，有男女，有上下，本爻即象乎家人有「上下男女嗃嗃之狀」之一面，亦有「婦子（婦女）

嘻嘻之情」之一面。毛奇齡仲氏易曰：「離火聲不常，或咷或笑，或嗟或歎，此恆態也。」夫嗃嗃，恣縱之狀也，故其占為悔（恨）、厲（危），但未失正道，故吉。而嘻嘻，反激之情也，故其終吝（艱難）。

象曰：家人嗃嗃，未失也。婦子嘻嘻，失家節也。

案：家人嗃嗃，恣縱之狀，未失正道也。婦子嘻嘻，反激之情，則失節度矣。

六四，富家，大吉。

(一) 富家—禮記禮運篇曰：「父子篤，兄弟睦，夫婦和，家之肥也。」陳澔集說曰：「肥者，充盛而無不足之意。」

案：本卦，上卦為巽，巽為近利市三倍，（說卦傳）本爻體巽，又以陰居柔位，下應初九，乘九三，上承九五，而初九、九三、九五亦各得其正以相迴應，是本爻之既居正位，又篤家人，此「富家」之象也。以陰柔居正位，下應初九，故「大吉」。

以富家，故大吉。

象曰：富家大吉，順在位也。

案：六四有「富家大吉」之象者，以體上巽而順，在居柔應初、乘三、承五之正位。

九五，王假有家，勿恤，吉。

(一) 假—王弼周易注曰：「假，至也。」

案：九五，五為上卦之中，一卦之尊，而陽居之，中正至尊，王者之象也。家人卦發展至此，其運可謂盛矣，而九五，下應乎六二，乘乎六四，陰陽相應，以成家人，此「假（至）有家」所以取象也。又本卦六二、九三、六四互坎，坎為加憂。（說卦傳）本爻位於互坎之上，故曰「勿恤，

（憂）吉。」

「王假（至）有（於）家」，高氏周易古經今注以為古有是事，作易者則繫以為爻辭焉。其占為勿恤，（憂）吉。

象曰：王假有家，交相愛也。

案：王假有家，蓋九五象乎家道之成、之正、之盛，王假（至）之，天下定之回應也，故曰「交相愛也」，而「天下一家」之氣象見焉。

上九，有孚，威如，終吉。

（一）終吉—毛奇齡仲氏易曰：「終之者吉也。」

案：上為柔位，則上卦有坎伏焉，坎為孚，（虞氏義）故曰「有孚」。剛居上位，家道盛也，故曰「威如」。本爻剛居柔位，變則得正，故「終吉」。（虞氏說）

「有孚」，誠信也，則「言有物」，「行有恆」；「威如」，家道之盛也。故終吉。

家道既見大盛，而作易者每以憂患存心，而默察其反復之幾。故當家道大盛之時，則物極必返之勢，盛極將窮之幾伏焉，於此亦有是戒乎。

象曰：威如之吉，反身之謂也。

案：家道大盛，威如之吉，蓋反復之幾伏焉，故曰「反身之謂也」。孟子盡心篇曰：「反身而誠。」誠則天可變，地可變，而此志不渝也。

序卦傳曰：家道窮必乖，故受之以睽。睽者，乖也。

案：家人卦之反綜則為睽，依易例，凡反綜之兩卦，其義多相反。家人卦既以男女相順，上下相親為義；家道大盛，則盛極將窮，而乖違矣。乖違正是睽之義。是以家人卦之後，次之以睽。

求同存異

睽第三十八

䷥ 兌下 離上

睽，小事吉。

(一)睽—許慎說文解字曰：「睽，目不相聽也。」段玉裁注曰：「聽，猶順也。」序卦傳曰：「睽者，乖也。」朱駿聲六十四卦經解曰：「睽當作睽从耳从癸，耳不相聽也。故為違隔乖離之義。」

案：睽卦，下卦為兌，兌為澤，（說卦傳）上卦為離，離為火，（說卦傳）澤之勢下潤，火之勢上炎，相乖違也。又本卦九二、六三、九四互離，九四、六五、上九亦離，離為目，（說卦傳）兩離相疊，即象兩目相交。而兩離相疊之間，六三、九四、六五為互坎，坎為陷；兩目相交而反陷焉，不相聽（順）而乖違矣。是以「睽」者，乃以乖違為義。

依易例，陽稱大，陰稱小。本卦乃以六五為主爻，六五以柔居上卦之中，下應九二，「小事吉」之象也。

睽者，乖違也。張惠言虞氏易言曰：「陰陽不睽，不足以成物；男女不違，不足以際會。準繩規矩，睽其施也；殺生刑德，睽其治也。睽者所以同同而異。則睽道也，其失則乖；乖也者，不交也；不交也者，不正也。」夫宇宙之化生，人間之行事，固相反而相成者也。相成，乃為正面價值；相反，則屬負面價值。負面價值乃成就正面價值過程中所必須者，作易者取此以為卦義，惕勵之意深矣。

睽，既屬負面價值，故小事則吉。孔穎達周易正義曰：「大事謂興役動眾，必須大同之世，方可為之。小事謂飲食衣服，不待眾力，雖乖而可。」

彖曰：睽，火動而上，澤動而下；二女同居，其志不同行。說而麗乎明，柔進而上行，得中而應乎剛；是以小事吉。天地睽而其事同也，男女睽而其志通也，萬物睽而其事類也；睽之時用大矣哉！

(一) 類—段玉裁說文解字注曰：「類，引申假借為凡相似之稱。」相似之至極，則近於相同。

案：睽卦，上卦為離，離為火，（說卦傳）下卦為兌，兌為澤。（說卦傳）火炎上，故曰「動而上」；澤潤下，故曰「動而下」。又離為中女，（說卦傳）兌為少女。（說卦傳）離火、兌澤，其方向上下相乖；同理，中女、少女同屬一卦，其志向亦不同行。此睽之義也。

又兌為說，（說卦傳）離為麗、為明，（離卦彖傳）故曰「說而麗乎明」。本卦為家人之反綜，（來氏義）家人卦下卦為離，而柔居其中。上卦為巽，而剛居其中。綜為本卦，則下離反為上離，上巽反為下兌。則家人卦下離之柔反為本卦上離之柔，上巽之剛反為下兌之剛，故曰「柔進而上行，得中而應乎剛。」是以本卦之義雖相睽，亦見相麗；六五以柔得中應剛，而見上行之趨勢，此所以「小事吉」也。

天尊地卑，其位相睽，而其事在生成萬物則相同。男女之性別相異，而其志則相感而相通。萬物之種屬相殊，而其事之生機煥發則相類。

「睽之時用」者，蓋作易者，設為六十四卦，以窮盡宇宙現象與人間生活之各種特定境況。凡此各種特定境況，有其超越層之不易一面，有其具體層之變易一面；兩者每相同而相異，相反而相成，此易學之所以涵具其絕對性價值。「睽」者，寄乖違之道也；然而形式上固然相睽，而價值上則為成就高層次之意義所必須，以之象乎宇宙、人生，而設為特定境況，則其相通相成以臻於諧和之大用見矣。「大矣哉」，睽道無窮，而極致其讚歎也。

象曰：上火下澤，睽；君子以同而異。

案：本卦，上卦為離，離為火，（說卦傳）下卦為兌，兌為澤。（說卦傳）上火而炎上，下澤而潤下，相乖違也，此「睽」之象也。

君子體睽，則當「以同而異」。「以同」者，即體會通同之意義；「而異」者，即肯定差異之價值。夫自天道觀之，生機無不盎然，此其同也；物類各有特性，此其異也。自人事言之，德性無不向上，此其同也；事業各有精采，此其異也。是則「以同」，固見宇宙之和，德性之尊；「而異」，乃顯物類之眾，事業之美。故君子既已得其同，亦當容其異，此睽道也。

初九，悔亡，喪馬，勿逐自復；見惡人，无咎。

(一)喪—許慎說文解字曰：「喪，亡也。」又云：「亡，逃也。」

(二)見—孔穎達周易正義曰：「見謂遜接之也。」

案：初九，上與九四相敵無應，當有悔，然剛居陽位，得正，此「悔亡」之象也。

依易例，初與四為應。然而本卦六三、九四、六五互坎，坎為美脊之馬，（說卦傳）九四體坎，而與初九敵應，是「喪馬」之象。來知德易經來註圖解曰：「勿逐自復者，不追逐而自還也。兌（下卦為兌）為悅體，凡易中言兌者，皆勿逐自復。」

本卦，九二、六三、九四互離，離為目，（說卦傳）初九承乎互離，「見」之象也。又九四體互坎，坎為盜，（說卦傳）「惡人」之象，故曰「見惡人」。以剛居陽位，得正，故「无咎」。

惠棟周易述曰：「喪馬勿逐自復，此商法也，周監二代因之。」蓋古有是事，作易者，以為繫辭焉。方睽之始，悔、咎乃其所遇之時運，如馬之或喪，惡人之來，皆與素願相違。然初九，本陽剛，居正位，故待其自復，接之以遜可矣，則其願得償也。是以悔亡，无咎。

象曰：見惡人，以辟咎也。

案：惡人之來，於素願有違異；見之（遜接之），乃德量之涵容，亦所以避其咎，此處睽之道。

九二，遇主于巷，无咎。

(一) 遇—許慎說文解字曰：「遇，逢也。」

(二) 巷—許慎說文解字曰：「巷，里中道也。」

案：「主」指六五，五為尊位，故有「主」象。來知德易經來註圖解曰：「應爻離，（上卦為離，六五體離，應乎九二。）中虛，街巷之象。」故曰「遇主于巷」以居中故「无咎」。

九二，陽居柔位，不當；六五陰居剛位，亦不當。程子周易傳曰：「睽乖之時，陰陽相應之道衰，而剛柔相戾之意勝。」夫九二雖有六五之應，以成睽道，然而彼此失位，唯遇之於巷，蓋意外之遇也。雖然，可占无咎。

象曰：遇主于巷，未失道也。

(一) 未—程子周易傳曰：「未，非必也。」

案：乖違之時，不當有遇，遇主于巷，意外也，故非必失道也。

六三，見輿曳，其牛掣，其人天且劓，无初有終。

(一) 見輿曳—高亨周易古經今注曰：「見疑當作其，蓋其損為具，因譌而為見也。其輿曳，其牛掣，其人天且劓，句法相同。曳者，自後引之也。……其輿曳者，其車自後引之也。」

(二)其牛掣—李善文選西征賦注引字書曰：「掣，牽也。」其牛掣，其牛自前強牽以進也。

(三)天—李鼎祚周易集解引虞翻曰：「黥額曰天。」

(四)劓—李鼎祚周易集解引虞翻曰：「割鼻曰劓。」

案：本卦，六三、九四、六五互坎，坎為輿，為曳，（說卦傳）六三體坎，此「見（其）輿曳」之象。又上卦為離，離為牝牛；（九家易義）坎輿在後，離牛在前，為「其牛掣」之象。依易例，三為人位。下卦為兌，兌為毀折，（說卦傳）本爻體互兌，承九四，乘九二，當睽之時，一柔與兩剛相戾，故於九四，如為「天」，於九二，如為「劓」，此「其人天且劓」所以取象也。以本爻陰柔與兩剛相戾，故曰「无初」；然而上應上九，故「有終」。

睽道，發展至六三，乖違之甚也。故其設象，其輿後曳，以靜待之；其牛前掣，以動移之，則兩刀相逢而相違。處此困境，其人天且劓，乖之甚矣。是以初無所會遇之機，然睽者，其異乃以同而異，故終有應合之望。

象曰：見輿曳，位不當也。无初有終，遇剛也。

案：六三所以有其輿後曳，其牛前掣之象者，乃本爻柔居剛位，並與九二、九四兩剛相戾。所以「无初有終」者，乃上應上九之剛也。

九四，睽孤，遇元夫，交孚，厲，无咎。

(一)孤—廣雅釋詁曰「孤，獨也。」

(二)元夫—孔穎達周易正義曰：「元夫，謂初九也，處於卦始，故云元也。初、四俱傷，而言夫者，蓋是丈夫之夫。」程子周易傳曰：「元夫，猶云善士也。」

案：本卦，六三、九四、六五互坎，坎為陷，（說卦傳）本爻體坎中，一陽陷兩陰之間，「睽孤」之象也。依易例，四與初為應，本爻與初九皆陽剛而敵應。然而，四為伏陰，本爻以陽居之，當睽之時，反與初九同德，故曰「遇元夫」。體互坎，與初九同德則相交以孚（信），故曰「交孚」。以陷於兩陰之間，故「厲」，下與初九同德，故「无咎」。

睽孤者，乖違而孤獨也。當睽之世，雖孤獨，而遇元夫，交之以孚（信），故雖厲（危），而无咎（無災患）。

象曰：交孚无咎，志行也。

案：九四，一陽陷於兩陰之間，以致乖違而孤獨。然而，居伏陰下與初九之元夫同德，交孚、无咎，得行其通同之志矣。

六五，悔亡，厥宗噬膚，往，何咎。

(一)厥─爾雅釋言曰：「厥，其也。」

(二)宗─許慎說文解字曰：「宗，尊祖廟也。」段玉裁注曰：「按，當云尊也，祖廟也。今本奪上也字。」

(三)噬─王弼周易噬嗑卦卦辭注曰：「噬，嚙也。」

(四)膚─廣雅釋器曰：「膚，肉也。」

案：五為剛位，而陰居之，非正，當悔，然下有九二之應，故「悔亡」。五為尊位，可「宗」之象。下卦為兌，兌為口，（說卦傳）所以「噬」也。六三、九四、六五互坎，坎為豕，（說卦傳）「膚」所以取象也。故曰「噬膚」。往者，上比上九也。當睽之時，陰陽相睽也，然而上九「有孚」，故曰「何咎」。

當睽之時，六五，以柔居尊位，其有悔也。然而，下有九二陽剛之應；九二曰「遇主于巷」，即所以宗乎六五，故六五之可宗如噬膚之易，此處睽之道也，故悔亡。當睽之時，而得處睽之道，故可往而何咎。

案：當睽之時，其可宗如噬膚之易，得乎處睽之道，故往有慶也。

象曰：厥宗噬膚，往有慶也。

上九，睽孤，見豕負塗，載鬼一車，先張之弧，後說之弧，匪寇婚媾，往遇雨則吉。

(一) 塗—徐賢鉉說文新附曰：「塗，泥也。」

(二) 張之弧—裴學海古書虛字集釋曰：「之，其也。」許慎說文解字曰：「弧，木弓也。」

(三) 說之弧—陸德明經典釋文曰：「弧，本亦作壺。」李富孫易經異文釋曰：「說與設通。」又曰：「張弧者，拒之如外寇；設壺者，禮之若內賓。」

案：九四之睽孤，乃一陽陷於兩陰之間，故孤。本爻之睽孤，乃因為上為柔位，而陽居之，非正也。又處離之極，說卦傳曰：「離也者，明也。」依易例，極則窮矣。夫以剛、明之資，居極、窮之地，不能無疑也。雖然，下有六三之應，但六三於九二、九四兩陽之間，為其所限，以致一時未能相應，此本爻之所以「孤」也。

本卦，上卦為離，離為目，（說卦傳）「見」之象也。六三、九四、六五互坎，坎為豕，（說卦傳）為水，（說卦傳）上離疊於互坎之上，故曰「見豕負塗」。

六三、九四、六五既互坎，坎為輿，為隱伏，（說卦傳）此「車載」之象。俞曲園周易互體徵曰：「以乾坤言，則乾神而坤鬼，以坎離言，則坎神而離鬼。睽上體離，自二至四又互離，而互體之坎，正當其中，故有『載鬼一車』之象。」

又坎為弓，為心病，（說卦傳）故疑而張弓。上卦為離，離為麗，（說卦傳）此「設」（說）之象。又為大腹，（說卦傳）乃「壺」（弧）之象。坎為酒，（虞氏義）坎疊於離，則酒在壺（弧）中。此「先張之弧，後說之弧。」所以取象也。

坎又為盜，（說卦傳）「寇」之象也。本爻所應之六三，限於九二、九四兩陽之間，且為坎盜所阻，致睽乎上九；而六三終於上應，以陰應陽，婚也。既婚，則不為坎盜所寇，此「非寇婚媾」之象也。

上九居互坎之上，坎為雨，（虞氏義）互坎承上九而雨之，孔穎達周易正義曰：「雨者，陰陽交和之道也，眾異併消，无復疑阻。」上九乘互坎之雨，故其往則吉。

本爻，當睽之時，因猜疑而孤。蓋見豕而猜鬼，張弧（弓）以拒之；欲婚則疑寇，忐忑而戒之。然而，睽極則遇，故說（設）乎弧（壺），婚乎媾，感應其如雨。睽之極，疑既釋，故可往而吉也。

象曰：遇雨之吉，群疑亡也。

案：當睽之時，乃所見多疑。睽極則遇，如陰陽之交和而雨，故曰遇雨則吉，其羣疑皆消釋。

序卦傳曰：乖必有難，故受之以蹇。蹇者，難也。

案：睽以乖違為義，乖違則不能當機以相遇，此所以難也。難正是蹇之義。是以睽卦之後，次之以蹇。

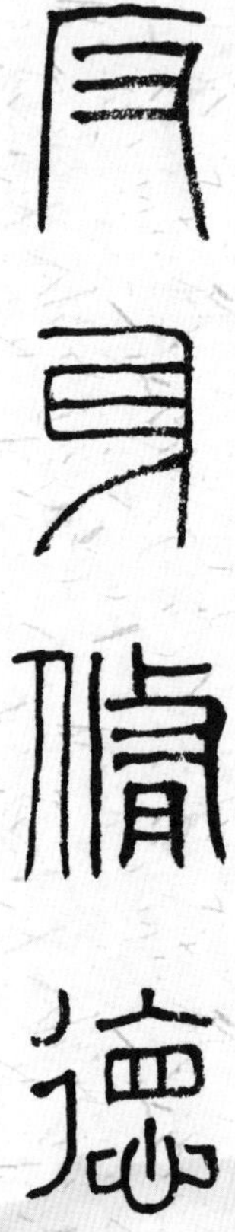
反身脩德

反身脩德

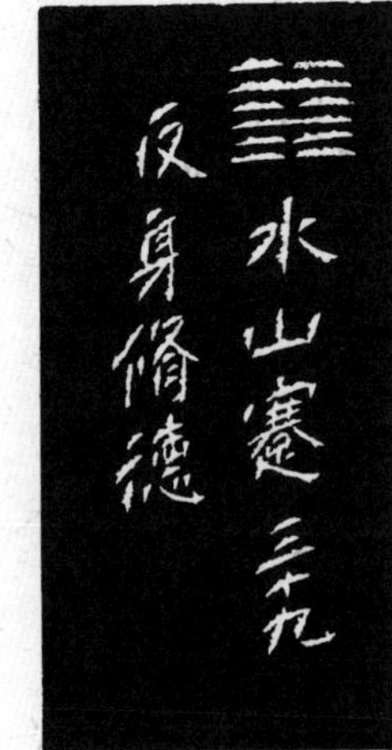
水山蹇 三十九
反身脩德

蹇第三十九

艮下
坎上

蹇，利西南，不利東北。利見大人，貞吉。

(一) 蹇—許慎說文解字曰：「蹇，跛也。」段玉裁注曰：「尣部曰：『跛，蹇也。』是為轉注。跛，曲徑也，易曰：『蹇，難也。』行難謂之蹇，言難亦謂之蹇。」

案：蹇卦，下卦為艮，艮為山，（說卦傳）上卦為坎，坎為水，（說卦傳）水在山上，其流無由，此行難之象也。又艮為止，（說卦傳）坎為險，（坎卦彖傳）遇險而止，亦行難之象。是以「蹇」者，乃以難為義。

依相傳為文王所作之八卦方位圓圖，坤在西南，而坤為地，（說卦傳）地於行為利，此「利西南」之象也。坎在北，而坎為水，（說卦傳）艮在東北，而艮為山，山水於行為不利，此「不利東北」之象也。（此取王弼周易注說）

「大人」指九五，九五以陽剛居中正之位，為一卦之主，下有六二之應，故「利見」。又本卦自二以上諸爻，皆得正位，「貞吉」之象也。

蹇以難為義，而以險阻難行為規定。屯亦以難為義，乃以草木難生為規定。蹇為難行，王船山周易稗疏曰：「以實考之，域中之名山大川，其險皆在西南。山則崑崙、蔥嶺、峨嵋、點蒼；水則弱水、流沙、三峽、盤江，皆西南也。東北青、蹇平衍千里，何得云西南平易，東北險阻哉？蹇之為卦，得位可行，而初上皆柔而不行，是畏難已甚，濡滯而不敏，非本不可行也。故在險而蹇則利己，出險而嚮平衍之地而猶蹇，則不利，此所以宜於西南，不宜於東北也。」

占者凡遇此爻，則「利見大人」，所問（貞）者吉。

彖曰：蹇，難也，險在前也；見險而能止，知矣哉！蹇利西南，往得中也。不利東北，其道窮也。利見大人，往有功也。當位貞吉，以正邦也。蹇之時用大矣哉！

㈠知—陸德明經典釋文曰：「知，音智。」

案：蹇，其義為難。上卦為坎，坎為險，（坎卦彖傳）故曰「險在前也」。下卦為艮，艮為止，（說卦傳）艮止在坎險之下，其發展則遇坎險，故曰「見險而能止」。「見險而能止」，知其難也，故曰「知（智）矣哉」。

蹇卦，「利西南」，依文王八卦方位圓圖，西南為坤。坤為地，（說卦傳）於行為利。「往得中也」，蓋本卦為解之反綜，解之下卦為坎，反為本卦上卦之坎；則解下坎之九二，反為本卦上坎之九五。解九二反而往居本卦為九五，如入西南之坤地，故以「往得中也」釋「利西南」之義。（此取來知德易經來註圖解說）「不利東北」，依文王八卦方位圓圖，北為坎，坎為水，（說卦傳）東北為艮，艮為山，（說卦傳）山水於行為不利，行而遇乎山水，蹇道窮矣，故曰「其道窮也」。

「利見大人」者，六二上應九五，以濟乎蹇，此所以「往有功也」。

九五以陽剛居上卦中正之位，此「當位貞吉」也，故足以「正邦」。

「蹇之時用」者，蓋宇宙現象，與人間生活，乃隨時而變化，而各呈現其各種特定之境況。於此隨時變化之各種特定境況中，又彌綸一超越律則，此超越律則，乃其不變者。作易者，設為六十四卦，所以窮盡宇宙、人間之各種特定境況，並揭示其所應秉持之道，然後可以守常而順變。「蹇」

者，難也，宇宙、人生莫不有其難也，故設此特定境況，以示處難之道，庶幾化蹇為易，而收知難正行之功，此蹇之大用也。蹇道無窮，言辭有盡，故讚之曰「大矣哉」！

象曰：山上有水，蹇；君子以反身脩德。

案：本卦，下卦為艮，艮為山，（說卦傳）上卦為坎，坎為水，（說卦傳）艮下坎上，是「山上有水」之象。「山上有水」，其流無由，行之難也，此「蹇」之象也。

君子體蹇，則當反身脩德。蓋當蹇之時，於行既難，則主觀之願望，與客觀之境況，陷於對立之格局中矣。故唯「反身脩德」，即孟子盡心篇曰：「反身而誠。」以透顯其絕對而超越之境界，涵蓋於主客對立之格局，則其「難」者適足以轉化為脩養「動心忍性」之助緣，並為所消融，此處蹇之道也。

初六，往蹇，來譽。

案：初為陽位，本爻以陰居之，失位也。所應在四，四亦陰柔。且六二、九三、六四互坎，坎為險，（坎卦彖傳）本爻若有所往，則遇坎險，此「往蹇」之象也。本爻既居伏陽而失位，變正則承六二之陰，繫辭下傳第九章曰：「二多譽。」初承二，即二乘初，故曰「來譽」。（此取李鼎祚周易集解引虞翻說）

來知德易經來註圖解曰：「往來者，進退二字也。本卦蹇字從足，艮綜震，震為足，故諸爻皆以往來言之。」本爻雖未繫占斷，然當蹇之始也，其往（進）則見其難，其待之，則有來之譽，戒在其中矣。

象曰：往蹇來譽，宜待也。

案：初六，當蹇之始，其往（進）則蹇，其待則有來之譽，故曰「宜待也」。

六二，王臣蹇蹇，匪躬之故。

(一) 躬—許慎說文解字曰：「躬，身也。」
(二) 故—廣雅釋詁曰：「故，事也。」

案：五為尊位，而陽居之，「王」之象也；上卦為坎，坎為險，（坎卦彖傳）九五居坎中，此王者之蹇所以取象。二為臣位，而陰居之，「臣」之象也；六二、九三、六四互坎，坎為險，六二體坎，此臣者之蹇所以取象也。故曰「王臣蹇蹇」。本卦下卦為艮，艮卦卦辭曰：「艮其背，不獲其身。」本爻體艮，此「匪（非）躬」之象。

王者陷險而蹇，臣者涉險而蹇，自本爻之立場言之，王、臣皆陷蹇難之時運，然亦居中正，應九五，無所失也，故非關臣者自身行為之事也。

象曰：王臣蹇蹇，終无尤也。

案：王、臣皆陷蹇難之時運，然本爻所象之臣者，居中正之位，得感應之機，而於自身行為無所失，故「終无尤也」。

九三，往蹇，來反。

案：九三，以陽居剛位，得正，且上有上六之應，庶幾可往矣。然本卦上卦為坎，坎為陷，（說卦傳）為險，（坎卦彖傳）九三往應，則有陷險之虞，故有「往蹇」之象也。依易例，內卦稱來。來者，比二，二以陰居柔位，亦正，庶幾可來也。然六二、九三、六四互坎，九三自陷於險中，來反以比六二，雖然未必有濟，唯二者同屬下卦，可聊以相得，故曰「來反」。

「往蹇」，往有陷險之虞；來反，來則庶幾相得。

象曰：往蹇來反，內喜之也。

案：往則蹇難，來反而比六二，以九三、六二同屬下（內）卦，九三為六二所承，故曰「內喜之也」。

六四，往蹇，來連。

(一) 連—孔穎達周易正義曰：「馬云，連亦難也。鄭云：遲久之意。」

案：往者，上進也，以承九五；九五以陽剛居上卦中正之尊位，即卦辭所謂之「大人」，本爻承而比之，故有「往」之象。然而，上坎為坎，坎為險，（坎卦彖傳）故曰「往蹇」。

來者，下反也，以應於初，初亦陰柔故無應。唯乘九三，九三陽剛得位，本爻乘而比之，故有「來」之象。然而六二、九三、六四互坎，坎為險，（坎卦彖傳），故曰「來連」。

本爻陷於重險之中，當蹇之時，則往既蹇，來亦連（難），蓋亦運也。

象曰：往蹇來連，當位實也。

案：六四，當蹇之時，而陷於重險之中，以致往既蹇，來亦連（難），蓋四為柔位，本爻以陰居之，是當位也；陰柔之質所實然也。

九五，大蹇，朋來。

(一) 大蹇—朱子周易本義曰：「大蹇者，非常之蹇也。」

案：上卦為坎，坎為險，（坎卦彖傳）九五體坎，陷於險中矣，此客觀之境況，故曰「大蹇」。朋來，朋指羣陰而言，來者，即以本爻為主爻，而羣陰與之。李鼎祚周易集解引干寶曰：「（九五）承上，據四，應二，眾陰並至。」此「朋來」之象也。

蹇卦發展至此，蹇之大者也，蓋「大蹇」之時也。本爻以陽剛居尊，卦辭所謂「大人」也。當蹇之時，其才足以濟之也。而眾陰朋來，則見本爻之風姿，足以表率羣倫；雖大蹇之時，可以有所承當也。

象曰：大蹇朋來，以中節也。

案：大蹇之時，眾陰朋來相與，而見表率承當之姿者，乃本爻以陽剛居中正之尊位，大蹇則不懼，朋來亦不傲，舉止莫不合乎節度。

上六，往蹇，來碩；吉，利見大人。

(一) 來碩—程子周易傳曰：「碩，大也，寬裕之稱，來則寬大，其蹇舒矣。」

案：卦既終，蹇亦極。上為陰位，本爻柔居之，以陰柔而居蹇極，難於有所突破，故所往猶蹇，此「往蹇」之象也。雖然，下與九三為應，九三為下艮之上位，艮為碩，（說卦傳）故有「來碩」之象。本爻以柔居陰位，下應九三，故「吉」。比九五，故「利見大人」。

本爻既蹇之極，往則蹇難小・來則蹇舒。其占為吉，利見其內之大人，庶幾有所助於濟蹇也。

象曰：往蹇來碩，志在內也。利見大人，以從貴也。

案：所往猶蹇，而其內之難則寬舒，此示其志之在內也。利見大人，所以從貴，庶幾有所助於濟蹇也。

序卦傳曰：物不可以終難，故受之以解。解者，緩也。

案：蹇之反綜為解，蹇以遇險而止以見其難，反之，動而出險，其危既免，其情則緩，緩正是解之義。是以蹇卦之後，次之以解。

物情舒緩

雷水解卦

物情舒緩

解第四十

坎下
震上

解，利西南，无所往，其來復，吉，有攸往，夙，吉。

(一) 解—許慎說文解字曰「解，判也，从刀判牛角。」雜卦傳曰：「解，緩也。」

(二) 夙—焦循周易補疏曰：「夙夜之夙，其義為早，凡事早則速，速夙音義皆通。」

案：解卦，下卦為坎，坎為雨，（說卦傳）上卦為震，震為雷，（說卦傳）雨在雷下，是雷作雨施，天地鬱結之氣開矣。又坎為險，（坎卦彖傳）震為動，（說卦傳）動而出乎險外，則險阻之局開矣。孔穎達周易正義曰：「然則解者，險難解釋，物情舒緩，故為解也。」是以「解」者，乃以開為義。

依相傳為文王所作之八卦方位圓圖，坤在西南，說卦傳曰：「坤也者，地也，萬物皆致養焉。」此所以為利也。反之，震在東，坎在北；震為雷，（說卦傳）坎為雨。（說卦傳）「无所往，其來復。」乃象反於雷作雨施之東北，吉也。又震為動，（說卦傳）坎為險，（坎卦彖傳）「有攸往」，則象往於動而出險之西南，且夙（速）則吉也。

解之義為解，相應天地鬱結之氣而言其開也，基於「動」之原則，利於坤地之西南。如果「无所往，其來復。」即反於東北，雷作雨施，鬱結之氣將開，則吉。如果「有攸往」，即往所利之西南，夙（速）則吉。

彖曰：解，險以動，動而免乎險，解。解利西南，往得眾也。其來復，吉，乃

得中也。有攸往，夙吉，往有功也。天地解而雷雨作，雷雨作而百果草木皆甲坼，解之時大矣哉。

(一) 甲—許慎說文解字曰：「甲……从木戴孚甲之象。」段玉裁注曰：「下像木之有莖，上像孚甲下覆也。」

(二) 坼—許慎說文解字曰：「坼，裂也。」

案：解卦，下卦為坎，坎為險，（坎卦彖傳）上卦為震，震為動，（說卦傳）震上坎下，是動而免乎險，險阻之局開矣，此「解」之義也。

本卦為蹇卦之反綜。蹇卦，下卦為艮，反為本卦上卦之震，震之上二爻皆坤土，坤為西南之卦，為眾，（說卦傳）故曰「利西南，往得眾也。」蓋西南之坤為養眾之地。又蹇卦之上卦為坎，反為本卦下卦之坎，坎陽剛居中，故曰「其來復，吉乃得中也。」（此取來知德易經來註圖解說）

「有攸往」，即往西南，夙（速）往則吉，以得眾，故曰「往有功也」。

「天地解」，乃自氣言，氣者，陰陽也。陰陽之氣，其消其長，如果失卸平衡，則鬱結，坤文言所曰：「天地閉。」是也。「天地解」者，陰陽感應而其氣化鬱結為舒暢，具體現象正見雷雨興作；雷雨興作，正示陰陽感應其氣化鬱結為舒暢，生機盪漾於其間矣。生機既盪漾，則百果草木之孚甲裂坼，而洋洋乎發育也，故坤文言曰：「天地變化，草木蕃。」是也。

「解之時」，蓋由於宇宙現象，人間遭遇，乃與時推移，而見其不同之境況。周易六十四卦，即相應此與時推移之宇宙現象與人間遭遇，而設定其特殊境況，並依序環繞宇宙、人間之行程，以透顯其不易之律則，而啟示其機宜。「解之時」，即解卦所設定之境況，乃象乎當其鬱結之時運，如何開啟？既有其可能，亦有其必須，所以成就開拓變化之價值也。「大矣哉」，言乎開啟新機運之階段性作用，至為無窮，非觀念性言辭所可得而盡，故極讚之。

象曰：雷雨作，解；君子以赦過宥罪。

(一)赦過宥罪—孔穎達周易正義曰：「赦謂放免，過謂誤失，宥謂寬宥，罪謂故犯。過輕則赦罪，重則宥，皆解緩之義也。」

案：解卦，上卦為震，震為雷，（說卦傳）下卦為坎，坎為雨，（說卦傳）雷雨興作，則鬱結之氣，頓然開陽，此「解」之象也。

君子體解，當知人之罪過，非生命之必然，乃其偶然，蓋人性本善，莫不嚮往其理想。然而，由於氣質之夾雜，私欲之鼓盪，形成生命之鬱結，以致誤犯罪過。如果從而懲之，固所以維護社會公義，然而論語為政篇曰：「道之以政，齊之以刑，民免而無恥。」如果教以宥之，則庶幾有所自覺而悔悟。故論語為政篇曰：「道之以德，齊之以禮，有恥且格。」此解道也。

初六，无咎。

案：方解之始，將解而未解之時，初為剛位，柔居之，不正，其隱含「咎」意乎！然而上有九四陽剛之應，本爻以柔應剛，柔剛相濟以成解，則未解而將解矣，故曰「无咎」。

象曰：剛柔之際，義无咎也。

(一)際—程子周易傳曰：「際，接也。」

(二)義—王弼周易注曰：「義猶理也。」

案：本爻為柔，所應在九四，九四為剛，剛柔相應以相際（接），成其解矣。初六以柔居剛位，隱含「咎」意，然上有九四之剛以際（接）而濟之，故於義（理）无咎（災患）也。

九二，田獲三狐，得黃矢，貞吉。

(一)黃矢—高亨周易古經今注曰：「黃矢與金矢同意。」案金之色黃也。王船山周易噬嗑卦稗疏曰：「金矢者，以金為鏃之矢也。」

案：二為田，（乾卦九二曰「見龍在田」）九二、六三、九四互離，離為戈兵，所以獲也。九二據初六，比六三，應六五，為三之象，（劉百閔周易事理通義說）下卦為坎，坎為狐，故有「田獲三狐」之象。又離為「黃矢」（虞氏義）之象。以居下卦之中，上有六五之應，故「貞吉」。

「田獲三狐，得黃矢。」此或古有是事，（高亨周易古經今注說）作易者繫於本爻為爻辭，示本爻以陽剛居中，據初六，比六三，應六五，如於馳騁田獵之局中，既有遂願之「獲」，且有意外之「得」。既有「獲」、「得」，故其貞（卜）者吉。

象曰：九二貞吉，得中道也。

案：九二有貞吉之占者，以陽剛居中，故曰「得中道也」。

六三，負且乘，致寇至；貞吝。

(一)負—劉熙釋名釋姿容曰：「負，背也。」

(二)致—段玉裁說文解字注曰：「（致）引申為召致之致。」

案：本卦，上卦為震，震為玉，（九家易義）玉表貴重之物，本爻承震，此「負」所以取象。下卦為坎，坎為輿，（說卦傳）本爻居下卦之上，「乘」之象也。故曰「負且乘」。下卦為坎，六三、九四、六五亦互坎，坎為盜，（說卦傳）本爻居兩坎之間，故有「致寇至」之象。以不中不正，故「貞吝」。

六三，居下卦之上，不中不正，陷兩坎之間，又於六五無應，以致負寶物，乘輿，致寇至。繫辭上傳第八章曰：「子曰：作易者，其知盜乎！易曰：『負且乘，致寇至。』負也者，小人之事也。乘也者，君子之器也。小人而乘君子之器，盜思奪之矣。上慢下暴，盜思伐之矣。慢藏誨盜，冶容誨淫。易曰：『負且乘，致寇至。』盜之招也。」當解之時，固運會之轉機，而往復之攸利，（據卦辭）如果因此輕慢大意，則非解道之所宜，故繫爻辭如此。占者如有所問，以其輕慢大意，則吝（艱離）。

象曰：負且乘，亦可醜也。自我致戎，又誰咎也。

(一)醜—許慎說文解字曰：「醜，可惡也。」

案：負寶物而乘輿，「慢藏誨盜」也，故可醜（惡）。其致戎（盜），乃咎由自取，故曰「誰咎。」

九四，解而拇，朋至斯孚。

(一)而—孔穎達周易正義曰：「而，汝也。」

(二)拇—陸德明經典釋文曰：「（拇）足大指也。」

案：本卦為解。上卦為震，震為足，（說卦傳）九四居震足之下，「拇」之象也。又本卦四陰二陽，一在九四，一在九二，而二、四同功，（繫辭下傳第九章）同德，「朋」之象也。且下卦為坎，六三、九四、六五亦互坎，坎為孚，（坎卦卦辭）兩坎相疊，而九二、九四分別體之，故曰「朋至斯孚」。

「解而拇」，動轉得以自由，然後朋至能相孚信，此解之效也。

象曰：解而拇，未當位也。

案：本爻須先「解而拇」，然後「朋至斯孚」者，由於剛居柔位之未當也。

六五，君子維有解，吉。有孚于小人。

(一)維—孔穎達周易正義曰：「維，辭也。」

案：依易例，五為尊位，而柔居之，氣象未顯，故稱君子。解者，以雷興雨作，動而出乎險中為象，本爻體「雷」、「動」，下應九二，得其「解」矣。既有應得解，故「吉」。

六三、九四、六五互坎，坎為孚。（坎卦卦辭）依易例，陽稱君子，陰為小人，本爻以柔居尊體動，故稱君子，而初六、六三猶在下卦坎險之中，故為小人。

當解之時，本爻所象之君子，既順時以動，開拓新運，而得吉，則其誠信潛移默化於小人也。

象曰：君子有解，小人退也。

案：君子既順時以動而闢拓新運，其誠信潛移默化於小人，則小人退也。

上六，公用射隼于高墉之上，獲之，无不利。

(一) 隼—李鼎祚周易集解引九家易曰：「隼，鷙鳥也。」

(二) 墉—許慎說文解字曰：「墉，城垣也。」

案：本卦，上卦為震，震為諸侯，（姚配中周易姚氏學義）故稱「公」。六三、九四、六五互坎，坎為弓，（說卦傳）此「射」所以取象。又震為鵠，（九家易義）鳥屬，故引申以象「隼」。本爻為一卦之極高，故曰「高墉之上」。公引弓以射隼，故有「獲之」之象。以得位，故「无不利」。

上六，以柔居陰位，得正，當解之時，解之既極，灑然擺脫拘限，得心應手，故雖其下無乘、應，而居高不危，其解如射隼，矢至隼獲。繫辭下傳第五章曰：「易曰：『公用射隼于高墉之上，獲之，无不利。』子曰：隼者，禽也。弓矢者，器也。射之者，人也。君子藏器於身，待時而動，何不利之有？動而不括，是以出而有獲。語成器而動者也。」夫藏器待時而致獲，即教人善於掌握超化鬱結阻礙之機運也。既有所獲，故无不利。

象曰：公用射隼，以解悖也。

(一) 悖—孔穎達周易正義曰：「悖，逆也。」

案：隼為猛禽，此以喻悖逆，公射而獲之，故曰「以解悖也。」

序卦傳曰：緩必有所失，故受之以損。

案：解者，化鬱結，緩物情也。鬱結既化，物情則緩；相應其原始狀態而言，即有所失（減）。「減」（失）正是損之義，是以解卦之後，次之以損。

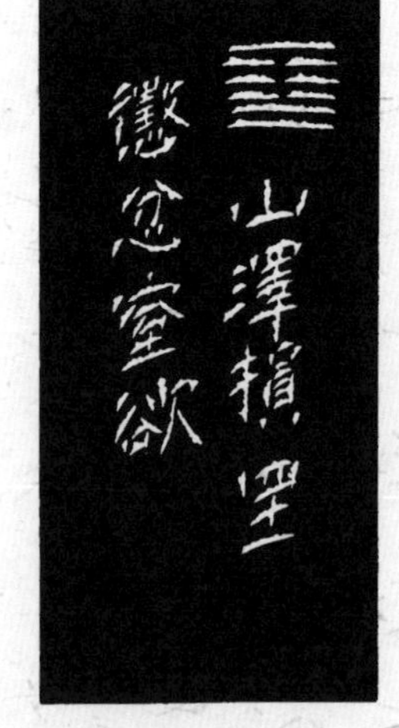
山澤損
懲忿窒欲

損第四十一

兌下
艮上

損，有孚，元吉，无咎，可貞，利有攸往。曷之用？二簋可用享。

(一)損—許慎說文解字曰：「損，減也。」

(二)曷—王引之經傳釋詞曰：「曷，何也。」劉淇助字辨略曰：「之，所辭也。」孔穎達周易正義曰：「曷之用，言何以豐為？」

(三)簋—惠棟周易述引旬氏曰：「簋者，宗廟之器。」

(四)享—孔穎達周易正義曰：「享，獻也。」

案：損卦，下卦為兌，兌為澤，（說卦傳）上卦為艮，艮為山。（說卦傳）艮上兌下，兩者相形，山見其高，澤顯其深，本卦乃取象於兌澤之自減以深，以襯出艮山之高。又據仲氏易，損自泰來，泰卦下為三陽，上為三陰，本卦即取象於減泰下卦三陽中九三之陽，益上卦之陰，即易其上卦三陰中上六之陰為上九之陽—即損下之剛，以益上之柔，蓋居下而有所減也。是以「損」者，乃以減為義。

本卦三陽爻，三陰爻，初九與六四，九二與六五，六三與上九，兩兩相應，故曰「有孚，元古，无咎。」泰之九三，往而居上，故曰「利有攸往」。

據毛奇齡仲氏易，初、二皆陽，「二」所以取象也。又九二、六三、六四互震，震為竹，（說卦傳）簋為竹製，故有「簋」象。又為長男，（說卦傳）主祭祀，故曰「享」（獻）。

損之義為減，乃相對「益」而言也，（損之反綜為益）非消極之徒減，乃預期於經過「減損」之曲折發展，而復有所益也，故損者，而益之義涵焉。蓋損益者，天運之實然，循環而無端。有孚者，誠信也，此假然推理之前件，即如果存乎誠信，則乘乎天運，當有積極義之曲折發展。

既有橫擁義之曲折發展，故可卜元（大）吉，无咎。如有所往，則可貞（卜問）而利也。

「曷之用？」此設問以引出下文。簋，盛黍稷以祭祀之器也。鄭康成禮記祭義注曰：天子之祭八簋。」此用二簋，唯出於誠信，亦當損之時，行損之道，即程子周易傳所曰：「當損去浮飾……一簋可以享也，厚本損末之謂也。」

彖曰：損，損下益上，其道上行。損而有孚，元吉，无咎，可貞，利有攸往。曷之用，二簋可用享，二簋應有時，損剛益柔有時，損益盈虛，與時偕行。

案：本卦為益之反綜。益卦，下卦為震，震為剛卦，上卦為巽，巽為柔卦。益綜為損，乃損剛益柔，即損益卦下卦之震，反而為本卦上卦之艮，故曰「損下益上，其道上行。」（此取來知德易經來註圖解說）又據仲氏易，損自泰來，泰卦，下卦三爻皆陽，上卦三爻皆陰；損泰卦下卦三陽中之九三，益上卦之陰，為上九，即易其上卦三陰中之上六成上九，故曰「損下益上」，亦即損道之上行也，故曰「其道上行」。

損而有孚，即外在條件不妨減損，而內心則必須誠信；由於內心之誠信，則遇事可卜元（大）吉、无咎，所問可利於攸往。

如以祭享為例，唯出於至誠，則不必講究豐盛浮飾，雖二簋之獻，亦為神之所信。然而，二簋之獻，應僅適用於當損之時，行損之道。蓋損剛益柔有時，於人事為損益，而於天道有盈虛。天道之盈則虛，虛則盈，固循環而無端。人事之損而益，益而損，亦往復之不已。損、益；盈、虛，皆人事、天道之「時」（特定境況）。損道者，即順應損「時」（特定境況）而實踐之也，故曰「與時偕行」。

象曰：山下有澤，損；君子以懲忿窒欲。

(一)懲忿窒欲—孔穎達周易正義曰：「（懲忿窒欲）懲止忿怒，窒塞情欲。」

案：本卦，上卦為艮，艮為山，（說卦傳）下卦為兌，兌為澤，（說卦傳）故曰「山下有澤」。艮山在上，其高也；兌澤在下，則深也。澤之減而深以見山之愈高，此「損」之象也。君子體損，則當懲忿窒欲。禮記禮運篇曰：「何謂人情？喜、怒、哀、樂、愛、惡、欲、七者，弗學而能。」凡此七者，皆自然生命一面之情欲，當其有所忿而鼓盪氣機，則情欲為之泛濫矣。凡此，莫不服從本能反應，亦每每衝破理想，摧毀價值，轉為非理性者。君子體損，以懲忿窒欲，即是減損此非理性之忿、欲，使其節制於符合自然生命所要求之限度，然後，可資調暢生命，創造德業，此損道之用也。

初九，巳事遄往，无咎；酌損之。

(一)巳事—陸德明經典釋文曰：「巳，虞作祀。」李鼎祚周易集解亦作祀。高鴻縉先生中國字例曰：「巳為胎兒大頭小尾之形，甲文通以代祀字。」是巳事即祀事也。爾雅釋詁曰：「祀，祭也。」故祀事即祭事。

(二)遄—爾雅釋詁曰：「遄，疾也，速也。」

(三)酌—李鼎祚周易集解引虞翻曰：「酌，取也。」

案：損，以損下之剛益上之柔為義，本爻為陽剛，所應在四，四為陰柔；且九二、六三、六四互震，震為長男，（說卦傳）長男主祭器；（惠棟周易述引荀氏說）六四體震，故有「巳（祀）事」之象。本爻居初得正，上有六四之應，故於巳（祀）事有「遄往」之象。居初得正且有應，故无咎。

本卦下卦為兌，兌為毀折，（說卦傳）本爻居下兌毀折之初，故有「酌損之」之象。

劉百閔周易事理通義曰：「臨祭不惰，祭祀以時；祭，過時不祭，皆有事速往之義也。」故可占「无咎」。但當損之時，於形式上當酌情減損之。

象曰：巳事遄往，尚合志也。

(一) 尚—程子周易傳曰：「尚，上也。」

案：初九，上有六四之應，故作易者設「巳（祀）事遄往」之象，以示尚（上）合「損」、「益」之志。

九二，利貞，征凶；弗損益之。

(一) 征—李鼎祚周易集解引虞翻曰：「征，行也。」

案：二為陰位，陽居之，失正，但得中，上有六五之應，此所以「利貞」（卜問）。又九二、六三、六四互震，震為征，（虞氏義）九二體震，且上有六五之應，故有「征」之象。然而，如征，以失位故，並當經三，而三多凶，（繫辭下傳第九章）故「征凶」。本爻為剛，上有六五之應，當損以益之，但上卦為艮，艮為止，（說卦傳）六五體艮止，故本爻有「弗損益之」之象。

當損之時，九二，愈見其損，期有所益，然而，既因得中有應而利，亦以失正忌征而凶，故戒之曰，不「損」、「益」之，以保持現狀為宜。

象曰：九二利貞，中以為志也。

案：九二有利貞之象者，以陽剛居下卦之中，故曰「中以為志也」，即不損、益之。

六三，三人行則損一人，一人行則得其友。

案：據仲氏易、損自泰來。泰之下卦為乾，乾三爻皆陽，乃象三人。（虞氏義）九二、六三、六四互震，震為行，（虞氏義）故曰「三人行」。泰之九三陽剛與上六陰柔易位則成損，故損者，乃損下之剛，以益上之柔；則下乾三陽損其一，是「損一人」之象。

泰之九三既往居上位為上九，而上六下居三位為六三。泰之九三一陽獨往上位為上九，是「一人行」；上六下居三位為本爻，而與上九為應故為「得其友」。

損之義為減，即損下之剛，以益上之柔。繫辭下傳第五章曰：「天地絪蘊，萬物化醇；男女構精，萬物化生。易曰：『三人行則損一人，一人行則得其友。』言致一也。」夫易之卦，卦各有其象，象各有其義；於象、義之涵蓋下，又各有其陰陽之結構與感應。損，既為損下之剛，以益上之柔；其數乃以二為宜，是以其三則損，其一則友。如「天地絪蘊」，「男女構精」各以二數為宜而成損益。本爻，固取象於六三之結構與感應，亦取損其三，友其一，而歸於二之義乎。

象曰：一人行，三則疑也。

案：一人行者，泰之九三往上為上九也，而上六來三為六三，故泰之九三住居上九，為一人行，下有六三之應。如果泰之九三與初九、九二並行，則非損之道，故三人行之三，於並行則疑也。

六四，損其疾，使遄有喜，无咎。

(一) 喜—无妄卦九五曰：「无妄之疾，勿藥有喜。」則喜者，疾而勿藥也。

案：九二、六三、六四、六五、上九為大離象，離錯為坎，坎為疾。（說卦傳）四為陰位，本爻以柔居之，得位，且下有初九之應，則其疾得去，故有「損其疾」之象。下卦為兌，兌為說，（說卦傳）「喜」之象也。所應在初九，初九體兌說，且有「遄往」之象，本爻與應，則其疾可遄（速）勿藥矣。以得正有應，故无咎。

本爻以疾為喻，疾者，病態；「損其疾，使遄有喜。」則復其常態。故无咎。

象曰：損其疾，亦可喜也。

案：損其疾，即其疾勿藥，此可喜者也。

六五，或益之十朋之龜，弗克違，元吉。

(一) 十朋之龜—王國維觀堂集林釋朋曰：「古貝五枚為系、二系為朋，釋二貝者言其系，釋五貝者舉其一系之數也。」是以十朋者，百貝也。孔穎達周易正義曰：「龜者，決疑之物也。」龜值十朋，其物則寶，其卜則靈。

案：本卦，二五易位則成益。（虞氏義）六三、六四、六五互坤，坤之數十。（繫辭上傳第九章）下卦為兌，兌為「朋」。（虞氏義）九二、六三、六四、六五、上九為大離象，離為龜。（說卦傳）本爻以柔居尊位，下與九二為應。夫損者，損剛以益柔，然九二爻辭曰「弗損益之」，則本爻亦為或然之益，故曰「或益之十朋之龜」。

損既損剛益柔，而本爻所應在九二，則九二所損，六五受益。雖然，九二為「弗損益之」，當損之時，而本爻乃有「或益之」則「弗敢違」之象，以居中得應，故「元吉」。

當損之時，本爻以柔順居尊，虛懷自損，具備受益之機運，則反受其益，且「十朋之龜」神用無窮。夫雖損而實益，損道至矣，故元（大）吉。

象曰：六五元吉，自上祐也。

案：六五虛懷自損，實受其益，得有「元吉」之福運者，自上祐也。孔穎達周易正義曰：「上謂天也。」即理之當然，事所必至也。

上九，弗損益之，无咎，貞吉，利有攸往；得臣无家。

案：本卦為損，有所損則有所益，本爻居損極，損極則弗損，弗損則弗益，故曰「弗損益之」。又上卦為艮，艮為止，上九體艮，亦「弗損益之」之象。

本爻既居卦極，極則咎矣，然而下有六三之應，故「无咎」，「貞吉」。

上卦既為艮，艮之反綜為震，震為大塗、為足、為動，（說卦傳）本爻體綜震，下有六三之應，又當吉運，故「利有攸往」。

依易例，陽為君，陰為臣，（朱子周易繫辭下傳第十四章本義）上九乘乎六三、六四、六五三陰，三陰皆臣之象，本爻一陽據之，故曰「得臣」。上卦為艮，艮為門闕，（說卦傳）「家」所以取象也。

九二亦言「弗損益之」，以其兼具「利貞」、「征凶」之占斷，故宜於保持現狀。本爻之「弗損益之」，乃損極而弗損，弗損則弗益，超乎損益之外，但當秉乎誠信，（即卦辭所言之「有孚」）則无咎，貞吉，利有攸往。

既得眾臣臣服，則眾臣（卿大夫）雖有家，莫不為君所涵蓋。詩小雅北山篇曰：「溥天之下，莫非王土；率土之濱，莫非王臣。」夫裂土封邑，或損或益；莫家非國，何損何益？

象曰：弗損益之，大得志也。

案：損極而弗損，弗損則弗益，超乎損益矣。既得「无咎，貞吉，利有攸往」之占；又有得臣之服，莫家非國之象，故為「大得志也」。

序卦傳曰：損而不已必益，故受之以益。

案：損者，減也，損之反綜為益，損極則弗損，損之不已則反為增，增正是益之義。是以損卦之後，次之以益。

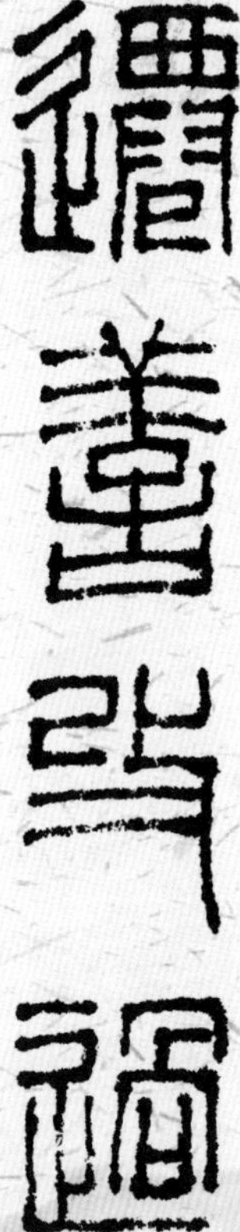

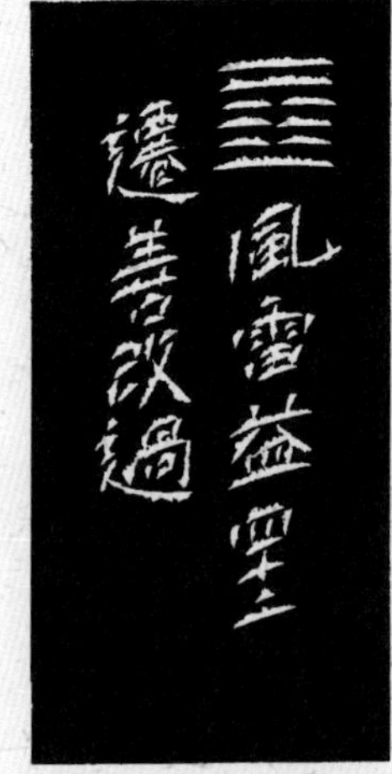
風雷益
遷善改過

益　第四十二

震下
巽上

益，利有攸往，利涉大川。

(一) 益—朱子周易本義曰：「益，增益也。」

案：益卦，下卦為震，震為雷，（說卦傳）上卦為巽，巽為風，（說卦傳）風行雷上，所以增其迅激之聲勢。又據仲氏易，益自否來，否卦上為三陽，下為三陰，本卦即取象於損否之上卦三陽中九四之陽，增下卦之陰，即易下卦三陰中初六之陰為初九之陽—即損上之剛，以益下之柔，蓋居下而有所增也。是以「益」者，乃以增為義。

本卦，下卦為震，震為足，為動，為大塗，（說卦傳）此「往」之象也。且初九與六四，六二與九五，六三與上九兩兩相應，故曰「利有攸往」。

本卦上卦為巽，巽為木，（說卦傳）劉百閔周易事理通義曰：「易稱利涉大川，大抵取象于坎，坎為大川。然亦有取象于巽者，巽為木：益彖傳：『利涉大川，木道乃行。』渙彖傳：『利涉大川，乘木有功也。』中孚彖傳：『利涉大川，乘木舟虛也。』皆取象於巽木。蓋益，渙、中孚三卦之上卦皆為巽木，乘木舟虛，以涉大川也。」

益者增也，程子周易傳曰：「益者，益於天下之道也，故利有攸往。益之道，可以濟險難，利涉大川也。」

彖曰：益，損上益下，民說无疆；自上下下，其道大光。利有攸往，中正有慶。利涉大川，木道乃行。益動而巽，日進无疆；天施地生，其益无方；凡益之道，與時偕行。

(一) 无疆─程子周易傳曰：「无疆，謂无窮極也。」

案：益卦，損上益下也，本卦為損之反綜。損卦，下卦為兌，兌為柔卦，上卦為艮，艮為剛卦。損綜為益，乃損上卦之艮，益下卦而為震，故曰「損上益下。」（此取來知德易經來註圖解說）又據仲氏易，益自否來，否卦，上卦三爻皆陽，下卦三爻皆陰；損上卦三陽中九四之陽，增下卦之陰，即易下卦三陰中初六之陰為初九之陽─即損上之剛，以益下之柔，蓋居下而有所增也，故曰「損上益下」。移之人事，民居下而受益，故說（悅）而无疆；而能益之者，上自損以益下，乃見益道之廣大。

「利有攸往」者，九五以陽剛居中正之尊位，六二亦以陰柔中正應之，益道中正乃有慶也。

「利涉大川」者，本卦上卦為巽，巽為木，（說卦傳）木可以為舟楫，於涉大川，濟險難則利，故曰「木道乃行」。

本卦，下卦為震，震為動，（說卦傳）上卦為巽，巽者順也，（巽卦彖傳）「動而巽」者，孔穎達周易正義曰：「以下有動求，上能順接，是損上益下之義。」上能順接下之動求，下受益矣，則「日進无疆」。

「天施」者，其德之下貫；「地生」者，其功在生物。此亦益道之廣大無方。

凡益之道，損上之剛，益下之柔也。其實義，或為人事之上損民說（悅），或為天道之天施地生……此為人間、宇宙諸歷程中之特定境況（時），益之道，即順應益之特定境況（時）而實踐之也，故曰「與時偕行」。

象曰：風雷，益；君子以見善則遷，有過則改。

案：本卦，上卦為巽，巽為風，（說卦傳）下卦為震，震為雷，（說卦傳）風行雷上，所以增其迅激之聲勢，此「益」之象也。

君子體益，則當增其德行。夫德者，有得於道也。有得於道以成其德，乃相應自然生命而言；自然生命屬於實然意義者，成其德，於行為方面，其積極義，乃在「見善則遷」，所以增其德行也；其消極義亦當「有過則改」，所以消融自然生命之駁雜。遷善改過，則德行日增矣。故論語述而篇曰：「子曰：德之不修，學之不講，聞義不能徙，不善不能改，是吾憂也。」此益道也。

初九，利用為大作，元吉，无咎。

(一)為—王引之經傳釋詞曰「為，猶於也。」

(二)大作—孔穎達周易正義曰：「大作，謂興作大事也。」即興辦大事。

案：初九為陽，依易例，陽稱大。本卦下卦為震、震為作，（說卦傳）本爻以陽剛居震之初位，故有「大作」之象，以得位有應，故「元吉，无咎。」

據仲氏易，益自否來，否卦損九四之陽成六四，益初六之陰成初九，則初九受益者也，且體震動，上有六四之應，故利於興辦大事。其占為元（大）吉，无咎。

象曰：元吉无咎，下不厚事也。

(一)厚事—孔穎達周易正義曰：「厚事，猶大事也。」

案：本爻居益卦之下位，本不可以興辦大事，然而，由於得位、有應，故元吉，无咎。

六二，或益之十朋之龜，弗克違，永貞吉。王用享于帝，吉。

(一) 帝—孔穎達周易正義曰：「帝，天也。」

案：據來氏易，益為損之反綜，損之六五，反綜為益之六二，故同有「或益之十朋之龜，弗克違。」之象。

本卦，九五為陽剛，本爻為陰柔；損其上九五之陽剛，益本爻之陰柔，故曰或益之。六二、六三，六四互坤，坤之數十。（繫辭上傳第九章）下卦為震，震錯為巽，巽綜為兌，兌為朋。（虞氏義）初九、六二、六三、六四、九五為大離象，離為龜，（說卦傳）此「十朋之龜」所以取象也。又者，本爻，居下卦之中，得陰柔之正，上有九五之應，當益之時，損其上九五之剛，以益其下本爻之柔；本爻當此受益之機運，雖十朋之寶龜，亦「弗克違」而當受之，此其象也。本爻既得中正，又有所應，以受其益，故曰「永貞吉」。

下卦為震，震為帝，（虞氏義）五為尊位，陽居之，「王」之象也。（虞氏義）又說卦傳第五章曰：「帝出乎震，齊乎巽。」益者，損上之剛，益下之柔，本爻既居中正之位，上有九五之應，如帝（天）受王之享—受其益也。

益者，損上之剛，益下之柔也。本爻陰柔中正，上與九五陽剛中正為應，當受益之機運也，故「或益之十朋之龜」，而「弗克違」以受之。如問長期之休咎（高亨周易古經今注義）則吉。又「王用享于帝」則吉。

象曰：或益之，自外來也。

案：或益之，本爻之有所益，乃由於九五之有所損而致之，故曰「自外來也」。

六三，益之用凶事，无咎。有孚，中行，告公用圭。

㈠ 凶事—王船山周易稗疏曰：「凶事者，凶禮之事也。」

㈡ 中行—爾雅釋宮曰：「行，道也。」則中行猶中道。包咸論語子路篇注曰：「中行，行能得其中者。」

㈢ 圭—許慎說文解字曰：「圭，瑞玉也。」禮記郊特牲曰：「大夫執圭而使，所以申信也。」

案：六三陰柔，上有上九陽剛之應，益以損上之剛，益下之柔為義，故有「益之」之象。然而，三多凶，（繫辭下傳第九章）且本爻既不中，又不正，此「凶事」之象也。以上有上九之應，故「无咎」。

本卦，初九、六二、六三、六四、九五為大離象，離中虛，「有孚」之象。（見中孚卦彖傳）毛奇齡仲氏易曰，分卦言之，二與五稱中行；合卦言之，三與四稱中行。又下卦為震，震錯為巽，巽綜為兌，兌為口，（說卦傳）「告」之象也。王船山周易稗疏曰：「公謂四也。」蓋依易例，四為諸侯，諸侯有封公爵者。告公，即本爻有告於四。且震為玉，（九家易義）「圭」之象也，本爻體震，故曰「用圭」。

王船山周易稗疏曰：「六三以陰求益於陽，求益者，近於利，非君子之道，唯凶事（凶禮之事）則可耳，故无咎。」王船山周易稗疏又曰：「凶禮有五：以喪禮哀死亡，以荒禮哀凶札，以弔禮哀禍烖，以禬禮哀圍敗，以恤禮哀寇亂。凡國有凶事，則上告之天子，下告之友邦，而受其賻襚歸餼之益。用圭則尤其重者。」本爻象乎凶事，乃依禮，以誠信，中道，用圭告於友邦之公，而受其益也。

象曰：益用凶事，固有之也。

(一)用—裴學海古書虛字集釋曰：「用，猶於也。」

案：凶事，凶禮之事也。凶禮之事而「告公用圭」以受其賻禭歸餫之益；此益之，乃凶禮所固（本然）有之者也。

六四，中行告公從，利用為依遷國。

(一)依—來知德易經來註圖解曰：「依者，依其形勝也。」

案：據毛奇齡仲氏易，凡三與四稱中行。本卦上卦為巽，巽綜為兌，兌為口，（說卦傳）「告」之象也。依易例，四為諸侯，諸侯有封公爵者，故稱公。又巽為風，（說卦傳）乾文言曰：「風從虎。」故有「從」象。又六二、六三、六四互坤，姚配中周易姚氏學曰：「坤為國，三之正，坤象不見，故遷國，成坎為險，王公設險以守其國，故曰為依，依於險也。」

本爻居上卦巽順之下，應下卦震動之初，如以行得其中而告公，則公從之。依形勝遷國邑，為民之益也，「利用」者，保民之意眩焉。

象曰：告公從，以益志也。

案：如行得其中而告公，則公從之者，蓋以益民為志也。

九五，有孚惠心，勿問，元吉，有孚惠我德。

(一)惠—周書謚法曰：「愛民好與曰惠。」

(二)勿問—李鼎祚周易集解引崔憬曰：「勿問，問猶言也。」

案：據李鼎祚周易集解引虞氏義，本卦三、上失正，易位，則九五體坎。坎為有孚，（坎卦彖傳）為心，（說卦傳）此「有孚惠心」之象也。本卦，上卦為巽，巽綜為兌，兌為口，（說卦傳）「問」之象也。六三、六四、九五互艮，艮為止，（說卦傳）九五體綜兌、互艮，故曰「勿問」。以陽剛居中正之位，下有六二陰柔中正之應，故曰「元吉」。九五既有「有孚」之象，且以陽剛居上卦中正之位，下有六二陰柔中正之應。益者，損上之剛，益下之柔也，九五益六二以惠，六二則應之以孚，故曰「有孚惠我德」。

本爻存乎誠信，本乎惠心，以益其下，蓋出於至誠而勿問（言），故元（大）吉。其下亦以誠信回應其德澤。是以本爻雖為能益，且亦受益，損益相循，益道著矣。

象曰：有孚惠心，勿問之矣。惠我德，大得志也。

案：存乎誠信，本乎惠心，以益其下，勿問（言）之，正示其出於至誠，不求人知也。其下亦以誠信回應其德澤，則益民之志大得矣。

上九，莫益之，或擊之；立心勿恆，凶。

(一)莫—李鼎祚周易集解引虞翻曰：「莫，無也。」

(二)勿—孔穎達周易正義曰：「勿，猶無也。」

案：上九，陽剛者也，下有六三之應，依益卦之義，能益者也。然而，居益之終，又非其正，（陽居陰位）則無所益矣，故曰「莫益之」。上九所應在六三，而初九、六二、六三、六四、九五為大離象，離為戈兵；（說卦傳）六三體大離象，求益於上九而不得，以致戈兵相見，故有「或擊之」之象。本卦，上卦為巽，巽為進退不果，（說卦傳）「勿恆」之象也。

本爻既失位，變正，則成坎，（虞氏義）坎為心，（說卦傳）故曰「立心勿恆」。以居終失正，故「凶」。

當益之時，於理當有所益；既居其終，其勢則無以益。以致或擊之，立心（益人之心）無恆之故也。蓋益極則決（序卦傳）之故也。益極，而無所益，致招或擊，故凶。

象曰：莫益之，偏辭也。或擊之，自外來也。

案：益者，損上之剛，以益下之柔。本爻以陽剛居一卦之上，當有所益於其下，然以益極而無以益，相對而言，本爻所益之者當在六三，本爻既無以益六三，而六三則受凶事（凶禮之事）之益。曰「偏辭也」，乃謂「莫益之」為偏於本爻立場之爻辭也。

「或擊之」，乃因當有所益，而實無以益，以招致「或擊之」，此「或擊之」者，乃自外來也。

序卦傳曰：益而不已必決，故受之以夬。夬者，決也。

案：益者，增也，韓康伯周易汪曰：「益而不已則盈，故必決也。」蓋盈則有失天道平衡之原則，故當決之，決正是夬之義。是以益卦之後，次之以夬。

剛長決柔

夬第四十三

乾下
兌上

夬，揚于王庭，孚號：「有厲。」告自邑：「不利即戎，利有攸往。」

(一) 夬—許慎說文解字曰：「夬，分決也。」毛奇齡仲氏易曰：「夬者，缺也。」

(二) 揚—禮記曲禮曰：「將上堂，聲必揚。」則揚者，揚聲也。

(三) 王庭—孔穎達周易正義曰：「王庭，王者之庭。」

(四) 號—程子周易傳曰：「號者，命眾之辭也。」

(五) 厲—張惠言周易虞氏義曰：「厲，危也。」

(六) 自—裴學海古書虛字集釋曰：「自，猶於也。」

(七) 即戎—朱子論語子路篇集註曰：「即，就也。戎，兵也。」

案：夬卦，下卦為乾，乾為天，（說卦傳）上卦為兌，兌為澤，（說卦傳）澤在天上，其水必決。又本卦初九、九二、九三、九四、九五皆陽，即陽氣上升，一陰殘存，將決而去之也。是以「夬」者，乃以決為義。

本卦，上卦為兌，兌為口舌，（說卦傳）此「揚」（揚聲）所以取象也。又五陽遞升，至於五，五者王位，「王庭」所以取象也。五陽遞升以決陰，故曰「揚（揚聲）于王庭」。

李鼎祚周易集解引虞翻曰：「陽在二、五稱孚，孚謂五也。」上卦既為兌口，故有「號」象。五陽既將決陰，而上六一陰則猶盤踞未去，對眾陽之發展，成為一大威脅，此「有厲（危）」之象。上卦為兌口，「告」之象也。五陽為大乾象，乾錯為坤，坤為邑，（虞氏義）故曰「告自（於）邑」。九五、上六為半離象，離為甲冑，為戈兵，（說卦傳）故有「戎」象，以半離象，且上兌為說，（說卦傳）故「不利即戎」。眾陽既長，一陰將消，故「利有攸往」。

夬者，眾陽既盛，將決一陰。故先揚聲於王庭，宣稱一陰未決，則將「有厲（危）」。然而，夬道貴乎悅和，如果恃剛武以即戎，則危而不利；但陽長陰消，乃勢所當然，故攸往則利。

彖曰：夬，決也，剛決柔也。健而說，決而和。揚于王庭，柔乘五剛也。孚號，「有厲」，其危乃光也。告自邑，「不利即戎」，所尚乃窮也；「利有攸往」剛長乃終也。

案：夬，其義為決。初九、九二、九三、九四、九五，五剛相連並進，以決去上六之柔。本卦，下卦為乾，乾為健，（說卦傳）上卦為兌，兌為說，（說卦傳）故曰「健而說，決而和。」蓋謂夬道，體健而用和也。

五陽並進，至於五位，五位王庭也，將決上六之陰；以上六之柔，乘乎五剛，對並進之五剛，構成阻礙與威脅，故於王庭宣稱其危機，庶幾五剛同德以決之，蓋於心理上有所準備，則其危機乃為周知。（王引之經義述聞，以光為廣之假借，廣有周遍之義。）

告自（於）邑，「不利即戎」者，以夬道體健用和，如果恃剛武以即戎，則所尚剛武以決之，乃夬道之窮（盡）矣。至於「利有攸往」者，五剛並進以決柔。五剛並進，剛之長也；決柔，其終極之目標也。

象曰：澤上於天，夬；君子以施祿及下，居德則忌。

(一)忌—孔穎達周易正義曰：「忌，禁也。」

案：夬卦，上卦為兌，兌為澤，（說卦傳）下卦為乾，乾為天。（說卦傳）程子周易傳曰：「不云澤在天上，而云澤上於天；上於天則意不安而有決潰之勢，云在天上乃安辭也。」夫「澤上於天」，則其流必決，此「夬」之象也。

君子體夬，當其得位享祿，亦應體健以施祿，用和而及下，如澤之決以潤物，此夬之道也。夫施祿及下，君子之德也。然而，如有施祿及下之德而居之，則其「施祿及下」，轉為第二義之道德行為義，非屬第一義之天理流行義。蓋第二義之道德行為，乃基於道德意識之自覺，故道德觀念至為明晰。此明晰之道德觀念，可因執著以致有德則居之；如能當機超化，有德而不居，則可及於天理流行之境界。「居德則忌」，即在禁戒「施祿及下」之為德，庶幾乎既決其祿，且決其德，此夬道之至也。

初九，壯于前趾，往不勝，為咎。

(一)壯—陸德明經典大壯釋文引王肅曰：「壯，盛也。」

(二)為咎—俞曲園羣經平議曰：「為咎，猶有咎也。」

案：壯之義為盛，本卦五陽連類，「壯」之象也。依易例，初為前，為趾，（成蓉鏡周易釋爻例）故曰「壯于前趾」。大壯卦初九，以四陽連類，亦曰「壯于趾」。往者，自內而外也。夬，剛以決柔，本爻為陽剛，雖欲往上以決上六之陰柔，但以居初無應，且所決者相距猶遠，力有不勝也。此其象也。本爻以剛居始位，於上無應，故「為（有）咎」。

「壯于前趾」，趾者，足也，前趾即前足。前趾（足）乃相對後趾（足）而言，趾（足）分前後，乃行之狀。「壯于前趾」即壯於始行；將欲決柔，以相距猶遠，力有不勝也。所決者遠，而壯於始行，以致不勝，此為其咎也。

象曰：不勝而往，咎也。

案：所決在遠，力有不勝，而壯於始行以往，故咎也。

九二，惕號：「莫夜有戎。」勿恤。

(一) 惕—李鼎祚周易集解引虞氏曰：「惕，懼也。」
(二) 莫—許慎說文解字曰：「莫，日且冥也。」俗作暮。
(三) 恤—許慎說文解字曰：「恤，憂也。」

案：二為陰位，陽居之，失正，「惕」之象也。下卦為乾，乾為言，（九家易義）「號」之象也。二既失位，變正則下卦為離，離為日，（說卦傳）依易例，二為地上，離日在地上，「莫（暮）夜」也。變離錯為坎，坎為盜，（說卦傳）所以有「戎」也。又為加憂，（說卦傳）然以乾健而居中，故「勿恤」。

夬者，陽決乎陰，本爻以陽剛居伏陰之地，欲有所決，而「莫夜有戎」伏焉，隱伏一抗拒之力量也。又上下皆陽，無所承比；九五亦敵應，不得援與，莫非對心理上構成一威脅，故唯惕懼呼號而已，所幸體乎乾健，故勿恤（憂）。

象曰：有戎勿恤，得中道也。

案：欲有所決，則因「莫（暮）夜有戎」伏焉；得以無憂，以體乾健居下卦之中也，故曰「得中道也」。

九三，壯于頄，有凶。君子夬夬，獨行遇雨，若濡，有慍，无咎。

(一) 頄—程子周易傳曰：「頄，顴骨也。」
(二) 夬夬—依乾卦九三「乾乾」之例，則夬夬者，決之又決也。
(三) 濡—來知德易經來註圖解曰：「濡，濕濡也。」
(四) 慍—許慎說文解字曰：「慍，怨也。」

案：壯者盛也，本卦下卦為乾，三陽連類而盛，為壯。又乾為首，（說卦傳）為「頄」所以取象，故曰「壯于頄」。繫辭下傳第九章曰：「三多凶。」故「有凶」。

下卦為乾，乾為君子，（乾卦九三曰：「君子終日乾乾。」）本卦五陽並進以決陰，本爻居五陽之中，繼續以夬之勢運焉，故曰「夬夬」。然而，五陽之中，唯本爻與上六為正應，故曰「獨行」。上卦為兌，兌為雨，（來氏義）九三承上兌，故曰「遇雨」。既遇雨，為所濕濡矣。五陽連類以決陰，九三獨與上六應與，則難免為眾陽所慍（怨）。以有應，故「无咎」。

當夬之時，九三應乎上六，而欲決之，則見剛氣露於面頰間，故有凶。

九三之君子，以剛氣乘勢而決陰，決之又決；然而，亦獨與上六相應，若遇雨濡，程子周易傳曰：「易中言雨者，皆謂陰陽和也。」陰陽沖和以決陰，即彖傳所曰之「決而和」，此夬道之正，雖有同類之慍，但无咎。

天之運，陰陽消長而已，但以沖和為常態。夬者，陽以決陰，乃陰陽消長過程中之或然現象，所以曲成其沖和者，斯乃「決而和」之夬道。

象曰：君子夬夬，終无咎也。

案：君子順夬道繼續之勢，以夬之又夬，由於陰陽相應以沖和，故終无咎。

九四，臀无膚，其行次且；牽羊悔亡，聞言不信。

(一)膚—廣雅釋器曰：「膚，肉也。」

(二)次且—陸德明經典釋文曰：「次且，本亦作趑趄。」許慎說文解字曰：「趑，趑趄，行不進也。」

案：李鼎祚周易集解曰：「凡卦初為足，二為腓，三為股，四為臀。當陰柔，今反剛陽，故曰臀无膚。」依易例，凡三四爻為進退，為往來，故有「次且」（趑趄）之象。

本卦，上卦為兌，兌為羊，（說卦傳）兌綜為巽，巽為繩，（說卦傳）繩所以牽，故曰「牽羊」。惠士奇易說曰：「羊性善羣，一雄為主，舉羣從焉。……一羊帥於前，眾羊從於後，然則下有三陽，九四帥之之象也。」羊與陽音相諧，且羊之性善觸（大壯九三曰：「羝羊觸藩。」）故以「牽羊」象之。九四既陷於不進之境，或悔焉，率羣陽以進，則悔亡。又初九、九二、九三、九四、九五為大乾象，乾為言。（九家易義）四為陰位，陽居之，非其位也，變正，則上卦成坎，坎為耳，為耳痛，（說卦傳）故曰「聞言不信」。

九四陽剛，下率三陽以決陰，然而，其位既不正，又不中，如臀无膚，行不進，不足以決之也。然而，其勢當決，唯率下三陽如牽羊以俱進，始可「悔无」（無恨）。無奈時運所限，雖聞當率羣陽如牽羊以俱進決陰之言，亦不之信也。蓋其勢當決，其運則難進。

象曰：其行次且，位不當也。聞言不信，聰不明也。

(一)聰—孔穎達周易正義曰：「聰，聽也。」

案：當夬之時，其行次且（趑趄）不進者，以本爻所居之位，既不中，又不正，不當也。而且，聞當率羣陽如牽羊以俱進決陰之言，亦不之信，乃由於其聰（聽）不明之故。

九五，莧陸夬夬，中行，无咎。

(一)莧陸—王船山周易稗疏曰：「莧字从艹，而不从艸，音胡官反。山羊細角者也。陸，平原也。兌之象羊。夬卦五陽上戴一陰，其陰纖弱，而爻象分歧，故為細角羊行于高平之陸，得艸而自恣。」高氏周易古經今注曰：「陸者，躍馳也。」

(二)中行—爾雅釋宮曰：「行，道也。」中行即中道也。

案：本卦，上卦為兌，兌為羊，為附決，（說卦傳）此「莧陸夬夬」之象也。五為上卦之中，陽位，本爻以剛居之，既中且正，故曰「中行，无咎。」

夬卦，五陽決乎一陰，九五之陽則際上六一陰之前。依易例，羊之音諧乎陽，故有取以為象者。而且上六爻象分歧，相應於羊而言「有草之象」。（王船山周易稗疏義）是以本爻之陽以決陰，有如細角羊躍馳於草地之前（莧陸），將決去其草，羊之性柔順，故循乎中行（道），而无咎。

象曰：中行无咎，中未光也。

案：九五之陽，決乎上六之陰，如細角羊之躍馳，將決去其草。然須循乎中道以无咎者，蓋夬道貴和，中行始為得之，此夬道之性質，對本爻之限制也，即必須循乎中行，未可廣（光）用其他不合中道之方式，以免有過剛之虞。

上六，无號，終有凶。

案：本卦，上卦為兌，兌為口，（說卦傳）「號」之象也。夬者，五陽連類，以決一陰，號，所以助長聲勢，故卦辭曰「揚于王庭」，曰「孚號」，九二爻辭曰「惕號」。至上六，陽氣已盡，而一陰高踞眾陽之上，下比九五，且應九三，夬道窮矣，無所號也，故曰「无號」。

夬道既終，其綜為姤，姤則一陰始生，是以夬卦之發展，至於本爻，不僅陽夬無功，而且陰謀將逞，故「終有凶」。

當夬之時，既窮，聲勢俱盡，無所決矣，且有轉為陰謀所乘之虞，以致凶也。

象曰：无號之凶，終不可長也。

案：夬道窮，聲勢盡，无號之凶，終不可長久者，端賴占者之當機善自超化也。

序卦傳曰：決必有所遇，故受之以姤。姤者，遇也。

案：夬者，五陽決一陰也。而陰陽之感應，盛衰消長，循環不已。夬，一陰之或決於上；反綜為姤，則復生於下而遇陽，「遇」正是姤之義。是以夬卦之後，次之以姤。

相遇守正

䷫ 天風姤四四

相遇守正

姤第四十四

巽下
乾上

姤，女壯，勿用取女。

(一) 姤—孔穎達周易正義曰：「姤，遇也。」陸德胡經典釋文曰：「（姤）薛云，古文作遘，鄭同。」許慎說文解字曰：「遘，遇也。」

(二) 取—陸德明經典釋文作娶，曰：「本亦作取。」

案：姤卦，下卦為巽，巽為風，（說卦傳）上卦為乾，乾為天，（說卦傳）程子周易傳曰：「以二體言之，風行天下，天之下者，萬物也，風之行，无不經觸，乃遇之象。」又本卦，一陰生於下，五陽在上，一陰而遇五陽，是以「姤」者，乃以遇為義。

本卦，下卦為巽，巽為長女，（說卦傳）此「女」所以取象。壯者盛也。（陸德明經典大壯卦釋文）女壯，乃通觀一卦之發展言，蓋卦有六爻，每爻表示一卦發展歷程中之各階段性意義，而其發展，乃自下而上以遞進。今一陰生於下，五陽既為其所遇，則將為其所剝。如以男女為喻，一女遇乎五男，且將依次以剝之，則示此女屬性之盛，故有「女壯」之象。本卦下卦為巽，巽為長女，（說卦傳）然而本卦一陰，將剝眾陽，「女壯」也，故曰「勿用取女」。

姤，一陰始生於下，將依次向上發展，陰者象乎女，故有「女壯」之象。鄭康成周禮注，謂婦人以婉娩為德。夫女既壯，則非家室之所宜，故曰「勿用取女。」

彖曰：姤，遇也，柔遇剛也。勿用取女，不可與長也。天地相遇，品物咸章也。剛遇中正，天下大行也。姤之時義大矣哉！

(一)品物咸章—程子周易傳曰：「品物咸章，萬物章明也。」

案：姤，其義為遇，初六之柔生於下，而遇乎九二、九三、九四、九五、上九之五剛。故曰「柔遇剛也」。

「勿用取女」者，蓋取（娶）女，所以成家，今一女遇乎五男，且將剝乎五男，是女壯（盛）也，取（娶）之，非所宜也，不可與長久相處也。

姤卦，其象為一柔遇乎五剛，其義則設一女遇乎五男，將剝五男，以示柔之發展，將有過盛之虞。移之宇宙，來知德易經來註圖解曰：「上五陽，天也；下一陰，地也。」地遇乎天，以順乎天，於事實上，其發展未有逾越者，既遇乎天，則其持載以成物之功德所及，萬物莫不成其形類而章明。

姤卦，以柔遇剛為象，移之宇宙，客觀言之，柔遇剛，即剛遇柔—柔剛相遇，而究以剛為主。「剛遇中正」，乃謂剛為柔遇而遇乎柔，本卦五剛之中，則以九五為主，居上卦之中，得陽剛之正。九五以陽剛中正之德遇乎柔，則足以涵蓋消融之，可使無過盛之虞。「天下大行」，王弼周易注曰：「化乃大行也。」即剛柔相遇，感應之機見焉，故繫辭上傳第二章曰：「剛柔相推而成變化。」則天下萬物化生之道大行也。

夫易，卦各有其象，各有其義，其象其義，乃相應宇宙秩序、人間遭遇而設。宇宙秩序，人間遭遇，乃與時而變化，並對個人及社會之生活，有其直接或間接之影響作用。作易者之列為六十四卦，乃相應宇宙秩序，人間遭遇，以設定其可能出現之特定境況，以期於經驗世界之時間階段性，生活接觸面，作為指導原則。姤之「時」，即姤卦所設定之境況，乃象乎柔遇於剛，剛遇乎柔—剛柔相遇，有其感應之機也。「義」者，超越層之柔剛相遇，現實層如女遇乎男，皆有深義也。「大矣哉」，姤道遍及宇宙、人間，以鼓盪化育，非語言、文字所可得而盡，故極致其讚歎。

象曰：天下有風，姤；后以施命誥四方。

(一)后—李鼎祚周易集解引虞翻曰：「后，繼體之君。姤陰在下，故稱后。」

(二)誥—來知德易經來註圖解曰：「誥者，告也，曉諭警戒之意。」

案：姤卦，上卦為乾，乾為天，（說卦傳）下卦為巽，巽為風，（說卦傳）乾上巽下，故曰「天下有風」。夫天下之間，森羅萬物，有風則風行而遍遇萬物，此「姤」之象也。君后之體姤，既有天下之民，亦當如風之遍遇，而以精神周拂之。蓋民者，每溺於欲求，徇於積習，而不知自拔，君之職志則在為政牧民，命誥，所以積極以曉諭，消極而警戒，然後萬民莫不從化，是以「施命誥四方」，即是精神周拂之姤道。

初六，繫于金柅，貞吉；有攸往，見凶。羸豕孚蹢躅。

(一)金柅—陸德明經典釋文曰：「柅，說文作檷。」許慎說文解字曰：「檷，絡絲柎也。」金柅，其孔以金為之。（來氏說）

(二)羸豕—陸德明經典釋文曰：「羸，陸讀為累。」案累同纍，許慎說文解字曰：「纍，大索也。」羸豕即以大索繫豕。

(三)孚—俞曲園羣經平議曰：「孚之言孚乳也。孚乳得兼鳥獸也。」

(四)蹢躅—許慎說文解字曰：「蹢，蹢躅，住足也。」

案：姤卦，下卦為巽，巽為繩，（說卦傳）「繫」之所以取象也。九二、九三、九四、九五、上九為大乾象，乾為金，（說卦傳）此「金柅」之象。

就本卦言，乃一陰而遇五陽。就本爻言，上既比九二，且應九四，繫辭下傳第九章曰：「二多譽，四多懼。」故初六比九二，相近也，以繫之，則「貞吉」。如往應九四，相遠也，則「見凶」。此其象也。

本卦下卦為巽，巽為繩，（說卦傳）此「羸」（纍—大索）之象。初六、九二為半坎象，坎為豕，（說卦傳）又為半離，離為大腹，（說卦傳）「孚」（乳）所以取象也。又巽為進退，（說卦傳）故有「蹢躅」之象。

「繫于金柅」，荀九家易曰：「絲繫於柅，猶女繫於男。」「貞吉」，乃宜於近也。「有攸往，見凶。」蓋不宜於遠也。

初六象乎女，所遇在九二，自卦之發展可能言之，初六遇乎九二，有陰以消陽之趨勢；今既比乎二，（當以初六之陰為主，而九二之陽為賓。）如同大索所繫之豕以有所孚乳也，蹢躅不進，其宜乎。此示女之所遇，在滯於當前，盡其本分而已。

象曰：繫于金柅，柔道牽也。

案：「繫于金柅」之象者，初六之柔，牽於九二之剛，故曰「柔道牽也。」

九二，包有魚，无咎，不利賓。

(一)包有魚—爾雅釋詁曰：「包，裹也。」毛奇齡仲氏易曰：「古士大夫相見，各有贄獻，即民庶相遇，亦必有包苴之物，彼此餽餉，此國風之所以有包匭也。」」

案：本卦，下卦為巽，巽綜為兌，兌為澤，（說卦傳）一般而言，魚生澤中，其象為陰，初六體綜兌為陰，故有「魚」象。而九二為陽，上於九五無應，下與初六相比而據之，據之即包之，故曰「包有魚」。本爻居下卦之中，故「无咎」。

本卦，九二、九三、九四、九五、上九為大乾象，乾為賓。（虞氏義）九二所應在九五、九五體乾賓，於九二為敵剛，故曰「不利賓」。

「包有魚」，所以餽餉，蓋有所遇也。當姤之時，既有所遇，故无咎。

又當姤之時，本爻所遇者在下，而不利於上之賓。

象曰：包有魚，義不及賓也。

案：九二，既以「包有魚」遇乎其下之初六，則義不及於其上之賓。

九三，臀无膚，其行次且，厲，无大咎。

㈠次且—陸德明經典釋文曰：「次且，本亦作趑趄。」」許慎說文解字曰：「趑，趑趄，行不進也。」

案：夬卦九四爻辭亦曰：「臀无膚，其行次且。」蓋姤與夬為反綜。

本卦，下卦巽，巽為股，（說卦傳）九三居巽股之上，故有「臀」象。巽綜為兌，兌為毀折，故有「无膚」之象。又依易例，凡三四爻為進退，為來往，此所以「次且」（趑趄）也。繫辭下傳第九章曰：「三多凶。」故厲（危）。然以陽居剛位，故无大咎。

本爻過剛不中，剛遇初六之柔，而為九二所隔，故如「臀无膚」，不便於行也，是以其行趑趄不進。雖厲（危）而无大咎。

象曰：其行次且，行未牽也。

案：九三，欲剛遇乎初六之柔，則為九二所隔，故其行次且不進。蓋其行未與初六之柔牽連也。

九四，包无魚，起凶。

(一) 起—鄭康成禮記孔子閒居注曰：「起，猶行也。」行者將也。（見裴學海古書虛字集釋）

案：本卦下卦為綜兌之澤，初六為澤中之魚。本爻以陽剛，與初六為正應，有遇而包之之象。然而，初六既為九二所據而包之，且本爻又在綜兌澤之外，故欲包而无魚，乃曰「包无魚」。本爻以陽居陰位，失正，故「起凶」。

當姤之時，「包无魚」，無所遇也。是以「起（行將）凶。」

象曰：无魚之凶，遠民也。

案：孔穎達周易正義曰：「陰為陽之民。」則民指初六之陰，本爻與初六相應，是剛遇也。然初六之柔，如魚既為九二所包，非本爻所有，此不遇之凶者，乃遠乎其民也。

九五，以杞包瓜，含章，有隕自天。

(一) 以杞包瓜—程子周易傳曰：「杞高木而葉大，處高體大而可以包物者杞也。」

(二) 含章—來知德易經來註圖解曰：「含章，含藏其章美也。」

(三)隕—許慎說文解字曰：「隕，從高下也。」

案：本卦，上卦為乾，乾圓稱瓜，（虞氏義）又四與初皆失位，易位，則皆正，而上卦為巽矣。（虞氏說）巽為木，（說卦傳）「杞」之象也。故曰「以杞包瓜」。四、初易位，九五以陽剛中正包乎四，乃含章之象。（虞氏義）上卦為乾，乾為天，本爻陽剛居尊，施命如天，此「隕」（據大象傳，隕有施命之義。）之象也。

本爻，以陽剛居中正之尊位，當姤之時，剛遇者也。其遇乃如樹高葉大之杞，下包美味之瓜，蓋所蘊者美也。移之政教，則其施命如自天而下，及於四方也。姤道至矣。

象曰：九五含章，中正也。有隕自天，志不舍命也。

(一)舍—程子周易傳曰：「舍，違也。」

案：九五有所蘊者美之象，乃居中得正也。施命如自天而下者，真誠之志貫注於適切之命而不違（舍）也。

上九，姤其角，吝，无咎。

案：凡上爻亦稱角，（成蓉鏡周易釋爻例）本爻居姤卦之上位，故有「姤其角」之象。以居上無應，故「吝」，以體乎乾健，故「无咎」。

本爻居上無應，無所遇也，當姤之極，姤其角，反為所觸矣。則其所遇者艱難也，此所以吝。姤之極，則無所遇；姤其角，非主動之遇，乃被動所觸，故雖吝，然无咎。

象曰：姤其角，上窮吝也。

案：姤其角，反而被動為角所觸者，乃居上位之窮地，以致其吝也。

序卦傳曰：物相遇而後聚，故受之以萃。萃者，聚也。

案：遇者，物相遇則見其聚。聚正是萃之義，是以姤卦之後，次之以萃。

薈萃聚集

萃 第四十五

坤下
兌上

萃，亨，王假有廟；利見大人，亨，利貞；用大牲吉，利有攸往。

(一) 萃—許慎說文解字曰：「萃，艸兒。」彖傳、序卦傳、雜卦傳皆作聚解。是以萃者，本為草之叢生，引申之，則有聚義。

(二) 假—爾雅釋詁曰：「假，至也。」

(三) 有—裴學海古書虛字集釋曰：「有猶於也。」

(四) 大牲—許慎說文解字曰：「牲，牛完全也。」鄭康成周禮天官庖人注曰：「始養之曰畜，將用之曰牲。」大牲即將用以祭之大牛。

案：萃卦，下卦為坤，坤為地，（說卦傳）上卦為兌，兌為澤，（說卦傳）象傳曰：「澤上于地。」澤上于地則水聚也。是以「萃」者，乃以聚為義。

程子周易傳曰：「萃下有亨字，羨文也。……彖辭甚明。」

本卦，六二、六三、九四互艮，艮為闕，（說卦傳）六三、九四、九五互巽，巽為木，（說卦傳）巽木疊於艮闕之上，「廟」之象也。（此據李鼎祚周易集解引鄭康成說）九五以陽剛居中正之君位，體巽居艮之上，故曰「王假有廟」。

大人，取象於三、四爻。蓋依易例，三為三公，四為諸侯。本卦六三、九四、九五互巽，巽為順，（巽卦彖傳）巽綜為兌，兌為說，（說卦傳）彖傳曰：「順以說。」三公諸侯之大人皆順說於九五之王者，是「利見大人」之象。本卦，九五陽剛中正，六二陰柔中正，相應，故「亨，利貞。」

本卦下卦為坤，坤為牛，（說卦傳）六二體坤以應九五：「用大牲」以祭而吉之象也。既有應，故「利有攸往」也。

王者，主權之所在；廟者，福祚之象徵。「王假有廟」，示其擁有主權，享有福祚。而精神足以萃聚羣倫。

「利見大人」，王者萃聚三公諸侯以助祭，則其事舉矣，故亨，利貞。

用大牲，王者萃聚其祭品，則其事成矣，故吉，利有攸往。

夫萃者，聚也。卦辭以祭廟為喻，王者為中心，而人物、祭品畢聚，萃道明矣。

彖曰：萃，聚也。順以說，剛中而應，故聚也。王假有廟，致孝享也。利見大人，亨，聚以正也。用大牲吉，利有攸往，順天命也。觀其所聚，而天地萬物之情可見矣。

(一) 亨──孔穎達周易正義曰：「亨，獻也。」

案：萃，其義為聚。萃卦，下卦為坤，坤為順，（說卦傳）上卦為兌，兌為說，（說卦傳）下坤上兌，故曰「順以說」。「順以說」者，上下相和也。「剛中」者，九五以剛居上卦之中；「而應」者，六二以柔居下卦之中，上應九五。「剛中而應」者，主從相得也。上下相和，主從相得，乃相聚之萃道。

王者擁有主權，廟者象徵福祚，「王假有廟」以「致孝享也」，即論語學而篇曾子曰：「慎終追遠，民德歸厚矣。」蓋自精神上表率羣倫之萃道也。

「利見大人」，王者得諸侯三公之助祭，其事既舉，其聚則合乎客觀之義道，故曰「以正」。（易傳例釋貞為正）

「川大牲」、「有攸往」，乃取象於六二之柔，上應九五之剛，柔剛正應，故有「吉」、「利」之占。夫柔剛正應，乃天運之呈現為具體者，所謂天命也，「用大牲吉，利有攸往。」既取象於柔剛之正應，故為「順天命也」。

「觀其所聚」，即觀乎上下相和，主從相得之卦義；人物祭品畢聚於孝享之設象，莫非天運之呈現為具體，則乾文言傳曰：「同聲相應，同氣相求。」天地化生，萬物萃聚，秩然之情，可得而見矣。

象曰：澤上於地，萃；君子以除戎器，戒不虞。

(一)除—朱子周易本義曰：「除者，脩而聚之之謂。」
(二)戎—許慎說文解字曰：「戎，兵也。」段玉裁注曰：「兵者，械也。」
(三)戒—許慎說文解字曰：「戒，警也。」
(四)不虞—杜預左傳桓公十一年注曰：「虞，度也。」不虞即不能意料之事。

案：萃卦，上卦為兌，兌為澤，（說卦傳）下卦為坤，坤為地，（說卦傳）「澤上於地」則水聚，此「萃」之象也。

君子體萃，則當下率羣倫，上順天命，（彖傳之義）此正面價值也。象傳則轉而從側面落筆，蓋羣倫既聚，程子周易傳曰：「眾聚則有爭，物聚則有奪。」爭奪者，不虞之事也。為消弭爭奪，建立秩序，故應「除戎器」以戒之。夫「除戎器，戒不虞。」則萃道成矣。此側面之作為，而涵具正面之價值。繫辭下傳第七章曰：「作易者，其有憂患乎！」於斯可見作象傳者之善繼其志也。

初六，有孚不終，乃亂乃萃；若號，一握為笑；勿恤，往无咎。

(一) 乃—王引之經傳釋詞曰：「乃，猶且也。」

(二) 一握—陸德明經典釋文引鄭康成曰：「握當讀為夫三為屋之屋。」張惠言虞氏易言曰：「古者賦兵，夫三為屋，屋三為井，井十為通，通十為成。百井三百家，而用者三十人，是為屋法。」

案：初六，上於九四為正應，而本卦，六三、九四、九五、上六為大坎象，坎為孚，（坎卦卦辭）故曰「有孚」。然而，下卦為坤，坤三陰連類以為累，又六三近比九四之阻隔，則初六之萃乎九四，雖「有孚」而「不終」。再者，坤為迷，（九家易義）「乃亂」之象。三陰連類，「乃萃」之象。六三、九四、九五互巽，巽為號。（虞氏義）下坤三陰，象乎三夫，為一屋。初六、九四雖正應，而皆失位，易位，則下卦成震，震為笑。（虞氏說）。六三、九四、九五、上六為大坎象，坎為加憂，（說卦傳）「恤」之象也。然而，下坤為順，（說卦傳）上兌為說。（說卦傳）初六體下坤之順，九四體上兌之說，兩者正應，故「勿恤」（憂），初六以陰，上應九四之陽，所以「往无待」。

初六，當萃之始，以有孚（信）欲上萃九四，由於外在之為累與阻隔，以致不終，是以迷亂而唯聚其同類而已。

方「乃亂乃萃」之際，如果九四呼號以相聚，而初六處此上萃不得唯聚同類之尷尬局面，為一握

（屋—三夫）所笑矣。

然而作易者猶勵占者以「勿恤」（勿憂），當往以相萃，可卜无咎。此曲折之歷程也。

象曰：乃亂乃萃，其志亂也。

案：初六，欲上萃九四，由於外在之干擾，以致迷亂，唯與同類相聚者，蓋其志之迷亂也。

六二，引，吉，无咎；孚乃利用禴。

(一) 引—程子周易傳曰：「引者，相牽也。」

(二) 禴—禴，說文無禴字，經典或作礿。爾雅釋天曰：「夏祭曰礿。」孫炎注曰：「礿，薄也。夏時百穀未登，可薦者薄也。」

案：六二，上與九五正應，上與九五相萃，而九五牽之，此「引」之象也。以居中得正，故吉，无咎。

本卦下卦為坤，坤為順，（說卦傳）本爻居坤順中正之位，是有「孚」也。禴者祭名，所以享鬼神，必須聚精神，本爻既上正應九五，故有「利用禴」之象。

下卦既為坤，坤為順，（說卦傳）六二、六三、九四互艮，艮為止，（說卦傳）本爻雖上有九五之正應，然因體坤順艮止，其萃也，難免有因循之習，故有待於九五之引，乃可以「吉，无咎。」既有九五之牽引以上萃，且本爻居中正之位，體孚信之德，則於聚精神，享鬼神之禴祭，雖薄，利也。

象曰：引吉无咎，中未變也。

案：六二，得九五之引以上萃，而卜吉、无咎者，因二為下卦之中，且柔居柔位，是「中未變也」。

六三，萃如嗟如，无攸利；往无咎，小吝。

案：本卦為萃卦，本爻為陰爻，陰求萃於陽，故曰「萃如」。然於上六無應，無以萃也，故「嗟如」。又三為陽位，本爻以柔居之，不中不正，且無以應，是以「无攸利」。雖然，於上無應，而所承之九四為陽剛，六三比之，則萃也，斯「往无咎」之象。無奈三為陽位，本爻以陰居之，失正，依易例，陰稱小，「小吝」之象也。夫「萃如」，其內在之要求也；「嗟如」，其外在之失所也。故於萃聚則「无攸利」。如果就近以往而萃之，則无咎，唯「小吝」（艱難）而已。

象曰：往无咎，上巽也。

㈠ 巽—段玉裁說文解字巽字注曰：「……巽乃愻之假借；愻，順也。」

案：本爻有「往无咎」之象者，以本爻為陰柔，當萃之時，有萃於陽剛之志。由於其下之二爻皆陰，不得其萃，唯上萃於九四，六三以陰柔上萃九四之陽剛，故曰「上巽（順）也。」

九四，大吉，无咎。

案：四為陰位，本爻以陽居之，不中不正，且處多懼之地，（繫辭下傳第九章曰：「四多懼。」）依常例，實未必吉，且當咎者。然而，下有初六之應，且據下卦之坤，坤為眾，（說卦傳）夫據眾以聚之，故大吉，无咎。

象曰：大吉无咎，位不當也。

案：九四，位固不當，緣則得聚，故有「大吉无咎」之占。雖然，作易傳者猶指陳其「位不當」之機運，以寄憂患之意也。

九五，萃有位，无咎，匪孚。元永貞，悔亡。

案：五在上卦之中，陽位，本爻以陽居之，既中且正。本卦四陰二陽，二陽萃乎四陰，為萃之主，尤以九五，居中正之君位，故曰「萃有位」。以居中得正，故「无咎」。又六三、九四、九五、上六為大坎象，坎中實，孚之象也。然而，下據三陰以聚之者，九四也，本爻唯假九四之聚群陰，以成其間接之萃道，此「匪孚」之象也。

木爻以陽剛居中正之位，下有六二之應，故「元（吉）永貞，悔亡。」

本爻有主乎萃之位，且無災患，唯為君者之聚眾，假於近臣，率以相承，非其孚信之直接萃聚也。

「元永貞」，不可解，高亨周易古經今注曰：「元下疑當有吉字，蓋轉寫捝去。」則「元永貞」者，問長久之休咎，（高亨周易古經今注說）可卜大吉，無恨（悔亡）。

象曰：萃有位，志未光也。

案：九五有主萃乎眾之位，然而假乎九四之近臣者，示其萃眾之志未光（廣）也。

上六，齎咨涕洟，无咎。

(一)齎咨──陸德明經典釋文引鄭康成曰：「齎咨，嗟歎之辭也。」

（二）涕洟—陸德明經典釋文引鄭康成曰：「自目曰涕，自鼻曰洟。」

案：本卦，上卦為兌，兌為口，（說卦傳）此「齎咨」所以取象也。又兌為澤，（說卦傳）水所聚也，此「涕洟」所以取象也。以柔居陰位，得正，故「无咎」。

上六，居萃之極，且下於六三無應，不得其聚，故嗟歎流淚。（齎咨涕洟）雖然，以柔居陰位，得正，故无咎。

象曰：齎咨涕洟，未安上也。

案：上六，有齎咨涕洟之象者，蓋當萃之時，居上位而無所應，不得其萃也，即未安於上位也。

序卦傳曰：聚而上者謂之升，故受之以升。

案：萃之義為聚，聚則形成一向上發展之趨勢，此向上發展之趨勢即升也。是以萃卦之後，次之以升。

䷭地風升四十六

順德升進

升　第四十六

巽下
坤上

升，元亨，用見大人，勿恤，南征吉。

(一) 升—李鼎祚周易集解引鄭康成曰：「升，上也。」程子周易傳曰：「升者，進而上也。」

(二) 用見—陸德明經典釋文曰：「（用見）本或作利見。」李富孫易經異文釋曰：「（用見、利見）義亦兩通。」

案：「升卦，下卦為巽，巽為木，（說卦傳）上卦為坤，坤為地，（說卦傳）象傳曰：「地中生木。」即木生於地中，則有向上發展之意。是以「升」者，乃以上進為義。

本卦，九二以陰柔居下卦之中，上有六五之應，故「元亨」。

「用見大人」，大人者，九二以陽剛居下卦之中位，為「大人」之象，上有六五陰柔之應，故曰「用（利）見大人」。（此取朱子周易本義說）

本卦，初六、九二、九三、六四為大坎象，坎為加憂，（說卦傳）九二體互坎，上有六五之應，升道寓焉，故「勿恤」。

本卦下為巽，上為坤，依相傳文王八卦方位圓圖，巽為東南之卦，坤為西南之卦，而巽、坤之間為離，為南方之卦。升者，自下巽升於上坤也，即於圓圖自東南往正南方，然後至西南，此示升進之方向為南，故曰「南征吉」。（此取朱駿聲六十四卦經解說）

升之義為上進，「元亨」，此升進之運也；「用見大人」、「勿恤」，此升進之機也；「南征吉」，此升進之向也。

彖曰：柔以時升。巽而順，剛中而應，是以大亨。用見大人，勿恤，有慶也。南征吉，志行也。

案：「柔以時升」，來知德易經來註圖解曰：「柔者坤土也，本封綜萃……柔以時升者，萃下卦之坤，升而為升之上卦也。柔本不能升，故以時升，所以名升。」所謂「時」者，乃作易者相應宇宙之秩序，人間之生活，設為序列之六十四卦，而每卦則各設定為一特定之境況。升卦為萃卦之反綜，萃卦下坤上兌，其義為聚，序卦傳則曰：「聚而上者謂之升。」萃卦反綜為升，升卦下巽上坤，即萃之下坤三柔，聚而上進，為升之上卦。是「柔以時升」者，即指萃卦下坤之三柔，依（以）卦序（特定境況發展之次第—時），上進為升卦之上坤。此彖傳作者所以釋升之義也。

升卦，下卦為巽，上卦為坤，坤為順，（說卦傳）故曰「巽而順」。九二以陽剛居下卦之中，上有六五之應，故曰「剛中而應」。夫上下巽順，剛柔應與，此運會之大通也，故曰「大亨」。（程子周易傳以為「大亨」乃「元亨」之誤）

「用見大人，勿恤。」皆取象於九二剛中，上有六五之應，夫剛柔相應，升道成矣，故曰「有慶也」。

「南征吉」者，遂其上進之志，故曰「志行也」。

象曰：地中生木，升；君子以順德，積小以高大。

案：升卦，上卦為坤，坤為地，（說卦傳）下卦為巽，巽為木，（說卦傳）坤上巽下，乃地中生木，即木自地中逐漸上長，此「升」之象也。

君子體升，亦當有所上進。夫「君子」者，乃價值觀念，其上進，即順成其德。禮記樂記曰：「德者，得也。」即有得於道，有得於道，則對其自然生命有所超化矣。超化其自然生命以順成其德，即為德性之超升，此屬質之觀念。

「積小以高大」者，小；高、大，皆體積之形容，體積由「小」之累積，而增高、廣大，則屬量之觀念。

「君子以順德，積小以高大。」此作象傳者，解釋升卦之取象、設象，並引申其示象於道德實踐，而謂君子體升，當於德性上有所上進。至於「積小以高大」，則藉具體物所習見之增、廣功效，以喻升道之形式意義。荀子儒效篇曰：「故積土而為山，積水而為海，旦暮積謂之歲，至高謂之天，至下謂之地，宇中六指謂之極。塗之人—百姓，積善而全盡謂之聖人。」即此意也。

初六，允升，大吉。

(一) 允—惠士奇易說允字作䚻，許慎說文解字曰：「䚻，進也。」

案：初六，居升卦之始，上於六四無應，其升殊為不易。雖然，承九二而比之，九二有六五之應，得其升也，初六比而隨之以俱升，此允升之象，故曰「允升」。本爻雖失位無應，然比九二以升，故「大吉」。

當升之時，得以允（進）升，故其占為大吉。

象曰：允升大吉，上合志也。

案：初六有允升大吉之象者，上合六四之志也，六四體上坤，三爻皆柔，彖傳曰：「柔以時升」。「上合志也」，即合六四「柔以時升」之志。

九二，孚乃利用禴，无咎。

案：「孚乃利用禴」，與萃卦六二爻辭同，蓋升卦為萃之反綜。本卦，初六、九二、九三、六四為大坎象，坎為孚，（坎卦卦辭）九二體大坎象，上有六五之應，「孚乃利用禴」之象也。禴，經典或作礿，乃夏祭之名，萃卦之禴，乃享乎鬼神，而聚其精神；本爻之禴。則享乎鬼神，以升其精神。

夫具有孚信，而利於禴祭，以升其精神，故无咎。

象曰：九二之孚，有喜也

案：九二以孚信，有應，得如禴祭之升，故曰「有喜也」。

九三，升虛邑。

(一) 虛邑—許慎說文解字曰：「虛，大丘也。昆侖丘謂之昆侖虛。」又曰：「丘，土之高也。」是以虛邑即丘邑，乃謂邑之在高地者。

案：本卦，上卦為坤，坤為邑，（李鼎祚周易集解引荀爽義）在九三之上，是「虛邑」所以取象也。三為陽位，九三以陽居之，得正，臨乎坤邑，又有上六之應，當升之時，九三得其升也，所升者，虛（丘）邑也。

象曰：升虛邑，无所疑也。

(一) 疑—礙也、阻也。（見程子周易傳）

案：九三，居下卦之上，而臨乎上卦之坤邑，既得正，又有應，故其升於虛邑，無所阻礙也。

六四，王用亨于岐山，吉，无咎。

(一) 亨—陸德明經典釋文曰：「（亨）馬云祭也，鄭云獻也。」則亨同享也。

(二) 岐山—史記封禪書曰：「自華山之西，名曰岐山。」地在今陝西省岐山縣之東北。

案：本卦，上卦為坤，坤錯為乾，乾為君，（說卦傳）此「王」所以取象也。九三、六四、六五互震，震綜為艮，艮為山，此「岐山」所以取象。夫錯乾在綜艮之上，象乎王者之駕乎岐山以亨祭。本爻以柔居陰位，故「吉，无咎。」

「王用亨于岐山」，此以古代故事為爻辭，所謂「王」者，蓋周自太王遷岐，其後王季居岐，文王則先居岐，後遷豐，武王又遷鎬。此「王」當指文王、或武王，其事則為祭其先祖於岐山。是以「王用亨于岐山」，升道見矣，故其占為吉，无咎。

象曰：王用亨于岐山，順事也。

案：王用亨于岐山，祭其先祖也，此當然之事，「順事」，即順其當然之事。

六五，貞吉，升階。

(一) 階—惠士奇易說曰：「自庭升堂故曰階。」

案：五為尊位，六五以柔居之，下與九二為應，故「貞吉」。本卦，上卦為坤。坤為土，古者之階或以土為之，故有「階」象。九三、六四、六五互震，震為升高，（虞氏義）故有「升階」之象。本爻以柔居尊，下有九二之應，故自庭升階至於堂，升道至矣。

象曰：貞吉升階，大得志也。

案：本爻有「貞吉升階」之象者，大得升進之志也。

上六，冥升，利于不息之貞。

(一) 冥—段玉裁說文解字冥字注曰：「冥，夜也。引申為凡闇昧之稱。」

（二）息──毛詩殷其靁傳曰：「息，止也。」

案： 上為陰位，本爻以柔居之，李鼎祚周易集解豫卦上六引荀爽曰：「陰性冥昧。」此「冥」之象也。雖然，下有九三之應，猶升也，故曰「冥升」。九三、六四、六五、上六為大震象，震為足，為動，（說卦傳）此「不息」之象也。

夫一卦六爻，所以表示卦象發展之六階段。發展而至於上爻，則為一卦之終；卦之既終，義亦相反。本卦為升，至上六，以陰居柔位，而致闇昧，不當升矣，然下有九三之應，故猶升。是以冥升者，雖冥猶升也。如問（貞）不息（止）之事，以猶升，故利也。

象曰：冥升在上，消不富也。

（一）不富──程子周易傳曰：「不富，无復增益也。」

案： 雖冥猶升，在本卦之上位，則其升因至極且闇昧，將轉為遲滯不進，故曰「消不富也」。

序卦傳曰：升而不已必困，故受之以困。

案： 升者，上進也。上進不能漫無限度，即當其上進至某一狀況，而際於其限度，則窮矣。窮於其限度，正是困之義，是以升卦之後，次之以困。

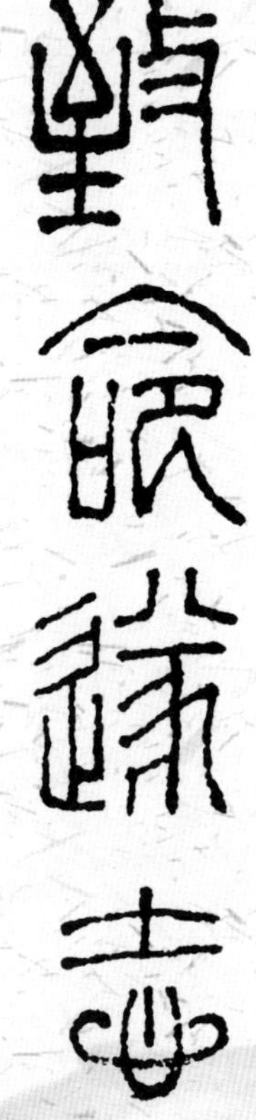

䷮

澤水困四七

致命遂志

困　第四十七

坎下
兌上

困，亨。貞大人吉，无咎。有言不信。

(一) 困—孔穎達周易正義曰：「困者，窮厄委頓之名，道窮力竭，不能自濟，故名曰困。」

案：困卦，下卦為坎，坎為水，（說卦傳）上卦為兌，兌為澤，（說卦傳）水在澤下，澤涸無水，則窮矣。是以「困」者，乃以窮為義。

本卦，下卦為坎，坎為險，（說卦傳）上卦為兌，兌為說，（說卦傳）坎下兌上，於險而說，知命而樂天也，是雖困而亨，此「亨」之象也。

大人指九五與九二，夫九五、九二皆以剛居中，故「貞……吉，无咎。」

本卦，上卦為兌，兌為口，（說卦傳）「有言」之象。兌又為毀折，（說卦傳）故曰「有言不信」。

易之為書，乃相應人生之各種可能際遇，而指引其自持與趨避之方。當困之時，亦人生之或然際遇，固一時之困，而其運則亨。大人雖居困而善於處困，故所占可吉、无咎。但當養晦自得，待機而動，不可因有言而徒增困擾。

彖曰：困，剛揜也。險以說，困而不失其所亨，其唯君子乎！貞大人吉，以剛

中也。有言不信，尚口乃窮也。

(一)尚—鄭康成詩齊風著箋曰：「尚，猶飾也。」

案：困，其義之取於卦象結構者有二：①孔穎達周易正義曰：「兌陰卦為柔，坎陽卦為剛，坎在兌下，是剛見揜於柔也。」②九二、九五皆以陽剛居中，分別為六三、上六所揜。（李鼎祚周易集解引荀爽義）夫卦有兩體，或為六爻，其發展之歷程，則由下而上，今剛欲進而柔揜之，所以困窮也。

本卦，下卦為坎，坎為險，（說卦傳）上卦為兌，兌為說，（說卦傳）下坎上兌，「險以說」也。處險而能說，即中庸第十四章曰：「君子居易以俟命，小人行險以儌幸。」蓋當因險之時，能「居易以俟命」，則其亨之機運寓焉，能掌握此機運者，唯善於「居易以俟命」之君子。

「貞大人吉」者，由於九五、九二皆以陽剛分居上下卦之中，雖各為上六、六三之柔所揜而致困，然以剛處困，則庶幾其亨乎。

「有言」，內在之意念也；「不信」，外在之困窮也。有言而不信，姑安之而已。如果猶巧飾口辯，則徒見其困窮也。

象曰：澤无水，困；君子以致命遂志。

(一)致命—朱子論語學而集註曰：「致，猶委也。」致命即委任命運。

(二)遂—韋昭國語晉語注曰：「遂，成也。」

案：困卦，上卦為兌，兌為澤，（說卦傳）下卦為坎，坎為水，（說卦傳）坎在兌下，則澤涸无水而窮矣，此「困」之象也。

君子體困，當知人固有內在之意念（志），此內在之意念如果求其實現，必須具備客觀之助緣。如果助緣未備，對意念之實現而言，則為困境，是以客觀之助緣，對於意念之實現，為一限制原則。

此限制原則乃人之外在境遇，所謂命也。夫外在之境遇，或為一時之偶然，或為因果之連鎖，以限制其意念之實現，未必為其願力所可突破，故令人無奈。是以君子體困，當知命運限制之無奈，但委任之而已；其志則雖困窮而不移，以期於成。此君子致命遂志之困道。

初六，臀困于株木，入于幽谷，三歲不覿。

㈠株木—許慎說文解字曰：「株，木根也。」株木即樹木之根。

㈡覿—陸德明經典釋文曰：「覿，見也。」

案：來知德易經來註圖解曰，臀困于株木，入于幽谷，兩句乃倒言之也。本卦，下卦為坎，坎為入，（九家易義）為隱伏，為陷，為溝瀆，（俱見說卦傳）此「入于幽谷」之象。來知德易經來註圖解曰：「坐則臀在下，故初言臀。」是臀作坐解。下卦為坎，坎為堅木，（說卦傳）此「株木」之象。又初六陰柔，其應在九四之陽剛。然而，初六之陰為九二之陽所隔，九四之陽為六三之陰所阻，「不覿」之象也。自初六至九四歷三爻，故有「三歲」之象，乃曰「三歲不覿」。

初六，困之始也，如坐困幽谷之樹根，三年不得見。

象曰。入于幽谷，幽不明也。

案：入于幽谷以致困者，蓋幽為隱僻之地，不易為人發現，故曰「不明也」。

九二，困于酒食，朱紱方來，利用享祀，征凶，无咎。

㈠朱紱—紱，本作市，篆作韍，俗作紱。（徐鉉說）許慎說文解字曰：「市，韠也。上古衣蔽前而已，市以象之。天子朱市，諸侯赤市，卿大夫蔥衡，（段玉裁注曰：「卿大夫下當有赤市二字，奪文也。」）从巾象連帶之形。」高氏周易古經今注曰：「余疑自天子達於公卿，皆朱紱，自諸侯達於大夫，皆赤紱也。朱紱方來，謂君加之以寵命，命服朱紱也。」

(二) 方來—程子周易傳曰：「方來，方且來也。」

案：本卦，下卦為坎，坎為酒食，（李鼎祚周易集解義）九二體坎，上下皆為陰柔所困，故曰「困于酒食」。九二、六三、九四互離，六三、九四、九五互巽，朱駿聲六十四卦經解曰：「離色為朱，在巽股下。」此「朱紱」所以取象。又坎為隱伏，有「人鬼」之象，故曰「享祀」。（來知德易經來註圖解說）本爻於上無應，故「征凶」，以居中，故「无咎」。

九二以陽剛居下卦之中，體下坎，有酒食之福也，然而當困之時，反為酒食所困矣。所應在五，五亦陽剛以居上卦之尊位，相應而言，則九二有人臣之職，以受朱服之命；「利用享祀」者，其位得安也。夫困於客觀，而安於主觀也；既困於客觀，故征（往）凶，安於主觀，則无咎。

象曰：困于酒食，中有慶也。

案：既得酒食，反為所困；為所困，固客觀之情勢，得酒食，乃主觀之福分。其象乃因本爻居下卦之中，故有其慶也。

六三，困于石，據于蒺蔾，入于其宮，不見其妻，凶。

(一) 蒺蔾—孔穎達周易正義曰：「蒺蔾之草，有刺而不可據也。」

(二) 宮—陸德明經典爾雅釋宮釋文曰：「古者貴賤同稱宮，秦漢以來，唯王者所居稱宮焉。」

案：本卦，上卦為兌，兌錯為艮，艮為石，（說卦傳）下卦為坎，坎為蒺蔾，（九家易義）當困之時，錯艮在本爻之前，故有「困于石」之象，本爻居下坎之上，故曰「據于蒺蔾」。

本卦，六三、九四、九五互巽，巽為入，（說卦傳）下卦為坎，坎為宮。（來氏義）本爻體互巽之下，下坎之中，故有「入于其宮」之象。又下卦為坎，坎為中男，（說卦傳）上卦為兌，兌為妻，（虞氏義）九二、六三、九四互離，離為目，（說卦傳）本爻居坎男之上，體離目之中，以承兌妻，然而，六三、九四、九五、上六為大坎象，坎為隱伏，（說卦傳）此所以「不見其妻」也。以不中不正，又居多凶之地，（繫辭下傳第九章）故「凶」。

困家發展至此，居非其正，上無所應，又為九二、九四兩剛所困，故設前有所困，後不得據，中無以安之象。繫辭下傳第五章曰：「……子曰：非所困而困焉，名必辱，非所據而據焉，身必危，既辱且危，死期將至，妻其可得見邪？」既處此時位，其運可謂困於一無是處，故其占為凶。

象曰：據于蒺蔾，乘剛也。入于其宮，不見其妻，不祥也。

案：據于蒺蔾，不得其據也，乃取象於本爻之柔，乘乎九二之剛也。

「入于其宮，不見其妻。」失其所安也，故不祥。

九四，來徐徐，困于金車，吝，有終。

(一) 徐徐—廣雅釋詁曰：「徐，緩也。」陸德明經典釋文曰：「（徐徐）安行貌。」

案：自上而下曰「來」。本卦下卦為坎，坎為輿，（說卦傳）九二、六三、九四互離，離為乾卦，（說卦傳）乾為金，（說卦傳）互離疊於下坎，「金車」之象也。本爻陽居陰位，故「吝」。下有初六之應，故「有終」。

九四，下與初六相應，此其所以「來」也，然當困之時，初六之陰既為九二之陽所阻，九四之陽則為六三之陰所隔，故其「來」也，有如乘金車困於道途，以致徐徐。當困之時，本爻來與初六為應，無奈道途阻隔，故吝（艱難）。終於歷經艱難而出困境，故曰「有終」。

象曰：來徐徐，志在下也。雖不當位，有與也。

案：九四，有「來徐徐」之象者，志在與其下之初六相應。本爻，雖以剛居柔位，不當也，但有初六之應與，故雖吝，而有終。

九五，劓刖，困于赤紱，乃徐有說，利用祭祀。

(一) 劓刖—陸德朋經典釋文曰：「荀王肅本，劓刖作臲卼，云，不安皃，陸同。鄭云，劓刖當為倪伉。」

(二) 赤紱—高氏周易古經今注曰：「赤紱者，自諸侯達於大夫之命服也。」

(三) 說—朱駿聲說文通訓定聲曰：「說，叚借為脫。」

案：本卦，六三、九四、九五互巽，巽為躁，（說卦傳）本爻體互巽，故有劓刖（不安）之象。又巽為股，（說卦傳）六三、九四、九五、上六為大坎象，坎為赤，（說卦傳）大坎疊於互巽之上，乃「赤紱」所以取象。本卦，上卦為兌，兌為毀折，「說」（脫）之象。依易例，上為宗廟，本爻承之，以祭祀也。（陸德明經典釋文曰：「祭祀本亦作享祀。」）

五為君位，本爻以陽居之，得中履正，然當困之時，上為陰柔所困，故劓刖（不安）。下於九二為敵剛，程子周易傳曰：「赤紱，臣下之服，取行來之義，故以紱言人君之困，以天下不來也；天下皆來則非困也。」雖然，以得中履正，故徐有說（脫），利用（於）祭（享）祀。蓋其始也困而不安，其後則說（脫）而受福。（象傳義）

象曰：劓刖，志未得也。乃徐有說，以中直也。利用祭祀，受福也。

案：本爻有劓刖（不安）之象者，以上為上六所困，是志未得也。「乃徐有說」（脫），以居中履正，所謂中直也。「利用祭祀」，其困既說（脫），則祀廟牧民，故曰受福。

上六，困于葛藟，于𦨴卼。曰動悔；有悔，征吉。

㈠葛藟—玉篇曰：「葛，蔓也。」廣雅釋草曰：「藟，藤也。」

㈡𦨴卼—孔穎達周易正義曰：「𦨴卼，動搖不安之辭。」

㈢曰—裴學海古書虛字集釋曰：「或於語更端用曰字。」

案：本卦為困。上卦為兌，兌綜為巽，巽為草莽，（虞氏義）此「葛藟」之象。又為躁卦，（說卦傳）故曰「𦨴卼」。

「動」者，陰變陽也，則失正，而「有悔」。但下與六三為應，故「征吉」。

上六，以陰柔而居困之極，下於六三又無應，故如困於葛藟，困於𦨴卼不安之境。「曰」者，更端之辭，蓋困之至極，則當掌握反復之機運，以求突破，即「動」也；然而動則失正，失正則悔也；雖「有悔」，下有六三之應，故「征吉」。

象曰：困于葛藟，未當也。動悔有悔，吉行也。

案：本爻有「困于葛藟」之象者，以居困卦之極也，故曰未當也。「動悔有悔」者，以要求乘機運而突破，雖失正而有悔，但有應而吉於行也。

序卦傳曰：困乎上者必反下，故受之以井。

案：困之反綜則為井，（來氏義）夫困乃承升而言，表示上進之限度；上升而至窮困，則反而向下求通達，井者，有向下「穿地取水」之義，是以困卦之後，次之以井。

修德惠民

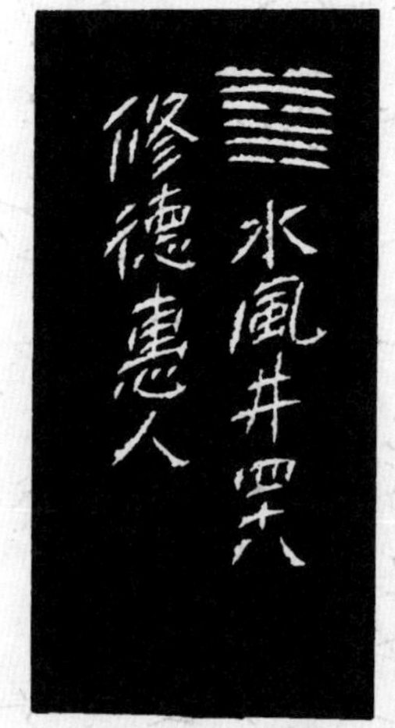

井第四十八

☵☴ 坎上巽下

井，改邑不改井，无喪无得，往來井井；汔至，亦未繘井，羸其瓶，凶。

(一)井—孔穎達周易正義曰：「古者穿地取水，以瓶引汲，謂之為井。」王船山周易稗疏曰：「井之為字，篆本作丼，其外四畫相交，而成九區，田之畛域也。其中一點，穴地以達泉也。」

(二)改邑不改井，无喪无得—王船山周易稗疏曰：「司馬法，四邑為井，以積為邱甸，而出賦，此兵制也。三代沿革不一，人民登耗不恆，故分此邑之餘，以補彼邑，互相推移而邑。若井以分田制稅，公田之中，廬舍之間，當中作井，而九百畝之田環之，溝洫隧路塍埒視以為經界之準，而永無所改。經界既正，無餘無欠，此井无所喪，彼井无可混得，居中之井，永為標準。」

(三)汔至—高亨周易古經今注曰：「說文：『汔，水涸也。』……至借為窒，說文：『窒，塞也。』井汔窒者，謂井水涸竭，而泥塞其中也。」

(四)繘—陸德明經典釋文曰：「繘，鄭云，綆也。」揚雄方言曰：「關西謂綆為繘。」來知德易經來註圖解曰：「文選殫極之綆斷幹，綆即轆轤之索。」

(五)羸—高亨周易古經今注曰：「此羸字疑借為儡，……說文：『儡，相敗也。』敗毀義相近，則傴可訓毀，傴其瓶謂毀其甕也。」

案：井卦，下卦為巽，巽為木，為繩，為入，（說卦傳）為桔槔，（鄭氏說）為轆轤。（仲氏義）上卦為坎，坎為水。（說卦傳）桔槔或轆轤以木或繩入水，汲水而上之；汲井之水，客觀言之，供汲飲之用也；主觀言之，盡井養之功也。是以「井」者，乃以養為義。

井自泰來，泰卦，下乾上坤，坤為邑。泰之初九既往為九五，六五來為初六，以成井卦，則上卦坤邑變為坎矣，此「改邑」所以取象。井卦既成，故曰「不改井」。既然，初往、五來，以成井卦，是「无喪无得，往來井井。」（此據李鼎祚周易集解引虞氏義）

本卦，下卦為巽，巽下為陰，初六爻辭曰：「井泥不食。」此「汔至（窒）」之象也。又巽為繩索，（說卦傳）「繘」之象也。九三、六四、九五互離，離中虛，象乎瓶。九二、九三、六四互兌，兌為毀折，（說卦傳）故有「羸（毀）其瓶」之象。

井，所以供飲食，可貴者在通澈，而田制依之以設置。雖然，田制或有損益，邑居或有變更，而井飲則不改易。非飲既不改易，則田制之損益，邑居之變更，對於井飲而言，无喪无得，為往來之所需，此井養之功也。其或涸窒（汔至），亦未以繩索繫瓶汲其水，如毀（羸）其瓶，則無可汲之具矣，無可致其井養之功也。

此言井養之功也，其或有所汔至（涸窒），如果羸（毀）其瓶，則無以致其功，故凶。言外之意，蓋當知所改圖也。

彖曰：巽乎水而上水，井。井，養而不窮也。改邑不改井，乃以剛中也。汔

至，亦未繘井，未有功也。羸其瓶，是以凶也。

㈠ 巽—說卦傳第七章曰：「巽，入也。」

㈡ 上—王弼周易注曰：「（上）音舉上之上。」

案：井卦，下卦為巽，巽為木、為繩、為入，（說卦傳）為桔槔，（鄭氏義）為轆轤。（仲氏義）上卦為坎，坎為水。（說卦傳）「巽乎水」，即以桔槔繫木，或以轆轤繫繩入水；「而上水」，即汲舉井水而上之。此「井」所以得義也。

井，其水通澈，汲之而不盡，養人而不窮。

「改邑不改井」，程子周易傳曰：「邑可改，井不可遷，亦其德之常也。二五之爻，剛中之德，其常乃如是。」故曰「乃以剛中也。」

如果，井既「汔至（涸窒）」，亦未以繩索繫瓶汲水，則其井未有井養之功也。

「羸（毀）其瓶」，蓋無致井養之功矣，「是以凶也」。

象曰：木上有水，井；君子以勞民勸相。

㈠ 勞—孔穎達周易正義曰：「勞謂勞賚。」

㈡ 相—孔穎達周易正義曰：「相猶助也。」

案：井卦，下卦為巽，巽為木，（說卦傳）上卦為坎，坎為水，（說卦傳）「木上有水」，即以木（竹竿）繫瓶而入井，汲水而上之，此「井」之象也。

君子體井，當知井之價值，在於聚民以養之。而民者，則環井以立生業，汲井而供飲食。準此井養之道，君子則當推其德業，既勞賚以安之，復勸相以成之，庶幾盡其輔民修業進德之井養之功。

初六，井泥不食，舊井无禽。

(一) 舊井—王弼周易注曰：「（舊井）久井不見渫治者也。」

(二) 禽—水族也。（見俞曲園羣經平議）

案：初為陽位，而柔居之，泥之象也，（來氏義）在井卦之下，故曰「井泥」。下卦為巽，巽為兌之倒，而兌為口，（說卦傳）兌口既倒，乃「不食」之象也。井既泥，故稱「舊井」。來知德易經來註圖解曰：「凡易言禽者，皆坎也。」本卦為困之反綜，困之下卦為坎，因綜為井，側困之下坎，轉為井之上卦，此「无禽」之象也。井既泥，無以飲食，且魚蝦亦莫所棲生也。

象曰：井泥不食，下也。舊井无禽，時舍也。

(一) 時—裴學海古書虛字集釋曰：「時猶乃也。」

(二) 舍—楊倞荀子勸學篇注曰：「舍與捨通。」

案：初六有井淤泥，不可飲用之象者，以陰柔居井卦之下。井既泥而無魚蝦之棲，乃捨之也，故稱舊井。

九二，井谷射鮒，甕敝漏。

(一) 井谷—王引之經義述聞曰：「說文𧮫字从谷，谷猶𧮫，……井中容水之處也。」

(二) 射鮒—李鼎祚周易集解引虞翻曰：「鮒，小鮮也。」毛奇齡仲氏易曰：「穿水來往如射，謂之射鮒。」

(三)　敝—顧野王玉篇曰：「敝，壞也。」

案：本卦下卦為巽，巽為谷，為鮒，（虞氏義）於井卦之下，此「井谷射鮒」所以取象。初六、九二、九三、六四為大坎象，大坎象錯為大離象，離為大腹，（說卦傳）「甕」之象也。九二、九三、六四互兌，兌為毀折，（說卦傳）兌毀疊於錯大離甕之上，則敝而漏矣。故曰「甕敝漏」。初六為井而泥，本爻則已見蓄水，足以射鮒，（游小魚）然近井底之泥，積水猶淺，以甕汲之，則其敝（破）而漏，唯望井興歎乎。

象曰：井谷射鮒，无與也。

案：井谷之水，僅足射鮒，（游小魚）其淺不能上汲者，蓋九二於九五同為陽剛，无所應與。

九三，井渫不食，為我心惻；可用汲。王明，並受其福。

(一)　喋—李鼎祚周易集解引荀爽曰：「渫，去穢濁，清潔之意也。」

(二)　為—王弼周易注曰：「為猶使也。」

(三)　惻—李鼎祚周易集解引干寶曰：「惻，傷悼也。」

(四)　用—王引之經傳釋詞曰：「用，詞之以也。」

(五)　並—王引之經義述聞曰：「並，普也。」

案：九三，三為陽位，而剛居之，相應初六之泥，可謂渫矣。下卦為巽，巽為倒兌，兌為口，（說卦傳）所以食也；倒兌，則「不食」也。我，乃指占者，又初六、九二、九三、六四為大坎象，坎為加憂，（說卦傳）此「心惻」所以取象。夫本爻為陽剛，上有上六陰柔之應，「上汲」之象也，故曰「可用汲」。

王者，指九五，五為君位，而陽居之，故曰王，而九三、六四、九五互離，離為明，（說卦傳）故曰「王明」。（劉百閔周易事理通義曰：「井九三象傳：『求王明，受福也。』以受福釋求王明，似經文脫去求字。」）本爻既與九五同互離卦，為王者之明所眷照，故有「受其福」之象。

井之既渫，水可上汲，而不知飲食，莫致其養功，此所以傷悼。準此以推之，但求王者之明，則人無委屈，物無棄閒，而並（普）受其福。

象曰：井渫不食，行惻也。求王明，受福也。

(一) 行惻—俞曲園羣經平議曰：「讀經文而其義自見；行，為也。行惻，即為惻。」

案：井既渫，而不知食，非井養之功也，故行惻。（使我傷悼）推之人事，但求王者之明，以井養天下，則受其福。

六四，井甃，无咎。

(一) 甃—孔穎達周易正義曰：「以塼壘井，脩井之壞，謂之甃。」

案：六四為陰柔，陰列兩旁，「甃」之象也。（來氏義）以柔居陰位，故「无咎」。六四，無所上汲以井養，但柔居陰位，得正，下乘九三之井渫，上承九五之寒泉，姑修之也。井既修，則功其不廢，故占曰无咎。

象曰：井甃无咎，脩井也。

案：井甃无咎者，無所上汲以井養，期於不廢其井功，故適時以脩井也。

九五，井洌寒泉食。

(一) 洌—許慎說文解字曰：「洌，水清也。」

案：本卦為井。上卦為坎，坎為水，（說卦傳）在井之上，故有「洌」（清）象。依相傳文王所作八卦方位圖，坎為北方之卦，襲乎寒氣，故曰「寒泉」。又九二、九三、六四互兌，兌為口，本爻當乎兌口，「食」之象也。故曰「井洌寒泉食」。

井，以飲食為用，以井養為功，夫初為泥，二則淺，三已渫，四乃甃，五致食，清美之泉於是見矣。

象曰：寒泉之食，中正也。

案：九五，於井中，為寒泉之可食者，以既居上卦之中，又剛居陽位，即中正也。

上六，井收，勿幕，有孚，元吉。

(一) 收—李鼎祚周易集解引虞翻曰：「收，謂以轆轤收繘也。」

(二) 幕—李鼎祚周易集解引虞翻曰：「幕，蓋也。」

(三) 有孚—程子周易傳曰：「有孚，有常而不變也。」

案：上六以陰柔居井之上，象乎井上之轆轤，應在九三、九三體下巽有繩之象，故有轆轤引繩汲水向上之意，此之謂「井收」。上六又象井口，「勿幕」（蓋）之象。且上卦為坎，坎為有孚。（見坎卦卦辭）本爻柔居陰位，下應九三，故「元吉」。

井卦至於上六，如轆轤引繩汲水，源源而上，無所掩蓋，無所窮竭。井道既成，井養之功著矣，故元（大）吉。

象曰：元吉在上，大成也。

案：本爻居井之上，得大吉之占者，井養之功大成也。

序卦傳曰：井道不可不革，故受之以革。

案：井久則泥積，泥積則壅塞，壅塞則無以成其汲飲井養之功，故當及時變革，變革正是革之義，是以井卦之後，次之以革。

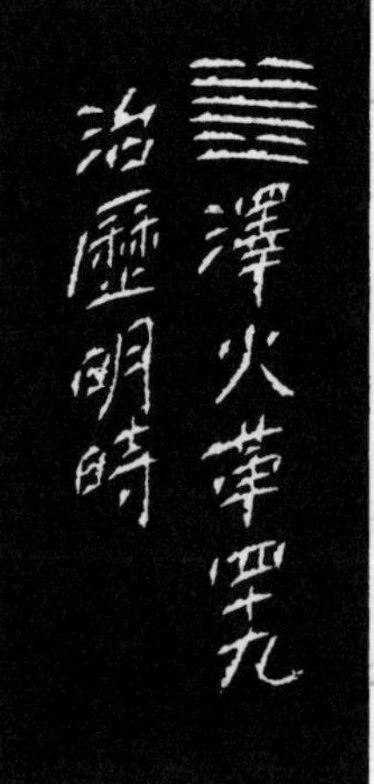

䷰澤火革四十九
治歷明時

革　第四十九

離下
兌上

革，己日乃孚，元亨利貞，悔亡。

(一) 革—許慎說文解字曰：「獸皮治去其毛曰革，革，更也。」

(二) 己日—俞曲園羣經平議曰：「顧氏日知錄引朱子發之說，以此已字為戊己之己，當從之。禮記月令篇，中央土，其日戊己。蠱之先甲後甲，以春之日言也。……巽之先庚後庚，以秋之日言也。革之己日，則以中央之日言之。春之日言甲，秋之日言庚，而中央土之日不言戊者，戊日不孚，正見其過中而當變革也。改字从己，或以此歟！」

案：革卦，下卦為離，離為火，（說卦傳）上卦為兌，兌為澤，（說卦傳）火上燃則澤涸，澤下決則火滅，此體態之變化。又離為中女，（說卦傳）兌為少女（說卦傳），彖傳曰：「二女同居，其志不相得。」則須各自婚嫁，此情勢之變化。是以「革」者，乃以變為義。

本卦，下卦為離，離為日。（說卦傳）己者，十干之第六位，過乎中數矣。夫古以十干紀日，為一旬，己日即過乎旬中之第六日，故己日即取其過中之義。本卦六二居下卦之中，其爻辭曰：「己日乃革之。」此「己日」之所以取象也。再者，六二、九三、九四、九五、上六為大坎象，坎為孚。

（見坎卦卦辭）本卦，六二陰柔，九五陽剛，皆居中履正而正應，上下通氣，此「元亨利貞」之象也。李鼎祚周易集解引虞翻曰：「『悔亡』謂四也，四失位，動得位，故『悔亡』」。

革，雜卦傳曰：「革，去故也。」相應事物之發展過程，有始、壯、究三階段，方其過中，則當革其故以轉其機，己日，即變革之時機，當其機以變革，乃能取信於人，而獲得預期之效果（孚）。

夫當機變革，則元亨，（大通）利貞，（利於所卜問）而悔亡。（無恨）

彖曰：革，水火相息，二女同居，其志不相得，曰革。己日乃孚，革而信之。文明以說，大亨以正。革而當，其悔乃亡。天地革而四時成，湯武革命，順乎天而應乎人，革之時大矣哉！

（一）息—程子周易傳曰：「（息）謂止息也。」

案：革卦，上卦為兌，兌為澤，（說卦傳）澤中有水。下卦為離，離為火，（說卦傳）澤水下決則火滅，火炎上燃則澤涸，故曰「水火相息」（止）。又兌為少女，（說卦傳）離為中女，（說卦傳）二女同居，而其婚配之志，因同性相斥，彼此不相得遂，則須各自擇嫁。夫水火相息，二女各自擇嫁，此情勢之實然變化，故曰革。

古以十干紀日，為一旬，己日即過乎旬中之第六日。夫革者，以變為義，己日既過乎旬中，則變革之時機見焉，當其機—己日以革，乃能順其情勢，而取信於人，以獲預期之效果。

本卦，下卦為離，離為文明，（虞氏義）上卦為兌，兌為說，（說卦傳）文明者，其變革之動機非出於魯莽，其過程不落為草率；必須基於發展之要求，順其情勢之趨向，轉為客觀之方式，理性之步驟。而說者，乃示此變革實為健康之發展過程。革既「文明以說」，故能其運大亨（通），其道則正，（易傳例釋貞為正）而其悔乃亡。

天地者，所以生物也，繫辭下傳第一章曰：「天地之大德曰生。」其生之，客觀之過程則為春耕、夏耘、秋收、冬藏。春、夏、秋、冬，固為天地生物之四階段，由前一階段發展至次一階段，對前一階段而言，即為一變革。春、夏、秋、冬依次變革以發展，即是天地生物之歷程。故春、夏、秋、冬之變革，即是天地之變革，是以曰「天地革而四時成」。

湯武革命，乃指商湯放桀於鳴條，周武伐紂於牧野。蓋夏桀、商紂皆繼世而有天下，然而凶暴無道，逆天殘民，故孟子梁惠王篇稱之為「一夫」。如果自歷史、文化之立場觀之，商湯放桀，周武伐紂，乃相機之變革，亦即「天與人歸」，故曰「湯武革命，順乎天而應乎人。」

「革之時」，時者，特定之境況也，所謂特定境況，乃相應宇宙秩序、人間遭遇而言。蓋不論宇宙秩序、人間遭遇，莫不環繞於人生之行程，而為生活經驗之境況。作易者之設定六十四卦，即相應宇宙秩序、人間遭遇，而象徵其特定境況，以指示其生活上之迷津。「革之時」，即革卦所設定之特定境況，乃象乎宇宙、人間，其發展之階段，每為曲折之過裡。由前一階段，發展至次一階段，即為一變革，故變革者，乃發展過程所必須。「大矣哉」，乃以革道至正至妙，非觀念化所可表詮，故極致其讚歎！

象曰：澤中有火，革；君子以治歷明時。

(一) 治歷明時—歷，孔穎達周易正義作曆。朱駿聲六十四卦經解曰：「治曆，治歲時節氣之曆。明時，明東作西成之時。」

案：革卦，上卦為兌，兌為澤，（說卦傳）下卦為離，離為火，（說卦傳）澤中有火者，火燃則澤中之水涸，澤中之水盛則火滅，蓋二者相斥而生變，此「革」之象也。

君子體革，自宇宙之立場言之，彖傳曰：「天地革而四時成。」夫天地革則萬物生，四時成則天地生物之歷程可得而解矣。治歷（曆），即研究歲時節氣之曆，明時，即瞭解耕耘收藏之時。是以治歷（曆）明時，則天地生物之革道可得而見矣。

初九，鞏用黃牛之革。

(一) 鞏—許慎說文解字曰：「鞏，以韋束也。」陸德明經典釋文曰：「鞏，固也。」

案：本卦，下卦為離，離為牛，（九家易義）此「黃牛之革」所以取象也。本卦自遯來，（毛奇齡仲氏易）革卦還原為遯卦，則下卦為艮，艮為止。（說卦傳）艮止則不革，此「鞏」之象也。（遯卦六二爻辭曰：「執之用黃牛之革。」）

當革之時，初九陽剛，其才可以有所革也，此主觀條件已具。然而，上與九四敵應而無援，是客觀機緣未備。因此，不僅不可革，且當鞏（固）之用黃牛之革（皮）。

象曰：鞏用黃牛，不可以有為也。

案：革之始，不僅不可革，且當如用黃牛之革（皮）以鞏之，蓋客觀機緣未備，不可以有為也。

六二，己日乃革之；征吉，无咎。

案：己日，旬之第六日，此示革之時機。（詳見本卦卦辭案語）夫六二，以柔居陰位，且當下卦之中，上有九五中正之應，可「革之」者也。然而以陰柔，故「革之」之時機，宜在過乎旬中之己日，故曰「己日乃革之」。以上應九五，故「征吉」，以得正，故「无咎」。

本爻，既上有九五之應，程子周易傳曰：「如二之才德，所居之地，所逢之時，足以革天下之弊，新天下之治，當進而上輔於君，以行其道，則吉而无咎也。」

象曰：已日革之，行有嘉也。

案：已日革之者，以上有九五之應；「行有嘉也」，即爻辭所謂「征吉」也。

九三，征凶，貞厲；革言三就，有孚。

(一)言—裴學海古書虛字集釋曰：「言猶焉也。」

(二)三就—朱駿聲六十四卦經解曰：「三就，猶三匝。」程子周易傳曰：「就，成也。」

案：九三，陽居剛位，又當下離之上位，離為火，（說卦傳）火勢炎上；且上有上六之應。當革之時，本爻體陽剛之性，乘炎上之勢，以欲有所革也。夫革，變也，乃向上一機以發展所必須，然亦不可輕率，今本爻剛躁欲上，故曰「征凶，貞厲。」

本爻既居下離之上位，自初至三，歷三爻，「三就」之象也。又六二、九三、九四、九五、上六為大坎象，本爻既體大坎之中，故有「有孚」之象。（見坎卦卦辭）

九三既體革道，犯在輕率，故先戒之「征凶，貞厲。」然後示之革焉三再而至於成，且有孚（信）也。

象曰：革言三就，又何之矣。

(一)之—往也。（見高鴻縉先生中國字例）

案：九三之革，既戒輕率，而示三再而至於成，則又何之（往）？即不可輕率以征（往）而致凶也。

九四，悔亡，有孚，改命吉。

(一) 改命—程子周易傳曰：「改命，改為也，謂革之也。」

案：本卦下卦為離火，上卦為兌澤（水），三四兩爻，處火水相革之際，三將革而未革，故曰「革言三就」，四則過中為已革。然而，本爻以陽居陰位，失正，又於初無應，當悔，唯變正應初，則悔亡。（見孔穎達周易正義）

本卦，六二、九三、九四、九五、上六為大坎象，坎為孚，（見坎卦卦辭）本爻體大坎象，故曰「有孚」。

又六二、九三、九四互巽，巽為命，（虞氏義）本爻當革體互巽，此「改命吉」之象。

依易例，四為諸侯，大臣也，承乎五之君，本爻既悔亡，又有孚（信），信於君也。且過中當機而已革，故改命其所當革，其占為吉。

象曰：改命之吉，信志也。

(一) 信—朱駿聲說文通訓定聲曰：「信，叚借為伸。」

案：九四，信於君，當其機，有改命之吉者，其志得信（伸）也。

九五，大人虎變，未占有孚。

(一) 虎變—高亨周易古經今注曰：「變疑借為斑，古字通用。……廣雅釋詁：『斑，文也。』然則大人虎斑，猶云大人虎文矣。」

(二) 占—許慎說文解字曰：「占，視兆問也。」

案：九五，以陽剛居上卦中正之位，「大人」之象也。本卦上卦為兌，李鼎祚周易集解引陸績曰：「兌之陽爻稱虎。」又九三、九四、九五互乾，乾錯為坤，坤為文，（說卦傳）本爻體上兌錯坤，故有「虎變」（斑）之象。

本卦，六二、九三、九四、九五、上六為大坎象，坎為孚，（見坎卦）本爻體大坎象，故曰「有孚」。

當革之時，九五以陽剛之德，居中正之位，下有六二之應，其變革而有功，如虎之毛文炳著，（象傳義）未視兆問，而知其有為天下所信（孚）矣。

象曰：大人虎變，其文炳也。

(一) 炳—許慎說文解字曰：「炳，明也。」毛奇齡仲氏易引王湘卿曰：「虎文疏而著曰炳。」

案：九五，有「大人虎變」之象者，喻其政事之變革，煥然成功，如虎毛之文彩明著。

上六，君子豹變，小人革面。征，凶；居，貞吉。

案：李鼎祚周易集解引陸績曰：「兌之陽爻稱虎，陰爻稱豹。」本卦，上卦為兌，本爻為兌上之陰爻。且陰屬坤道，坤為文，（說卦傳）此「豹變」（斑）所以取象。又兌為口，（說卦傳）九三、九四、九五互乾，乾為首，（說卦傳）今口在首上，「面」之象也。李鼎祚周易集解引虞翻曰：「乘陽失正，故征凶，得位故居貞吉。」

革至於上，其道既成；革道既成，則故去；故去，則新生。其所示於占者，乃視其德之程度，而有不同之效果。即，如為君子，則若豹之變（斑也—見九五爻辭），其功蔚然（象傳義）。如為小人，則革其往日之非是。夫革道既成，乃戒占者，征（別有所往革），則凶；居（守其所成），則貞（所卜問者）吉。

象曰：君子豹變，其文蔚也。小人革面，順以從君也。

(一) 蔚—高誘淮南子兵略注曰：「草木蕃盛曰蔚。」毛奇齡仲氏易曰：「豹文密而理曰蔚。」

案：上六，革道既成，其成功，端視其德之程度，如為君子，若豹之變（斑也—見九五爻辭。），其文采蕃盛也。如為小人，則革其往日之非，以順從君上之政教。

序卦傳曰：革物者莫若鼎，故受之以鼎。

案：革之反綜為鼎，革為去故，去故乃向上一機以發展之曲折過程，而鼎則為取新，取新雖與去故為相反，實屬去故之相成。是以革卦之後，次之以鼎。

正位凝命

正位凝命

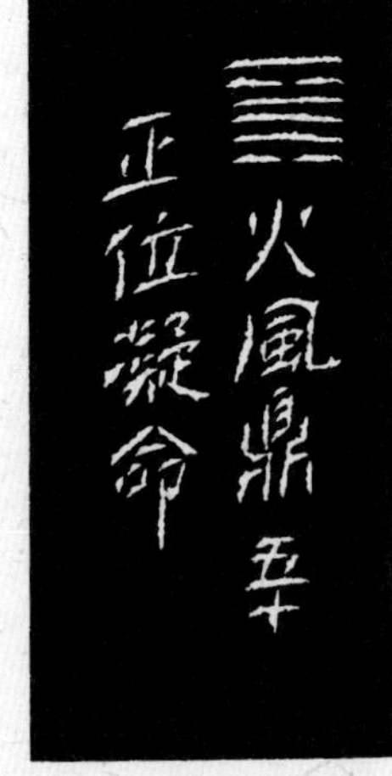
火風鼎 五十
正位凝命

鼎　第五十

☲☴ 離上 巽下

鼎，元吉，亨。

(一) 鼎―許慎說文解字曰：「鼎，三足兩耳，和五味之寶器也。」雜卦傳曰：「鼎，取新也。」

(二) 元吉，亨―程子周易傳曰：「當云元亨，文羨吉字，卦才可以致元亨，未便有元吉也。彖復止云元亨，其羨明矣。」

案：鼎卦，下卦為巽，巽為木，為入，（說卦傳）上卦為離，離為火，（說卦傳）以木入火，所以烹飪，烹飪則轉成新物。朱子周易本義曰：「鼎，烹飪之器，為卦下陰為足，二、三、四，陽為腹，五陰為耳，上陽為鉉，有鼎之象。」是以「鼎」者，乃以烹飪，取新為義。

本卦，六五以柔居上卦之中，而下應九二之陽剛，故元（吉）亨。

鼎卦既取鼎器為象，鼎為寶器，用以烹飪，取新。占者遇之，可卜元（吉）亨也。

彖曰：鼎，象也。以木巽火，亨飪也。聖人亨以享上帝，而大亨以養聖賢，巽而耳目聰明，柔進而上行，得中而應乎剛，是以元亨。

案：鼎卦，朱子周易本義曰：「鼎，烹飪之器，為卦下陰為足，二、三、四，陽為腹，五陰為耳，上陽為鉉，有鼎之象。」即象乎鼎器，故曰象也。

本卦，下卦為巽，巽為木，為入，（說卦傳）上卦為離，離為火，（說卦傳）下巽上離，以木巽火，即以木入火，所以亨（烹）飪，此言鼎之用也。

亨（烹）者，煮菜肴以給食用，引申之，則為精神上之調和供應。聖人，德之至盛也。其調和精神如亨（烹），上以享上帝，此示盛德之上契而超升。其廣被精神如大亨（烹），下以養聖賢，則為盛德之遍潤而彌綸。此鼎道之至義。再自下卦言之，下卦為巽，巽為入，鼎取新以給耳目之需，則耳聰目明，亦鼎道之大用。自上卦觀之，蓋鼎為革之反綜，（來氏義）革卦，下卦為離，六二之柔居下離之中。革反為本卦，則革卦下離綜為本卦上離。革六二之柔，進為鼎六五之柔，故曰「柔進而上行」。柔既進而上行，居上卦之中，下有九二陽剛之應，此所以元亨（大通）也。

象曰：木上有火，鼎；君子以正位凝命。

(一) 凝—孔穎達周易正義引鄭康成曰：「凝，成也。」

案：鼎卦，下卦為巽，巽為木，（說卦傳）上卦為離，離為火，（說卦傳）木上有火，烹也，此「鼎」之象也。

君子體鼎，左傳宣公三年敘王孫滿對楚子問鼎曰：「昔夏之方有德也，遠方圖物，貢金九牧，鑄鼎象物。……成王定鼎於郟鄏，卜世三十，卜年七百，天所命也。」是以鼎者，其實用義固所以烹飪，其象徵義則表示有民有土，有民則為民所歸，民既歸則有土亦天所與，所謂「命」也，夫民歸天與以居其位則為天下君。

君子者，乃有德之稱，體乎鼎道，其德乃民望所在之「位」，亦天道所賦之「命」。是以「位」者乃有德之形式意義，「命」者乃有德之內容價值，而「正位」者，中天下而立也，「凝（成）命」者，證性命之尊也，此鼎新之道也。

初六，鼎顛趾，利出否，得妾以其子，无咎。

(一)顛—陸德明經典釋文曰：「顛，倒也。」

(二)否—陸德明經典釋文曰：「否，惡也。」案：惡者，指鼎中之穢物。

(三)以—王引之經傳釋詞曰：「以，猶及也。」

案：成蓉鏡周易釋爻例曰，凡初爻亦稱趾。趾者，足也。又本卦初爻為陰，象鼎之足，（朱子義）上有九四之應，九四之爻辭曰：「鼎折足，覆公餗。」故初爻有「顛」象。本卦下卦為巽，巽為臭，（說卦傳）「否」（惡）之象也。趾既顛，否則出，故曰「利出否」。

下卦巽又為長女，（說卦傳）長女而居下，妾之象也。巽錯為震，震為長于，（說卦傳）震為巽之錯，故子因妾而得。此「得妾以其子」之象。上與九四為應，故「无咎」。

鼎所以烹飪取新，取新當先去故。初六顛趾，為烹飪而「出否」，（傾倒穢物）得妾，為取新而得其子。顛趾，反下為上；得妾，以偏為重。出其否，然後烹飪；得其子，即是取新。一指器用，一況人事，相喻以成義矣。其占則无咎。

象曰：鼎顛趾，未悖也；利出否，以從貴也。

案：鼎，以其趾在下為常，然烹飪之前，顛倒其趾，以傾出否（穢）物，而後施其鼎烹，故未悖鼎烹之道也。

顛趾，以利傾出否（穢）物，然後可烹飪取新，新物視否物為貴者，故出否為從貴。

九二，鼎有實，我仇有疾，不我能即，吉。

(一)實—品物也。（見杜預左傳莊公二十二年注）

(二)仇—陸德明經典釋文曰：「仇，匹也。」

(三)疾—尹知章管子注曰：「疾，謂患苦也。」

(四)即—裴學海古書虛字集釋曰：「即，就也。」

案：本卦取乎鼎象，以寄鼎義。依易例，陽稱實，陰為虛。九二為陽爻，故為「有實」之象。我者，本爻自稱，仇指六五，六五為陰，於本爻之陽為仇（匹），故曰「我仇」。六五應乎本爻，為本爻之仇，以乘乎九四之剛，為其所困（疾），以致不能即（應）我，此「不我能即」之象。以陽剛居下卦之中，上有六五之應，故「吉」。

鼎以烹飪為義，初既「出否」，二則「有實」，盡其鼎烹之用也。我仇，取乎鼎實者，為九四所困，致不能就我以取食，則我得以全其實。鼎有實而全之，故吉。

象曰：鼎有實，慎所之也。我仇有疾，終无尤也。

案：鼎既有實，外有欲取之者，為所困（疾）而已，我既懷此實，如有所之（往），當慎之也。我仇既欲取其實，然因有疾（困），不能即（就）我，故終无尤也。

九三，鼎耳革，其行塞；雉膏不食，方雨虧，悔，終吉。

(一) 耳革—毛奇齡仲氏易曰：「鼎制，凡鼎既實，則以鉉貫耳，而扛近食前，儀禮所謂扃鼎是也。若未實則撤鉉脫耳，謂之耳革。」

(二) 行塞—毛奇齡仲氏易曰：「漢書五行志云：『鼎以耳行。』耳革則行塞。」

(三) 雉膏—陸德明經典釋文引鄭康成曰：「雉膏，食之美者。」朱駿聲六十四卦經解曰：「古膏以雉為貴，八珍之一。」

(四) 虧—小爾雅廣言曰：「虧，損也。」

案：本卦，六五象鼎之耳。而初六、九二、九三、九四、六五為大坎象，坎為耳痛，（說卦傳）故曰「耳革」。下卦為巽，巽為進退，此「行塞」所以取象也。

大坎錯為大離，離為雉，（說卦傳）而坎為膏，（虞氏義）此「雉膏」之象。九三、九四、六五互兌，兌為口，所以食也。下巽為不果，（說卦傳）互兌疊於下巽之上，則「不食」也。又坎為雨，（虞氏義）兌為毀折，（說卦傳）故曰「方雨虧」。本爻陽居陰位，故悔，下有初六之應，故「終吉」。

九三為鼎腹，雉膏既烹，當鉉貫鼎耳，以就食前。然而，上無應與，故鉉撤耳脫，不能移行，以致雉膏不食，又方雨淋，有所虧損。蓋雖烹飪而未成鼎養之功，此所以悔恨也，但終吉。

象曰：鼎耳革，失其義也。

㈠義—中庸第二十章曰：「義者，宜也。」

案：鼎烹雉膏，而耳革不食，非鼎養之道，故曰失其義（宜）也。

九四，鼎折足，覆公餗，其形渥，凶。

㈠餗—姚配中周易姚氏學引鄭康成曰：「餗，美饌。」李鼎祚周易集解曰：「餗者，雉膏之餘。」

㈡渥—王弼周易注曰：「渥，沾濡之貌。」

案：本卦，九三、九四、六五互兌，兌為毀折，本爻體互兌，下應初六之足，故有「折足」之象。依易例，五為君位。四承之，公之任也。九二、九三、九四為鼎腹，鼎腹中實，「餗」之象也。又九二、九三、九四互乾，乾錯為坤，坤為漿，所以「形渥」也。本爻失位，體互兌，故凶。

九四，陽居陰位，失正。此大臣之任，而折、覆之運，並沾濡其形也，故凶。繫辭下傳第五章曰：「子曰：德薄而位尊，知小而謀大，力小而任重，鮮不及矣。易曰：『鼎折足，覆公餗，其形渥，凶。』言不勝其任也。」

象曰：覆公餗，信如何也。

案：居公之任，折覆之運，鼎烹而無功，無所信也，故曰「信如何也」。

六五，鼎黃耳，金鉉，利貞。

㈠鉉—孔穎達周易正義曰：「鉉，所以貫鼎而舉之也。」

案：本卦為鼎，六五陰爻，象鼎之兩耳，上卦為離，離為黃，（虞氏義）此「黃耳」之象。又離為乾卦，（說卦傳）乾為金，（說卦傳）上九則為貫乎本爻鼎耳之鉉，故有「金鉉」之象。以陰柔居中，下應九二，故「利貞」。

六五，陰居陽位，柔表而剛質，下應九二之陽剛，如鼎之黃耳為鼎之主，加以其上之金茲，見其美也。是以利貞。

象曰：鼎黃耳，中以為實也。

案：黃耳，鼎之貴與美也。所應在九二，九二為下卦之中，為鼎之中，其辭曰「鼎有實。」是以鼎黃耳者，示美於其外，而實在於中也。

上九，鼎玉鉉，大吉，无不利。

(一) 玉鉉—毛奇齡仲氏易曰：「玉不任為鉉，必金為之，而飾之以玉，曰玉鉉。」

案：上九陽爻，「鉉」之象。剛居柔位，剛而能柔，「玉」之象也。故曰「玉鉉」。本爻剛居柔位，象傳曰：「剛柔節也。」故日「大吉，无不利」。

李鼎祚周易集解引干寶曰：「玉又貴於金者。」鼎玉鉉，以玉飾鉉，示其貴也，鼎道之價值至矣。鼎道之價值既貴，故大吉，无不利。

象曰：玉鉉在上，剛柔節也。

案：玉飾之鉉，在鼎之上者，以剛居柔位，剛柔互為調節，而見中和之道也。

序卦傳曰：主器者莫若長子，故受之以震。震者，動也。

案：鼎以烹飪取新為義，而鼎烹，一則享上帝，一則養聖賢，（彖傳義）乃宗廟社稷之寶器，唯嫡長子主之也，而震有長子之象，（說卦傳）是以鼎卦之後，次之以震。

恐懼脩省

䷲震為雷五十一

恐懼脩省

震 第五十一

䷲ 震下震上

震，亨。震來虩虩，笑言啞啞；震驚百里，不喪匕鬯。

(一) 震—許慎說文解字曰：「震，劈歷振物者。」李鼎祚周易集解引鄭康成曰：「震為雷，雷動物之氣也。雷之發聲，猶人君出政教以動中國之人也，故謂之震。」

(二) 來—裴學海古書虛字集釋曰：「來，至也。」

(三) 虩虩—陸德明經典釋文曰：「虩虩，恐懼貌。」

(四) 啞啞—許慎說文解字曰：「啞，笑也。」

(五) 匕鬯—揚雄方言曰：「匕，謂之匙。」許慎說文解字曰：「匙，七也。」高鴻縉先生中國字例曰：「匕字象器形。匙則後世加是為音符者也，兩字實一字。」又曰：「（鬯）古者以黃色之香艸築於秬黍之酒中，微火煮之，不使出氣，俟其冷而飲之，則酒芬芳而人舒暢，古遂名其酒曰鬯，而多用以灌神，名其草為鬱金草。王者並常以鬯賜羣僚曰，錫秬鬯幾卣。卣，中尊也，有提梁，是以鬯字古原象形，象器中鬱築香艸於酒中之形。」王引之經義述聞曰：匕，或以木，或以角，長者數尺，短者數寸，用以載牲體，用以扱鼎實，用以扱黍稷，用以扱鉶羹，用以扱酒醴，此匕鬯連言，即指扱酒醴之匕。

案：震卦，下卦為震，震為雷，（說卦傳）上卦亦為震，則兩雷相連，聲勢足以驚動天地。又震卦，一陽始生於兩陰之下，夫陽變陰合，則鼓動化生萬物之氣機。是以「震」者，乃以動為義。姚配中周易姚氏學曰：「震雷出地，陰陽氣交萬物達，故亨。」

本卦為震，震有動義，故曰震來（至）。李鼎祚周易集解引虞翻曰：「虩虩，謂四也。」蓋自鳴者言之，四為陽剛，上承六五、上六，下乘六二、六三，一陽動乎四陰之間，其威力可知矣，而聞者則虩虩，且四多懼，（繫辭下傳第九章）此「虩虩」所以取象也。李鼎祚周易集解引虞翻曰：「啞啞，笑且言，（案：言當作助詞解）謂初也，得正有則，故笑言啞啞，後有則也。」夫下卦為震，震錯為反兌，兌為口，為悅，（說卦傳）「笑言啞啞」之象也。

本卦為震，震為善鳴，（說卦傳）「驚」之象也。又初九、九四皆陽爻，各居於二陰之下，二陰為半坤地，而一陽震於其下，即雷鳴於坤地，此所以「震驚百里」。六二、六三、九四互艮，艮為手，（說卦傳）手執則不喪。六三、九四、六五互坎，坎為堅木、為酒、（說卦傳）「匕鬯」之象，故曰「不喪匕鬯」。

本卦重震，一陽始生於兩陰之下，陰陽變合而聞雷，「震來虩虩」，狀其威力也；「笑言啞啞」，喜其化生也；「震驚百里」，敘其氣勢也；「不喪匕鬯」，寧其心緒也。此作易者所設象而示教也。

人生，每有或然之遇，但操當然之道，則可以順應而超化也。

彖曰：震亨，震來虩虩，恐致福也。笑言啞啞，後有則也。震驚百里，驚遠而懼邇也。出可以守宗廟社稷，以為祭主也。

(一)則—爾雅釋詁曰：「則，常也。」

案：震者，下卦為震，震為雷，（說卦傳）上卦亦震，兩雷相連，其聲勢足以驚天地，動萬物，故有亨通之義。

「震來」，雷鳴之聲勢也；「虩虩」，情緒之恐懼也。夫震雷，固自然之律則，其聲勢對於人生則產生一股難以抗拒之震撼作用，此一震撼作用，並不限定於特殊個體，而實普遍於宇宙蒼生，於是，人生恐懼之感，憂患之情，乃油然生焉。憂懼之餘，則敬畏之心亦隨之湧現。此敬畏之心，即是道德意識之基礎。本此敬畏之心，於內在修持，則「戒慎乎其所不睹，恐懼乎其所不聞。」（中庸第一章語）於外在作為，則「臨事而懼，好謀而成。」（論語述而篇語）內無所失，外有所成，此「恐」所以致福也。

「笑言啞啞」，承震雷之動，而萬物化生，則天地間生意盎然，所以笑言（助詞）啞啞。震雷之動，此其先也；萬物化生，生意盎然，乃天道之常（則），是其後也。故曰「後有則也。」

「震驚百里」，既敘其氣勢，來知德易經來註圖解曰：「遠者外卦，邇者內卦，內外皆震，遠邇驚懼之象也。」此示震雷之氣勢，籠罩遠邇，無不驚懼。

出者，指長子也，蓋震為長子，（說卦傳）其外在之承當也，乃相應內在之自守言之。程子周易傳曰：「彖文脫『不喪匕鬯』一句。」「不喪匕鬯」者，自守其寧靜之心緒，則猝然之震撼，不為所驚也。然後出而外在之承當，可以守宗廟社稷以為祭主也。

象曰：洊雷，震；君子以恐懼脩省。

(一)洊雷—程子周易傳曰：「洊，重襲也。上下皆震，故為洊雷。雷重仍則威益盛。」

案：震卦，下卦為震，震為雷，（說卦傳）上卦亦為震，震相承，雷重仍，故曰洊雷，此「震」之象也。

君子體震，「以恐懼脩省」者，蓋君子亦人，既是人，則有向外追逐之要求，隨此追逐之要求，則主觀方面見其生命之膨脹，生命既膨脹，則排斥一切，衝破一切，淪為非理性者。客觀方面，人際關係，失邦其平衡矣。

震雷，固自然之現象，亦天道之威力，所以維繫宇宙之秩序。君子者，乃以成德為規定，而其德則必須服從宇宙之秩序，故於震雷重仍之時，以恐懼脩省，無敢逾越，庶幾於主觀方面，其追求者，合乎理性而嚴守分際；客觀方面，維持人已之平衡。此相應宇宙秩序之人間秩序也，震之道也。

初九，震來虩虩，後笑言啞啞，吉。

案：據卦辭及虞氏義，「震來虩虩」取象於九四，九四陽剛，上承六五、上六，下乘六二、六三，一陽動乎四陰之間，震雷既見其威力，聞者則為之虩虩（恐懼），而蟄者蘇矣。九四既一陽動乎四陰之間，而見「震來虩虩」，初九承之，故曰「後」。—初九以陽剛居下震之始，即一陽始生於兩陰之下，化生之氣機蕩焉，此所以「笑言啞啞」也，生意可喜也。以剛居陽位，故吉。

「震來虩虩」，驚其蟄伏也，而後，「笑言啞啞」，喜其生意也，故其占為吉。

象曰：震來虩虩，恐致福也。笑言啞啞，後有則也。

案：此象傳同於彖傳，「震來虩虩」，雷鳴之聲勢，產生一震撼作用，令人有恐懼之感，由於恐懼之感，轉成宇宙之悲情、因而隨之滋生敬畏之心，本此敬畏之心，以「臨事而懼，好謀而成，」則福自致矣，故曰「恐致福也」。

「笑言啞啞」，喜宇宙萬物之生意盎然，此天道之常則，人生體此常則，亦當於生活上奉行其規律。

「震者」，天之道也；「笑」者，人之情也。天之道為先，人之情則後，故曰「後有則也」。

六二，震來厲，億喪貝，躋于九陵；勿逐，七日得。

(一)厲—程子周易傳曰：「厲，猛也，危也。彼來既猛，則己處危矣。」

(二)億—陸德明經典釋文曰「億，本又作噫，辭也。」

(三)貝—廣雅釋詁曰：「貝，貨也。」

(四)躋—許慎說文解字曰：「躋，登也。」

(五)九陵—程子周易傳曰：「九陵，陵之高也。……九言其重，崗陵之重，高之至也。」

(六)逐—許慎說文解字曰：「逐，追也。」

案：本卦下卦為震，六二為陰，乘乎初九之陽，陰陽相薄，雷震之勢至猛，此「厲」之象也。初九、六二、六三、九四為大離象，離為貝，（說卦傳）大離錯為大坎，坎為隱伏，（說卦傳）此「喪貝」所以取象也。下卦為震，震為足，（說卦傳）所以躋也。六二、六三、九四互艮，艮為山，（說卦傳）震足疊於艮山之下，乃有「躋于九陵」之象。震足既以登山，則「勿逐」。七者，一卦六爻，六二歷三、四、五、上、初至本爻，其數為七，而互大離為日，（說卦傳）故曰「七日」。

六二，以陰柔居中履正，乘初剛，故有猛厲之震雷，適登於高山，而喪其貝（貨幣）。雖然，惟安守勿躁，則七日後可以復得。

象曰：震來厲，乘剛也。

案：震雷而危厲者，（來者助詞也）以六二之柔，乘乎初剛；初剛者，一陽始生於二陰之下，而六二之柔乘之，其氣相激，故云。

六三，震蘇蘇，震行无眚。

(一)蘇蘇—孔穎達周易正義曰：「蘇蘇，畏懼不安之貌。」

(二)眚—程子周易傳曰：「眚，過也。」

案：本卦，下卦為震，上卦亦震，且三為陽位，本爻以陰柔際兩震之間，居伏陽之位，此「震蘇蘇」之象。震為足、為動，（說卦傳）「行」之象也。六三、九四、六五互坎，坎多眚，（說卦傳）

本爻居兩震之間，又不當位，故當震而蘇蘇（恐懼不安），然而，能順震之勢以行，轉化被動為主動，則无眚（無過失）。

象曰：震蘇蘇，位不當也。

案：本爻，當震而蘇蘇（恐懼不安）者、以居兩震之間，伏陽之位，不中不正也，故曰「位不當也」。

九四，震遂泥。

(一)遂—朱駿聲六十四卦經解曰：「遂當作隊，古墜字。」

案：下震既終，上震繼之，猶震也。本卦，六二、六三、四之伏陰、六五、上六為大坤象，坤為土（泥）。（說卦傳）而六三、九四、六五互坎。坎為馬、為車、為陷，（說卦傳）朱駿聲六十四卦經解曰：「此車馬陷到淖之象。」

當震之時，本爻一陽陷於四陰之中，如馬車之陷於泥淖之中，滯矣。

象曰：震遂泥，未光也。

案：當震之時，車馬陷於泥淖之中，滯之也，則震道未光（廣）也。

六五，震往來厲，億无喪有事。

(一)有—王引之經傳釋詞曰：「有，語助也。」

(二) 事—李鼎祚周易集解引虞翻曰：「事謂祭祀之事。」

案：本卦，上卦為震，本爻居上震之中，乘九四之剛，陰陽相激，「往來厲」之象也。四為伏陰，上連六五、上六為坤，坤為喪，（虞氏義）今九四以陽剛居伏陰之位而成震，故曰「无喪」。又震為長子，長子守宗廟社稷以為祭主，本爻居上震之中，君位也，即主祭祀之事，故有「有事」之象。

當震之時，本爻乘剛而無應，故危厲，當戒无喪（失）祭祀之事。

象曰：震往來厲，危行也。其事在中，大无喪也。

案：「震往來厲」，如雷之厲，其行則危也。長子居一卦之中位，而主祭祀之事，則其主祭事、乃以居中之故，是以「无喪有事」者，強調「无喪」之義也。

上六，震索索，視矍矍，征凶。震不于其躬，于其鄰，无咎。婚媾有言。

(一) 索索—陸德明經典釋文曰：「（索索）猶踧踧，足不正也。」高氏周易古經今注曰：「攷踧踧乃步履戰栗之貌。……乃恐懼存於心而形於足也。」

(二) 矍矍—高亨周易古經今注曰：「矍矍者，恐懼存於心而形於目也。」

(三) 有言—劉百閔周易事理通義曰：「易凡有言，讀為有愆。」許慎說文解字曰：「愆，過也。」

案：本卦上卦為震，震為足，（說卦傳）震又為半離，離為目。（說卦傳）六二、六三、九四、六五、上六為大坎象，坎為加憂。（說卦傳）此「震索索、視矍矍」之象。

本爻以陰柔居震之極，下又無應，故「征凶」。

躬指本爻，鄰指六五。蓋震者，一陽（九四）始生於下，而陰氣遇之，陰陽相激而成震。九四、六五相激而成震，未及象「躬」之本爻，僅及所「鄰」之六五。此「震不于其躬，于其鄰。」之象也。以柔居陰位故「无咎」。

自天象觀之，陰陽相激成震雷，自人事言之，陰陽相感為婚媾。本爻以陰柔處震之極，下無所乘，且無所應，以論婚媾，非其分也，故「有愆」（過）。

本爻以柔居極而無應，當震之時，而致心存恐懼，形於足為索索，形於目為矍矍，有所征（往）則凶。既然，本爻居極則震之威勢已減弱，故未及己身，僅及所鄰，可卜「无咎」。至於問及婚媾之事，則有過失。

象曰：震索索，中未得也。雖凶，无咎，畏鄰戒也。

案： 當震而心恐懼足索索，以處震之極，不中也，故曰「中未得也」。「雖凶无咎」者，當以震及於鄰為畏，而善自戒備也。此亦處震之道也。

序卦傳曰：物不可以終動，止之，故受之以艮。艮者，止也。

案： 震之反綜為艮，震為動，動而不已則流，故動當適時而止，止則復動之機潛焉。動與止，雖相反實相成。止，正是艮之義，是以震卦之後，次之以艮。

適可而止

䷳ 艮為山 五十二

適可而止

艮 第五十二

艮下
艮上

艮其背，不獲其身，行其庭，不見其人，无咎。

(一) 艮—艮卦彖傳、說卦傳、雜卦傳皆曰：「艮，止也。」王弼周易注曰：「艮者，止而不相交通之卦也。」

案：艮卦，下卦為艮，艮為山，為止，（說卦傳）上卦亦為艮。山者安然不動，故有止象。又艮一陽居二陰之上，陽氣之盛，至是而止。是以「艮」者，乃以止為義。

高亨周易古經今注曰：「艮字當重，『艮，艮其背。』者，上艮字乃卦名，下艮字乃卦辭，此全書之通例也。」

本卦上下卦皆為艮，艮為多節，（說卦傳）此「背」所以取象，故曰「艮其背」。身指四而言。（見六四爻辭）又九三、六四、六五互震，震為行人。（虞氏義）艮為庭。（虞氏義）六二、九三、六四互坎，坎為隱伏，（說卦傳）此「不獲」、「不見」之象。夫上下皆艮，各止於其所止，艮之道也；故「无咎」。

本卦，卦為重艮，象為兩山，義則各止於其所止。「背」、「身」乃所設之相背兩象，自主位言之，艮止於背一面，則不獲（得）客位之身，此主位之止於所止也。「行」、「人」乃所設之相隔兩象，朱駿聲六十四卦經解曰：「禮，天子外屏，諸侯內屏，大夫帷，士簾，所以隔絕門庭，使內外不相見。」自客位言之，其人不為行其庭者所見，此客位之限於所止也。既然，主客各止於其所止，此艮道也。占曰无咎。

彖曰：艮，止也；時止則止，時行則行，動靜不失其時，其道光明。艮其止，止其所也；上下敵應，不相與也；是以不獲其身，行其庭不見其人，无咎也。

案：艮卦，下卦為艮，艮為山，為止，（說卦傳）上卦亦為艮，山之性安然不動，故艮之義為止。艮為止，止則靜；艮綜為震，（來氏義）震為行，行則動。（虞氏義）夫天道為形而上之實體，其化生之作用，則隨機而呈現為特定之形態。作易者之畫艮震兩卦並互為反綜，所以象徵天道之止、行，動、靜兩端。雖然，其行其動當為正面意義，其止其靜則屬負面價值。是以其行其動乃以止以靜為其曲折之發展過程，其止其靜則以行以動之機涵焉。因此，行極則止，止極復行；動極則靜，靜極復動，乃天運之常。至於實踐上，孟子萬章篇曰：「可以速而速，可以久而久，可以處而處，可以仕而仕，孔子也。……孔子，聖之時者也。」「時」者，善體天常，且順其變，而無不合宜也。故曰：「時止則止，．時行則行，動靜不失其時，其道光明。」

「艮其止」，朱子周易本義引晁說之曰：「艮其止，當依卦辭作背。」即於「背」與「身」相背兩象，自主位言之，止於其背一面，此示「止其所也」。此「所」者，固為自然意義之空間觀念，於實踐上則轉為價值意義之境界觀念，大學傳第三章曰：「子曰：於止，知其所止。……為人君止於仁，為人臣止於敬，為人子止於孝，為人父止於慈，與國人交止於信。」如能止於價值意義之境界（所），則一旦其發為實踐（行），而無不中節矣。「上下敵應」者，六爻中初六與六四，六二與六五，九三與上九，皆非陰陽相應，故「不相與也」。「艮其止」（背）之義既明，主位、客位各止於其所止，是以卦辭曰：「（艮其背）不獲其身，行其庭不見其人。」此艮道也，故占曰无咎。

象曰：兼山，艮；君子以思不出其位。

（一）兼—許慎說文解字曰：「兼，並也。」程子周易傳曰：「此而並彼為兼，謂重復也。」

案：艮卦，下卦為艮，艮為山，（說卦傳）上卦亦為艮，兩山相重，故曰「兼山」，此「艮」之象也。

君子體艮，亦當如山之安然以止於其位。中庸第十四章曰：「君子素其位而行，不願乎其外。素富貴行乎富貴，素貧賤行乎貧賤，素夷狄行乎夷狄，素患難行乎患難，君子無入而不自得焉。在上位不陵下，在下位不援上。正己而不求於人則無怨，上不怨天，下不尤人。故君子居易以俟命，小人行險以徼幸。」所謂「位」者，即指生活上，於客觀環境中之主觀遭遇—境遇。夫人之境遇，有常有變，有久有暫，有順有逆，有得有失……。君子處此境遇，即其「位」也，唯素之行之而已，素之即有所承當，行之則期於超化。「思不出其位」，即居易以承當，此艮道也，而超化之天命可俟矣。莊子人間世曰：「知其不可奈何，而安之若命也。」又何足與語此也。

初六，艮其趾，无咎，利求貞。

案：據成蓉鏡周易釋爻例，凡初爻稱趾。趾者足也。初六，居艮卦之始，上無應援，如人之安於其始，故曰「艮其趾」。李鼎祚周易集解引虞翻曰：「失位，變，得正，故无咎，永貞。」當艮之初，安於其始，是以无咎，利永貞。（利於卜問長久之事—見高氏周易古經今注）

象曰：艮其趾，未失正也。

案：古經之「貞」，易傳釋之為正。初六，當艮之始，曰「艮其趾」；能安於其始，乃正確之態度，故曰「未失正也」。

六二，艮其腓，不拯其隨，其心不快。

(一)腓─程子周易咸卦六二傳曰：「腓，足肚也。」

(二)拯─陸德明經典釋文作承，並曰：「拯，馬云舉也。」

案：初稱趾，二在初之上，故稱腓。本卦下卦為艮，艮綜為震，震為動，（說卦傳）「拯」舉）之象也，艮為反震，故曰「不拯」。其隨者趾，腓舉趾隨也。六二，九三、六四互坎，坎為心病，為加憂，（說卦傳）本爻體互坎，乃有「其心不快」之象。

六二為腓，腓在趾上，六二居中得正，當艮之時，宜於止，故曰「艮其腓」。然而，上承九三；九三、六四、六五互震，震為動，（說卦傳）九三以陽居剛位，於下卦之上，又體震動，有拯（舉）之趨勢。六二自承九三言之，則當拯（舉）其所隨之趾以動，然方艮止之時，居中正之位，乃「不拯其隨」，夫素願與境遇相違，所以「其心不快」也。

象曰：不拯其隨，未退聽也。

(一)聽─孔穎達周易正義曰：「聽，從也。」

案：六二，艮止其腓，不拯舉所隨之趾以動者，未從九三也，故曰「未退聽也」。

九三，艮其限，列其夤，厲薰心。

(一)限─陸德朗經典釋文曰：「馬云，『限，要也。』鄭荀虞同。」李鼎祚周易集解引虞翻曰：「限，要帶處也。」是則要者腰也。

(二)列─朱駿聲六十四卦經解曰：「列者，脊肉中有所裹之肉，左右分列也。」

(三)夤─陸德明經典釋文曰：「馬云，『夾脊肉也。』鄭本作臏。」

(四)薰—李鼎祚周易集解作閽。高氏周易古經今注曰：「此疑借為惛。惛者，心中迷亂之義。」

案：限者腰也・。三在卦之中，猶腰在身之中，此「限」之象也。初六、六二，六四、六五皆為偶畫，排列於九三之上下兩邊，如夾脊肉之齊列於脊間兩旁，故有「列其夤」之象。又六二、九三、六四互坎，坎為心病，（說卦傳）此「薰（惛）心」所以取象。

木卦下卦為艮，艮綜為震，震為動，（說卦傳）九三、六四、六五又互震，本爻位於綜震互震之間，且以剛居陽位，故動之勢具焉。爻辭曰「艮其限」，朱子周易本義曰：「艮其限，則不得屈伸，而上下判隔。」故有夾脊肉排列於兩旁之象。夫自卦之性言之，則當止，自爻之位言之，則見動；止中有動，何所措從也！且三多凶，（繫辭下傳第九章）此所以厲（危）而薰（惛）心。

象曰：艮其限，危薰心也。

案：當止之時，本爻為艮其限，然而所居之位則見動之勢焉，動止何從？故危而薰（惛）心。

六四，艮其身，无咎。

案：本爻，三為限（腰）、五為輔，則四象乎身。本卦上卦為艮，艮為止，（說卦傳）本爻體艮止，又象乎身，故曰「艮其身」。以柔居陰位，故无咎。

四為陰位，本爻以柔居之，得其正也。夫守柔居正，止於其身，無鶩乎外，故无咎。

象曰：艮其身，止諸躬也。

案：當艮之時，艮其身，自無所鶩於外，艮之道也，此本爻「止諸躬（身）」之義也。

六五，艮其輔，言有序，悔亡。

(一)輔—來知德易經來注圖解（咸卦上九）曰：「輔者，口輔也，近牙之皮膚與牙相依，所輔相齒牙之物，故曰輔。」

案：本卦為艮。六五承上九，如兩頰，故有「輔」象。九三、六四、六五互震，震為言。（虞氏義）為健，（說卦傳）此「言有序」之象。五為陽位，本爻以陰居之，失正，當悔，但以居中，得止之道，故「悔亡」。

輔屬口，艮其輔則不妄言，言不妄則有序，故悔亡。

象曰：艮其輔，以中正也。

案：六五，有「艮其輔，言有序。」之象者，以居上卦之中，得艮道之正也。

上九，敦艮，吉。

(一) 敦—敦者，厚也。（見本爻象傳）許慎說文解字曰：「厚，山陵之厚也。」爾雅釋丘曰：「丘一成（重）為敦丘。」

案：本卦，上卦為艮，艮為山。（說卦傳）本爻居艮之上，猶山之陵。又本卦之初為趾，二為腓，三為限（腰），四為身，五為輔，皆取人身之部位以為象，準此諸例，則山之陵，猶人之首。此「敦艮」之象也。李鼎祚周易集解引虞翻曰：「无應，靜止，下據二陰，故『敦艮，吉。』」

上九，自取象言，居艮之極，下據兩陰，如山之安然平隱。自示象言，趾為事之始，敦喻事之終，當及之時，終而止也，故曰「敦艮」。其終也，當止則止，乃吉。

象曰：敦艮之吉，以厚終也。

案：敦艮所以吉者，以艮道之終，如山之安然平隱。

序卦傳曰：物不可以終止，故受之以漸。漸者，進也。

案：止者，相應行而言，（見艮卦彖傳）非終極目的，乃曲折之發展過程，故不可以終止，當繼之以進，進，正是漸之義。是以艮卦之後，次之以漸。

循禮漸進

循禮漸進

䷴ 風山漸 五十三

循禮漸進

漸第五十三

艮下
巽上

漸，女歸，吉，利貞。

(一) 漸—漸為水名，借以代趣。（見朱駿聲說文通訓定聲）許慎說文解字曰：「趣，進也。」序卦傳曰：「漸者，進也。」孔穎達周易正義曰：「凡物有變移，徐而不速，謂之漸也。」

(二) 歸—許慎說文解字曰：「歸，女嫁也。」

案：漸卦，下卦為艮，艮為山，（說卦傳）上卦為巽，巽為木，象傳曰：「山上有木。」山上之樹木，則逐漸生長。是以「漸」者，乃以徐進為義。

本卦既然上卦為巽，巽為長女，（說卦傳）下卦為艮，艮為少男，（說卦傳）少男下於長女，象乎男之得女，女之歸男，此「女歸」之象也。

本卦，九五以陽剛居中，下有六二陰柔居中以應，此「吉，利貞。」之象。

漸之義為徐進，來知德易經來註圖解曰：「天下之事，唯女歸為有漸，納采，問名，納吉，納徵，請期，親迎，六禮備而後成婚，是以漸者莫如女歸。」故設以為喻。蓋依禮循序以徐進，此漸道也。其占為「吉，利貞。」

彖曰：漸之進也，女歸吉也。進得位，往有功也。進以正，可以正邦也。其

位，剛得中也。止而巽，動不窮也。

案：「漸之進也」，王弼周易注曰：「之於進也。」意謂漸之於進也，如女之歸，依禮循序以徐進而致吉，此「漸」之義也。

本卦與歸妹為反綜，（來氏說）歸妹之下兌，綜而為本卦之上巽，歸妹之九二，既進而為本卦之九五，得君位而居之，故曰「進得位」。繫辭下傳第九章曰：「五多功。」歸妹之九二，既進而為九五，則其往有功也。

歸妹之九二，進而為本卦之九五，五為陽位，而剛居之，得正，故曰「進以正」。古經之「貞」，易傳釋之為「正」。）既以正居君位，則「可以正邦也」。論語子路篇曰：「子曰：其身正，不令而行；其身不正，雖令不從。」又曰：「子曰：苟正其身矣，於從政乎何有？不能正其身，如正人何？」

「其位」，本卦之九五，以陽剛居上卦之中，故曰「剛得中也」。本卦名漸，其義為徐進，於卦義「徐進」涵蓋下，九五為本卦之主爻，乃由歸妹之九二反綜而進於是，並以陽剛居中正之位，其「進」且「正」，即是漸道，此卦辭所以有「利貞」之占也。

本卦，下卦為艮，艮為止，（說卦傳）上卦為巽，巽者順也。「止而巽」，止者乃對動而言，動不能無已，故動極則止，是動而止之機涵焉。止不能無已，故止極則動，是止而動之機涵焉。因此，止乃為動之曲折發展過程。序卦傳曰：「物不可以終止，故受之以漸。」止既涵乎動之機，巽者，其即動而順應客觀律則，此客觀律則亦反以限制其動為徐進之形態。夫動極固止，而實以止為曲折發展過程並復其動，故曰「動．不窮也」。

象曰：山上有木，漸；君子以居賢德善俗。

(一) 居—韋昭國語晉語注曰：「居，蓄也。」

案：漸卦，下卦為艮，艮為山，（說卦傳）上卦為巽，巽為木，（說卦傳）「山上有木」，徐徐向上生長，此「漸」之象也。

君子體漸，則當「居賢德善俗」。俞曲園羣經平議曰：「賢德善俗，相對成文，居字包下二事。」居者，蓄也。賢德乃個人人格之價值，善俗即社會生活之成就，兩者皆屬質之發展。個人既居賢德，則匯成社會善俗；社會既蓄善俗，則輔成個人賢德，彼此皆須通過時間行程以徐進。君子體漸，則當先自個人居其賢德，然後推至社會蓄其善俗。故荀子勸學篇曰：「積善成德。」樂論篇曰：「移風易俗。」此漸道也。

初六，鴻漸于干，小子厲，有言，无咎。

(一)鴻—李鼎祚周易集解曰：「鴻，大雁也。」李林松周易補疏曰：「大者為鴻，小者為雁。」

(二)干—陸德明經典釋文曰：「干，陸云『水畔稱干。』」翟云：『涯也。』」高亨周易古經今注曰：「此讀干為岸。」

(三)小子—惠士奇易說曰：「小子者，女未笄，男未冠之名也。」

(四)有言—劉百閔周易事理通義（需卦九二）曰：「易凡言『有言』，讀為有愆，愆，過也。」

案：毛奇齡仲氏易曰：「巽為鶴，（原注：九家易。）艮為黔喙，（原注：即鳥喙。）加以互離飛鳥，而集之互坎水涯之間，此其象當為鴻。」下卦為艮，艮為少男，本爻體艮，「小子」所以取象也。初為陽位，而陰居之，失正，又上無應援，故「厲（危）」、「有言（愆）」。然而下艮為止，（說卦傳）不躁進，故「无咎」。

鴻徐飛於涯岸，毛奇齡仲氏易曰：「鴻以時至，而其飛有序，得漸之義，而惜所漸之非其地矣。」來知德易經來註圖解曰：「昏禮用鴻，取不再偶，於女歸之義為切。」既鴻漸之非其地，則女歸之非所宜，小子（少男）遇之，所以厲（危）也，所以「有言（愆）」也。唯不躁進乃无咎。

象曰：小子之厲，義无咎也。

案：小子遇乎女歸之非宜，而致厲（危），然而體艮止不躁進，故義（宜）无咎也。

六二，鴻漸于磐，飲食衎衎，吉。

(一) 磐—王弼周易注曰：「磐，山石之安者。」

(二) 衎衎—許慎說文解字曰：「衎，喜貌。」爾雅釋詁曰：「衎，樂也。」

案：本卦，九三、六四、九五互離，離為飛鳥，（說卦傳）下卦為艮，艮為石，（說卦傳）互離疊於下艮之上，是「鴻漸于磐」之象。六二、九三、六四互坎，坎為飲食，（來氏義）下卦為艮，艮錯為兌，兌為說，（說卦傳）故曰「飲食衎衎」。

六二，陰居柔位，且為下卦之中，上有九五陽剛之應，得其漸也。故設象為鴻之飛，由初之于（岸），而二之磐，並飲食喜樂，有所徐進，也故其占為吉。

象曰：飲食衎衎，不素飽也。

(一) 素—程子周易傳曰：「素，空也。」

案：「飲食衎衎」，此示鴻之飛也，由干（岸）而磐，而後有此成效。「不素飽也」，蓋當先謀有所徐進，不可徒求飽享而已。

九三，鴻漸于陸，夫征不復，婦孕不育，凶；利禦寇。

(一) 陸—許慎說文解字曰：「陸，高平地。」

(二) 復—爾雅釋言曰：「復，返也。」

案：本卦，九三、六四、九五互離，離為飛鳥，（說卦傳）「鴻」之象也。下卦為艮，艮綜為震，震為大塗，（說卦傳）此「陸」所以取象。又艮為少男，（說卦傳）本爻居艮之上，故有「夫」之象。征者往也，九三征則無應，又承上巽，巽為入，（說卦傳）故「不復」。再者，巽為長女，九三、六四、九五互離，離為大腹，本爻承上巽，居互離之下，「婦孕」之象也，然亦居下艮之上，艮為止，故曰「不育」。

本卦六二、九三、六四互坎，坎為盜，（說卦傳）此「寇」之象也。九三、六四、九四互離，離為甲胄，為戈兵，（說卦傳）用以禦也。九三以陽剛體坎臨離，故有「利禦寇」之象也。

九三，居下卦之上，不中而過剛，又無應，如鴻之飛於陸地，固為徐進，實非所在。既非所在，則其徐進難以獲得其成果。移之人事，如夫之征（有所往）則不復返，如婦之孕則不生育，皆徐進而不果也。故凶。

當漸之時，本爻既寄徐進而不果之義，反面言之，寇者之企圖，亦難以得逞，此於禦之則為有利，故曰「利禦寇」。

象曰：夫征不復，離群醜也。婦孕不育，失其道也。利用禦寇，順相保也。

(一)離—陸德明經典釋文（離卦）曰：「離，麗也，麗，著也。」即附麗也。

(二)醜—孔穎達周易正義曰：「醜，類也。」

案：漸卦為徐進之義，九三居過剛之位，「夫征」即徐進也，本爻居上下兩卦之間，徐進則附麗於九五、上九二陽，故曰「離羣醜」。以過剛，故「不復」。

「婦孕」，亦徐進；過剛故「不育」。孕而不育，徐進不果，失漸之道也。

「利用禦寇」，乃自反面言之，寇之進襲，難以得逞；正面之禦則利也，既「利用（於）禦寇」，則可「順相保也」。

六四，鴻漸于木，或得其桷，无咎。

(一) 桷—程子周易傳曰：「桷，横平之柯。」

案：本卦，九三、六四、九五互離，離為飛鳥，（說卦傳）「鴻」之象也。上卦為巽，巽為木，（說卦傳）本爻體互離而疊於上巽之下，故曰「鴻漸于木」。又巽為不果，是「或得」所以取象。而桷者柯也，木之屬，亦取象於巽。以得位乘剛，故「无咎」。

爾雅釋鳥曰：「鳧雁醜，其足蹼。」（蹼即足趾，間有皮膜相連。）六四陰柔，下無所應，如鴻之足蹼，不便棲於木枝，此示所漸之非其所也。然而下乘九三，除陽相比，如或得其桷，可姑藉以棲矣。其占為无咎。

象曰：或得其桷，順以巽也。

案：六四，有「鴻漸于木，或得其桷。」姑藉以棲之象者，以所本之爻性柔順，所體之卦德巽遜，故曰「順以巽也」。

九五，鴻漸于陵，婦三歲不孕，終莫之勝，吉。

(一) 陵—許慎說文解字曰：「陵，大阜也。」

案：本卦，九三、六四、九五互離，離為飛鳥，（說卦傳）「鴻」之象也。下卦為艮，艮為山，（說卦傳）六四、九五為半艮，如山上疊山之象，故曰「陵」。

九三、六四、九五互離，離為中女，「婦」之象。離中空，故「不孕」。互離居三之位，故曰「三歲」。李鼎祚周易集解引虞翻曰：「得正居中，故莫之勝，吉。」

九五，以陽剛居中履正，下有六二之應，如鴻之徐進於高陵，去其性所適之澤遠矣。如其為婦，則其位之尊，凌乎其夫，非順從之道，故「三歲不孕」。雖然，以居中履正，故「終莫之勝」，即其漸之高，終莫能勝之。其占為吉。

象曰：終莫之勝，吉，得所願也。

案：漸者，徐進也。本爻徐進於高位，終莫能勝之，而吉者，蓋當漸之時，得其徐進之所願也。

上九，鴻漸于陸，其羽可用為儀，吉。

(一)陸—江永翼經補義曰：「以韻讀之，『陸』當作『阿』。大陵曰阿。九五為陵，則上九宜為阿。阿、儀（古讀俄）相叶。」

(二)儀—毛奇齡仲氏易曰：「鴻漸至此，第可用其羽為舞具而已。儀，舞也。書「鳳皇來儀」，文舞用羽名羽舞。」

案：毛奇齡仲氏易曰：「巽為鶴，（原注：九家易。）艮為黔喙，（原注：即鳥喙。）加以互離飛鳥，而集之互坎水涯之間，此其象當為鴻。」因此，本卦各爻皆設「鴻漸」之象。九五既有「陵」之象，上九在九五之上，故曰陸，（阿—大陵也。）而稱「鴻漸于陸」。又上卦為巽，巽綜為兌，兌為毀折，（說卦傳）此「取其羽」之象。巽錯則為震，震為足，為動，（說卦傳）此「儀舞」之象。

本卦各爻既設「鴻漸」之象，由初之于干，二之于磐，三之于陸，四之于木，五之于陵，至木爻之于陸，（阿—大陵也。）為極高之地。然而，鴻為水鳥，所宜者在澤，今漸而至「于陸」（阿—大陵也。），其位愈高，則去澤愈遠，而其遇愈危，蓋亦「亢龍有悔」之意。

漸之既極，猶鴻之徐進至於窮高之地，無所復進矣。其羽可用為儀舞之具，此示轉而盡其實用之價值也。

象曰：其羽可用為義，吉，不可亂也。

案：鴻性樂羣，其飛有序。其羽於實用上可用為儀舞之具，而卜其吉者，示其舞列秩然，故曰「不可亂也」。

序卦傳曰，進必有所歸，故受之以歸妹。

案：漸之義為徐進，徐進不已，則有所偏至，為求其漸而不失其平衡諧和，則必有所歸。是以漸卦之後，次之以歸妹。

永終知敝

雷澤歸妹
永終知敝

歸妹 第五十四

兌下
震上

歸妹，征凶，无攸利。

(一)歸妹—公羊隱公二年傳曰：「婦人謂嫁曰歸。」王弼周易注曰：「妹者，少女之稱也。」歸妹即嫁女。

案：歸妹卦，下卦為兌，兌為澤，為少女，（說卦傳）上卦為震，震為雷，為動，為長男，為足，（說卦傳）雷動則澤隨，男行則女從，此「歸妹」所以取象。是以「歸妹」者，乃以嫁女為義。

「征凶」者，象傳曰：「征凶，位不當也。」即二、四為陰位，而陽居之；三、五為陽位，而陰居之。皆非正位，故「征凶」。

「无攸利」者，彖傳曰：「无攸利，柔乘剛也。」即三為柔，乘二之剛，五為柔，乘四之剛，故「无攸利」。

歸妹，嫁女也，此人倫之大端，天地之大義。然而，自爻象之位置與結構觀之，四爻不當位，故「征凶」。二爻以柔乘剛，故「无攸利」。（彖傳義）

彖曰：歸妹，天地之大義也；天地不交，而萬物不興。歸妹，人之終始也，說以動，所歸妹也。征凶，位不當也。无攸利，柔乘剛也。

案：歸妹，嫁女也。禮記禮運篇曰：「男有分，女有歸。」此所以成夫婦也。夫婦，自形而上之立場論之，即「天地之大義」。夫天地，綜合言之，所以生成萬物；分解言之，則天生之，地成之。故泰卦彖傳曰：「天地交而萬物通也。」反之，如果「天地不交」，則「萬物不興」。是則歸妹以成夫婦而生育于女，即本天地，而著其「交」道，故序卦傳曰：「有天地然後有萬物，有萬物然後有男女，有男女然後有夫婦，有夫婦然後有父子。」此「天地之大義」，亦歸妹之道也。

歸妹，乃由自然意義之男女，臻於人倫境域之夫婦。相應男女觀念而言，則其終也；相應夫婦生活而言，則其始也。故曰「人之終始也」。

本卦，下卦為兌，兌為少女，為說，（說卦傳）上卦為震，震為長男，為動，（說卦傳）下兌上震，即少女說（悅）以從乎長男之動向，故曰「說以動」。「所歸妹也」，陸德明經典釋文曰：「本或作『所以歸妹。』」乃謂「說以動」之卦德，所象悅從其夫之婦德，斯為歸妹之要件。

卦辭之斷占曰「征凶」者，乃「位不當也」。即二、四為陰位，而陽居之。三、五為陽位，而陰居之，皆非正位。曰「无攸利」者，乃「柔乘剛也」。即三為柔，乘二之剛，五為柔，乘四之剛，柔乘剛，猶女凌男，非歸妹之道。

象曰：澤上有雷，歸妹；君子以永終知敝。

(一) 永終知敝—程子周易傳曰：「永終，謂生息嗣續，永久其傳。知敝，謂知物有敝壞。敝壞……，謂離隙。」

案：歸妹卦，下卦為兌，兌為澤，（說卦傳）上卦為震，震為雷，（說卦傳）「澤上有雷」

者，即雷震於上，澤應於下；澤之應雷，猶女之從男，此「歸妹」之象也。

君子體歸妹，當知歸妹者，女嫁於男以成夫婦，而夫婦者，自「義」言之，生育子女，承傳宗代，此其永恆價值。自「情」言之，夫婦亦人，各有其氣質，各有其習性，則扞格，離隙在所難免，此其實然遺憾。君子既體歸妹，當於正面創造永恆價值，於負面消融實然遺憾，則「情」「義」圓通矣，斯為「歸妹」之道也。

初九，歸妹以娣，跛能履，征吉。

(一) 以—王引之經傳釋詞曰：「以猶及也。」

(二) 娣—許慎說文解字曰：「娣，女弟也。」案古人嫁女，以宗，庶姊妹為媵。

案：歸妹卦，下卦為兌，兌為妾，（說卦傳）初九體兌，上無正應，此「娣」所以取象。依易例，初稱足，而兌為毀折，（說卦傳）此「跛能履」之象。以剛居初得位，故「征吉」。

古代嫁女，諸娣從之，其嫡夫人稱女君。女君為正室，諸娣則非其正。今初九居下無應，故象乎從嫁之娣。從嫁之娣，於夫家其位之卑如同跛者。雖然，以剛居陽位，其德之正，足以相其夫也，故曰「能履」。朱子周易本義曰：「陽剛在女子為賢正之德，但為娣之賤，僅能承助其君而已，故又為跛能履之象。」位雖卑，德則賢，故征（往）吉。

象曰：歸妹以娣，以恆也。跛能履，吉，相承也。

案：嫁女及其娣，乃人倫之常道，故曰「以恆也」。位卑非正如跛，德賢以相則「能履」而致吉，蓋承相其君也，故曰「相承也」。

九二，眇能視，利幽人之貞。

(一)眇—許慎說文解字曰：「眇，小目也。」

(二)幽人—俞曲園羣經平議曰：「幽人，為幽繫之人。」

案：本卦，九二、六三、九四互離，離為目，（說卦傳）所以視也。下卦為兌，兌為毀折，（說卦傳）本爻體互離下兌，故有「眇能視」之象。又下兌之錯為艮，艮為門闕，（說卦傳）九二於門闕之內，故曰「幽」。

孔穎達周易正義曰：「九二不云歸妹者，既在歸妹之卦，歸妹可知，故略不言也。」二為陰位，而陽居之，非正，如目之眇，歸而不遇之「幽人」。然而，以陽剛之德，及六五之應，則猶有「能視」之用，自守之利。

象曰：利幽人之貞，未變常也。

案：本爻有利於幽人卜問（貞）之象者，蓋其歸也，位雖不正，情有不遇，而其義屬人倫之常則未變。

六三，歸妹以須，反歸為娣。

(一)須—姚配中周易姚氏學曰：「須同嬃，姊也。」許慎說文解字曰：「楚人謂姊曰嬃。」

(二)反歸—范寧穀梁傳隱公二年注曰：「反，謂為夫家所遣。」即被夫家所遣，而與其娣反母家。

案：本卦，九二、六三、九四互離，離為中女，（說卦傳）下卦為兌，兌為少女，（說卦傳）中女於少女為姊，此「須」（嬃—姊也）之象。（姚氏說）又兌為少女，「娣」之象也。兌錯為艮，艮綜為震，震為反，（來氏義）故曰「反歸以娣」。

古者之嫁，以宗庶之嬃娣為娣。當歸妹之時，本爻既嫁女及其姊，然而，以不中不正，又於上無應，致為夫家所不容，乃與其娣反回母家。

象曰：歸妹以須，未當也。

案：本爻有既嫁女及其姊，終與其娣反回母家之象者，以三為下卦之上，不中也，又為陽位而陰居之，不正也，故曰「未當也」。

九四，歸妹愆期，遲歸有時。

(一)愆期—許慎說文解字曰：「愆，過也。」愆期即過期。

案：本卦為歸妹。六三、九四、六五互坎，坎為月，（說卦傳）九二、六三、九四互離，離為日，（說卦傳）日月者，「期」所以取象。然而，四為陰位，本爻以陽居之，失位，變而之正，則離日坎月不見，此「愆期」所以取象也。（虞氏說）上卦為震，震錯為巽，巽為進退，為不果，（說卦傳）故有「遲歸有時」之象。

劉百閔周易事理通義曰：「歸妹六爻，無論男女，皆以女論。」九四陽剛，象女之有賢德，然以不當位，且無正應，故其嫁則過期。雖然，乘三、承五皆為陰柔相與，可得其歸也，有待而已。（范寧穀梁傳隱公七年注引「遲歸有時」，作「遲歸有待」，則本爻辭蓋借「時」以代「待」—此取王引之經義述聞說。又象傳正作「有待」。）

象曰：愆期之志，有待而行也。

(一)行—來知德易經來註圖解曰：「行者，嫁也。」

案：俗曰，女大當嫁，本爻言嫁女而過期（耽誤），非客觀之阻撓，乃主觀之等待；蓋其志乃在等待佳偶天成而後嫁也。

六五，帝乙歸妹，其君之袂，不如其娣之袂良，月幾望，吉。

(一) 帝乙—李鼎祚周易（泰卦六五）集解引虞翻曰：「帝乙，紂父。」

(二) 君—論語季氏篇曰：「邦君之妻，君稱之曰夫人，邦人稱之曰君夫人，稱諸異邦曰寡小君。」則君者，邦君夫人也。

(三) 袂—王弼周易注曰：「袂，衣袖，所以為禮容者也。」

(四) 良—程子周易傳曰：「良，美好也。」

(五) 月幾望—陸德明經典釋文曰：「幾，荀作既。」案望為陰曆十五日，既望則為十六日。

案：五為尊位，本爻以陰居之，帝妹之象也。（姚配中周易姚氏學義）卦名歸妹，此借「帝乙歸妹」之事以為爻辭。陰居尊位，故稱君。六三、九四、六五互坎，坎錯為離，離為乾卦（說卦傳），乾為衣，（荀九家義）「袂」所以取象。下卦為兌，兌為少女，（說卦傳）「娣」之象。又乾為良。（說卦傳）再者，互坎為月，（說卦傳）錯離為日，（說卦傳）日月相對，故曰「月幾（既）望」。（虞氏義）

六五，陰居尊位，下有九二之應，作易者乃以帝乙歸妹於文王之事為繫辭。（見顧氏周易卦爻辭中的故事）夫帝乙嫁女於文王，並以娣為媵。袂為衣袖，所以為禮容者，蓋藉而襯托其姿貌也。帝乙之女，嫁作文王之夫人，其姿貌反而不如其娣之美好，此客觀之事實。「月幾（既）望」，此示其佳期，月圓花好，則吉。

象曰：帝乙歸妹，不如其娣之袂良也。其位在中，以貴行也。

案：帝乙嫁女，其女之姿貌反而不如其娣美好。究以女為主，娣為媵者，蓋六五象乎帝妹

（女），共位在上卦之中，下應九二，猶帝妹（女）居宮中之貴而嫁之也。

上六，女承筐无實，士刲羊无血，无攸利。

(一) 承—許慎說文解字曰：「承，奉也。」
(二) 實—筐所盛者，米也。（姚配中周易姚氏學引鄭康成說）
(三) 刲—許慎說文解字曰：「刲，刺也。」

案：本卦上卦為震，震錯為巽，巽為女，（說卦傳）震綜為艮，艮為手，（說卦傳）「奉」之象也。又震為竹，（說卦傳）似仰器，「筐无實」之象也。震又為士，（虞氏義）震綜為艮，艮為手，（說卦傳）九二、六三、九四互離，離為刀，（說卦傳）手執刀，所以刲也。下卦為兌，兌為羊，（說卦傳）六三、九四、六五互坎，坎為血，（說卦傳）坎血在兌羊之上，故曰「无血」。本爻居極無應，故「无攸利」。

姚配中周易姚氏學引鄭康成曰：「宗廟之禮，主婦奉筐米，士昏禮，婦入三月而後祭行。」卦之既終，歸妹已成，於祭祀，女承筐，士刲羊。然而，本爻居一卦之極，上無所承，下無所應，如承筐而无實，到羊而无血，則祭祀不成，而昏盟不終矣，故「无攸利」。

象曰：上六无實，承虛筐也。

案：上六，女承筐，示歸妹已成而祭祀，然而「无實」，則祭祀不成，而昏盟不終。蓋歸妹，徒有形式意義，而無具體內容，故曰「承虛筐也」。

序卦傳曰：得其所歸者必大，故受之以豐。豐者，大也。

案：歸，所以屬之也；得其歸屬，則為量之增加，而成其大。大，正是豐之義。是以歸妹卦之後，次之以豐。

折獄致刑

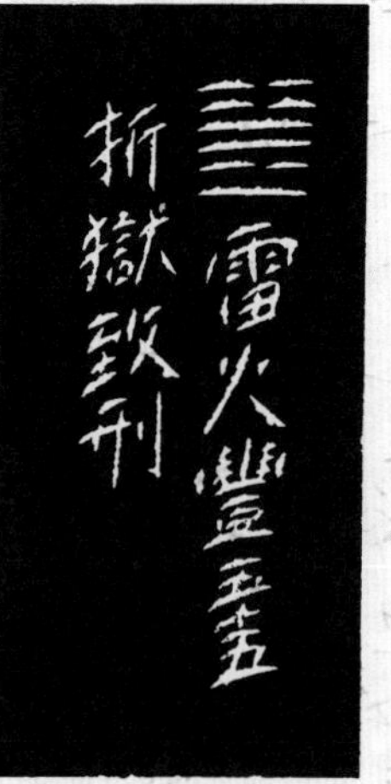

豐第五十五

離下
震上

豐，亨，王假之，勿憂，宜日中。

(一)豐—許慎說文解字曰：「豐，豆之豐滿者也。」案：豐字乃依豆畫竹編器之形。殷周之時，為盛果品之竹豆，即籩也。秦漢通叚以代丰茂之丰，而另造籩字以還其原。（此取高鴻縉先生中國字例說）本卦彖傳曰：「豐，大也。」

(二)假—孔穎達周易正義曰：「假，至也。」

(三)憂—姚配中周易姚氏學曰：「憂本憂游字，㥑乃㥑愁字，優則優伶字。此勿憂當用本訓。當豐大之時，不可憂游，宜明刑政以照天下。」

案：豐卦，下卦為離，離為電，（說卦傳）上卦為震，震為雷，（說卦傳）雷電交作，則見盛大之勢。又離為明，震為動，（說卦傳）明而動，亦為盛大之象。是以「豐」者，乃以盛大為義。雷電交作，既見盛大之勢，故亨。

本卦，下卦為離，離為乾，（說卦傳）乾為王。（說卦傳）上卦為震，震為足、為動，（說卦傳）「假」（至）之象也。六二、九三、九四、六五為大坎象，坎為加憂，（說卦傳）離王震假

（至）分別疊於大坎象之上下，則坎象不見，故曰「勿憂」。又離為日，「日中」之象也。

豐者，取盛滿之器，示盛大之象，於事則亨通。「王假（至）之」，乃以具體事例，狀其盛大。「勿憂」，作易者繫此以勸當豐之時，不可憂游，（姚氏義）應知盛衰消長，盈虛循環之理，宜及時掌握有如「日中」盛大之契機。斯為豐道也。

象曰：豐，大也；明以動，故豐。王假之，尚大也。勿憂，宜日中，宜照天下也。日中則昃，月盈則食，天地盈虛，與時消息，而況於人乎！況於鬼神乎！

(一) 昃—許慎說文解字曰：「昃，日在西方時側也。」

案：豐，其義為大。由於下卦為離，離為明，（說卦傳）上卦為震，震為動，（說卦傳）內明外動，盛大之象見矣，故曰豐。

王者，其德之明足以表率羣倫，其量之大足以涵容四方，是以能臻（假）於豐道之境界，蓋以盛大為尚也。

「勿憂」，勿憂游也（姚氏義）；「宜日中」，即在盛衰消長，盈虛循環之天運中，宜及時掌握有如「日中」盛大之契機，本其德量以照臨天下，此豐道之涵蓋作用。

豐之義為盛大，於宇宙之行程中，僅為相對之特定階段性境況，是以日中，其盛也，而中則昃。月盈，其盛也，而盈則食。準此可知天地之有盈有虛，其盈虛乃與時推移而消息循環，然後，萬物化生不已矣。此為形而上之律則。於此形而上律則涵蓋下，日不能常中，月不能久盈，何況人能永豐乎？何況鬼神能原恒主乎？此處豐之道也。

象曰：雷電皆至，豐；君子以折獄致刑。

(一) 折—朱駿聲六十四卦經解曰：「折者，折衷于至當之理。」

(二) 致—許慎說文解字曰：「致，送詣也。」段玉裁注曰：「送詣者，送而必至其處也。」

案：豐卦，上卦為震，震為雷，（說卦傳）下卦為離，離為電。（說卦傳）夫震象乎雷，其聲至威，離象乎電，其光至明。雷電皆至，則聲光交挾，而見盛大之氣勢，此「豐」之象也。君子體豐，其盛大氣勢之表現，最相應者莫如刑獄。夫折獄貴明，所以得其情，而其明莫如電。致刑尚威，所以使其畏，而其威莫如雷。蓋威以致刑，固期於遷善改過，而明以折獄，即發自誠懇理性，則刑獄者，所以佐治也，此豐之道也。

初九，遇其配主，雖旬无咎，往有尚。

(一) 配—陸德明經典釋文曰：「配，鄭作妃，云，嘉耦曰妃。」許慎說文解字曰：「妃，匹也。」

(二) 雖—王引之經傳釋詞曰：「雖當讀為唯。」

(三) 旬—許慎說文解字曰：「旬，偏也。十日為旬。」段玉裁注曰：「日之數十，自甲至癸而一偏。」

(四) 尚—助也。（見王引之經義述聞）

案：本卦，上卦為震，震為主，（虞氏義）九四為上震之始位，所應在初，而初亦陽剛以相敵。雖然，初九體下離，離電與震雷交挾以成豐，則初九之於九四，為如客之「遇其配主」之象。依易例，初為地，依繫辭上傳第九章，地之數十，下卦為離，離為日，十日一旬，此「旬」所以取象。本爻以剛居陽位，故「无咎」。既然，電與雷交挾以成豐，初九如客而遇乎九四之配主，故「往有尚（助）」。

豐之始，電雷相挾，本爻即示其相遇所配（匹）之主，則其豐可期也。殷人之計日，以旬為單位，且每於旬之癸日，預卜下旬之休咎。本爻既遇配主，則所卜之下旬可以「无咎」，而所往有尚（助）也。

象曰：雖旬无咎，過旬災也。

案：豐之始，如雷電之初相遇，可期於致豐。移之人事，則可卜下旬之无咎。然而，豐者，僅為階段性之境況，蓋盛極則衰，是以本爻所示之无咎，雖（唯）旬而已，過旬則災也。

六二，豐其蔀，日中見斗；往得疑疾。有孚發若，吉。

(一) 豐其蔀—王弼周易注曰：「蔀，覆曖障光明之物也。」陸德明經典釋文曰：「蔀，鄭薛作菩，云，小席。」高亨周易古經今注曰：「蔀者，蓋院中架木，上覆以席，所以蔽夏日者也。」豐其蔀，即院中架木，覆以大草席。

(二) 見斗—陸德明經典釋文曰：「見斗，孟作見主。」許慎說文解字曰：「主，鐙中火主也。」主字上象其燄，下象其臺。徐鍇說文繫傳曰：「主即脂燭也，古，初以人執燭，後易之以鐙。」見主即燃燭。而「見斗」蓋「見主」之形似而譌。（此參考高鴻縉先生中國字例及高氏周易古經今注之說）

案：本卦，下卦為離，離為日，（說卦傳）六二、九三、九四互巽，巽為木，（說卦傳）上卦為震，震為萑葦，（說卦傳）此架木加席以蔽日之象，故曰「豐其蔀」。離既為日，又為火，（說卦傳）此「日中見斗」（主—燭光。）之象。依易例，自內之外曰往。六二、九三、九四、六五為大坎象，坎為加憂，為心病，（說卦傳）此「往得疑疾」之象。

又坎為孚，（見坎卦卦辭）上卦為震，震為動，（說卦傳）動則「發若」，此「有孚發若」之象。本爻以柔居下卦之中，故「吉」。

六二，以陰柔中正，體下離，見其明也。所應在五，五亦陰柔，陰柔則闇弱，無以資六二之明，且其間為九三、九四二陽所隔，反而蔽其明，於日中猶見燭光，不得其豐也。事既反常，如有所往，心中難免無疑。

雖然，以居中履正，故有孚（信）—唯其誠信，則庶幾足以盛發之也。此所以吉。

象曰：有孚發若，信以發志心也。

案：當豐之時，離明無所資，反而遭受遮蔽，不得成其豐。唯本其誠信以盛發之，蓋誠信足以盛發其志意也。

九三，豐其沛，日中見沬；折其右肱，无咎。

(一) 沛—王弼周易注曰：「沛，幡幔，所以禦盛光也。」陸德明經典釋文曰：「沛，本或作旆，子夏作芾。」朱駿聲六十四卦經解曰：「沛，一作旆，幡幔也。大暗謂之沛，猶旆之蔽而不明也。」

(二) 沬—朱駿六十四卦經解曰：「沬，斗杓後小星也，星之小者如魚沬，故名。」

(三) 肱—陸德明經典澤文曰：「（肱）姚作股。」李富孫易經異文釋曰：「肱、股音相近，義並通。」

案：本卦為豐。下卦為離，離為乾卦，（說卦傳）乾為衣，（說卦傳）此沛（旆）所以取象，故曰「豐其沛」。又離為日，（說卦傳）九三、九四、六五互兌，兌錯為艮，艮為沬，（虞氏義）故曰「日中見沬」。六二、九三、九四互巽，巽為股，（說卦傳）九三、九四、六五互兌，兌為毀折，（說卦傳）朱駿聲六十四卦經解易例發揮曰：「右陽左陰。」此「折其右肱」之象。本爻剛居陽位，上有上六之應，故「无咎」。

九三，居離明之極，上有上六之應，上為陰柔，闇之極矣，加幡幔（沛—旆）既大，則障蔽愈甚，所見如小星之光（沬）。

夫極明之才，為陰闇所蔽，如肱之廢，無所用矣。所幸得位守正，可以「无咎」。

象曰：豐其沛，不可大事也。折其右肱，終不可用也。

案：九三，居離明之極，然為上六所象之大沛（旛幔）所蔽，故不可以當大事。離明既蔽，猶右肱之折，故終不可用也。

九四，豐其蔀，日中見斗，遇其夷主，吉。

(一) 斗—李鼎祚周易集解引虞翻曰：「斗，七星也。」

(二) 夷—毛詩瞻仰傳曰：「夷，常也。」

案：本卦，下卦為離，離為日，（說卦傳）六二、九三、九四互巽，巽為木，（說卦傳）上卦為震，震為蕉葦，（說卦傳）本爻體互巽、上震，於下離之上，此加席於架以蔽日之象，故曰「豐其蔀」。下離既為日，九三、九四、六五互兌，兌錯為艮，艮為斗，（虞氏義）日既為蔽，則「日中見斗」矣。四為陽爻，所應在初，初亦陽爻；初遇四之配主，四遇初為同德，故曰「夷主」。本爻與初相遇，兩剛相遇，故吉。

本爻，居不中，履不正，唯下於初為配主，而初體離明，四雖為配主，亦為敵剛，不僅未能成其豐，反而蔽其明。其明既蔽，所見者雖日中猶點點斗星。雖然，以與初同屬陽剛，故如客而遇常時之主。此所以吉也。

象曰：豐其蔀，位不當也。日中見斗，幽不明也。遇其夷主吉，行也。

案：豐卦，下明上動，「明以動」以成其大。本爻象乎木架上之大席，而蔽乎日者，以四為陰位，陽居之，失位，故曰「位不當也」。

日中，盛也，而所見如斗星，是以「幽不明也」。

本爻為陽剛，遇乎初九，亦陽剛，如客之遇乎常時之主，而吉者，其志得行也。（惠棟九經古義以為「行」字上脫「志」字，茲從之。）

六五，來章有慶，譽，吉。

(一)章——李鼎祚周易集解引虞翻曰：「章，顯也。」

案：來知德易經來註圖解曰：「此來字非各卦之來，乃召來之來，謂屈己下賢以召來之。」，五為伏陽之尊位，所應在二，二以陰柔而體離明，為六五所召來。六五居震動之中，召來體乎離明之六二，以成其豐。自六二之來，為「章」，以成其豐，則「慶」。又九三、九四、六五互兌，兌為口，「譽」之象也。以居中，故吉。

當豐之時，六五居一卦之尊位，召來六二以成其豐——相章而有慶，故其譽可聞，某占為吉。

象曰：六五之吉，有慶也。

案：六五之占為吉者，以六二之相章而有慶也。

上六，豐其屋，蔀其家；闚其戶，闃其无人，三歲不覿，凶。

(一)闚—玉篇曰：「闚同窺。」

(二)闃—陸德明經典釋文曰：「闃，字林云，靜也。」

(三)覿—爾雅釋詁曰：「覿，見也。」

案：本卦為豐。上卦為震，震綜為艮，艮為門闕，（說卦傳）此「屋」、「家」所以取象也。以其居上，為高大之象，故曰「豐其屋」，以其陰柔，為蔽闇之象，故曰「蔀其家」。

本爻下與九三相應，九三於下離之上，離為目（說卦傳）。於綜艮之下，艮為門闕，（說卦傳）目在門闕之下，故曰「闚其戶」。上卦為震，震為動，（說卦傳）反震則靜，「闃」之象也。反震為艮，艮為人，（仲氏義）震即反艮，故「无人」。震錯為巽，巽為三，（說卦傳）故曰「三歲」，「不覿」即无人。本爻居豐之極，而反見其衰，故「凶」。

上六，豐之極，故豐其屋；柔其質，故蔀（蔽）其家，既雖豐而反以成蔽，戶內三歲不見其人，破落之甚矣，蓋豐極反衰，故凶。

象曰：豐其屋，天際翔也。闚其戶，闃其无人，自藏也。

(一)際—廣韻曰：「際，邊也。」

案：「豐其屋」者，其盛極矣，非常人所可企及，如飛鳥之翱翔於天際。「闚其戶，闃其无人。」蓋豐極反衰，乃示當善自隱藏也。

序卦傳曰：窮大者必失其居，故受之以旅。

案：豐之反綜為旅。豐以盛大為義，上六即設屋居之象。示其盛大之極，（窮大）既窮大則反衰，當善自隱藏，致失其居。失其居則遊寄於外，遊寄正是旅之義。是以豐卦之後，次之以旅。

明慎用刑

明慎用刑

䷷ 火山旅 五十六

明慎用刑

旅第五十六

䷷ 艮下離上

旅，小亨，旅貞吉。

(一) 旅—孔穎達周易正義曰：「旅者，寄客之名，羈旅之稱。失其本居，而寄他方謂之旅。」

案：旅卦，下卦為艮，艮為山，（說卦傳）上卦為離，離為火，（說卦傳）來知德易經來註圖解曰：「為卦山內而火外，內為主，外為客。山止而不動，猶館舍也。火動而不止，猶行人也，故曰旅。」是以「旅」者，乃以遊寄為義。

本卦以六五為主爻，五為尊位，而柔居之，順四、上之剛，體乎上離之明，可亨者也。然而，以其在外，故曰「小亨」。（此參考彖傳及虞氏義）且「貞吉」。

旅者，遊寄也。

下艮止，上離明；舍則有館，遊則無迷，是以小事亨通；雖旅途勞頓，萍逢陌生，於旅所問（貞）可卜其吉。

彖曰：旅，小亨，柔得中乎外而順乎剛，止而麗乎明，是以小亨，旅貞吉也。

旅之時義大矣哉！

案：「旅，小亨。」者，以六五陰柔得乎外（上）卦之中，乘九四，承上九；九四、上九皆為陽剛，依易例，陽為主，陰為從，六五既居外得中而乘、承之，故曰「順乎剛」。又本卦下卦為艮，艮為止，（說卦傳）上卦為離，離為麗、為明，（離卦彖傳）故曰「止而麗乎明」。夫於外為客，有主則可安。所止能麗乎明，則無迷。此所以小亨，於旅之問，可卜其吉。

「旅之時」，即旅卦所設定之境況。蓋易有六十四卦，每卦皆相應宇宙之秩序，或人間之遭遇，設定其境況，然後，對於人間生活之具體接觸，或階段運會，揭示其指導原則，六十四卦所設定之境況，即環繞而窮盡人生之行程—「旅之時」，即旅卦所設定之境況，乃象乎遊寄之意義，以及可能之遭遇，而啟迪其趨避之道。「義」者，所涵之超越與現實兩層次之深義也。「大矣哉」，乃旅卦所涵之深義，非觀念化之可得而盡發，故極致其讚歎。

象曰：山上有火，旅；君子以明慎用刑而不留獄。

案：旅卦，下卦為艮，艮為山，（說卦傳）上卦為離，離為火，（說卦傳）「山上有火」，即火寄於山上而遊移不定，此「旅」之象也。

君子體旅，當善會「山上有火」之象，蓋山上之火，所以焚燬草木，表現其負面價值，移之政事，則用刑之屬。且火之德至明，其行則不滯。君子體旅，於政事之用刑，當如火之德，以明察情理，慎斷曲直。並如火之行，以迅結訟獄，建立威信。此旅道也。

初六，旅瑣瑣，斯其所，取災。

(一) 瑣瑣—孔穎達周易正義曰：「瑣瑣者，細小卑賤之貌。」

(二) 斯其所—俞曲園羣經平議曰：「此當以斯其所為句，說文斤部，『斯，析也。』析之則離，故斯亦訓離。……然則斯其所者，離其所也。」

案：本卦為旅卦，下卦為艮，艮為小石，（說卦傳）此「瑣瑣」所以取象。又為門闕、為徑路，（說卦傳）「斯（離）其所」之象。又為手，（說卦傳）所以「取」也。初六所應在九四，九四體上離，離為火，（說卦傳）故曰「災」。

初六以陰柔居旅之始，象乎飄零孤單之旅人，上有九四之應，則離其居所，踏上旅途，遇乎離火，故遭受（取）災患也。

象曰：旅瑣瑣，志窮災也。

案：旅人，飄零孤單，示其志之窮困，以致自取災患。

六二，旅即次，懷其資，得童僕，貞。

(一) 即次—李鼎祚周易集解引九家易曰：「即，就。次，舍。」

(二) 懷其資—陸德明經典釋文曰，「懷其資，本亦作懷其資斧。」李鼎祚周易集解引九家易曰：「資，財也。」高氏周易古經今注曰：「斧，當讀為布，同聲系，古通用。……蓋古者，銅幣有作斧形者，其名即曰斧，其字即作斧，後以布字為之，此古今字之變也。然則易文之斧，指銅幣之斧而言也。」

案：本卦，下卦為艮，艮為舍，（虞氏義）為止，（說卦傳）此「即次」所以取象。依易例，陽為實，六二承九三，為懷其資（斧）之象。（九家易義）又艮為童僕。（虞氏義）

六二，以陰居柔位，並為下卦之中，當旅之時，既就館舍，又懷資（斧），得童僕，便於旅矣。

高亨周易古經今注曰：「貞下疑當有吉字，轉寫挩去。象傳曰：『得童僕貞，終无尤也。』正以无尤二字釋吉字，即其證。『得童僕貞吉』，與九三『喪其童僕貞厲』正相對為文也。」夫既便於旅，則所問（貞）者吉。

象曰：得童僕貞，終无尤也。

(一)尤—鄭康成詩小雅四月箋曰：「尤，過也。」

案：貞，於易傳例釋其義為正。得童僕貞（正），即得其忠誠隨從，可保旅途之終無過失。

九三，旅焚其次，喪其童僕，貞厲。

(一)喪—皇侃論語八佾篇義疏曰：「喪，猶亡失也。」

案：本卦為旅，下卦為艮，艮為舍，（說卦傳）上卦為離，離為火，（說卦傳）「焚其次（舍）」之象。又艮為童僕，（虞氏義）九三、九四、六五互兌，兌為毀折，（說卦傳）故曰「喪其童僕」。繫辭下傳第九章曰：「三多凶。」故「貞厲」。九三，既臨離火，又過剛不中，是以於旅途，既焚其館舍，又失其童僕之忠誠，故所問（貞）者厲（危）。

象曰：旅焚其次，亦以傷矣。以旅與下，其義喪也。

(一)「以旅」之「以」—裴學海古書虛字集釋曰：「以猶於也。」

(二)下—朱駿聲六十四卦經解曰：「下者，童僕也。」

案：旅途，焚其館舍，無所安矣，故哀傷。而且與童僕相隨，失其忠誠，故其義為喪也。

九四，旅于處，得其資斧，我心不快。

㈠處—許慎說文解字曰：「處，止也。」爾雅釋詁曰：「處，凥也。」（凥通作居）

案：本卦為旅。六二、九三、九四互巽，巽為處。（虞氏義）上卦為離，離為資斧。（虞氏義）六二、九三、九四、六五為大坎象，坎為加憂，為心病，（說卦傳）「心不快」之象也。四為陰位，本爻以陽居之，非其正也。此象遊寄於所居之處，非安寧之所。然而，下有初六之應，故可得其資斧（財資），便於旅也。由於所居未安，是以「我心不快」。

象曰：旅于處，未得位也。得其資斧，心未快也。

案：旅遊於未安之處所，乃因陽居陰位，非正也。因此，雖得其資斧，亦於心未快。

六五，射雉一矢亡，終以譽命。

㈠以—裴學海古書虛字集釋曰：「以猶有也。」

㈡譽命—程子周易傳曰：「譽，令聞也。命，福祿也。」

案：本卦，六二、九三、九四、六五為大坎象，坎為弓，（說卦傳）上卦為離，離為矢，（說卦傳）所以射也。又為雉。（說卦傳）九三、九四、六五互兌，兌為毀折，（說卦傳）「亡」之象也。故曰「射雉一矢亡」。又兌為口，（說卦傳）「譽命」所以取象也。六五以陰柔居尊，於下無應，於旅如射雉，而亡失其一矢。以居尊位，故「終以（有）譽命」。蓋遊宦在外，志有所求，先有所失，終有所得。

象曰：終以譽命，上逮也。

㈠逮—孔穎達周易正義曰：「逮，及也。」

案：遊宦在外，先有所失，終有譽命者，蓋承上九之陽剛，比之以成其旅，故曰「上逮也」。

上九，鳥焚其巢，旅人先笑後號咷；喪牛于易，凶。

案： 本卦，上卦為離，離為鳥，（虞氏義）為科上槁，為火，（說卦傳），六二、九三、九四為巽，巽為風、為木，（說卦傳）此鳥巢木上，火趁風以焚巢之象。九三、九四、六五互兌，兌為說，（說卦傳）此「笑」所以取象。又巽為號咷。（虞氏義）

上卦為離，離為牛，（九家易義）九三、九四、六五互兌，兌為決，（說卦傳）此「喪牛」之象。本爻居旅之極，既失正，又無應，故「凶」。

上九居旅之極，如鳥之巢於高枝，志得意滿。然而，由於過剛無應，離免悵然若失，惘然無依，似其巢之焚。此所以先笑，後號咷也。

「喪牛于易」，據顧氏「周易卦爻辭中的故事」一文曰，此用王亥喪牛之故事，王亥為成湯以前殷之先王，曾客於有易之國，從事畜牧牛羊，終為有易之君所殺，而喪其牛羊。

居極過剛，焚巢喪牛，一切化為烏有，故凶。

象曰：以旅在上，其義焚也。喪牛于易，終莫之聞也。

案：「以旅在上」，旅之極也，遊寄無依，其義如鳥之焚其巢。「喪牛于易」，蕩然無存矣，故「終莫之聞也」。

序卦傳曰：旅而無所容，故受之以巽。巽者，入也。

案： 旅之至極，則浪迹天涯，無所容也。既無所容，乃反而求其有所入，入正是巽之義。是以旅卦之後，次之以巽。

申命行事

申命行事

☴ 巽為風 五十七

申命行事

巽第五十七

巽下
巽上

巽，小亨。利有攸往，利見大人。

(一)巽—許慎說文解字曰：「巽，篆文巺。」段玉裁注曰：「竊疑此篆字當籀字之誤。」許慎說文解字曰：「巺，具也。」段玉裁注曰：「孔于說易曰：『巽，入也。』巺乃遜之借字。遜，順也，順故善入。許云具也者，巺之本義也，巺今作巽。」

案：巽卦，下卦為巽，上卦亦巽，巽為風，（說卦傳）風隨乎風，順也。又巽卦，其下一陰柔，其上二陽剛；一陰伏乎二陽之下，能順以入也。是以「巽」者，乃以順入為義。依易例，陽為大，陰為小。本卦上下卦皆為巽，巽，一陰承兩陽，由小通大，故有「小亨」之象。（此取仲氏義）

一陰承二陽，由小通大，故「利有攸往」。

大人乃指九五，六四以陰柔承而通之，故曰「利見大人」。

孔穎達周易正義曰：「巽之為義，以卑順為體，以容入為用。」巽既體順用入，故其亨為小，有攸往則利，見大人則利。

彖曰：重巽以申命，剛巽乎中正而志行，柔皆順乎剛，是以小亨、利有攸往、利見大人。

(一) 申命—程子周易傳曰：「申，重復也。」申命即重復其命令。

案： 巽卦，下卦為巽，上卦亦巽，故曰「重巽」。巽為風，（說卦傳）朱駿聲六十四卦經解曰：「風者，天之號令，君子之德風，故象之。」兩巽相重，如風隨乎風，而命繼以命，此之謂「申命」。重復申命則順而入矣。剛者，九五也，九五以剛而居上巽中正之位，其志如風之行。柔者，初六、六四也，初六順乎九二、九三之剛，六四順乎九五、上九之剛，依易例，陰為小，陽為大，「柔皆順乎剛」，即由小通大。項安世周易玩辭曰：「以卦體言之，重巽以申命，是小亨也。以九五言之，剛巽乎中正而志行，是利有攸往也。以初六、六四言之，柔皆順乎剛，是利見大人也。巽彖與旅相類，皆總陳卦義，而用『是以』二字結之。」其實本卦彖傳三語，分別自象之結構，卦之主爻，爻之關係，綜敘本卦如風之順以入之卦義，而交錯盡發卦辭三語之理由。

象曰：隨風，巽；君子以申命行事。

案： 巽卦，下卦為巽，上卦亦巽，巽為風，（說卦傳）巽承乎巽，風隨乎風，故曰「隨風」，此「巽」之象也。

君子體巽，巽為風，（說卦傳）朱駿聲六十四卦經解曰：「風者；天之號令，君子之德風，故象之。」巽承巽，風隨風，自宇宙言，造化重復其命令，則生機鼓蕩於萬物，而見其欣然向榮。自人間言，君子重復其德教，則善俗領導其生活，而見其偃然從化。夫申命者，呈現其意義也；行事者，具體之作用也。申命行事，即精神價值之貫徹於宇宙人間，此巽之道也。

初六，進退，利武人之貞。

案：本卦，下卦為巽，巽為進退。（說卦傳）初為陽位，陰居之，失正，變則下卦為乾，乾為武入。（虞氏義）

初六，以陰柔居巽之始，其勢當入，但九二以陽剛居中而阻之，其進不得，其退無由，兩難也。處此境遇，唯武人秉其陽剛之氣，乃足以有所突破，故曰「利武人之貞」。

象曰：進退，志疑也。利武人之貞，志治也。

案：初六，居巽卦之始，而進退兩難，以陰柔之資，故其志之疑也。如果為武人，秉其陽剛之氣，則可有所突破，故曰「利武人之貞」，蓋其志於治也。

九二，巽在牀下，用史巫紛若，吉，无咎。

(一) 史巫—朱駿聲六十四卦經解曰：「史，祭祀時作冊書以告神者。巫，祓禳時為歌舞以事神者。」

(二) 紛若—程子周易傳曰：「紛若，多也。」

案：李鼎祚周易集解引宋衷日：「巽為木，二陽在上，初陰在下，牀之象也。二无應於上，退而據初，心在下也，故日巽在牀下也。」巽綜為兌，九二、九三、六四亦互兌，兌為巫，（說卦傳）此「史巫」所以取象也。又兌為口舌，為附決，「紛若」之象也。以得中據初，故「吉，无咎」。

二為陰位，本爻以陽居之，於下巽之中，當巽之時，巽在牀下，怯懦之情見矣。以其得中，據初，故藉史之作冊，巫之歌舞，以通於神明，致其虔誠，則雖卑順而有所入，故吉，无咎。

象曰：紛若之吉，得中也。

案：本爻既見怯懦之情，乃藉史巫諸多行事，以通神明，致虔誠而卜吉者，乃得居下卦之中也。

九三，頻巽吝。

(一) 頻—劉百閔周易事理通義曰：「頻，古顰字，顣也。」

案：本卦，初六、九二、九三、六四為大坎象，坎為加憂。（說卦傳）九二、九三、六四互兌，兌錯為艮，艮為鼻。（九家易義）此頻之象，卦為巽，故曰「頻巽」。本爻以不中，又無應，故吝。

當巽之時，本爻居兩巽之間，巽之又巽也。然而以陽剛之資，居不中之位，又於上無應，不巽（順）也。無奈於巽道涵蓋之下，不容不巽（順），是以「頻巽」。當巽而不巽，又不容不巽，故吝。

象曰：頻巽之吝，志窮也。

案：當巽之時，本爻以過剛不中，有所不巽，又於巽道涵蓋下，不容不巽，此頻（顣）巽之所以吝者，其志於主客條件限制下，窮困矣。

六四，悔亡，田獲三品。

(一) 田—穀梁桓公四年傳曰：「春日田。」范寧集解曰：「取獸於田。」

案：六四，所應在初，初亦陰柔，無應，故悔。然而，四為陰位，木爻以柔居之，得位，故「悔亡」。

本卦，九三、六四、九五互離，離為戈兵，（說卦傳）此「田」所以取象。「三」指下卦三爻。初六、九二、九三互巽，巽為雞，（說卦傳）九二、九三、六四互兌，兌為羊，（說卦傳）九三、六四、九五互離，離為雉，（說卦傳）此下卦三爻所象之三種獵物，所謂「三品」之象。（此取李鼎祚

周易集解引翟元說）

六四，柔居陰位、得正。又居上巽之下，上承二陽，善於順以入也，故無悔恨；且能順乎禽獸之性，而有所獵獲。

象曰：田獲三品，有功也。

案：田獵而獲三種獵物，乃以入而有功也。

九五，貞吉。悔亡，无不利；无初有終；先庚三日，後庚三日，吉。

案：五為陽位，為上卦之中，為全卦之尊位，本爻履正，居中，足以巽乎天下，故「貞（卜問）吉，悔（恨）亡（無），无不利。」又上卦為巽，巽為躁卦，氣躁心浮，不切於事，故「无初」，然而，秉巽之道，則「有終」。

本卦，上卦為巽，巽錯為震，李鼎祚周易集解引虞翻曰：「震，庚也。」九三、六四、九五互離，離為日。（說卦傳）

九五以陽剛中正居尊，巽道著矣，故其占曰貞吉，悔亡，无不利，无初有終。至於其行事，則宜在「先庚三日，後庚三日。」蓋古者，以天干地支紀日，天干一周，適為一旬。又古人每有預卜下一旬行事之習慣，「先庚」、「後庚」即以下一旬之庚日為設準，「先庚三日」即丁日，「後庚三日」即癸日。俞曲園羣經平議曰：「古人行以先後三日為節。」此示巽道宜於丁日至癸日行之，則吉。

象曰：九五之吉，位正中也。

案：九五之所以吉者，以居上卦之中，並得陽剛之正也。

上九，巽在牀下，喪其資斧，貞凶。

案：卦為巽，上卦為巽，巽為木，（說卦傳）一陰二陽，象乎牀。（見本卦九二案語）此「巽在牀下」之象。又巽為近利市三倍，（說卦傳）「資斧」（財資也—見旅卦六二注（二））之象。巽綜為兌，兌為毀折，（說卦傳）故曰「喪其資斧」。以居極無應，過剛不中，故「凶」。

上九，巽之極，過剛無應，又見怯懦之情焉，故「巽在牀下」。夫巽之極，則轉為不順，「喪其資斧」即示事之不如意。故貞（所卜問）凶。

象曰：巽在牀下，上窮也。喪其資斧，正乎凶也。

案：「巽在牀下」，表示卑順而至怯懦，乃本爻居上位而窮困之故也。「喪其資斧」，則象巽極而反不順，正（易傳例釋貞為正）爻辭所曰「凶」之由也。

序卦傳曰：入而後說之，故受之以兌。兌者，說也。

案：巽之反綜為兌，巽為順而入，入則有所澤，物得其澤則說（悅），說（悅）正是兌之義。是以巽卦之後，次之以兌。

朋友講習

䷹ 兌為澤 五十八

朋友講習

兌第五十八

兌下
兌上

兌，亨，利貞。

(一) 兌—許慎說文解字曰：「兌，說也。」段玉裁注曰：「說者，今之悅字。」

案：兌卦，下卦為兌，上卦亦兌，兌為澤，（說卦傳）澤連乎澤，所以潤物，物得其潤，故說（悅）。又兌，一陰進乎兩陽之上，喜說（悅）之見乎外也。是以「兌」者，乃以說（悅）為義。

兌，一陰進於二陽之上，以成乎說，此「亨，利貞」之象也。

兌者說也，澤連乎澤以潤物，物得其潤，則說，故亨，利於卜問（貞）。

彖曰：兌，說也。剛中而柔外，說以利貞，是以順乎天而應乎人。說以先民，民忘其勞；說以犯難，民忘其死；說之大，民勸矣哉！

案：兌者，說也，兌卦即言說（悅）之道。本卦，九二與九五皆以陽剛而各居下卦與上卦之中，故曰「剛中」。六三與上六皆以陰柔而各居下卦與上卦之上。上即外，故曰柔外。「剛中而柔外」，剛中則有所守正，柔外則可以接物。剛中而柔外，說道也；柔外而剛中，利貞也。（易傳例釋貞為正）故曰「說以利貞」。兌道之見於天者，乃化生之序秩然，潤澤之功諧如。見於人者，則誠懇之志所以感人，和悅之情足以化物，此兌道所以「順乎天而應乎人。」

移之政事，夫民之惡勞畏死，乃常情也，如果以說（悅）道先民之勞，誠懇以感之，和悅以化之，則民忘其勞而樂其事。如果以說（悅）道犯國之難，誠懇以感之，和悅以化之，則民忘其死而履其險。此說道之大用，民信從勉行矣。

象曰：麗澤，兌，君子以朋友講習。

(一) 麗—王弼周易注曰：「麗猶連也。」

案：兌卦，下卦為兌，上卦亦兌，兌為澤，（說卦傳）上下皆兌，則兩澤相連，而互相交流也，故曰「麗澤」，此「兌」之象也。

君子體兌，亦當善會兩澤相連，互相滋潤之象，「以朋友講習」。孔穎達周易正義曰：「同門曰朋，同志曰友。」夫朋友，乃以道義為基礎，而求其進德修業。是以朋友相處，猶如兩澤相連。兩澤相連，自能互相交流；朋友相處，亦當互相增益。講者，乃觀念上之提煉。習者，為實踐上之砥礪。「講習」，即以觀念指導實踐，以實踐體證觀念。觀念指導屬知，實踐體證屬行。朋友間「知」、「行」之增益，即是「德」、「業」之進修，此兌道也。

初九，和兌，吉。

案：初為陽位。而剛居之，得正也。當兌之時，居卦之始，「和兌」之象也。以得正，故吉。

兌之始，本爻以剛正，而見其和，故曰「和兌」。和兌則可隨分而順人矣，故吉。

象曰：和兌之吉，行未疑也。

案：初九，和兌之吉者，以剛正居兌之始位，其和悅之行未可疑也。

九二，孚兌，吉，悔亡。

案：九二，陽剛居下卦之中，「孚」之象也。當兌之時，故曰「孚兌」。二為陰位，本爻以陽居之、非正，又上比六三之陰柔，當悔也。然而剛中有孚，故吉，悔亡。

信（孚）存於中，悅（兌）見乎外，其誠可以感人，故吉、悔亡。

象曰：孚兌之吉，信志也。

(一) 信—許慎說文解字曰：「信，誠也。」段玉裁注曰：「古多以為屈伸之伸。」

案：信（孚）存於中，悅（兌）見乎外，其吉者，即信（伸）此孚信之志也。

六三，來兌，凶。

案：本卦，下卦為兌，本爻以一陰居二陽之上，而求悅於九二之陽剛，此「來兌」之象。以陰居陽位，不當也，（象傳義）故「凶」。

三為陽位，而陰居之，不正，來兌於九二之陽剛，柔媚也，且三多凶，（繫辭下傳第九章）故其占為凶。

象曰：來兌之凶，位不當也。

案：六三陰柔而來兌於九二之陽剛，其凶者，乃陰居陽位，不當也。

九四，商兌未寧，介疾有喜。

(一) 商—陸德明經典釋文曰：「商，商量也。」

(二) 寧—爾雅釋詁曰：「寧，安也。」

(三) 介疾—朱駿聲六十四卦經解曰：「介，纖也。介疾喻小惡。」

案：本卦，六三、九四、九五互巽，巽為進退，為不果，此「商」、「未寧」所以取象也。六三，九四、九五、上六為大坎象，坎為疾，（說卦傳）此「介疾」之象。又上卦為兌，兌為說，（說卦傳）故曰「有喜」。

本卦上下卦皆兌，九四際乎其間，當兌之時，九四以陽剛而上比九五之尊位，以悅之也。亦下乘六三之陰柔而戀之也，此所以考慮猶豫於所從悅者，而未安寧也，蓋其所失在私意計議。雖然，以陽剛之質，必能擇善而悅之也。既能擇善而悅，則所悅者當也，雖小失而有喜。

象曰：九四之喜，有慶也。

案：九四之喜，乃由於擇善而悅，所悅者當也，此所以有慶也。

九五，孚于剝，有厲。

(一)剝—程子周易傳曰：「剝者，消陽之名，陰消陽者也。」

案：本卦，六三、九四、九五、上六為大坎象，坎為孚。（見坎卦）上卦為兌，兌為毀折，（說卦傳）此「剝」之象也。又坎為多眚，（說卦傳）此「有厲」之象。

九五以陽剛居中正之尊位，本其孚信，而上比上六，當兌之時，上六柔媚也，本爻比而悅之，由於孚信，反而有被惑之虞，故曰「有厲」（危）。此作易者，戒乎悅者，當無為所惑。

象曰：孚于剝，位正當也。

案：由於心存孚信，而比悅上六之柔媚，反有被惑之虞者，蓋其位正當居中正而比上六之柔媚也。

上六，引兌。

(一)引—程子周易萃卦六二傳曰：「引者，相牽也。」

案：本卦，上卦為兌，兌錯為艮，艮為手，（說卦傳）兌綜為巽，巽為繩，（說卦傳）以手牽繩，「引」之象也。本卦為兌，故曰「引兌」。

上六為柔，於悅則媚。乘九五孚信，上六乃引之以成其兌。

象曰：上六引兌，未光也。

案：上六，引九五以成其兌者，溺於私也，故其兌道未光（廣）也。

序卦傳曰：說而後散之，故受之以渙。渙者，離也。

案：說者，情緒之舒暢，舒暢即離散，而離散正是渙之義。是以兌卦之後，次之以渙。

廣度發展

䷺ 風水渙 五九

廣度發展

渙 第五十九

坎下
巽上

渙，亨，王假有廟，利涉大川，利貞。

(一) 渙—許慎說文解字曰：「渙，散流也。」段玉裁注曰：「分散之流也。」

(二) 假—李鼎祚周易集解引虞翻曰：「假，至也。」

(三) 有—裴學海古書虛字集釋曰：「有猶於也。」

案：渙卦，下卦為坎，坎為水，（說卦傳）上卦為巽，巽為風，（說卦傳）象傳曰：「風行水上。」風行水上，則散流、分離矣。是以「渙」者，乃以散離為義。

風行水上而水散離，此「亨」之象。

本卦九五以陽剛居尊位，「王」之象也。六三、六四、九五互艮，艮為門闕，（說卦傳）下卦為坎，坎為宮，（九家易義）九五居互艮互坎之上，故曰「王假有廟」。

下卦為坎，坎為水，（說卦傳）此「大川」所以取象。上卦為巽，巽為木，（說卦傳）繫辭下傳第二章曰：「刳木為舟，剡木為楫，舟楫之利，以濟不通，致遠以利天下，蓋取諸渙。」此「利涉大川」、「利貞」之象。

渙以散離為義，散離表示廣度之發展精神，故於事為亨通。

「王假有廟」，廟者，祖考之魂魄，既散於碧落，復聚於斯所。渙之義固為散離，然而自相對之立場言之，散於此則聚於彼，故引申之，又有聚合之義。京房易傳曰：「水上見風，渙然而合，則渙又訓為合。」「王假有廟」即示聚其所散之象。

「利涉大川」，涉大川，難且險也。「利涉大川」則險難可濟矣。渙為散離，表示廣度之發展精神，故利貞（卜問）。

彖曰：渙，亨，剛來而不窮，柔得位乎外而上同。王假有廟，王乃在中也。利涉大川，乘木有功也。

案：渙卦，所以亨通者，乃因為渙為節之反綜，（來氏義）節之九五為剛，居上卦之中，來為渙之九二，猶為下卦之中。依易例，卦有六爻，曲下而上表示其發展之階段性歷程，走以「剛來」為渙之九二，深具發展之可能，故曰「不窮」。「柔得位乎外」者，指六四，四為陰位，六四以柔居之，屬上（外）卦，故白「柔得位乎外」。「上同」，即上同於九五，九五周中履正，六四亦得正位，是以六四上同九五以成其渙。此渙之所以亨通。

「王假有廟」，所以聚合祖考所散離之魂魄，論語學而篇曰：「曾子曰：慎終追遠，民德歸厚矣。」蓋王以聚合其祖考離散之魂魄，固如所取象之九五，居一卦正中之位，實際上亦為民心所歸向，故曰「王乃在中也」。

「利涉大川」，大川取象於下坎，而寄其險、難之義。上卦為巽，巽為木，（說卦傳）木之刳剡則為舟楫，「乘木」即乘舟楫，巽木在坎水（大川）之上，利於涉矣。「利涉大川」則濟險難，濟險難則有功也。

象曰：風行水上，渙；先王以享于帝立廟。

案：渙卦，上卦為巽，巽為風，（說卦傳）下卦為坎，坎為水，（說卦傳）「風行水上」，則水流散離矣，此「渙」之象也。

先王體渙，渙之義為散離，散離表示廣度之發展精神，「先王以享于帝立廟」，朱駿聲六十四卦經解曰：「此立新廟也，象嗣君正位居體。享帝者，告于南郊而謚之，故曰先王。」來知德易經來註圖解曰：「言王者享帝，而與天神接，立廟而與祖考接。皆聚己之精神，以合天人之渙也。」天神固在於天，亦徧在於人間。祖考之既沒，魂魄則歸散於碧落。此渙散之義。雖然，渙者散也，渙散為廣度之發展則有所聚合。先王之享于帝立廟，即所以聚其散，而渙道章矣。

初六，用拯馬壯，吉。

(一) 用—王引之經傳釋詞曰：「用，詞之以也。」

(二) 拯—陸德明經典釋文引馬融曰：「（拯），舉也。」

案：初為陽位，本爻以陰居之，失正，上又無應，唯比九二之陽剛以成其渙，此「用拯」之象。本卦，下卦為坎，坎為美脊馬，（說卦傳）此「馬壯」之象。以比九二而得其助，故吉。（象傳義）初六，當渙之始，其勢將散，「用拯」，即其勢之始散，上雖無應，而九二陽剛，可藉以相助，如壯馬之將致遠也。故其占曰吉。

象曰：初六之吉，順也。

案：初六有吉之占者，以初六陰柔，比乎九二之陽剛以順之也。

九二，渙奔其机，悔亡。

(一) 机—惠棟九經古義曰，机疑作杌，而杌疑借為廄，廄為馬舍。

案：本卦為渙，九二、六三、六四互震，震為奔，（虞氏義）六三、六四、九五互艮，艮為舍，（虞氏義）此「机」（杌—庪）之象，故曰「渙奔其机（杌）」。以居中，故「悔亡」。九二，陷於險中，當渙之時，不能有濟，但求其離。初六既「用拯馬壯」，九二繼之，則奔出馬庪。其占為「悔亡」。

象曰：渙奔其机，得願也。

案：九二陷於險中，繼初六如壯馬之奔出其馬庪，得其所願矣。

六三，渙其躬，无悔。

(一) 躬—許慎說文解字曰：「躬，身也。」

案：本卦為渙，依易例，三與四為人位，故有「躬」之象。以有上九之應，故「无悔」。本爻為陰柔，雖不中不正，然上有上九之應，當渙之時，「渙其躬」也，「渙其躬」猶致其身。可占「无悔」。

象曰：渙其躬，志在外也。

案：六三有渙其躬（致其身）之象者，以上有上九之應，上九屬外卦，本爻應之，故曰「志在外也」。

六四，渙其群，元吉；渙有丘，匪夷所思。

(一) 有—裴學海古書虛字集釋曰：「有猶於也。」
(二) 匪—裴學海古書虛字集釋曰：「匪，非也。」
(三) 夷—來知德易經來註圖解曰：「夷，平常也。」

案：本卦為渙。六四，下乘六三，應初六，三者皆陰而成羣，故曰「渙其羣」。叫為陰位，本爻以柔居之，得位也，又承九五，此所以「元吉」。六三、六四、九五互艮，艮為山，（說卦傳）此「丘」之象也。九二、六三、六四互震，震為大塗，（說卦傳）此「夷」所以取象也。九二、六三、六四、九五為大離象，大離象錯為大坎象，坎為心，（說卦傳）所以「思」也。

本爻乘三應初而承五，「渙其羣」，即致其羣力以奉尊者，此所以元（大）吉。本爻居互艮山（丘）之中，而九五之尊者，則在艮山（丘）之頂，「渙有丘」即渙於丘，即致其力於山丘，蓋所以從乎王事。且本爻於下坎之上，乃示出於險難，則「渙有丘」之功，「匪夷所思」—非常情所可思及。

象曰：渙其羣元吉，光大也。

案：致其羣力以占元吉者，乃示其功之光（廣）大也。

九五，渙汗其大號，渙王居，无咎。

(一)大號—惠士奇易說曰：「王之位曰大寶，王之名曰大號。」

(二)王居—來知德易經來註圖解曰：「王居者，帝都也。」

案：本卦為渙，下卦為坎，坎為水，（說卦傳）此「汗」所以取象。上卦為巽，巽為風，（說卦傳）風散汗水，故曰「渙汗」。九五為陽，依易例，陽稱大、又巽為號，（虞氏義）故曰「大號」。五為尊位，本爻以陽居之，故稱王。六三、六四、九五互艮，艮為居，（虞氏義）此「王居」之象也。以居中履正，故「无咎」。

九五以陽剛居中履正，王者之象也。當渙之時，王者如汗之散流，以播揚其名號，顯赫其帝都。

渙道大成，故无咎。

象曰：王居无咎，正位也。

案：王居者，帝都也。王居顯赫而无咎者，以本爻陽剛居中履正也，

上九，渙其血，去，逖出，无咎。

(一)去—高誘戰國策齊策注曰：「去，離也。」

(二)逖出—許慎說文解字曰：「逖，遠也。」象傳曰：「遠害也。」高氏周易古經今注曰：「出猶走也。」

案：本卦為渙，本爻所應在三，三體下坎，坎為血。（說卦傳）此「渙其血」之象。上卦為巽，巽錯為震，震為足，為動，（說卦傳）此「去」之象。又坎為逖，（虞氏義）「逖出」之象也。以剛居上，下有六三之應，故「无咎」。

上九，居渙之極，渙之極則如血之流散。夫血散則形枯，比喻其害之危矣。然而以陽剛居上，下有六三之應，故可遠離以避害，則无咎。

象曰：渙其血，遠害也。

案：渙者，散也，血既散，形則枯，比喻其害之危矣。知幾者當遠離以避害也。

序卦傳曰：物不可以終離，故受之以節。

案：渙之反綜則為節，（來氏義）且渙為散離，散離固為廣度之發展，然其歷程不可漫瀾無章，必須有所限止，限止正是節之義，是以渙卦之後，次之以節。

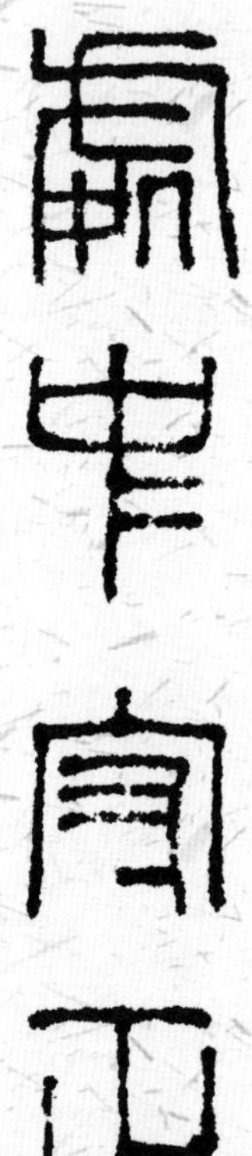

䷻ 水澤節六卒

處中守正

節 第六十

兌下
坎上

節，亨；苦節，不可貞。

(一) 節—許慎說文解字曰：「節，竹約也。」段玉裁注曰：「約，纏束也。……引申為節省、節制、節義。」

案：節卦，下卦為兌，兌為澤，（說卦傳）上卦為坎，坎為水，（說卦傳）象傳曰：「澤上有水。」澤之於水，其容量有一定之限度，其容蓄有一定之位置，朱子周易本義曰：「節，有限而止也。」是以「節」者，乃以限止為義。

本卦，九二、九五，皆陽剛居中，故亨。

「苦節」，乃取象於上六，上六之辭曰：「苦節。」蓋上六體上坎之水而於其上，為下澤所容蓄，朱駿聲六十四卦經解曰：「水之止於上者味苦，積澤為鹵是也。」苦節乃節之太甚，故不可貞（卜問）。

節之義為限止，限止乃表示事物發展過程中之調理作用，蓋事物之發展，莫不本乎天而任其習，以見洋洋焉，如果順而無節，則庶幾泛濫焉。是故節者，即對事物之發展過程，予以適度之調理，而期於符合其條緒，然後，宇宙則見其諧和焉，故有亨通之運。

「苦節，不可貞。」此表示一假然推理，即如果節之太甚而至於苦，則「不可貞」。蓋節而至於苦，已逾越本卦設象之旨，其貞（卜問）則無意義矣。

彖曰：節亨，剛柔分而剛得中。苦節不可貞，其道窮也。說以行險，當位以節，中正以通，天地節而四時成。節以制度，不傷財，不害民。

案：節卦所以亨者，乃因為「剛柔分而剛得中」。所謂「剛柔分」者，繫辭下傳第四章曰：「陽卦多陰，陰卦多陽。」本卦上卦為坎，坎一陽二陰，為陽卦，屬剛。下卦為巽，巽一陰二陽，為陰卦，屬柔。剛在外，柔在內，剛柔分矣。而「剛得中」者，則指九二、九五，皆屬剛而分居下卦、上卦之中。夫剛柔分屬內外，而有相節之作用，且剛又得下卦上卦之中以主節，則節之用見矣，故亨。

如果節之至極而太甚，至苦節，已逾越本卦設象之旨，不可卜問，此示節道之窮也。

本卦下卦為兌，兌為說，（說卦傳）上卦為坎，坎為險，（坎卦彖傳）故曰「說以行險」。行險以說（悅）則失之輕肆，而九五以陽剛當中正之位以節之，則知所戒慎，而善於應變。以其居中履正，則說而不肆，險而無難，此節道之所以通行於天下。推之於天地，天地者，生之本也，其生化萬物之氣化作用，具體而可見者，暑寒之往來也。天地之節，暑來寒往為春，暑盛寒衰為夏，寒來暑往為秋，寒盛暑衰為冬；天地之限止調埋，秩然有序，暑寒之往來盛衰，循環不已，則四時成矣。

聖王之為政牧民亦然，「節以制度」，制度者，人間生活之客觀規範，相應人間生活而言，所以限止其行為，調理其生活，既使之各樂生業，並導以共安和諧。此聖王之節，則百姓財用富足而不傷，民命安樂而無害。

象曰：澤上有水，節；君子以制數度，議德行。

㈠制數度—來知德易經來註圖解曰：「古者之制器用、宮室、衣服，莫不有多寡之數，隆殺之度，使賤不踰貴，下不侵上，是之謂制數度。」

㈡議德行—朱駿聲六十四卦經解曰：「畜于內為德，履于身為行，議者論定然後官之。」

案：節卦，下卦為兌，兌為澤，（說卦傳）上卦為坎，坎為水，（說卦傳）「澤上有水」，澤之於水，其容量有一定限度，其容蓄有一定位置，所以限止之也，此「節」之象也。

君子體節，於為政牧民，亦當知有所節。「制數度」者，乃相應客觀分位之等級，就其器用、宮室、衣服之數量、樣式，予以規定，庶幾上下有分，貴賤有別，此政治社會之價值判斷也。「議德行」者，乃相應生命修養之層次，於內在方面，批判其修道有得之內容，以及對自我生命中氣質之變化。於外在方面，批判其行事有成之功業，以及對自我生命中私欲之消融，此道德人格之價值判斷也。是以節者，乃涵蓋及於政治社會及道德人格兩層面，予以數度之規定，與夫德行之批判，則個人對人羣可以有其承當，人羣對個人可以有所輔成。此節道也。

初九，不出戶庭，无咎。

案：本卦，六三、六四、九五互艮，艮為門闕，（說卦傳）本爻在艮門之內，「戶庭」之象也。本爻所應在六四、六四體上坎，坎為險，（說卦傳）遇險，故「不出」。本爻剛居陽位，上有六四之應，故「无咎」。

初九以陽剛居節卦之始位，得正有應，能節者也。尤其所應為坎險，故「不出戶庭」，即不當出戶庭，蓋知所限止也。繫辭上傳第八章曰：「『不出戶庭，无咎。』」子曰：「亂之所生也，則言語以為階，君不密則失臣，臣不密則失身，幾（朱子周易本義曰：「幾音機。」）事不密則害成，是以君子愼密而不出也。』」夫遇險知所節而不出，故无咎。

象曰：不出戶庭，知通塞也。

案：本爻有「不出戶庭」之象者，乃相應遇險而言。遇險，乃偶然之狀況，否塞之時機。「知通塞」，即當知時有通塞；通則可出，塞則不出。亦善節也。

九二，不出門庭，凶。

案：本卦，六三、六四、九五互艮，艮為門闕，（說卦傳）本爻當乎門闕，此「門庭」之象。上與九五為敵剛，故曰「不出」。本爻剛居柔位，於上無應，故「凶」。

本爻既有門庭之象，又因九二、六三、六四互震，震為足、為動，（說卦傳）本爻體震，當出者也，然而，上與九五為敵剛，故不出。夫節者，於主觀義固為知所限止，於客觀義則為知所通塞。（初六象傳義）本爻自爻象言，誠當出；自境遇言，則有所困擾。當節之時，作易者順限止之義繫之曰「不出門庭」，即不當出門庭，固失其宜也，亦內、外矛盾之無奈，其占為凶。

象曰：不出門庭，凶，失時極也。

㈠ 時極—朱駿聲六十四卦經解曰：「極，中也。時極即中庸所謂時中。」

案：本爻，自爻象言，乃當出門庭，自境遇言，則有所困擾。當節之時，於卦義限止之涵蓋下，則不當出門庭而致凶，失其時中（宜）也。

六三，不節若，則嗟若，无咎。

㈠ 若—裴學海古書虛字集釋曰：「若猶焉也，語末助詞也。」

㈡ 无咎—象傳曰：「又誰咎也？」則此「无咎」為易古經中之特殊句例，當作无所責咎解。

案：本卦，下卦為兌，兌為澤，（說卦傳）三當澤口；而上卦為坎，坎為水，（說卦傳）；水泛澤口，莫能限止，此「不節若」之象也。又兌為口，（說卦傳）九二、六三、六四互震，震為音聲，（虞氏義）此「嗟若」所以取象也。又兌口有「咎」（責咎）之象。

六三為陰柔，不中不正，下乘剛，上無應，一無是處，當節之時，不能節者也。夫質柔、運蹇，徒自嗟歎而已，無所責咎也。

象曰：不節之嗟，又誰咎也。

案：本爻，質柔運蹇，不能自節，而徒自嗟歎，又責咎於誰？故曰「又誰咎也？」

六四，安節，亨。

案：四為陰位，本爻以柔居之，得正，上承九五，下應初九，當節之時，此「安節」之象也。以得正，上有所承，下有所應，故「亨」。

本爻居正、承九五應初九，相諧以用和也，故安節——「安節」即順乎自然以節之，是以亨通。

象曰：安節之亨，承上道也。

案：六四能順乎自然以節之而亨者，上承九五之節道也。

九五，甘節，吉，往有尚。

案：本卦，上卦為坎，坎為美，（虞氏傳）又為水，（說卦傳）水味之美為甘，當節之時，此「甘節」之象也。以居中履正，故「吉」。下雖無應，而上比上六以成其節，故曰「往有尚」。

九五，以陽剛居中正之尊位，為節卦之主，故能節之而至於美好之境界，並卜其吉。上得上六之助也，故曰往有尚（助）。

象曰：甘節之吉，居位中也。

案：九五，能節之而至於美好之境界，並得吉慶者，乃位居上卦之中也。

上六，苦節，貞凶，悔亡。

案：本卦下卦為兌，兌為澤，（說卦傳）上卦為坎，坎為水，（說卦傳）朱駿聲六十四卦經解曰：「水之止於上者味苦，積澤為鹵是也。」此「苦節」之象也。以居極而無應，故「貞凶」。以柔居陰位，得正，故「悔亡」。

上六，居節之極，節而太甚至於苦矣。如果自效果之立場言之，節之太過，則所問（貞）者凶。如果自心願之立場言之，雖限之太嚴，可自行適應，故無悔恨。

象曰：苦節貞凶，其道窮也。

案：節之太過而致貞（所卜問者）凶，乃因為節道至此而窮，失其意義矣。

序卦傳曰：節而信之，故受之以中孚。

案：節者，限而止也，所以調理事物之發展，事物之發展得其調理，則「信發於中」矣，「信發於中」正是中孚之義，是以節卦之後，次之以中孚。

信發於中

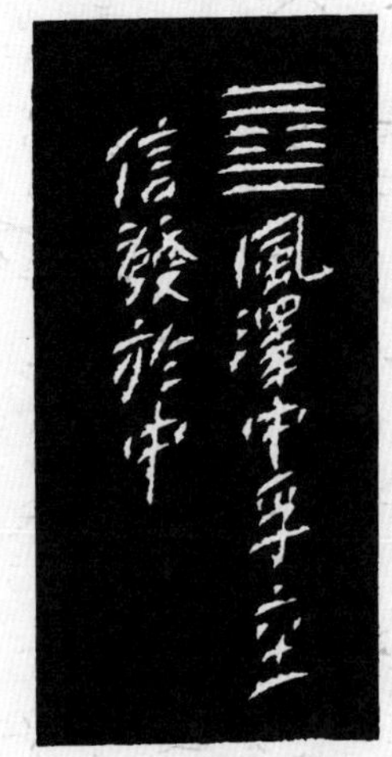

中孚 第六十一

兌下
巽上

中孚，豚魚，吉。利涉大川，利貞。

㈠中孚—許慎說文解字曰：「孚，卵孚也，从爪子。一曰信也。」朱駿聲六十四卦經解曰：「鳥裒，恒以爪反復其卵，鳥之孚卵皆如其期而不失，故轉訓為信。」孔穎達周易正義曰：「信發於中，謂之中孚。」

㈡豚魚—味駿聲六十四卦經解曰：「豚魚以似豚得名，有風則出拜，浮水面，南風口向南，北風口向北，舟人稱為風信，即俗所云江豚者也，故以喻孚。」

案：中孚卦，下卦為兌，兌為澤，（說卦傳）上卦為巽，巽為風，（說卦傳）風感澤應，信在其中矣。又下兌為說，（說卦傳）上巽為順，（巽卦彖傳）朱子周易本義曰：「下說以應上，上巽以順下，亦為孚義。」又本卦四陽在外，二陰在內，二五皆陽，中實也，三四皆陰，中虛也。虛實各得其宜，信也。（此取朱子周易本義說）是以「中孚」者，乃以信發於中為義。

本卦，為大離象，大離象錯為大坎象，坎為豚，（虞氏義）又上卦為巽，巽為魚，（虞氏義）此「豚魚」所以取象。九二、九五皆陽剛居中，故「吉」。

本卦既錯為大坎象，坎為大川。（虞氏義）上卦為巽，巽為木，（說卦傳）木可以為舟楫。又本卦初九、九二、九五、上九為外實，而六三、六四為中虛，亦舟楫之象。（此取朱駿聲六十四卦經解說）此「利涉大川」之象也。則亦「利貞」之象。

中孚者，信發於中也，德如豚魚之誠信則吉。據此卦義則履險歷難，如乘舟楫之利涉大川，故利於卜問（貞）。

彖曰：中孚，柔在內而剛得中，，說而巽，孚乃化邦也。豚魚，吉，信及豚魚也。利涉大川，乘木舟虛也。中孚以利貞，乃應乎天也。

案：中孚卦，六三、六四為柔，在一卦之內，九二、九五為剛，分居下卦、上卦之中，故曰「柔在內而剛得中」。程子周易傳曰：「二柔在內，中虛，為誠之象。二剛得上下體之中，中實，為孚之象。卦所以為中孚也。」又下卦為兌，兌為說。（說卦傳）上卦為巽，巽者順也，（巽卦彖傳）故曰「說而巽」。程子周易傳曰：「以二體言卦之用也。上巽下兌，為上至誠，以順巽於下；下有孚，以說從其上。」夫柔在內，體誠也；剛得中，用信也。上用信以巽下，下用信以從上。推誠互信，化行邦國矣。

「豚魚」者，乃言其德如豚魚之誠信，則吉者，即信豈人而已，推而及於豚魚，亦可以相見且相感也。

「利涉大川」，乃以本卦為大離象，大離象錯為大坎象，坎為大川。（虞氏義）又本卦初九、九二、九五、上九為外實，而六三、六四為中虛，為木舟中虛之象。夫木舟疊乎大川，乘以涉之則利也。「利涉大川」，則安履險難也。

「中孚以利貞」，信發於中而行，利於正也。（易傳之例，釋貞為正）「乃應乎天也」，蓋天者，四時錯行，中孚著焉；百物生發，利貞見焉。此人之應乎天，亦天之示乎人。

象曰：澤上有風，中孚；君子以議獄緩死。

(一) 緩—程子周易傳曰：「緩，寬也。」

案：中孚卦，下卦為兌，兌為澤，（說卦傳）上卦為巽，巽為風，（說卦傳）「澤上有風」，風感澤應，信在其中，此「中孚」之象也。

君子體中孚，「以議獄緩死」，劉百閔周易事理通義曰：「易言刑獄者五，噬嗑、豐以其有離之明，震之威也。賁次噬嗑，旅次豐，離明不易，震皆反為艮矣。是離明為用，震威有時而止也。中孚則全體似離，互體有巽艮，而又兌以議之，巽以緩之，此中孚之所以議獄緩死也。」議獄者，依法令而議罪論刑也，其意義則在消極方面予以適當之懲罰，積極方面期於改過而遷善。此不僅關係罪犯之權益，而且影響社會之公道，故議獄必須信發於中，無枉無縱，然後犯之者無怨，聞之者足戒。是以左傳莊公十年曰：「小之大獄，雖不能察，必以情。」至於如果惡無可恕，罪無可赦，且其死亦無怨，然而君子之議論，亦當本其悲憫之情，以探索其動機，或一時之疏忽，或意氣之衝動，或環境之逼迫，……蓋深切之瞭解，惻怛以同情，則其死可緩矣。此君子之信所以發於至誠而昭於天下也，中孚之道也。

初九，虞，吉；有它不燕。

(一) 虞—李林松周易述補曰：「虞與鶴皆澤鳥，中孚內卦澤也，故九二象鶴，初九象虞。虞一名姻澤鳥，一名護田鳥，似水鴞，蒼黑色，常在澤中，見人則鳴喚不去，有似主守，故名虞。

鳥之專壹而无它者也。」

(二)有它—程子周易傳曰：「有它，志不定也。」

(三)燕—孔穎達周易正義曰：「燕，安也。」

案：本卦，下卦為兌，兌為澤。（說卦傳）本卦為大離象，離為鳥，（虞氏義）此「虞」之象也。得位，故「吉」。又兌為說，（說卦傳）「燕」（安）之象也。

初九，中孚之始，剛居陽位，見其中孚矣，故喻之如虞（澤鳥）之專一無它志，則吉。「有它不燕」，此以假然推理自反面補足文義。有它者，有它志也，（程子義）則不能如虞（澤鳥）之專一而安於澤也。

象曰：初九虞吉，志未變也。

案：初九有如虞（澤鳥）之專一以安於澤而無他志，則吉者，專一之志未變也。

九二，鳴鶴在陰，其子和之；我有好爵，吾與爾靡之。

(一)陰—許慎說文解字曰：「陰，山之北，水之南也。」

(二)好爵—高鴻縉先生中國字例曰：「爵，古之飲酒杯也。」王船山周易稗疏曰：「爵，所以行獻酬者。」「好爵」，此指美酒。

(三)吾與爾靡之—高亨周易古經今注曰：「吾字疑衍……鳴鶴在陰，其子和之；我有好爵，與爾靡之。乃四言詩體，增一吾字，則失其句例。」陸德明經典釋文曰：「靡，韓詩云，『共也。』」

案：本卦，九二、六三、六四互震，震為鳴。（虞氏義）又本卦為大離象，離為鶴。（虞氏義）大離象錯為大坎象，坎為陰，（繫辭下傳第四章）故曰「鳴鶴在陰」。六三、六四、九五互艮，艮為少男，（說卦傳）「子」之象也。又震為應，（虞氏義）「和」之象也，故曰「其子和之」。

本卦為大離象，離為大腹，（說卦傳）「爵」（酒杯）之象也。本爻以陽剛居下卦之中，所應在五，五亦陽剛居上卦之中，「靡」（共）之象也。

九二、九五，分居下卦上卦之中，乾卦文言傳曰：「同聲相應，同氣相求。」乃設鶴鳴子和之喻，以示中孚之義。夫「鶴」、「于」為天屬之真，「鳴」、「和」乃自然之感。移之人倫，「我」、「爾」為朋儕之誼，「爵」（美酒）「靡」（共飲）乃誠信之情。此蓋示以天機，啟以人道也。

象曰：其子和之，中心願也。

案：鶴鳴，而其子和之者、乃天屬之感應也，夫至真之和，發於至誠之願，故曰「中心願也」。

六三，得敵，或鼓、或罷、或泣、或歌。

案：六三，所應在上九，然為六四所阻，六三、六四同屬陰柔，依易例，同陰同陽相應相比稱敵，六三既為六四所阻，故有「得敵」之象。（此取姚配中周易姚氏學之說）

成蓉鏡周易釋爻例曰，凡三四爻稱或。九二、六三、六四互震，震為鼓，（九家易義）六三、六四、九五互艮，艮為止，（說卦傳）「罷」之象也。本卦為大離象，離為目，（說卦傳）離錯為坎，坎為水，（說卦傳）此「泣」所以取象。又下卦為兌，兌為口，（說卦傳）互震為動，（說卦傳）口動所以「歌」也。

六三，上有上九之應，但失正，致為六四所阻，故曰「得敵」。以其有應，故「或鼓」「或歌」；以其失正為六四所阻，故「或罷」「或泣」。（此取姚配中周易姚氏學說）夫中孚，信發於中也，此乃純就主觀德性而言，今本爻既體中孚之卦義，然當中孚發展至此，其境遇則有應有阻。因此，其誠信亦隨所應而以鼓以歌，隨所阻而以罷以泣。雖然，境遇有殊，而誠信則一也。

象曰：或鼓或罷，位不當也。

案：本爻既體中孚之卦義，其所以隨所應以鼓，隨所阻以罷者，乃陰居陽位之不當有以致之也。

六四：月幾望，馬匹亡，无咎。

(一)月幾望—陸德明經典釋文曰：「幾，荀作既。」望為夏曆之十五日，既望則為十六日。

案：朱駿聲六十四卦經解曰：「兌西方，月生于西。兌上缺，半象也，以巽合之則圓，四為合圓之交，故月幾望。」九二、六三、六四互震，震為馬，（說卦傳）繩卦為巽，巽為繩，（說卦傳）繩以繫馬也。巽綜為兌，兌為毀折，（說卦傳）本爻體互震、上巽、綜兌，故有「馬匹亡」之象。得位，故「无咎」。

六四，陰柔得正，上承九五，下應初九以成中孚，其信之發於中，如月之既望。「月幾（既）望」，天象也，以喻中孚，其境界乃超乎人間之得失；人之誠信，亦不為私之累，故設「馬匹亡」以象之，而其占曰「无咎」。

象曰：馬匹亡，絕類上也。

案：本爻有「馬匹亡」之象者，乃因為本爻得正、上承九五、下應初九，以成中孚。然而亦下比六三之陰柔為同類，「馬匹亡」即示本爻不為六三之同類所私累，而絕之也，故曰「絕類」。「上」者，上承九五也，此所以成其中孚之道。

九五，有孚攣如，无咎。

(一) 攣如—李富孫易經（小畜九五）異文釋曰：「案說文曰：『攣，係也。』……漢書外戚傳曰：「上所以攣攣顧念。」讀與戀同，攣戀形聲相近，義亦通。」

案：本卦為中孚，九五與九二皆以陽剛而分居上下卦之中，所謂「中實」，為「有孚」之象。又九五陽剛，乘乎六四之陰柔，陰陽相得，「攣（戀）如」之象也。以居中得正，故「无咎」。

九五陽剛中正居尊，當中孚之時，具有誠信，足以表率羣倫，而天下莫不景仰之也。可无咎也。

象曰：有孚攣如，位正當也。

案：九五具有誠信以表率羣倫，而天下莫不景仰者，以陽剛居中正之尊位也，故曰「位正當」也。

上九，翰音登于天，貞凶。

(一) 翰音—禮記曲禮下曰：「雞曰翰音。」

(二) 登—小爾雅廣詁曰：「登，升也。」

案：本卦，上卦為巽，巽為雞，（說卦傳）此「翰音」之象也。成蓉鏡周易釋爻例曰：「凡上爻亦稱天。」本爻為一卦之上，故曰「登于天」。上為陰位，一卦之極也，本爻以陽居之，居極失位，故「貞凶」。

本爻居中孚之極，而雞能報曉，信守之物，故設「翰音登于天」之象。「翰音登于天」，蓋「聲聞過情」（孟子語），其信泛而無當，故貞（卜問）凶。

象曰：翰音登于天，何可長也。

案：「翰音登于天」，示信之至極，轉成空泛，不可長久也。

序卦傳曰：有其信者必行之，故受之以小過。

案：中孚者，信發於中也。信發於中則見於行，行則難免有所過越，過越乃自輕微者始，輕微之過越，正是小過之義。是以中孚卦之後，次之以小過。

飛鳥遺音

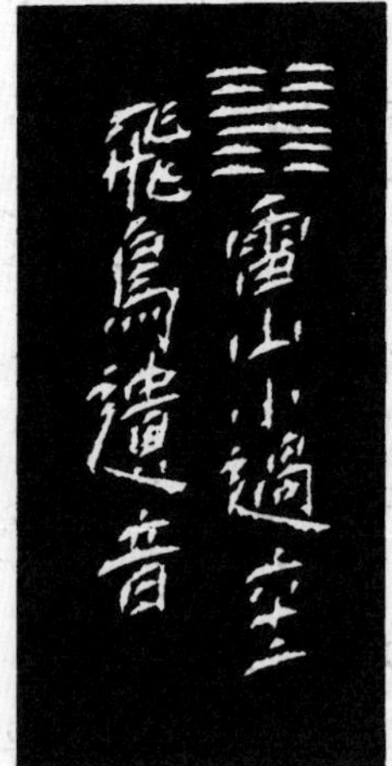

小過　第六十二

![hexagram] 艮下
震上

小過，亨，利貞。可小事，不可大事。飛鳥遺之音，不宜上，宜下。大吉。

(一) 過—許慎說文解字曰：「過，度也。」段玉裁注曰：「引申為有過之過。」孔穎達周易正義曰：「過謂過越之過。」即逾越其常度。

(二) 遺—朱駿聲六十四卦經解曰：「遺，存也。」

(三) 之—裴學海古書虛字集釋曰：「之，其也。」

案：小過卦，下卦為艮，艮為山，（說卦傳）上卦為震，震為雷，（說卦傳）象傳曰：「山上有雷。」雷鳴山上，一則所鳴非其所，一則其鳴之聲小，此小而逾其常也。夫卦有六爻，以陰陽各三為度。本卦，二陽在內，四陰在外，陰過陽也。依易例，陰稱小，故曰小過。且二陽失位於內，二五以陰而居中，此小之越其度。是以「小過」者，以小而逾越其常度為義。

本卦，下卦為艮，艮為止，（說卦傳）上卦為震，震為動，（說卦傳）二五皆陰柔而和順以體艮震，則動止得宜，故「亨，利貞」。

陰柔既居二五之中，依易例，陰稱小，此「可小事」之象。而二陽不中失位於內，依易例，陽稱大，此「不可大事」之象。

本卦二陽居內，四陰在外，橫觀之，正象鳥展二翼作非（非，飛古通）狀，此「飛鳥」之象也。（此取朱駿聲六十四卦經解說）又上卦為震，震為音，（虞氏義）下卦為艮，艮為止，（說卦傳）此「遺音」所以取象也。毛奇齡仲氏易引張杉曰：「鳥上飛則逆，下飛則順。」是以「宜下」者，鳥之習，卦之義也。本卦既以陰之柔順勝，故有「不宜上，宜下。」之象。

小過卦既以陰柔居二五之中，而過乎陽，如以中道之義為準，則小過之過猶小，於一般狀況，可有成事之可能，此其價值。故有亨之運，利貞之占。然而，小過者正有所偏失，故作易者乃繫辭以示之，「可小事，不可大事。」復以「飛鳥遺之音」喻之，程子周易傳曰：「夫聲逆而上則難，順而下則易。」此示「不宜上，宜下。」之方向。如是，小過之限度明矣。

彖曰：小過，小者過而亨也。過以利貞，與時行也。柔得中，是以小事吉也。剛失位而不中，是以不可大事也。有飛鳥之象焉，飛鳥遺之音，不宜上宜下，大吉，上逆而下順也。

案：小過，王引之經義述聞曰：「小過下當有亨字。」乃謂小而逾越其常度，可有成事之可能，因而亨通。

「過以利貞」，即逾越常度以利於正，（易傳例釋貞為正）「與時行也」，「時」者，指所設小過之境況，即小而逾越其常度之時，此為貞（正）也；與之以過，則為利貞（正）。

本卦，六二、六五皆以陰柔居下卦上卦之中，依易例，陰稱小，此所以「小事吉」。九三以陽剛居下卦之上，九四亦陽剛居上卦之下，皆不中，依易例，陽稱大，此所以「不可大事」。

本卦，二陽居內，四陰在外，橫觀之，有「飛鳥」之象。「飛鳥遺之音」，程子周易傳曰：「夫聲逆而上則難，順而下則易。」此所以「不宜上宜下」，並「大吉」，蓋當小過之時，向上為逆，向下則順。

象曰：山上有雷，小過；君子以行過乎恭，喪過乎哀，用過乎儉。

案：小過卦，下卦為艮，艮為山，（說卦傳）上卦為震，震為雷，（說卦傳）「山上有雷」，雷鳴於山上，一則所鳴非其所，一則其鳴之聲小，乃小而逾越其常度，此「小過」之象也。

君子體小過，當知其行為，所貴者在於中道。然而中行之資，不能易得，蓋人之才具，每為氣質所雜，私欲所累，以致或過或不及。小過，乃作易者所設之特定境況，以示小而逾越其常度之道，來知德易經來註圖解曰：「當小過之時，不容不過，行不過乎恭則傲，過甚則足恭；喪不過乎哀則易，過甚則性滅；用不過乎儉則奢，過甚則廢禮。唯過恭、過哀、過儉則與時行矣。」此小過之道也。

初六，飛鳥以凶。

（一）以—裴學海古書虛字集釋曰：「以猶有也。」

案：本卦橫觀之，正象鳥之飛，九三、九四鳥之身，初六、六二、六五、上六則其兩翼，故曰「飛鳥」。失位，故「凶」。

初九居小過之始，始於小越其度也，然而，本卦下卦為艮，艮為止，（說卦傳）宜止也。復以上應九四、九四體上震，震為動，（說卦傳）被動矣。夫本卦設飛鳥宜下不宜上之象，本爻宜止而反飛，非小過之道也，故曰「以（有）凶。」」

象曰：飛鳥以凶，不可如何也。

案：飛鳥，宜止而反飛，悖乎小過宜下之道，而致「以（有）凶」。「不可如何也」，即無可奈何也。

六二，過其祖，遇其妣；不及其君，遇其臣，无咎。

(一)過、不及、遇—王船山周易稗疏曰：「過者求盈而勝彼。不及者欲企及而不逮。遇則恰與之合。」

(二)祖妣—祖為祖父。妣如與考對言為母，如與祖對言則為祖母。今唯死者稱之，古則在生亦得稱之。（見爾雅釋親及郭璞注）

案：本卦，六二、九三、九四互巽，巽為進退，（說卦傳）此過，不及所以取象。而遇者，姤卦象傳曰：「姤，遇也，柔遇剛也。」祖謂五，五伏陽，而陰居之，非本爻所應，故曰「過其祖」。妣謂四，四伏陰，而陽居之，為本爻所應，故曰「遇其妣」。君亦指五，陰居伏陽，非本爻所應，故曰「不及其君」。君亦指四，陰居伏陽，為本爻所應，故曰「遇其臣」。本爻以陰柔中正，故无咎。

本爻以陰柔居下卦中正之位，著乎小過之道，而小過者，「可小事」、「宜下」也。自家族言之，祖者家族之主，非「可小事」、「宜下」所能範圍，此「其過」也。妣者承乎祖，合於「可小事」、「宜下」者，此其「遇」也。自邦國言之，君者邦國之主，超然物外，無關乎大小上下，此其「不及」。臣者承乎君，合於「可小事」、「宜下」者，此其「遇」也。

小過之道，為妣為臣者宜之，可占无咎。

象曰：不及其君，臣不可過也。

案：「不及其君」，言臣之分不可過越也。夫象傳所以釋古經，此傳僅釋爻辭之「不及其君，遇其臣。」而已。準此文意，以解「過其祖，遇其妣。」則又有所不安矣。

九三，弗過防之，從或戕之。凶。

(一) 弗過—王船山周易稗疏曰：「弗過，言不能過也。」

(二) 戕—李鼎祚周易集解引虞翻曰：「戕，害也。」

案：本卦，下卦為艮，艮為止，（說卦傳）此「弗過」之象也。九三一奇橫於初六、六二兩偶之上，「堤防」之象也，故曰「防之」。（此取朱駿聲六十四卦經解說）又六二、九三、九四互巽，巽為入，（說卦傳）「從」之象也。九三、九四、六五互兌，兌為毀折，（說卦傳）此所以「戕」也。繫辭下傳第九章曰：「三多凶。」

卦為小過，陰之過乎陽也。本爻陽剛，不能過乎陰，故曰「弗過」。而且，下有二陰，其勢上進，本爻所不能堪，故防之。然而三多凶，（繫辭下傳第九章）方二陰之乘勢上進，非本爻所能防；一旦從之，則或為戕害矣，故其占為凶。

象曰：從或戕之，凶如何也。

案：當二陰乘勢上進，非本爻所能堪，其從之，則或為戕害，而致凶，則其凶如之何哉！

九四，无咎，弗過遇之，往厲必戒，勿用永貞。

案：四為陰位，本爻以陽居之，失正，當咎，然而小過之時，則失正者小過也，故「无咎」。

本卦，九三、九四、六五互兌，兌錯為艮，艮為止，（說卦傳）此「弗過」之象也。本爻為陽，承乎六五之陰，「遇之」之象也。往者，上承六五也，本爻失正又多懼（繫辭上傳第九章），六五亦失正，故「厲」。既失正多懼，故「勿用永貞」。

當小過之時，本爻以陽居陰位，可卜无咎。小過，陰過乎陽也，陽不能過乎陰，故曰「弗過」。但承六五之陰，是「遇之」也。「遇之」即往，陽往遇陰，非小過之道，故厲（危），此所必戒也。雖无咎，但應以「往厲」為戒，故勿以長久之施行為問。（此取高氏周易古經今注說）

象曰：弗過遇之。位不當也。往厲必戒，終不可長也。

案：本爻為陽，不能過陰，反遇乎陰，乃由於位近乎六五之陰而不當也。位既不當而遇之，往以遇之則厲（危），必以此為戒者，蓋終不可長久相遇也。

六五，密雲不雨，自我西郊；公弋取彼在穴。

㈠弋—李鼎祚周易集解引虞翻曰：「弋，矰繳射也。」

案：小畜卦辭亦曰：「密雲不雨。自我西郊。」

本卦為大坎象，坎為雲、為雨，（虞氏義）王船山周易稗疏曰：「重陰在上，為陽氣所隔，不能與初二之陰相接，故雲密而雨不降。」九三、九四、六五互兌，兌為西，（見相傳文王所作八卦方位圖）此「西郊」之象。

上卦為震，震為侯，（虞氏義）六五體震，故有「公」象。本卦為大坎象，坎為弓，（說卦傳）

震錯為巽，巽為繩，（說卦傳）此「弋取」所以取象。彼者飛鳥也，本卦橫觀象鳥之飛。又震綜為艮，艮為山穴。（說卦傳）

五為一卦之主位，本爻以陰柔居之，陰盛也，故設「密雲不雨，自我西郊。」之喻，雨者，陰遇乎陽；「密雲不雨」，陰過乎陽。唯不雨，正見其過也。陰過，此見其具體之形象矣。弋取飛鳥，論語述而篇曰：「子……弋不射宿。」不乘其不備也。「公弋取彼在穴」，此陰性行為，小過也。

象曰：密雲不雨，已上也。

案：「密雲不雨」，六五之陰，過乎九三、九四二陽之上，故曰「已上也」。

上六，弗遇過之，飛鳥離之，凶，是謂災眚。

(一) 離—揚雄方言曰：「羅謂之離，離謂之羅。」許慎說文解字曰：「羅，以絲罟鳥也。」即以鳥網捕鳥。

(二) 災眚—朱駿聲六十四卦經解曰：「禍自外至曰災，過自己作曰眚。」

案：「弗遇過之」，相應九四而言，九四為陽，本爻為陰，本爻為六五所阻，於九四為「弗遇」，居於本卦之上位，對九四而言為「過之」。本卦橫觀，為飛鳥之象。又上卦為震，震錯為巽，巽為繩，（說卦傳）「離」（羅）之象也。又本卦為大坎象，坎為災眚。（說卦傳）亦「凶」之象也。

上六，陰也，弗遇乎陽而過乎陽，且至於亢，如鳥之反乎「不宜上，宜下。」而飛，致為網罟所羅（離），無所逃其凶也，此之謂災眚。

象曰：弗遇過之，已亢也。

案：本爻為陰，居本卦之上位，弗遇乎陽而過乎陽，蓋極其高矣，故曰「已亢也」。

序卦傳曰：有過物者必濟，故受之以既濟。

案：過者，逾越其常度也。求乎中道，誠然不易，則退而求其次，而小過亦足以成事，是以小過卦之後，次之以既濟。

水火交濟

䷾ 水火既濟六十三

水火交濟

既濟　第六十三

䷾ 離下坎上

既濟，亨小，利貞，初吉終亂。

(一) 既濟—陸德明經典釋文引鄭康成曰：「既，已也，盡也。」爾雅釋言曰：「濟，成也。」既濟即已成也。

案：既濟卦，下卦為離，離為火，（說卦傳）上卦為坎，坎為水。（說卦傳）象傳曰：「水在火上。」由於本卦六爻陰陽各正其位，剛柔各當其能，則水火相交成其濟，而其事得成矣。是以「既濟」者，乃以已成為義。

本卦，六二陰柔居下卦之中，上應九五，故「亨小」。六爻皆得其位，故「利貞」。（虞氏義）依易例，卦有六爻，乃代表發展歷程之六階段。本卦，下卦為離，離為明，（離卦彖傳）初爻以剛居初位，體離明，故有「吉」象。上卦為坎，坎為險，上爻以柔居上位，體坎險，故有「亂」象。是以曰「初吉終亂」。

既濟者，事之已成也，事既已成，即運之大通，運既大通，而復繫之「亨小」者，乃謂往後小事亦亨通。（此據彖傳）所卜問（貞）者利。然而，占者凡遇此卦，當知其初於既濟卦義涵蓋之下，可卜其吉；而天道反復，濟極則反，故終亂，其戒深矣。

彖曰：既濟亨，小者亨也。利貞，剛柔正而位當也。初吉，柔得中也。終止則亂，其道窮也。

案：既濟亨，孔穎達周易正義曰：「既濟之亨，必小者皆亨也。但舉小者，則大者可知，所以為既濟也具足、為文當更有一小字，但既疊經文，略足以見，故從省也。」朱駿聲六十四卦經解：「亨小下，一本重小字。」據此，則當作「既濟亨小，小者亨也。」蓋既濟，事之已成，運之大通，乃其當然，此復示之、小事亨通、如是亨通之會，窮盡既濟之卦義矣。

「利貞」者，易傳例釋貞為正，蓋初九、九三、九五皆剛居剛位，六二、六四、上六皆柔居柔位，各當其位而正也。

「初吉」者。由於六二以陰柔居下卦之中也。

「終止則亂」者，上六居本卦之上，既濟之道已窮，窮則變而反於亂。

象曰：水在火上，既濟；君子以思患而豫防之。

案：既濟卦，上卦為坎，坎為水，（說卦傳）下卦為離，離為火，（說卦傳）「水在火上」，由於本卦六爻，陰陽各正其位，剛柔各當其能，則水火相交成其濟，而其事得成，此「既濟」之象也。

君子體既濟，當知「水在火上」，有其盡用以成事之時，過此以發展，則可能另有變化，劉百閔周易事理通義曰：「水決則火滅，火炎則水涸，水火相交，水火相害之機伏焉。」此示事之功既成矣，害之機亦伏焉，此天道之反復也。有德之君子，貴在其心量足以籠罩全局，方其樂成之時，亦當掌握發展之因緣，庶幾患害之始萌，即能因勢利導，以收豫防之效。

初九，曳其輪，濡其尾，无咎。

(一) 曳──一切經音義曰：「曳，引也。」

(二)濡—廣雅釋詁曰：「濡，漬也。」

案：本卦，六二、九三、六四互坎，坎為輪，（說卦傳）初以一橫在坎輪之下，此「曳其輪」之象也。成蓉鏡周易釋爻例曰，凡初爻或稱尾。互坎在初爻之上、坎為水、（說卦傳）此「濡其尾」之象。本爻以剛居陽位，上有六四之應，故「无咎」。

初九居既濟之始，上有六四之應，已成之勢見矣。復以車行、狐渡（準未濟卦辭以觀，濡其尾乃指狐之渡也）喻其發展。一般狀況，車之輪轉則行，狐之尾揭則渡。今互坎在前，坎為險，（說卦傳）既遇乎險，曳其輪，則其行阻；濡其尾，則其渡滯。不輕進，則其成可保，而无咎。

象曰：曳其輪，義无咎也。

案：初見已成之勢，既遇險，則阻其輪而不輕進，義（宜）為无咎（災患）。

六二，婦喪其茀，勿逐，七日得。

(一)茀—李鼎祚周易集解作茀，引虞翻曰：「髴……一名婦人之首飾。」孔穎達周易正義曰：「茀者，婦人之首飾也。」

案：本卦，下卦為離，離為中女，（說卦傳）「婦」之象也。為乾卦，（說卦傳）而乾為玉、為金，（說卦傳）此「茀」之所以取象。六二、九三、六四互坎，坎為盜，（說卦傳）故喪之。程子周易傳曰：「卦有六爻，七則變矣，七日得謂時變也。」故曰「勿逐，七日得。」

六二，陰柔中正，應九五之陽剛中正，乃設婦之歸其夫，然而，遇乎坎盜，致喪其茀，不宜進也。然順變待時，則七日可得也。

象曰：七日得，以中道也。

案：婦喪其茀，不宜於進，唯順時待變，七日復得者，以陰柔居下卦中正之位，此不激不懦以克服險難之中道精神也。

九三，高宗伐鬼方，三年克之，小人勿用。

(一)高宗伐鬼方，三年克之—李鼎祚周易集解引虞翻曰：「高宗，殷王武丁。鬼方，國名。」顧頡剛周易卦爻辭中的故事曰：「高宗時，伐鬼方至三年之久，而後克之，可稱是古代的大規模的戰爭，所以作爻辭的人，用為成功的象徵。鬼方在西北。……『伐鬼方，三年克之。』未必是十足打了三年的仗，只不過表明鬼方不易克，費力頗多，費時頗久罷了。」

案：本卦，下卦為離，離為乾卦，（說卦傳）乾為王，（說卦傳）本爻居下離之上，故有「高宗」之象。又離為戈兵，（說卦傳）「伐」之象也。又九三、六四、九五亦互離，離為乾卦，（說卦傳）依相傳文王八卦方位圖，乾為西北之卦，而鬼方位於西北，故取以為象。本爻位於下卦之第三爻，而卦曰既濟，故有「三年克之」之象。本爻上有上六之應，上六陰柔，象乎「小人」，其位已極，其用亦盡，故曰「勿用」。

本爻設「高宗伐鬼方，三年克之。」之象，以示其事已成，得來不易也。並戒之曰：「小人勿用。」蓋陰柔高亢之小人，不足以成大事也。

象曰：三年克之，憊也。

案：高宗伐鬼方，三年克之，既耗國力，又曠時日，其事功已成，而心神疲憊矣。

六四，繻有衣袽，終日戒。

(一)繻有衣袽—程子周易傳曰：「繻當作濡，謂滲漏也，舟有罅漏，則塞以衣袽；有衣袽，以備罅漏。」李鼎祚周易集解引虞翻曰：「袽，敗衣也。」

案：本卦，九三、六四、九五互離，離為木，（說卦傳）木所以為舟也。上卦為坎，坎為溝瀆、為水，（說卦傳）舟中出現溝瀆而滲漏，此「繻」（濡）之象也。又離為乾卦，（說卦傳）乾為衣，（九家易義）「衣袽」之象也。又離為日，（說卦傳）此「終日」所以取象也。四多懼，

（繫辭下傳第九章）故曰「戒」。

本卦為既濟，廣雅釋言曰：「濟，渡也。」是以本爻隱設乘舟以渡之象。舟既罅漏而滲水，則有敗衣以堵塞，雖然，亦難免有終日之戒懼。

象曰：終日戒，有所疑也。

案：乘舟以渡而罅漏，雖有敗衣以塞之，難免終日之戒懼者，蓋如象傳所言，「思患而豫防之」，故其心不得其安也。

九五，東鄰殺牛，不如西鄰之禴祭，實受其福。

(一) 東鄰、西鄰—劉百閔周易事理通義曰：「周初，稱商為東土、自稱西土。故東鄰指商，西鄰指周。」

(二) 殺牛—朱駿聲六十四卦經解曰：「天子郊祭，郊以特牛，故稱殺牛。」

(三) 禴祭—許慎說文解字無禴字，經典或作礿。爾雅釋天曰：「夏祭曰礿。」孫炎注曰：「礿，薄也。夏時百穀未登，可薦者薄也。」

案：東鄰謂上六，西鄰即九五。蓋自上臨下，上者左，下者右；左東右西。故然。本卦九三、六四、九五互離，離為牛，為戈兵，（說卦傳）上卦為坎，坎為血，（說卦傳）上坎疊於互離之上，「殺牛」之象也。（以上取朱駿聲六十四卦經解說）又離為夏，（虞氏義）「禴」之象也。本爻以陽剛居中正之尊位，依易例，陽為實，且上承上六，下乘六四、應六二，皆陰柔，陽得乎陰以成其濟，「福」之象也。

繫辭下傳第十一章曰：「易之興也，其當殷之末世，周之盛德邪，當文王與商紂之事邪。」然則本爻爻辭實暗寫對周文王與商紂之比較。王弼周注曰：「牛祭之盛者也，禴祭之薄者也。居既濟之時而處尊位，物皆濟也，將何為焉；其所務者，祭祀而已。祭祀之盛，莫盛脩德，故沼沚之毛，蘋蘩之菜，可羞於鬼神，故黍稷非馨，明德唯馨。是以東鄰殺牛，不如西鄰之禴祭，實受其福也。」是以文王者，如本爻所象者，以陽剛中正居尊位，承上六、乘六四、應六二，天與人歸，乃本其質樸生命之盛德光輝，成既濟之道，以實受其福。而紂者，如上六所象者，窮途末路，雖殺牛而何濟。

象曰：東鄰殺牛，不如西鄰之時也。實受其福，吉大來也。

案：東鄰紂王「殺牛」之盛祭，不如西鄰文王禴祭之稱其「主」「客」條件，而合其時宜—即表現內在之盛德，成就外在之事功。

「實受其福」者，吉慶既享於身家，且及於邦國也，故曰「大來」。

上六，濡其首，厲。

案：本卦，上卦為坎、坎為水，（說卦傳）「濡」所以取象也。成蓉鏡周易釋爻例曰，凡上爻亦稱首。又坎為險，（坎卦彖傳）「厲」之象也。

上六，居既濟之極，乃事之已成反轉為衰亂，有如狐之渡河即將滅頂，故其占曰厲。

象曰：濡其首，厲。何可久也。

案：狐之渡河而滅其頂以致危者，蓋事已成而轉為亂，其勢之發展，至為迅速，故曰「何可久也。」

序卦傳曰：物不可窮也，故受之以上未濟終焉。

案：既濟卦初吉而終亂，故窮也。夫窮則變，變則向上一機而轉出另一發展過程而不窮，即未成也，是以既濟卦之後，次之以未濟。

未濟為未成，未成而其成有待也，其成有待，則可引生出無窮之未來。六十四卦以未濟為終，可以窺見吾華族之先哲，其仁智雙運焉。

其成有待

火水未濟六四

其成有待

未濟 第六十四

坎下
離上

未濟，亨。小狐汔濟，濡其尾，无攸利。

(一) 未濟—朱駿聲六十四卦經解曰：「未，有待也。」爾雅釋言曰：「濟，成也。」未濟即未成，其成有待也。

(二) 汔—程子周易傳曰：「汔，當為仡，壯勇之壯。書（秦誓）曰：『仡仡勇夫。』」

案：未濟卦，下卦為坎，坎為水，（說卦傳）上卦為離，離為火，（說卦傳）象傳曰：「火在水上。」由於本卦六爻陰陽各不正其位，剛柔各不當其能，則水火不相交，無以成其濟，而其事未成也。是以「未濟」者，乃以未成為義。

本卦，六五以陰柔居上卦之中，下應九二之陽剛，「亨」之象也。

本卦，下卦為坎，坎為狐，（九家易）依易例，下為小，此「小狐」之象也。九二、六三、九四互離，離為乾卦，乾為健，（說卦傳）此「汔」（壯）之象也。又坎為水，（說卦傳）所以濟也，故曰「小狐汔濟」。坎既為水，所以濡，尾指初六，（見初六爻辭）此「濡其尾」之象也。

六爻皆失正，故「无攸利」。

未濟為既濟之反綜，其事未成非不成也，乃有待也，並示其發展有無窮之未來，此所以亨通。

本卦設狐渡河之象，江藩周易述補曰：「風俗通，『里語，狐欲渡河，無如尾何？』……」一說狐首輕尾重，負尾而濟也。」狐之渡河，其性善疑，而小狐則無知而魯莽，其濟則汔（壯）然，致濡其尾，未能濟矣。

彖曰：未濟亨，柔得中也。小狐汔濟，未出中也。濡其尾，无攸利，不續終也。雖不當位，剛柔應也。

案：未濟，未成也，而有亨通之運者，以六五陰柔居上卦之中，下應九二之陽剛。故曰「柔得中也」。

小狐本其無知而魯莽，汔（壯）然渡河，致濡其尾，未能濟也，據初六爻辭「濡某尾」，則猶在坎水之側，未出坎險之中。

「濡其尾，无攸利。」者，即於未濟卦義涵蓋下，設「小狐汔濟」之象，既「濡典尾，元攸利。」，則不能繼續以終成其濟，故曰「不續終也」。

夫易者，所以言乎天道；天道者盈虛消長，循環不已。未濟既與既濟互為反綜，（來氏義）既濟之向上一機以發展，則轉出另一「不窮」之過程，為未濟。未濟之繼續發展，則具已成之可能，為既濟，亦為所必涵。是以「不續終」者，僅屬盈虛循環過程中之某一階段性意義，過此，則已成者乃理上之必然。本卦六爻，雖然陰陽皆不當其位，然而初六、六三、六五之柔，與九二、九四、上九之剛，則兩兩相應，以盡其能，此成事之機具焉，故未濟之終則為濟。

象曰：火在水上，未濟；君子以慎辨物居方。

案：未濟卦，上卦為離，離為火，（說卦傳）下卦為坎，坎為水，（說卦傳）「火在水上」，夫火之性炎上，水之性潤下，未能相交以成其濟，則其事未成也，此「未濟」之象也。

君子體未濟，當未成而其成有待之時，則應知如火者，其性炎上以辭火之用；如水者，其性趨下以盡水之用；二者未能相交以成其濟，乃天道盈虛過程中之某一階段性意義，繼此發展，則其終必「既濟」。君子於此未濟之階段，相應既濟之目標，則當以慎辨物，以慎居方。

辨物，即繫辭上傳第一章曰：「物以羣分。」夫物類無窮，有其共相，有其殊相 指謂其共相則有「物」之名，依據其殊相則有「羣」之分。每一羣之物，莫不有其性以盡其用。居方，即繫辭上傳第一章曰：「方以類聚。」方謂方所，所以居聚其羣類，羣類居聚其方所，莫不適其性以盡其用。凡此，皆未濟階段中之境況。君子「慎辨物居方」，乃順應未濟之道。

初六，濡其尾，吝。

案：本卦，下卦為坎，坎為水，（說卦傳）成蓉鏡周易釋爻例曰，凡初爻亦稱尾。本爻居坎水之下，此「濡其尾」之象也。以陰居陽位，失正，「吝」之象也。

未濟設小狐渡河之象，既濡其尾，則未能濟也，即於事未成也，故其占曰吝（艱難）。

象曰：濡其尾，亦不知極也。

㈠ 極—來知德易經來註圖解曰：「極，終也。」

案：小狐憑其汔（壯）以渡河，致濡其尾，蓋不尤其終之不濟，即無知而魯莽也。故曰「亦不知極也」。

九二，曳其輪，貞吉。

案：本卦，下卦為坎，坎為輪，（說卦傳）九四以一横在坎輪之上，本爻體下坎之輪，為九四所曳，乃「曳其輪」之象也。以居下卦之中，上有六五之應，故「貞吉」也。

輪者，車也，所以行也。本爻以陽剛居下卦之中，上有六五之應，其行急矣。當未濟之時，乃設曳其輪之象，以示其行之阻也。行既阻，於未濟之時則貞（卜問）吉。

象曰：九二貞吉，中以行正也。

案：九二所以貞吉者，以陽剛居下卦之中，而其行正也。（易傳例釋貞為正）

六三，未濟，征凶。利涉大川。

案：本卦，下卦為坎，六三、九四、六五亦互坎，坎為水，（說卦傳）為險，（坎卦彖傳）本爻在坎水之中，「未濟」之象也。陷重險之間，故「征凶」。

本爻既在坎水之中，上有上九之應，此「利涉大川」之象也。

三為陽位，本爻以柔居之，其質之弱也，自本爻之境遇觀之，乃未能以渡，且征（往）凶。自全卦之通象言之，以上有上九之應，故利涉大川。

象曰：未濟征凶，位不當也。

案：本爻有未濟征凶之象者，以陰柔居陽剛之位，不中不正也，故曰「位不當也」。

九四，貞吉，悔亡。震用伐鬼方，三年有賞于大國。

(一) 震—朱駿聲六十四卦經解曰：「震，執伯名。」執伯即殷之世族。

案：四為陰位，本爻以陽居之，失正，有悔也。然而陽之性剛，且下有初六陰柔之應，故有「貞吉，悔亡。」之象。

依易例，四為諸侯，本爻之陽居之，此「震」（執伯—殷之世族）之所以取象。本卦，九二、六

三、九四互離：上卦亦互離，離為戈兵，（說卦傳）所以「伐」也。既濟九三曰：「高宗伐鬼方。」彼之「鬼方」乃取象於該爻所應之上六。既濟反綜為未濟，既濟之上六則反為未濟之初六，故鬼方者，乃取象於本卦之初六，為本爻所伐。本爻至初六，經三爻之數，此「三年」之象也。又離為乾卦，乾為金，（說卦傳）所以賞也；又為君，（說卦傳）君代表邦國以行賞，相對鬼方，故稱「大國」。

當未濟之時，本爻有貞吉，悔亡之象。

本爻又取古代故事繫以為辭。殷之世族執伯——「震」伐鬼方，三年，鬼方有賞於殷也。賞之，其成可待也。

象曰：貞吉悔亡，志行也。

案：九四有貞吉悔亡之象者，由於未濟之時，非不濟也，乃求濟也。於此週程中，本爻為能濟者，故曰「志行也」。

六五，貞吉，无悔，君子之光，有孚，吉。

案：六五，以陰柔居上卦之中，故「貞吉，无悔。」

五為尊位，本爻以柔居之，「君子」之象也。上卦為離，離為光，（虞氏義）故曰「君子之光」。六三、九四、六五互坎，坎為孚，（見坎卦）故「有孚」。以居中下應九二，故曰「吉」。

當未濟之時，本爻有貞吉，无悔之象。

未濟，未成也，有待也，有待則有將近於成之時。六五以柔居奪，為文明之主，下應九二之剛中，此示於「有待其成」之過程中，君子本其進取之精神，而呈現於外，故曰「君子之光」。君子既於「有待其成」之過程中，表現其進取之精神，則其信見矣，故曰「有孚」。此所以吉也。

象曰：君子之光，其暉吉也

案：「君子之光」者，「有待其成」過程中之進取精神也，表現於外，則為精神生命之光暉，此光暉乃能濟之動力，於價值上為吉慶者，故曰「其暉吉也」。

上九，有孚于飲酒，无咎。濡其首，有孚失是。

(一) 是—裴學海古書虛字集釋曰：「是猶之也。」

案：木卦，上卦為離，離錯為坎，坎為孚，（見坎卦卦辭）為酒，（虞氏義）此「有孚于飲酒」之象。下有六三之應，「无咎」之象也。

又坎為水，（說卦傳）「濡」之象，成蓉鏡周易釋爻例曰，凡上爻亦稱首，故曰「濡其首」。

上九，居未濟之極，王弼周易注曰：「未濟之極，則反於既濟。」本爻以陽剛之明，下有六三之應，有濟矣。蓋六五爻辭曰：「君子之光，有孚。」即「有待於成」之有成，本爻繼之，已成矣，而飲酒宴樂也，其占為无咎。

雖然，但居非其位，如果得意忘形，則如狐之渡河而濡其首，有孚（信）失是（之），無成矣。

象曰：飲酒濡首，亦不知節也。

案：未濟之極，則轉為既濟。飲酒者，示有濟之宴樂。然而，有濟而飲酒宴樂，則或有放失之虞。濡首者，有濟之時，反沒其頂，得意忘形之故也。是以飲酒、濡首，皆示自未濟而有濟，則有所逾越其分際，蓋不知自我限止也，故曰「亦不知節也」。

繫辭上傳

第一章

天尊地卑，乾坤定矣。卑高以陳，貴賤位矣。動靜有常，剛柔斷矣。方以類聚，物以群分，吉凶生矣。在天成象，在地成形，變化見矣。是故剛柔相摩，八卦相盪，鼓之以雷霆，潤之以風雨，日月運行，一寒一暑。乾道成男，坤道成女；乾知大始，坤作成物；乾以易知，坤以簡能；易則易知，簡則易從；易知則有親，易從則有功；有親則可久，有功則可大；可久則賢人之德，可大則賢人之業，易簡而天下之理得矣。天下之理得，而成位乎其中矣。

(一)繫辭傳—皮錫瑞易經通論曰：「繫者，屬也。繫辭，猶言屬辭。」案易有六十四卦，卦有卦辭，或曰彖辭。而卦有六爻，爻有爻辭，或曰象辭。卦辭乃繫於各卦之下，爻辭則繫於各爻之下，皆所以明其取象、設象、示象、以及斷占之意，本上傳第二章曰：聖人設卦觀象，繫辭焉而明吉凶。」第八章曰：「繫辭焉以斷其吉凶，是故謂之爻。」以其為作易者繫屬於各卦各爻下之辭，故曰「繫辭」，即周易古經也。至於「繫辭傳」者，朱子周易本義曰：「此篇乃孔子所述繫辭之傳也，以其通論一經之大體、凡例，故无經可附，而自分上下云。」其實，繫辭傳未必為孔子所原作，而其主旨則在申述繫於各卦各爻下之辭所涵之本體宇宙論、人生價值觀；以及敘釋古經於筮占用途之意義與方術。蓋為本傳作者，於古經之道、術有所解悟而作之也。

(二)方以類聚—來知德易經來註圖解曰：「方者，東西南北之四方也。類聚者，中國外夷各相夷是也。」劉百閔周易事理通義曰：「方以類聚，坤彖傳所謂『西南得朋，乃與類行也。』西南，為巽離兌陰卦所處，與坤為類也。」

(三)物以羣分—來知德易經來註圖解曰：「物者，萬物也。羣分者，羽毛鱗介，各分別是也。」劉百閔周易事理通義曰：「物以羣分，否六二象傳所謂『大人否亨，不亂羣也。』謂君子小人之間，物以羣分，故不亂羣也。」

(四)摩、盪—來知德易經來註圖解曰：「摩盪者，兩儀配對，氣通于間，交感相摩盪也。」韓康伯周易注曰：「相切摩，言陰陽之交感；相推盪，言運化之推移。」

(五)「乾知大始」之「知」—朱子周易本義曰：「知，猶主也，乾主始物。」

案：易者，乃窺天地之機，以探生化之理。自實然現象觀之，天在上，地居下；自生化價值論之，天既尊，地則卑。天地之生化萬物，自氣化立場言之，無非陰陽之作用，莊子天下篇曰：「易以道陰陽。」易之道陰陽，乃相應宇宙現象，人間生活，以超越分解，而設為六十四卦。乾卦六爻皆陽，為純陽之卦，乃象乎天道；坤卦六爻皆陰，為純陰之卦，乃象乎地道。是以乾坤之意義，即依據天地之價值而設定。

天既高而尊，地既下而卑，陳列於宇宙之間，作本傳者於承上起下之行文，顛倒其指謂，以示句法之變化，故曰「卑高以陳」，（毛奇齡仲氏易注曰：「其曰卑高者，以卦爻從下起也。」）象乎天地之乾坤，亦隨之有貴賤之位序。

萬物之生化，固源於天地，天地乃分解以對言，而其實體，即所謂「道」也，或稱為「太極」。道之呈現其自己，則如周濂溪太極圖說之所曰：「太極動而生陽，動極而靜，靜而生陰。靜極復動。」是以動靜者，乃太極呈現其自己之兩大勢用，由此動靜兩大勢用，則見天地之化生無窮。故動靜者，乃天地之道（太極）化生萬物，承體起用之常律。天地之道，於易，則以乾坤二卦象之，然後天地生化之機，可得而解矣。雜卦傳曰：「乾剛坤柔。」於易，既以乾坤二卦，象乎天地之道，則天地之道，於乾坤二卦中，見其剛柔之性，斷然分判矣。

天地之機既明，乾坤之義亦彰，落在具體宇宙觀之，物種無窮，各有方所，據之以生長，依之以活動，大凡習性相類者，則族聚而居，此異中有同也。物種既以習性相類，族聚而居，則分別成羣，此同中有異也。由是可見天地生物，自有其實然之秩序。移之人事，順此實然秩序，以言行，以交接，難免發生或順而吉，或逆而凶之或然境遇。此周易之所以首列乾坤而綱紀天地，並繼之推衍羣卦以指引人生，庶幾知所趨避，逢凶化吉。

既然，乾象乎天，坤象乎地，其具體而可觀者，在天為日月星辰之象，在地為山嶽河流之形。天象之遍覆，即天德下貫，地形之普載，即地德上應，物類生發於其間，莫不隨大化而變遷，故曰「變化見矣」。

周易既以乾坤綱紀天地，而乾為純陽之卦，其性剛，坤為純陰之卦，其性柔，（見雜卦傳）由是可知剛柔之相切摩，即陰陽之相交感，（韓康伯周易注義）陰陽之交感，其本質乃為太極之呈現其勢用，其發展則引生四象、八卦，故本上傳第十一章曰：「是故易有太極，是生兩儀，兩儀生四象，四象生八卦。」八卦者，乾以象天，坤以象地，震以象雷，巽以象風，坎以象水，離以象火，艮以象山，兌以象澤。八卦相推盪，即運化之推移，（韓康伯義）其具體之現象，則見震雷離霆之鼓盪，巽風坎雨之潤澤，離日坎月之運行，而成一寒一暑之更易，然後，萬物生生化化無窮盡也。凡此，莫非乾卦坤卦所象天地之道，所以繁興其大用也。故禮記樂記曰：「地氣上齊，天氣下降，陰陽相摩，天地相蕩，鼓之以雷霆，奮之以風雨，動之以四時，煖之以日月，而百化興焉。」

乾既象乎天，乾道即天道，坤既象乎地，坤道即地道。綜而觀之，天地生化萬物；分以論之，物類雖萬，不外陰陽兩性，於人類則稱男女。男性體乎乾道，女性體乎坤道，故曰「乾道成男，坤道成女。」是以即男女，則見乾道坤道之呈現為具體者。男女既體乾道坤道，為其所呈現之具體者，則男之生，女之成，人類蕃衍無窮，而乾坤之大用著明矣。由是觀之，宇宙萬物之所以生生化化，乾道乃主（知）乎「生之」之大始，坤道則凝聚而造作成物。乾道之主（知）乎「生之」之大始，乃以至易無難之方式主（知）之，故一生百生。坤道之凝聚而造作成物，則以至簡不繁之方式能之，故一成百成。

既然，乾道以至易之方式知（主）大始，坤道以至簡之方式作成物，人之效法乾坤者，以乾之知（主）至易，故容易知曉；以坤之能至簡，故容易順從。容易知曉，則為精神之契會，故於乾道為有親；容易順從，即見行為之踐履，故於坤道為有功。有親於乾道，則剛健不息，故可臻於悠久；有功於坤道，則作成無窮，故可致其廣大。人既效法乾道，而臻於悠久，則成賢人之德；既效法坤道，而致其廣大，則成賢人之業。

乾知既至易，坤能則至簡，人效法之，而天地生成萬物之理，得以知從矣。天地生成萬物之理，既得知從，則人極之位，成乎天地之中矣，即參乎天地，而贊其化育。

本章所言之義，可以分為三層：

(一)實體性—天地之道，所以生成萬物。
(二)觀念化—乾坤二卦，所以展示氣機。
(三)價值上—德業既成，所以參贊化育。

第二章

聖人設卦觀象，繫辭焉而明吉凶；剛柔相推而生變化。是故吉凶者，失得之象也。悔吝者，憂虞之象也。變化者，進退之象也。剛柔者，晝夜之象也。六爻之動，三極之道也。是故君子所居而安者，易之序也。所樂而玩者，爻之辭也。是故君子居則觀其象而玩其辭，動則觀其變而玩其占；是以自天祐之，吉无不利。

(一) 悔吝—許慎說文解字曰：「悔，悔恨也。」段玉裁注曰：「悔者，自恨之意。」姚配中周易姚氏學曰：「吝，說文……一引作遴，云，『行難也。』吝遴古通義同。」朱子周易本義曰：「悔自凶而趨吉，吝自吉而向凶也。」

(二) 憂虞—來知德易經來註圖解曰：「憂則困心衡慮，漸趨於吉，亦如悔之自凶而趨吉也。虞則志得意滿，漸向於凶，亦如吝之自吉而向凶也。」

(三) 動—朱子周易本義曰：「動，即變化也。」

(四) 三極—朱子周易本義曰：「極，至也。三極，天地人之至理。」

(五) 序—韓康伯周易注曰：「序，易象之次序。」

(六) 玩—來知德易經來註圖解曰：「玩者，悅樂而反覆玩味。」

(七) 占—朱子周易本義曰：「占，謂其所值吉凶之決也。」

案：周易古經之內容，包括①卦—即六十四卦。②辭—即卦辭與爻辭。本下傳第二章曰：「古者包羲氏之王天下也，仰則觀象於天，俯則觀法於地，觀鳥獸之文，與地之宜，近取諸身，遠取諸物，於是始作八卦，以通神明之德，以類萬物之情。」相傳伏羲（包羲）畫八卦；而重為六十四卦者，其說不一，迄無定論，故泛稱之為「聖人」。誠然，由創作陰陽兩爻，而衍生四象、八卦，復重為六十四卦，或為一人，或為二人以上，其智之明，直是上窮天道，下盡地理，中通人情。夫卦既已設，則象示其觀，（觀有遍觀、示觀兩義，見觀卦案語。）故曰「聖人設卦觀象」。（此從韓康伯注，孔穎達正義本斷句。）至於繫卦爻辭者，自經學之立場觀之，或以為文王，或以為周公。自史學之立場觀之，則為卜官、或巫覡於工作經驗中日積月累編輯而成。蓋古經乃耆筮之用書，觀天道消長之數，決人生際遇之疑。人生之際遇各殊，則其感受亦異，故有所謂吉凶也。是以聖人設卦以象宇宙現象、人生際遇，而示其各別之特定境況。繫卦爻之辭則具體化諸「特定境況」為實際生活之指針，以決其疑，指其迷，即使其預知「吉」「凶」之或然性可能。剛柔者，陽與陰之性也，此反以指陰陽。「剛柔相推」，自組織成卦言之，卦之基本結構即為陰爻與陽爻，由陰陽之互相交錯推衍，而生四象、八卦、六十四卦，六十四卦中計有三百八十四爻，三百八十四爻或陰或陽，莫不依其於各卦六階段發展歷程中之據位、次序、關係，而示其不同之意義。相應其為基本結構之陰爻陽爻言，即為相推而生之變化。自象徵價值觀之，陰陽者，象乎太極化生萬物之動靜兩大勢用，（周濂溪太極圖說之義）太極之動靜兩大勢用，相繼相感，則生宇宙人間之萬象。太極之動靜兩大勢用，既為陰陽所象，則其所生之宇宙人間萬象，亦為三百八十四爻所窮盡矣。

吉凶、悔吝，乃聖人依卦爻所示之象，而繫斷占之辭。夫人生對於生活際遇之感受，每為基於趨、避心理之反應，吉凶即示此趨、避心理反應之兩端，故卦爻辭有吉有凶，於心理上則為得為失。至於悔吝，朱子周易本義曰：「蓋吉凶相對，而悔吝居其中間，悔自凶而趨吉，吝自吉而向凶也。」故占辭之悔，於心理上為憂，憂則啟引奮發。占辭之吝，於心理上為虞，虞則導致懈怠。是以吉凶悔吝，固象心理上之得失憂虞，亦示行為上之勸戒趨避。

「變化者，進退之象也。」李鼎祚周易集解引荀爽曰：「春夏為變，秋冬為化。息卦為進，消卦為退也。」荀爽於此所取事義甚當，然而以春夏秋冬言「變化」，以「消息卦」之消息解「進退」，依上下句例觀之，似有未合，茲據而顛倒以釋之。「變化」者，綜觀之，乃陰陽之交感也。分言之，變者即陽變乎陰，如孟喜十二「消息卦」中之復卦一陽始生，依次而臨卦、泰卦、大壯卦、夬卦、乾卦，即陽之長而盛以變陰。化者即陰化乎陽，由姤卦一陰始生，依次而遯卦、否卦、觀卦、剝卦、坤卦，即陰之長而盛以化陽。（參見臨卦卦辭案語）夫陰陽之交感，究以陽以主，陰為從。是以陽之變乎陰，乃象乎如春夏陽氣之「進」；陰化乎陽，則象乎如秋冬陽氣之「退」，故曰「變化者，進退之象也。」「剛柔」者，剛為陽之性，柔為陰之性，剛柔即指陰陽而言。陰陽，既為太極化生萬物之兩大勢用，於四時乃象乎春夏與秋冬；於一日則象乎晝與夜，由於「剛柔相推」，則為晝夜迭代。故曰「剛柔者，晝夜之象也。」「六爻」，卦之初、二、三、四、五、上也。「三極」，天、地、人也；天主生，地作成，人則參贊之，各於宇宙間為一極至之道—絕對而最高之原理。依易例，卦有六爻，初、二象乎地，三、四象乎人，五、上象乎天。「六爻之動」，即六爻於占筮中呈現其價值。「三極之道也」，即天、地、人各皆彰顯其為極至之道—絕對而最高之原理。

「易之序」，韓康伯周易注曰：「序，易象之次序。」「君子所居而安者」，即安於所占之卦、或所遇之爻、所示之指引，即孔穎達周易正義曰：「若居在乾之初九，而安在勿用。若居在乾之九三，而安在乾乾。」「爻之辭」，乃作易者之經天緯地，仁民愛物，所以取象、設象、示象也。「所樂而玩」者，即心靈之興發契會，義旨之反覆玩味，庶幾深造而有得。復言「是故君子」，乃綜承上文，引發新義。「居」者對「動」而言，即「靜居」也，即當歸於心靈自己之時。「觀其象」，老子第一章曰：「故常無，欲以觀其妙；常有，欲以觀其徼。」則「觀」者，乃心靈之慧觀；「觀其象」，即慧觀其經天緯地，仁民愛物之所以取象、設象、示象。「玩其辭」，即反覆玩味其卦、爻辭所涵具之深義。「動」相應「靜居」而言，則為「動用」，即發為生活行事之時。「觀其變」，即慧觀其陰陽之交感、消長所象之宇宙秩序人間遭遇諸境況。「玩其占」，即反覆玩味其吉凶、悔吝之斷占。俞曲園古書疑義舉例疑此處當有「易窮則變，變則通，通則久。」三句，今本誤脫而錯入下傳第二章，茲從之。「易窮則變」，蓋易有六十四卦，各象宇宙、人間之特定境況，並依次排列成序。而卦有六爻，以象各種特定境況之發展過程：六爻之中，初其始也，上則窮，「窮」則依「天道反復」之道而「變」，即超轉為另一特定境況，不至於窮困而終盡，故曰「則通」。「通」，即發展過程之不已，而至於悠久無疆矣。「易」者，有其變易之一面，以象宇宙、人間變動不居之萬象；有其不易之一面，以見永恆之天常—此變而不變者，天之道也，亦即易之理也。凡所知易者，不論生心動念，濟世牧民，皆能上體天道之常，下順人情之變，以自求多福，是為「自天祐之」，故「吉无不利」。

本章，朱子周易本義曰：「此章言聖人作易，君子學易之事。」

第三章

彖者，言乎象者也。爻者，言乎變者也。吉凶者，言乎其失得也。悔吝者，言乎其小疵也。无咎者，善補過也。是故列貴賤者存乎位，齊小大者存乎卦，辯吉凶者存乎辭，憂悔吝者存乎介，震无咎者存乎悔。是故卦有小大，辭有險易，辭也者，各指其所之。

(一)疵—許慎說文解字曰：「疵，病也。」

(二)善—來知德易經來註圖解曰：「善者嘉也。」

(三)齊—俞曲園羣經平議曰：「齊小大與列貴賤同，齊猶言列也。」

(四)介—韓康伯周易注曰：「介，纖介也。」

(五)震—劉百閔周易事理通義曰：「震，懼也。震大象傳：『洊雷，震；君子以恐懼脩省。』」

案：「彖」謂卦辭，繫於其卦之下，以敘全卦所以取象、設象、示象，故曰「言乎象」。爻指爻辭，繫於一爻之下，以明該爻於卦義涵蓋下，隨其發展過程中階段性變化之特殊意義。故曰「言乎變。」

「吉凶」，乃人生對於生活際遇之感受，其感受乃基於趨、避之心理，有所得為吉，有所失為凶，故曰「言乎其失得也」。「悔吝」，乃以趨吉避凶為尺度，「悔」者未至於凶，而有趨吉之可能；「吝」者於吉之中見其難，而有向凶之可能，兩者於趨吉避凶之願望中，皆為小疵，故曰「言乎其小疵也」。

「无咎」，王弼周易略例曰：「凡言无咎者，本皆有咎者也，防得其道，故得无咎也。」咎者，由於過也，「防得其道」非出於機心，當如乾卦九三所示，乾乾惕若，其過未起，則庶幾無過；其過已生，則復歸中道，其咎可无也，故曰「善補過也」。

「列貴賤」，乃指卦中爻位之高低，依易例，初爻或稱趾（足），上爻或稱首，是其例，故曰「存乎位」。「列貴賤者存乎位」，乃承上文「爻者，言乎變者也。」而言，蓋爻辭明乎該爻於卦中之發展過程階段性意義，而貴賤之價值於是乎存焉。

「齊小大」，依易例，陽稱大，陰稱小。「齊（列）小大」，①乃謂六畫之卦，其上下兩三畫卦，有小大之別，例如泰卦，下為乾，乾為純陽，陽為大；上為坤，坤為純陰‧，陰為小，卦辭即曰「小往大來」。否卦，下為坤，坤為純陰，陰為小；上為乾，乾為純陽，陽為大，卦辭即曰「大往小來」。②乃謂六畫之卦，綜而觀之，有小大之別，例如小過卦，中兩爻為陽，陽為大；外四爻為陰，陰為小，彖傳則曰「小者過也」。大過卦，內四爻為陽，陽為大；外二爻為陰，陰為小，彖傳則曰「大者過也」。夫小大齊列於卦中，故曰「存乎卦」。「齊小大者，存乎卦。」乃承上文「彖者，言乎象者也。」而言，蓋彖辭（卦辭）以敘全卦所以取象、設象、示象，則小大齊（列）焉。

「辯吉凶」，即於卦於爻，或吉或凶，皆見於卦辭爻辭，故曰「存乎辭」。「辯吉凶者，存乎辭。」乃承上文「吉凶者，言乎其失得也。」而言，蓋吉凶乃人生於生活際遇中，基於趨避心理之感受，即所趨者為吉。所避者為凶。而吉凶之分辯，即存於卦辭爻辭。

「憂悔吝」，悔吝乃吉凶兩端之間，「悔」即未至於凶，而有趨吉之可能。「吝」即於吉之中見其難，而有向凶之可能。「憂」之而期有所超轉，則當於此趨、向纖介之間也。故曰「存乎介」。「憂悔吝者、存乎介。」乃承上文「悔吝者，言乎其小疵也。」蓋悔吝於趨吉避凶之願望中，皆為小疵，憂之而期有所超轉，即存乎此趨、向纖介之間。

「震无咎」，咎者由於過也，當過之未起或已生，則應乾乾憂惕，庶幾有所防或補之，此悔之義也，故曰「存乎悔」。「震无咎者，存乎悔。」乃承上文「无咎者，善補過也。」而言，蓋无咎之道，在於其過未起之防，或已起之補，其機即存於震懼以悔也。

「是故」，所以總結上文。「卦有小大」，乃謂卦由陰爻與陽爻組織而成，依易例，陰稱小，陽稱大。陰爻陽爻組織成卦，其結構，或純陽純陰而上下相對，或多陽多陰以內外交錯，……。皆所以見其象也。「辭有險易」，來知德易經來註圖解曰：「險易者，即卦爻辭之險易也。險者暗昧而艱深，如文王卦辭，履虎尾，先甲後甲之類。周公爻辭，其人天且劓，入于左腹之類是也。易者明白而平易，如文王卦辭，謙君子有終，漸女歸吉之類。周公爻辭，師左次，同人于門之類是也。皆所以明其義也。「辭也者，各指其所之。」「辭」指卦辭爻辭而言，「各指其所之」，即不論取象、設象、示象，皆有其涵義與啟導。

本章，首釋彖（卦）辭、爻辭之意義。次明吉凶、悔吝、无咎諸占辭之價值。終申觀玩之易道。

第四章

易與天地準，故能彌綸天地之道。仰以觀於天文，俯以察於地理，是故知幽明之故。原始反終，故知死生之說。精氣為物，游魂為變，是故知鬼神之情狀。與天地相似，故不違；知周乎萬物而道濟天下，故不過；旁行而不流，樂天知命，故不憂；安土敦乎仁，故能愛；範圍天地之化而不過，曲成萬物而不遺，通乎晝夜之道而知，故神无方而易无體。

(一)準—孔穎達周易正義曰：「謂準擬天地。」

(二)彌綸—王船山周易稗疏曰：「彌，綿亙周徧之謂。綸，乃治絲而合之之謂。彌綸者，周徧天地終始皆與道合。」

(三)幽明—李鼎祚周易集解引荀爽曰：「幽，謂天上地下不可得睹者也。……明，謂天地之間萬物陳列著於耳目者。」來知德易經來注圖解曰：「陽極而陰生則漸幽，陰極而陽生則漸明。」

(四)原—朱子周易本義曰：「原者，推之於前。」

(五)精氣為物，游魂為變—孔穎達周易正義曰：「精氣為物者，謂陰陽精靈之氣，氤氳積聚而為萬物也。游魂為變者，物既積聚，極則分散，將散之時，浮游精魂，去離物形而為改變。則生變為死，成變為敗，或未死之間，變為異類也。」

(六)旁行—引王引之經義述聞曰：「旁之言溥也，說文：『旁，溥也。』旁行者，變動不居，周流六虛之謂也。」

(七)範圍—朱子周易本義曰：「範如鑄金之有模範，圍，匡郭也。」

(八)曲成—韓康伯周易注曰：「曲成者，乘變以應物，不係一方者也，則物宜得矣。」

案：「易與天地準」，即易之理與天地之道互為準擬，夫天之生物，其道至順。至健之天道，如乾所象者，故亦為乾之道；至順之地道，如坤所象者，故亦為坤之道。乾為純陽之象，坤為純陰之象。莊子天下篇曰：「易以道陰陽。」是以純陽之乾，純陰之坤，以及陰陽交感所成之羣卦羣爻。正足象乎天地生化所見之萬象。故天地之道為易之理所準擬，易之理亦為天地之道所準擬。因此易之理，周徧天地之始生終成，皆與其道相契合，並體現之。

聖人之作易，既準天地者，即「仰以觀於天文」，天之文，如日月出入，晝夜迭代，四時運行，……。「俯以察於地理」，地之理，如山嶽綿亙，河川蜿蜒，原野申展，……。由於天文、地理之錯綜，其超越境域之「幽」即屬於陰，其具體世界之「明」則屬於陽，藉此陰陽之消長，幽明之「故」（事）可知矣。「原始」，推原萬物之始為生，即屬於陽；「反終」，反觀萬物之終為死，則屬於陰，藉此陰陽之變化，死生之說可知矣。「精氣」，乃謂天地之生化，即陰陽二氣之作用，其精者稱為「精氣」，則凝聚為物，此屬陽。其變合而離敬則為魂，此屬陰。陽為伸，故稱神；陰為歸，故稱鬼。藉此陰陽之伸歸，鬼神之情狀可知矣。此易之理所以彌綸天地之道也。

「與天地相似」，乃指聖人之德也，乾文言傳曰：「夫大人者，與天地合其德，與日月合其明，與四時合其序，與鬼神合其吉凶；先天而天弗違，後天而奉天時，……。」即與天地之道合，故「不違」。聖人既「與天地相似」而「不違」，其具體內容則為下列數句所述者。「知周萬物」，蓋聖人體易，易既與天地準，天地化生萬物而無不覆載，則體易之聖人，其知（智）光亦周及萬物而無不覺照。「道濟天下」，道者，準天地之易道也，既為聖人所體，則隨周及覺照之知（智）光，而通體達用以濟成天下萬物。「不過」，乃謂聖人之「知周」、「道濟」亦如天地之覆載而不過越，此所以參天地而贊化育也。「旁行而不流」，乃承上句之「知周乎萬物，而道濟天下。」而言，王引之經義述聞曰：「旁之言溥也，說文，『旁，溥也。』旁行者，變動不居，周流六虛之謂也。」張惠言易義別錄曰：「旁行而不流，京作旁行而不留也。」天地之化生萬物，自天地言，乃生化無已；自宇宙言，則變動不居。聖人體乎準天地之易道，其濟成天下，亦旁（溥）行於變動不居之宇宙，而周流無滯（不留）。「樂天知命」，天地之生化而無已，此超越之理則，所謂「天」也。其流注以賦成萬物，乃不測之神功，所謂「命」也。聖人既體易以參之，故能「樂天」；復稟賦而貞之，故為「知命」，即任運而化也，此所以「不憂」。「安土敦乎仁」，乃並「樂天知命」，而為「旁行而不流」之引申。土者，地也。安土即安於地德。地以博厚載物為德，聖人安之，則自覺呈現其博厚之仁德以無所不被，朱子周易本義曰：「仁者愛之理，愛者仁之用。」其被於物則為愛，故「能愛」。聖人既體易而旁（溥）行以知周萬物，道濟天下，則樂天知命而不憂，亦所以成己也；安土敦仁以能愛，乃所以成物也。是以「與天地相似」也。

「範圍天地之化而不過」，此謂聖人既參天地，乃以「天地之化」為模範，並匡郭（匡正郭清）其理則，以旁（溥）行之而不過越。「曲成萬物而不遺」，此謂聖人之贊化育，乃就萬物所稟於天者，循其發展過程，而恰如其分以裁成之，且無所遺失。「通乎晝夜之道而知」，通者，達也。朱子周易本義曰：「晝夜，即幽明、生死、鬼神之謂。」凡此，莫非天地生化之兩大勢用，所呈現之相對性現象，即陰陽之爻感與消長也，亦易之道也。通達此理，於準天地之易道，則可謂悟知矣。是故，「神无方」，此觀其用也，孔穎達周易正義曰：「凡无方无體，各有二義：一者，神則不見其處所云為，是无方也。二則周遊運動，不常在一處，亦是无方也。」本上傳第五章曰：「陰陽不測之謂神。」乃謂天地之化，而聖人範圍之；萬物之生，而聖人曲成之，唯見諸陰陽不測之神。既不測，故無方所，即非目耳所可感知。「易无體」，孔穎達周易正義曰：「无體者，一是自然而變，而不知變之所由，是无形體也。二則隨變而往，无定在一體，亦是无體也。」此言其體也，蓋天地之化，萬物之生，其道與易相準，聖人體易，而範圍之，曲成之，則易者，生化之道也。「易无體」，即準乎道之「易」，無定體，非概念所可指謂，但見陰陽之不測而已。

本章，宣言易與天地準，次論聖人俯仰天地以作易，復申聖人體易以參贊，末歸易道之神妙。

第五章

一陰一陽之謂道，繼之者善也，成之者性也。仁者見之謂之仁，知者見之謂之知，百姓日用而不知，故君子之道鮮矣。顯諸仁，藏諸用，鼓萬物而不與聖人同憂，盛德大業至矣哉！富有之謂大業，日新之謂盛德，生生之謂易，成象之謂乾，效法之謂坤，極數知來之謂占。通變之謂事，陰陽不測之謂神。

(一) 一—所以也。（見朱子語類）

(二) 「知者見之謂之知」之「知」—朱子周易本義曰：「知音智。」

(三) 效法—朱子周易本義曰：「效，呈也。法，謂造化之詳密而可見者。」

(四) 極數—劉百閔周易事理通義曰：「極數者，謂推極大衍之數，揲蓍而求卦也。」

(五) 占—朱子周易本義曰：「占，筮也。」

案：「一陰一陽之謂道」，「道」者，宇宙萬物之生化原理，為形而上之實體，以其屬於超越層，非語言文字所可指謂，故以「一陰一陽」透顯之。陰陽者，名乎道體生化之兩大勢用，屬於知性層。「一」者，所以也，（朱子義）「一陰一陽」，即所以陰所以陽，藉此「一」（所以）而自知性層之陰陽，向上超轉，則可體悟其所透顯超越層之「道」，故曰「一陰一陽之謂道」。「道」，相應宇宙萬物而言，既為生化原理，此原理乃絕對而最後者。及其呈現為大用，則見陽之生，陰之化；化而復生，以生生不息。「繼之」，乃謂道之呈現其大用，為陽之生，陰之化；化而復生。繼續此生生化化，化化生生，以至無窮無盡者，即是「善」。（此取唐君毅先生哲學概論第三部第五章第三節之說）是以「善」者，乃言乎「道」之呈現其大用為生化之流，所涵具之絕對性價值。「成之」，乃謂「道」之呈現其大用，流注於個體生命而有所終成，則謂之「性」，故「性」者，乃謂之於道，為道所賦。大戴禮記本命篇曰：「分於道謂之命，形於一謂之性。」「性」為道之呈現其大用所終成，於人則為內在之主體。因此，由「一陰一陽」，既見道之成始，亦見其成終。

「道」為超越義，「性」為內在義，其本質則通而為一。落在實踐上言之，仁者實踐於惻隱之情，則謂之「仁」；「知」者實踐於是非之辨，則謂之「知」。蓋體道以成之之性，為內在之主體，乃普遍性之原理；及其實踐為惻隱之仁，是非之知，或者羞惡之義，辭讓之禮，則為特殊性之形態，皆大用而無窮也。百姓既稟此體性，則無不隨分以踐履於日常生活之中，唯於觀念上為不自覺，故曰「日用而不知」。以其不自覺，致每為形所限，欲所蔽。君子者，有德之稱也，其德之成，端在於從自覺功夫中，提煉累積其觀念，反以指導實踐，此即「君子之道」也。百姓之於「日用」既不自覺，故「君子（所以為君子）之道鮮矣」。

「道」既為形而上之實體，其大用則為生化之流。自宇宙之立場言之，此「實體」之呈現即為「仁」者，乃暢旺之生機。「顯諸仁」者，即呈現其實體為暢旺之生機。自人生之立場言之，此「生化之流」則潛運乎日常生活，為百姓之所用。「藏諸用」，即潛運乎生化之流於百姓之日常生活。是以宇宙人生莫非道所承體起用之終始歷程。如果落在氣化作用一層次觀之，萬物之生即為陽之變，萬物之化即為陰之合，而鼓盪此「陽變陰合」（周濂溪太極圖說語）之氣機者，則為「道」，故曰「鼓萬物」。「聖人」者，乃體乎道以參贊化育，蓋道之生化萬物，萬物有其體性之一面，以貞定其價值；有其形限之一面，以滯礙其發展，此聖人所以不能無憂。此「憂」非關個己之得失，乃顧蒼生之圓成。朱子周易本義引程子曰：「天地无心而成化，聖人有心而无為。」不與同憂，即無心而成化，但鼓之而已。「道」既「顯諸仁」，以呈現其實體為暢旺之生機，此其德之至盛也。亦「藏諸用」，而潛運乎生化之流於百姓之日常生活，此其業之至大也，故曰「盛德大業至矣哉」！

朱子周易本義引張子曰：「富有者，大而无外；日新者，久而无窮。」「道」以潛運乎生化之流於百姓之日常生活，而成就修齊治平，歷史文化……諸大業，莫非為道所擁有，其富無與倫比，故曰「富有之謂大業」。「道」既呈現其實體為暢旺之生機，而見生化萬物之盛德，而生化者，乃往者逝，來者續，無滯無已而日新，故曰「日新之謂盛德」。綜此日新之盛德，富有之大業，則為天地生生不息之道。此天地生生不息之道，乃為易之所準，是以「易」者，即言此天地生生不息之道所以終始之歷程，而以其體為體，以其用為用，故曰「生生之謂易」。「易」既言乎天地生生不息之道所以成始成終之歷程，於易書之中，準天道以成家，（體現其生物之意義）則為乾；準地道以效法，（呈現其成物之法則）則為坤。乾坤者，易之綱領，其相摩相盪則成六十四卦，以設定宇宙人生之諸特定境況，而期有所決疑指迷。占之者，當依筮法推大衍之數，揲蓍以成卦；極卦之營數，求宜變之爻；然後於所遇之卦爻，窺測其對未來之指示，是為「占」。通達卦爻所示之機宜，知所因應變化，即為「事」（行事）。道為形而上之實體，陰陽則名其生化之兩大勢用。是以道之生生化化，即為陰陽之交感消長。陰陽之交感消長，非官覺所可測知，此之謂「神」，亦即道體之無方神用。

本章，首藉陰陽以透顯道體，次敘道體呈現其大用則有「仁」「知」、「德」「業」諸形態。「富有之謂大業」以下，虞氏注曰：「此四十六字，後師所訓。」惠棟周易述疏曰：「此一章皆聖人微言，上義已盡，故知此下四十六字後師所訓。上云『盛德大業』，故謂『富有之謂大業，日新之謂盛德。』上云『所居而安者，易之序也。』故云『成象之謂乾』。上云『所樂而玩者，爻之辭也。』

故云『法之謂坤』。上云『動則觀其變而翫其占』，故云『極數知來之謂占，通變之謂事。』上云『神无方而易无體』，故云『生生之謂易，陰陽不測之謂神。』

第六章

夫易，廣矣！大矣！以言乎遠則不禦，以言乎邇則靜而正，以言乎天地之間則備矣！夫乾，其靜也專，其動也直，是以大生焉。夫坤，其靜也翕，其動也闢。是以廣生焉。廣大配天地，變通配四時，陰陽之義配日月，易簡之善配至德。

(一) 不禦——朱子周易本義曰：「不禦，言无盡。」

(二) 專——俞曲園羣經平議曰：「專當作摶，說文手部，摶，圜也。……釋文曰，專，陸作塼，塼則摶字之譌矣。」

(三) 翕、闢——來知德易經來註圖解曰：「翕者，斂萬物之生意而收斂于內也。闢者，擧萬物之生意而發散于外也。」

案：「易」既與天地準，天地之範圍無限，容量無窮，故易道亦「廣矣！大矣！」言其致用所及之「遠」，則無盡止也。反觀其身之「邇」，則寂然歸於自己，不偏不易不滯不流而至「正」。論其準天地覆載之所涵蓋者，則事物無不具備焉。朱子中庸章句引程子曰：「其書（中庸）始言一理，中散為萬事，末復合為一理。放之則彌六合，卷之則退藏於密。」可與此段相發明乎。

易既準天地，分解言之，則乾與坤為其綱領。而乾坤又各有其體用兩面之意義，然後，易之價值明矣。乾者，天道也。當其「靜」而歸於自體，即本上傳第十章所言「寂然不動」，則但見其內容之充實豐富，圓滿具足。當其「動」而呈現大用，則生化之作用無不貫注，此其生機之無窮也，故曰「大生」。坤者，地道也。當其「靜」而歸於自體，則斂藏以致博厚。當其「動」而呈現大用，則承順乾道之生機以凝聚成物，此其生成之無限也，故曰「廣生」。夫乾以大生，坤以廣生，即「易」之所以「廣矣！大矣！」

易既準天地，「廣」如天地之範圍無限，「大」如天地之容量無窮，故曰「配天地」。乾健以生，坤順以成，即易之變化通徹於宇宙，如四時運行而萬物化育，故曰「配四時」。乾為純陽，坤為純陰，陰陽交感消長，如日月之出入迭代以成晝夜，故曰「配日月」。易者，「乾知大始」之方式；簡者，「坤作成物」之方式。由於乾「易」坤「簡」之生之成，而相繼相續以不息者則為「善」，「易簡之善」即為「廣矣！大矣！」之德，故曰「配至德」。

本章，首敘易之形容，次述乾坤之情態，末言其形而上之價值。

第七章

子曰：易其至矣乎！夫易，聖人所以崇德而廣業也，知崇禮卑，崇效天，卑法地。天地設位，而易行乎其中矣。成性存存，道義之門。

(一) 子曰—朱子周易本義曰：「十翼皆著『子曰』字，疑皆後人所加也。」案孔子必深明易學，且於義旨亦多所闡發。至於易傳之作，或另有其人。作易傳者，於其中章節，當為依據孔子之語，並加以引申發揮，並冠「子曰」以別之也。

(二) 存存—朱子周易本義曰：「存存，謂存而又存，不已之意也。」

案：「易其至矣乎！」此對易之價值極致其讚歎也。夫「易」，上明天道，下通人事。聖人體易，既承天道之高明以增其知（智），知（智）增則德崇。復順人間秩序而達其禮，禮達則業廣。相對而言，知（智）既承天道之高明，故崇高；禮乃順人間之秩序，故卑遜。崇高為天之道，故曰「效天」；卑遜則地之德，故曰「法地」。

天地既於乾坤兩卦設定其價值地位，而易以明天道，通人事，並涵蓋一切事物，則彌綸於其間矣，故曰「行乎其中矣」。

易既行乎天地之中，其所明天道之高明，為聖人所體，則為「知」（智）；其所通人間之秩序，為聖人所體，則為「禮」；知（智）禮成之於人則為「性」。人既繼此以成「性」，並於功夫上存而又存，則知（智）承天道以為道，禮達人事而合義，蓋道義自此而出也，是為「道義之門」。

本章，言易之價值，在於增知（智）達禮以成性。

第八章

聖人有以見天下之賾，而擬諸其形容，象其物宜，是故謂之象。聖人有以見天下之動，而觀其會通，以行其典禮，繫辭焉以斷其吉凶，是故謂之爻。言天下之至賾而不可惡也，言天下之至動而不可亂也。擬之而後言，議之而後動，擬議以成其變化。「鳴鶴在陰，其子和之。我有好爵，吾與爾靡之。」子曰：「君子居其室，出其言善。則千里之外應之，況其邇者乎！居其室，出其言不善，則千里之外違之，況其邇者乎！言出乎身加乎民；行發乎邇見乎遠。言行，君子之樞機；樞機之發，榮辱之主也。言行，君子之所以動天地也，可不慎乎！」「同人，先號咷而後笑。」子曰：「君子之道，或出或處，或默或語。二人同心，其利斷金。同心之言，其臭如蘭。」「初六，藉用白茅，无咎。」子曰：「苟錯諸地而可矣，藉之用茅，何咎之有！慎之至也。夫茅之為物薄而用可重也，慎斯術也以往，其无所失矣。」「勞謙，君子有終，吉。」子曰：「勞而不伐，有功而不德，厚之至也；語以其功下人者也。德言盛，禮言恭；謙也者，致恭以存其位者也。」「亢龍有悔。」子曰：「貴而无位，高而无民，賢人在下位无輔，是以動而有悔也。」「不出戶庭，无咎。」子曰：「亂之所生也，則言語以為階。君不密則失臣，臣不密則失身，幾事不密則害成；是以君子慎密而不出也。」子曰：「作易者，其知盜乎！易曰：『負且乘，致寇至。』負也者，小人之事也。乘也者，君子之器也。小人而乘君子之器，盜思奪之矣。上慢下暴，盜思伐之矣。慢藏誨盜，冶容誨淫。易曰：『負且乘，致寇至。』盜之招也。」

(一) 賾—孔穎達周易正義曰：「賾，謂幽深難見。」

(二) 擬—擬度也。（見孔穎達周易正義）

(三) 會通—朱子周易本義曰：「會，謂理之所聚而不可遺處。通，謂理之可行而無所礙處。」

(四) 典禮—劉百閔周易事理通義曰：「典，常也。禮，履也。可謂踐履而行之也，故典禮，猶言常行也。」

(五)「言天下」之「言」—來知德易經來註圖解曰：「言，語助辭。」

(六)惡—朱子周易本義曰：「惡，猶厭也。」

(七)樞機—王引之經義述聞曰：「樞為戶樞，所以利轉門。機為捆，所以止扉；故以樞機並言。樞機為門戶之要，猶言行為君子之要。」

(八)斷金—來知德易經來註圖解曰：「斷金者，物不能間也，言利刃斷物，雖堅金交可斷，不可阻隔也。」

(九)如蘭—來知德易經來註圖解曰：「如蘭者，氣味之相投，言之相入，如蘭之馨香也。」

(十)錯—孔穎達周易正義曰：「錯，置也。」

(十一)幾事—來知德易經來註圖解曰：「幾者事之始。」

(十二)冶—來知德易經來註圖解曰：「冶者，妖冶也，粧飾妖冶其容也。」

案：聖人之作易，乃因見天下之事物，莫不涵具深義，並且服從實然之理則，於是擬度其形狀容態，以象其事物之機宜，例如陽爻象陽，陰爻象陰；三陽爻為乾以象天，三陰爻為坤以象地；乾下坤上為泰，象乎「天地交而萬物通」，即有所取而設之也，故謂之「象」。聖人又見天下之事物，或相對立以制衡，或相繼承而發展，則於卦中之爻，視其居位之當否，關係之應敵，上下之發展，卦義之涵蓋，而視其所會於全歷程之意義，以及所通於本階段之旨歸，然後，遵其規範以行事；並繫其辭以斷其吉凶，藉寄戒慎之意，故謂之「爻」。

聖人既擬象議爻，並深明天下事物莫不涵具至深之意義，而謹致其契會，故曰「不可惡也」。且周知天下事物之或相對立以制衡，或相繼承而發展，乃掌握其秩序，故曰「不可亂也」。是以聖人之作易，擬其象而後繫以卦辭；議其爻於居位之當否，關係之應敵，上下之發展，卦義之涵蓋，而後繫以爻辭。象既擬，爻既議，則陰陽之交感消長足以窮盡宇宙人間之諸事物矣。

朱子周易本義曰：「此下七爻，則其例也。」玆編號以釋之。

(一)「鶴鳴在陰，其子和之。我有好爵，吾與爾靡之。」此中孚卦九二之爻辭，本章引「子曰」之語以釋之。乃謂「君子」如「鶴」，「居其室」如「在陰」，「出其言善」如「鳴」，「千里之外應之」如「其子和之」。「言出乎身，加乎民；行發乎邇，見乎遠。」如「好爵，爾靡。」蓋言行者乃成德化民之樞機，君子體乎中孚，中存誠信，則其言行豈化民而已，直足以動天地矣，故曰「可不慎也」。

(二)「同人，先號咷而後笑。」此同人卦九五之爻辭，本章引「子曰」之語以釋之。乃謂「或出或處，或默或語。」其事可異也。「二人同心」如既和同於人「而後笑」。君子體乎同人，則其行道施德，利如斷金，臭（令聞）如馨蘭。

(三)「初六，藉用白茅，无咎。」此大過卦初六之爻辭，本章引「子曰」之語以釋之。乃謂白秀之茅於物為薄，川於郊祭鋪地為藉，則其意至重，如體大過而慎乎斯以薄物作重用之術，而「无所失矣」。

(四)「勞謙君子，有終，吉。」此謙卦九三之爻辭，本章引「子曰」之語以釋之。乃謂君子雖有勞有功，而不伐不德，乃為謙退之厚德。是以君子體乎謙卦，德當盛，禮則恭，可以永存其位也。

(五)「亢龍有悔」，此乾卦上九之爻辭，本章引「子曰」之語以釋之，朱子周易本義曰：「當屬文言，此蓋重出。」或本上傳作者重出以為例乎。乃謂「貴而无位，高而无民，賢人在下位而无輔。」如「亢龍」，已至窮高之位，是以「動而有悔」。體乎乾者，當戒乎驕亢之不可恃也。

(六)「不出戶庭，无咎。」此節卦初九之爻辭，本章引「子曰」之語以釋之。乃謂「言語」如「戶庭」，「君不密則失臣，臣不密則失身，機事不密則害成。」如輕出庭階則生亂，君子體乎節，則當慎密而不輕出其言語也。

(七)「負且乘，致寇至。」此解卦六三之爻辭，本章引「子曰」之語以釋之。乃謂「上慢下暴」、「慢藏」、「冶容」，如「負且乘」。（負為小人攜物之方式，車輿為君子所乘之器物。「負且乘」即小人負寶物，乘君子之車輿。）「盜思奪之」、「誨盜」、「誨淫」，如「致寇至」。蓋寇盜之至，乃自招之故也，故先讚作易者，其知致盜之由也。體解者，其可慢乎。

本章，敘述聖人擬象議爻而繫辭，以窮盡宇宙人間之諸事物，復舉七例以證其義。

第九章

天一、地二、天三、地四。天五、地六、天七、地八、天九、地十。天數五、地數五，五位相得而各有合。天數二十有五，地數三十；凡天地之數五十有五，此所以成變化而行鬼神也。大衍之數五十，其用四十有九，分而為二以象兩，掛一以象三，揲之以四以象四時，歸奇於扐以象閏，五歲再閏，故再扐而後掛。乾之策，二百一十有六，坤之策，百四十有四，凡三百有六十，當期之日。二篇之策，萬有一千五百二十，當萬物之數也。是故四營而成易，十有八變而成卦，八卦而小成；引而伸之，觸類而長之，天下之能事畢矣。顯道神德行。是故可與酬酢，可與祐神矣。子曰：「知變化之道者，其知神之所為乎！」

(一)大衍之數—來知德易經來註圖解曰：「衍與演同，演者廣也，衍者寬也。其義相同。言廣天地之數也。」案即推演蓍策以成卦，而探尋宇宙人生之超越律則，所用蓍策之數也。

(二)掛一—朱子周易本義曰：「掛一，懸其一於左手小指之間也。」

(三)揲—朱子周易本義曰：「揲，間而數之也。」

(四)奇—朱子周易本義曰：「奇，所揲四數之餘也。」

(五)扐—來知德易經來註圖解曰：「扐者勒也。」

(六)五歲再閏—劉百閔周易事理通義曰：「歲有十二月，月有三十日，三百六十者，一歲之常數也。然每歲以二十四氣計，則合三百六十五日有奇，此多五日有奇者，為氣盈。以十二月朔計，則以三百五十四日有奇，較之三百六十日，則少五日有奇，此少五日有奇者，為朔虛。一歲實得三百五十四日，共餘十二日，三年則餘三十六日矣。于是分三十日為一月，又以六日為後閏之積，其第四第五年，又各餘十二日，以此二十四日，湊前六日，又成一閏，其日月行度，尚有奇零，然約略如此，所謂三歲一閏，五歲再閏也。」

(七)期—朱子周易本義曰：「期，周一歲也。」

(八)四營—李鼎祚周易集解引陸績曰：「分而為二以象兩，一營也。掛一以象三，二營也。揲之以四以象四時，三營也。歸奇於扐以象閏，四營也。謂四度營為（經營），方成易之一爻者也。」

(九)酬酢—朱子周易本義曰：「酬酢，謂應對。」

(十)祐神—朱子周易本義曰：「祐神，謂助化之功。」

案：夫易者，乃準天地之道，以決人事之疑，而其運用則在化陰陽消長之理，為耆策變化之數。天道純陽，於數為奇，基本數字中之一、三、五、七、九象之。地道純陰，於數為偶，基本數字中之二、四、六、八、十象之。天地所象之基本數字各有五數，故曰「天數五，地數五。」「五位相得而各有合」，朱子周易本義曰：「……即所謂河圖者也，其位一六居下，二七居上，三八居左，四九居右，五十居中。……相得，謂一與二，三與四，五與六，七與八，九與十，各以奇偶為類而自相得。有合，謂一與六，二與七，三與八，四與九，五與十，皆兩相合。」天之數，一、三、五、七、九，其和為二十有五。地之數，二、四、六、八、十，其和為三十。總天地之數共五十有五。此五十有五乃計算蓍策之數，而分別涵具或陽奇或陰偶以及其變其化之意義，可藉以推演而成諸卦及「變卦」之象，以應乎宇宙人生之一切現象，故曰「成變化」。一切宇宙人生之現象，質言之，莫非陽變乎陰，陰化乎陽。陰化乎陽，即萬物之入於機，為鬼之歸；陽變乎陰，即萬物之出於機，為神之伸，是故推演此五十有五之策數而成諸卦及「變卦」，則可運行鬼神之功化。

「大衍之數五十」，此謂演蓍以成卦所備之策數，進入推演程序之時，右手取其一不用，反置於櫝中，孔穎達周易正義曰：「言此其一不用者，是易之太極之虛無也。」既其一不用以象太極，則所用者唯四十有九。然後，

「分而為二以象兩」，即將四十九策任意分為甲乙兩部分，以象兩儀。並將甲部分置於左邊，左為天；將乙部分置於右邊，右為地。此為第一演。

「掛一以象三」，即左手取出置於左邊之甲部分，掛懸其一於左手小指間，則「掛一」、甲部分、乙部分象乎三才。此為第二演。

「揲之以四以象四時」，即將甲部分掛餘之策，每四策為一組以右手數之，（即以四除之）所以象四時，此為第三演。

「歸奇於扐以象閏」，即將「揲之以四」之餘策，或餘一，或餘二，或餘三，或餘四，扐（勒也，來也。）於左手無名指間，所以象「閏」，此為第四演。

「再揲之以四以象四時」，（依照演蓍以成卦之過程，當有此一程序，本傳省略耳。）即右手取出置於右邊之乙部分，如第三演，每四策為一組以左手數之，亦象四時，此為第五演。

「（再歸奇於扐以象）五歲再閏」，（依照演耆以成掛之過程，應當如此補足其文義。）即將乙部分「揲之以四」之餘策，或餘一，或餘二，或餘三，或餘四，扐於左手中指間，所以象「再閏」，此為第六演。

「再扐而後掛」，即取包括第二演「掛一」，第四演「歸奇」，第六演「再歸奇」，所扐於指間之策而掛之，（放置一邊）此為第七演。

以上之程序為第一變，取第一變所餘之策，如第一變之程序以演之，依次為第二變、第三變。凡三變然後成爻，十八變則依次成初、二、三、四、五、上之六爻卦。（詳見後附之演蓍成卦法）

「乾之策」，乃謂演者，三變而成爻，所成之爻，其性質視所餘之策數而定，其可能不外下列四種：

(一) 餘三十六策，九揲之數，為九，為老陽，為可變之陽爻。
(二) 餘三十二策，八揲之數，為八，為少陰，為不變之陰爻。
(三) 餘二十八策，七揲之數，為七，為少陽，為不變之陽爻。
(四) 餘二十四策，六揲之數，為六，為老陰，為可變之陰爻。

夫少不變，老變，故陽用九不用七，陰用六不用八。而乾卦六爻皆陽，陽既用九，九由三十六策而得，六爻之積則為二百一十六策。「坤之策」，坤卦六爻皆陰，陰既用六，六由二十四策而得，六爻之積則為一百四十四策。總乾坤之策，其和則為三百六十。蓋相當於期年三百六十之日數。「二篇」，指古經之上經及下經，凡陽爻一百九十二，而陽由三十六策而得，故其積為六千九百一十二。又共陰爻一百九十二，而陰由二十四策而得，故其積為四千六百零八策。合上下經二篇，則其和為一萬一千五百二十策。蓋相當於萬物之數也。

是故，「四營而成易」，即「分而為二以象兩」，「掛一以象三」，「揲之以四以象四時」，「歸奇於扐以象閏」，凡四度營為，實為七演，以成「一變」，三變而成爻，此易之變也。三變成爻，十八變則成六爻之卦。十八變成六爻之卦，其基礎則為八卦，八卦交互重疊為六十四卦，則八卦為小成。再引而伸之，「觸類」，即由此六十四卦所設定之特定境況，以及三百八十四爻所設定之過程階段，觸通其旁類，而增長之，則成易道龐大而縝密之系統，以籠罩宇宙人間，天下所可能被窮盡之事物，莫不為所籠罩而窮盡矣。既然，則於易之道，以卦爻與觸類顯明其道體之廣大悉備；於人之德行，藉繫辭與斷占而示其神用之應變無方。是故，可以應乎事而與酬酢決疑，可以準乎天而與參贊神功。復引「子曰」之語以證之，深於易者，既知演蓍成卦，交感消長所成變化之道，則其知天道生物神妙莫測之作為也。

本章，言演蓍成卦之數學基礎及其意義。

第十章

易有聖人之道四焉：以言者尚其辭，以動者尚其變，以制器者尚其象，以卜筮者尚其占。是以君子將有為也，將有行也，問焉而以言，其受命也如嚮，无有遠近幽深，遂知來物。非天下之至精，其孰能與於此！參伍以變，錯綜其數，通其變，遂成天地之文，極其數，遂定天下之象；非天下之至變，其孰能與於此！易，无思也，无為也，寂然不動，感而遂通天下之故。非天下之至神，其孰能與於此！夫易，聖人之所以極深而研幾也！唯深也，故能通天下之志；唯幾也，故能成天下之務；唯神也，故不疾而速，不行而至。子曰：「易有聖人之道四焉。」者，此之謂也。

(一)以—來知德易經來註圖解曰：「以者，用也。」

(二)尚—來知德易經來註圖解曰：「尚者，取也。」

(三)制器—來知德易經來註圖解曰：「制器者，結繩網罟之類是也。」案本下傳第二章言之甚詳。

(四)嚮—來知德易經來註圖解曰：「嚮者，向也。……言如彼此相向之近，而受命親切也。」

(五)无有—劉淇助字辨略曰：「无有，猶云不論。」

(六)遂知來物—裴學海古書虛字集釋曰：「遂，遍也。」劉百閔周易事理通義曰：「物，事也。」即遍知未來之事（吉凶）。

(七)與—裴學海古書虛字集釋曰：「與猶當也。」

(八)參伍以變—劉百閔周易事理通義曰：「占有數有變：凡三揲三變而得一爻，所謂『參』也。每變之中，有分、有掛、有揲、有歸奇、有再扐，為五小變，所謂『伍』也；是之謂『參伍以變』。」

(九)錯綜其數—孔穎達周易正義曰：「錯謂交錯，綜謂總聚。交錯綜聚其陰陽之數也。」

(十)文—左傳昭公二十八年曰：「經緯天地曰文。」

(十一)「天下之故」之「故」—孔穎達周易正義曰：「故謂事故。」

(十二)研幾—朱子周易本義曰：「研猶審也，幾，微也。」

案：易為聖人所作，聖人作易，其要道有四：①用於言說者，則取其所繫之辭，故本下傳第一章曰：「聖人之情見乎辭。」②用於行動者，則取其爻之變化，故本下傳第一章曰：「爻象動乎內，吉凶見乎外，功業見乎變。」③用於制器者，則取其卦之所象，如本下傳第二章曰：「作結繩而為網罟，以佃以漁，蓋取諸離。」④用於卜筮者，則取其占辭。來知德易經來註圖解曰：「卜得初九潛龍，則尚其勿用之占是也。」凡此四者，其於行事制作之指導作用大矣。

既然，「易有聖人之道四焉」，而取以用之，是以君子將有所作為，將有所行往，則占問於易，而求其繫辭所言說者，易受占者之命而示之，如相響之當機，無論距離之遠近，隱藏之幽微，影響之深廣，莫不泛應而曲當，故能遍知未來之事。由是可知，易者之繫辭，若非天下之至精，如何能機應似此。

「參」者，三變而得爻，伍者，五演以成「變」，（即分、掛、揲、歸奇、再扐，見本上傳第九章）此成其變之方式，故曰「參伍以變」。「變」之既成，其餘策之揲數，或為九（老陽）、八（少陰）、七（少陽）、六（老陰）。十八變而成一卦之六爻，乃自下而上，為諸揲數之交錯而總聚者也，此成其卦之方式。夫錯綜其揲數之為老陽（九）、少陰（八）、少陽（七）、老陰（六），通於參伍演蓍之變，乃成一卦六爻諸結構，六十四卦則分別相應宇宙人間諸現象，而設定其特殊之境況，三百八十四爻則分別展示其過程中之各階段性意義，此即經緯天地之文，為有所用於行動者之所取。「極其數」，即窮盡揲數之各種狀況，以成六十四卦，則可相應天地間各種具體事物之形象，而確定諸卦之卦象，為有所用於制器者之所取。由是可知，易之演蓍，若非天下之至變，如何能啟示似此。

聖人作易，乃準乎天地，故易者乃天地之道之意象化呈現，而易之道即天地之道。夫「天地無心而成化」，易既準乎天地，則亦无思、无為。蓋「思」者，屬於觀念化之思議，「為」者，屬於具體化之作為，而「易」則為超越乎具體層觀念層以上之絕對性存在，故為超思、超為者，雖然，而乾坤自轉，生機不息矣。如果再以分解之立場觀之，以其為超越層之絕對性存在，準天地以為生化之實體，故「寂然不動」；及其應乎宇宙，則普遍感通於天下之事物，以全幅呈現其神用。此斷占之所以靈明，為有所用於卜筮者之所取。由是可知，易之應物，若非天下之至神，如何能效驗似此。

易為聖人所作，而備乎聖人之要道者四，即辭也，變也，象也，占也。論其價值，則「辭」為繫辭，至精也；「變」為演蓍成爻以經緯天地，「象」為「通變極數」成卦以象徵事物，皆至變也。「占」為占斷，至神也。聖人作易，即所以藉之以意象化呈現天地之道，而期有所參贊。故一則「逆之」以窮盡其深度之理由，此明其至精者也；一則「順之」以研審其始動之幾微，此見其至變者也。以其窮盡深度之理由，故其繫辭能「受命如嚮」，而感通天下之志意；以其研審其始動之幾微，故其「通變」所成之「文」，「極數」所定之「象」，（即爻卦系統）能啟示其行動之可能發展，與制器之涵具意義，而成就天下之事務。「神」者，李鼎祚周易集解引虞翻曰：「神謂易也。」即「无思也，无為也；寂然不動，感而遂通天下之故。」朱子周易本義曰：「所以通志而成務者，神之所為也。」是以「唯神也」，蓋言易之明體以通志，達用而成務，皆妙不可測，為超時間過程之「不疾而速」，超空間過程之「不行而至」。復引子曰：「易有聖人之道四焉。」而結之曰「此之謂也」。

本章，言易有聖人之要道者四，以及其所涵備之價值。

第十一章

子曰：「夫易，何為者也？夫易，開物成務，冒天下之道，如斯而已者也。」是故聖人以通天下之志，以定天下之業，以斷天下之疑。是故蓍之德圓而神，卦之德方以知，六爻之義易以貢；聖人以此洗心，退藏於密，吉凶與民同患，神以知來，知以藏往，其孰能與於此哉？古之聰明叡知神武而不殺者夫！是以明於天之道，而察於民之故，是興神物以前民用；聖人以此齊戒以神明其德夫！是故闔戶謂之坤，闢戶謂之乾，一闔一闢謂之變；往來不窮謂之通，見乃謂之象，形乃謂之器，制而用之謂之法，利用出入，民咸用之謂之神。是故易有太極，是生兩儀，兩儀生四象，四象生八卦，八卦定吉凶，吉凶生大業。是故法象莫大乎天地；變通莫大乎四時；縣象著明莫大乎日月；崇高莫大乎富貴；備物致用，立成器以為天下利，莫大乎聖人；探賾索隱，鉤深致遠，以定天下之吉凶，成天下之亹亹者，莫大乎蓍龜。是故天生神物，聖人則之。天地變化，聖人效之。天垂象，見吉凶，聖人象之。河出圖，洛出書。聖人則之。易有四象，所以示也。繫辭焉，所以告也。定之以吉凶，所以斷也。

(一) 開物成務—孔穎達周易正義曰：「言易能開通萬物之志，成就天下之務。」

(二) 冒—韓康伯周易注曰：「冒，覆也。」

(三) 貢—韓康伯周易注曰：「貢，告也。」

(四) 洗心—陸德明經典釋文曰：「（洗）劉瓛悉殄反……京、旬、虞、董、張、蜀才作先，石經同。」來知德易經來註圖解曰：「洗心者，心之本然。聖人之心，无一毫私欲，如江漢以濯之，又神又知又應變无窮，具此三者之德，所以謂之洗心。」

(五) 殺—鄭康成儀禮士冠禮注曰：「殺，猶衰也。」

(六) 神物—朱子周易本義曰：「神物，謂著龜。」

(七) 齋戒—朱子周易本義曰：「湛然純一之謂齋，肅然警惕之謂戒。」

(八) 法—孔穎達周易正義曰：「言聖人裁制其物，而施用之，垂為模範，故云謂之法。」

(九) 探賾索隱—孔穎達周易正義曰：「探謂闚探求取，賾謂幽深難見，卜筮則能闚探幽昧之理，故云探賾也。索謂求索，隱謂隱藏，卜筮能求索隱藏之處，故云索隱也。」

(十) 鈎深致遠—孔穎達周易正義曰：「物在深處能鈎取之，物在遠方能招致之，卜筮能然，故云鈎深致遠也。」

(十一) 亹—爾雅釋詁曰：「亹，勉也。」

案：上章曰，「夫易，聖人之所以極深而研幾也。」「極深」即逆之以窮盡其深度理由，而彰顯事物之普遍律則，是為「開物」。「研幾」即逆之以研審其始動之幾微，而掌握事物之發展方向，乃可「成務」。故易道誠涵蓋於天下事物之縱貫歷程。作本傳者，既引「子曰」之意如此，復申之曰，聖人作易，「通天下之志」，即「開物」也；「定天下之業」，即「成務」也。「斷天下之疑」，即啟示吉凶以指引趨避，而建立道德性價值。此易之所以為「冒天下之道」也。

「著之德圓而神」，即演著所涵之意義，為變化圓通，如莫測之神。「卦之德方以知」，即羣卦所涵之意義，為序列定體，象周知之智。「六爻之義易以貢」，即六爻所涵之意義，為隨機變易，設吉凶之告，此亦易之道也。聖人作易，即體此「圓而神」、「方以知」、「易以貢」之德義，而見「洗心」。（即絜靜心靈—易心也。）易道既體現為此「洗心」，自其體言之，乃屬形而上之境界，相對具體世界則為「退藏於密」；自其用言之，即設吉凶之斷占以示與民同憂患，蓋民心莫不趨吉避凶，「與民同患」即道德意識之涵蓋也。於此「與民同患」之道德意識涵蓋下，其圓通之神，所以預測未來之境遇；其周知之智，所以積藏以往之經驗。凡此體現「退藏於密」之體，呈為「與民同患」

之用，以預測未來境遇，積藏以往經驗者，唯古之聰明叡知、神武不殺（衰）之聖哲，能與（當）於此。

易既準天地，並為百姓所日用，聖人體之，是「明於天之道」，並「察於民之故（事）」，因此興用蓍龜以筮卜，以為百姓之趨避以前，有所啟示。蓋天道攸關，民用所繫，聖人之「興神物」，亦湛然肅然，以神明其聖哲之大德。

易既為「開物成務，冒天下之道。」即易道，綱領則在乾坤兩卦。夫綜合觀之，「易」者，形而上之實體，而萬物化化生生也。分解言之，則落在「氣化作用」上，為陽之生，陰之化。「坤」者，六爻皆陰，為純陰之卦，以表地道；「乾」者，六爻皆陽，為純陽之卦，以表天道。於此，「易」為第一義者，「乾」「坤」相對而落為第二義矣。（乾卦彖傳曰：「大哉乾元，萬物資始。」此「乾道」已提升以表「易道」，為第一義者。此不可不辨也。）第一義之「易」，萬物由之以生以化，以生以化則當有出入之「機」，其「機」則謂之「戶」，老子第九章則謂之「天門」。「乾」為純陽表天道，乃象乎萬物之生，萬物之生即生於易，易之生物，則闢其戶以使萬物經由之而出。坤為純陰表地道，乃象乎萬物之成，萬物之成即成於易，易之成物，則闔其戶而見生意內充之反覆。（坤既為純陰，純陰亦象萬物之化，萬物之化即化於易，易之化物，則闔其戶以示萬物經由之而入。—此解亦可通。）其實，易之生成萬物，其自體乃圓滿具足，其大用則可姑且分解為闢戶以生，闔戶以成（化）。其生其成（化），亦超時空之限制，超過程之滯礙，但見全幅敞開，一生百生，一成（化）百成（化），並且闔闢而無已；然而由於自體之圓滿具足，故亦不致淪為虛無流。作本傳者，為先透顯其圓滿具足之自體，故先言「闔戶謂之坤」，而後呈現其生成無窮之大用，乃復曰「闢戶謂之乾」。由於「一闔一闢」，則見易道圓滿具足之不易，亦應萬物生生化化而變易。闢戶以生成萬物為「往」，闔戶而反復自已為「來」；由於闔闢無已，故曰「往來不窮」，此之謂「通」。「易」，其體乃形而上之絕對存在，非器象所可形見，及其呈現為大用，闔闢往來，幾兆既萌而可見者，則謂之

「象」，李鼎祚周易集解引荀爽曰：「謂日月星辰，光見在天而成象也。」至具體化而成形，即謂之「器」。李鼎祚周易集解引荀爽曰：「萬物生長在地成形，可以為器用者也。」易之生成象器如此，聖人則參以贊之，裁制而為百姓所日用之模範，例如天道有盈虧，君子則當謙以自牧。「刳木為舟」，可以涉大川。此謂之「法」也。百姓利用聖入裁制象器所示之法，以損以益，或用或藏，斯為聖人功參造化之「神」。

「易有太極」，「太極」即是「易道」，乃相應宇宙萬物之生化，以指謂其絕對而最後之原理，屬於絕對層，故不可為象。「是生兩儀」，爾雅釋詁曰：「儀，匹也。」陰陽相匹，故稱兩儀。太極生化萬物，所呈現之兩大勢用，即「陽」，畫一奇以象之；「陰」，畫一耦以象之。「兩儀生四象」，即陰陽之發展、交感，而引生四象，即陽上生陽，為太陽；陽上生陰，為少陰；陰上生陽，為少陽；陰上生陰，為太陰。李鼎祚周易集解引虞翻曰：「四象，四時也。」故「四象」乃太極引生陰陽兩儀，陰陽兩儀復或分別發展、或互相交感，引生為四種象徵，四時則為其所象徵之一具體現象。「四象生八卦」，即太陽之上生陽，為乾；太陽之上生陰，為兌；少陰之上生陽，為離；少陰之上生陰，為震；少陽之上生陽，為巽；少陽之上生陰，為坎；太陰之上生陽，為艮；太陰之上生陰，為坤。八卦亦象，所以象徵自然界、人事界之一切事物。（詳見說卦傳）茲列兩儀、四象、八卦之圖如下：

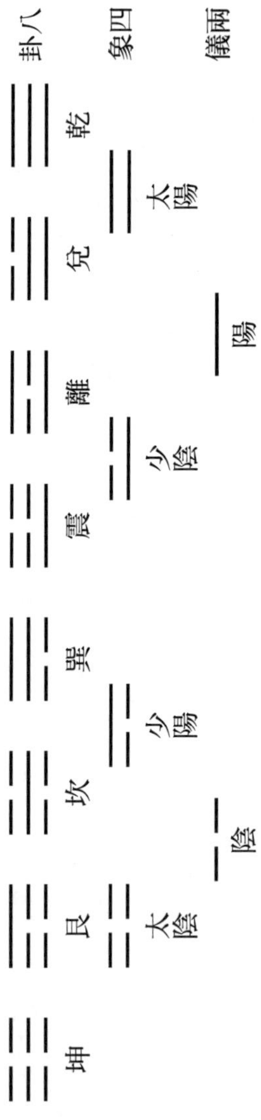

兩儀	陽				陰			
四象	太陽		少陰		少陽		太陰	
八卦	乾	兌	離	震	巽	坎	艮	坤

八卦者，實由陰陽發展、交感引生而成，為重疊成六十四卦之基礎。由於陰陽之發展、交感，視其卦之組織，爻之位置、關係，於是決定其為吉、為凶，故曰「定吉凶」。吉凶既定，則知所趨避。趨吉避凶，其主觀形態，則為道德意識油然生焉；其客觀形態，則為有為有守，而成就大業，故曰「生大業」。

天成象以體現其生物之意義，地效法而呈現其成物之法則，此法象之最大者，故曰「法象莫大乎天地」。四時，春生夏長為易之闢戶，秋煞冬藏為易之闔戶，迭運不已，所謂「變」也；暑往寒來，循環無端，所謂「通」也，此變通之最大者，故曰「變通莫大乎四時」。日月縣象於天，而於晝夜著其明，此縣象著明之最大者，故曰「縣象著明莫大乎日月」。崇高乃指價值成就言，王者位居至尊，德被天下，此價值成就之最大者，故曰「崇高莫大乎富貴」。聖人，「仁且智」（孟子公孫丑篇引子貢語）者也，能備天地所生之物如牛馬，以致萬民之用，制成器具如舟車，以利天下之需，此利用之最大者，故曰「備物致用，立成器以為天下利，莫大乎聖人。」蓍龜，所以筮卜，能探索幽隱之天下事物，鈎致深遠之宇宙律則，以決定天下吉凶之機宜，而指引其亹亹然有所勸戒趨避，此探索鈎致之最大者，故曰「探賾索隱，鈎深致遠，以定天下之吉凶，成天下之亹亹者，莫大乎蓍龜。」

本上傳第十章曰，易有聖人之道四焉，即辭、變、象、占。聖人乃體天地之道以作易，故易亦與天地之道相準。天地之道所以為聖人所體者，示之以象也。聖人取法天地所示之象以作易，則易相應「有聖人之道四焉」而有四象也。天生神物，蓍龜也，用以筮卜，聖人則之乃應其筮卜，而立斷占。天地變化，消長往來不已，聖人效之，乃應其變化，而定演蓍之法。天垂象，見吉凶之機，聖人象之，乃應其吉凶，而設卦象。河圖、洛書，啟示天地之定數，聖人則之，乃應其定數，而繫之以辭。是以占、變、象、辭四者，即聖人體天地之道以作易所見之「象」。凡此四象，蓋示其「開物成務」之指導原則也。此所示之指導原則，最具實效作用者，殆為所繫之辭，所以告其境遇所當之機；以及所定之吉凶，所以斷其時運所值之占。

本章，言易道見於演蓍成卦之意義與價值。

第十二章

易曰：「自天祐之，吉无不利。」子曰：「祐者，助也。天之所助者，順也。人之所助者。信也。履信思乎順，又以尚賢也，是以『自天祐之，吉无不利。』也。」子曰：「書不盡言，言不盡意。然則聖人之意，其不可見乎？」子曰：「聖人立象以盡意，設卦以盡情偽，繫辭焉以盡其言，變而通之以盡利，鼓之舞之以盡神。」乾坤，其易之運緼邪！乾坤成列，而易立乎其中矣。乾坤毀。則无以見易，易不可見，則乾坤或幾乎息矣。是故形而上者謂之道，形而下者謂之器，化而裁之謂之變，推而行之謂之通，舉而措之天下之民謂之事業。是故夫象，聖人有以見天下之賾，而擬諸其形容，象其物宜，是故謂之象。聖人有以見天下之動，而觀其會通，以行其典禮。繫辭焉以斷其吉凶，是故謂之爻。極天下之賾者存乎卦；鼓天下之動者存乎辭；化而裁之存乎變；推而行之存乎通；神而明之，存乎其人；默而成之，不言而信存乎德行。

(一) 偽——王先謙荀子性惡篇集解引郝懿行曰：「偽，作為也。」

(二)鼓舞—何楷古周易訂詁曰：「鼓，鼓聲。舞，謂舞容。舞有行列，以鼓為節。」

(三)縕—惠棟九經古義曰：「縕者，包裹之意。」

案：本章首舉大有卦上九之爻辭，「自天祐之，吉无不利。」而引「子曰」之語以釋之，乃謂祐之義為助。夫大有卦，一陰五陽，一陰為六五，居上卦之中，為虛而能容之君，上承上九，上九為天位，乘六五以成其大有，是天之順以助之。又六五下乘九四，九四為人位，承六五以成其大有，是人之信以助之。由於乘九四之人，承上九之天，故曰「履信思乎順」。而且，六五下應九二，九二賢者；六五應以尚之，故曰「尚賢」。其實，人信，賢尚，亦天也，而成其大有，乃結之曰「自天祐之，吉无不利。」

本段，朱子周易本義曰：「釋大有上九爻義，然在此无所屬，或恐是錯簡，宜在第八章之末。」以下，作本傳者，復引「子曰」之設問，並引「子曰」之語以答之，朱子周易本義曰：「兩子曰字疑衍其一，蓋子曰字皆後人所加，故有此誤。」「書不盡言，言不盡意。」乃謂書本用以記錄言語，言語用以表達意念；意念即心靈生活之意象化、觀念化呈現，其層面包括外在之領悟，超越之契會，內在之自覺，其範圍則窮盡宇宙人間之內容。其表達則非假借言語不可，而言語者，僅表達其所提煉之觀念而已，對於心靈生活之歷程則已隔一層，此言語之限度。言語，僅為聲音之符號，無奈拘於時空條件，而止於偶然效用而已，如欲超越時空以流傳及於廣遠，則有賴於書本之記錄。書本之記錄，必須運用文字，而文字則因字彙與行文之限制，對於言語之往復曲折，又隔一層，此書本之限度。故云。書本，言語之限度既然如此，聖人作易之意，則另有其表達之方式，即①立象—如畫一奇以象陽，一耦以象陰；三奇之乾以象天象父，三耦之坤以象地象母，則宇宙人間之「意」，假象以盡之矣。②設卦—如六畫卦之泰以示通泰，六畫卦之否以示否塞，則宇宙人間之「情偽」，於六十四卦盡之矣。③繫辭—即繫辭於卦爻之下，以敘述卦爻之意義，則其「言」，於所繫之辭盡之矣。④變通—即於演蓍所得之卦爻，示以趨避之方，則所「利」者，於演蓍之變通中盡之矣。⑤鼓舞—蓋鼓以激勵調節，舞而欣然相從，則天下亹亹，而易之「神」，於鼓舞中盡之矣。

既然，聖人作易，立象以盡意，設卦以盡情偽，繫辭以盡言，變通以盡利，鼓舞以盡神，則聖人作易之意，庶幾可見矣。

再就聖人所作之易言之，其基本觀念在「陽」與「陰」而已。陽與陰之發展或交錯，乃成八卦，重之則為六十四卦。其綱領則在乾坤。乾純陽以象天，坤純陰以象地；乾坤之交錯、陰陽之消長，則六十四卦盡為所涵，如天地之感應，生化之運行，萬象莫不畢見。是以乾坤者，乃為易道所涵蓋，並且綱紀羣卦以成列，而易道則安立於其中，即易道與乾坤所綱紀成列之羣卦，互為內在也。反之，如果乾坤毀，（朱子周易本義曰：「乾坤毀，謂卦畫不立。」）即乾坤之意象毀壞，則易道無所安立而不可見矣。易道不可見，則乾坤所體乎易道之內容意義亦告喪失，無以成其化育之功，而天地但見草昧，宇宙返於洪荒，此乾坤之所以「幾乎息矣」。

易道雖與乾坤互為內在，但層次上則有所不同，易道乃屬於超越具體世界以上，所謂形而上之層次，為「道」世界者。乾坤以及其綱紀成列之羣卦為意象，乃聖人本其意所畫，以象乎具體世界之器物，皆屬於具體世界，所謂形而下之層次，為「器」世界者。分解言之，形而上之道世界，與形而下之器世界，乃分屬於兩層次。綜合觀之，二程全書遺書第一明道先生語曰：「器亦道，道亦器。」蓋二者實互為內在而圓融為一，並且道運乎器，器載乎道。至於道之運也，但見動而為陽，靜而為陰之兩大勢用。「化」者，陰陽之交感也，即道之運乎其大用；「裁之」，乃聖人之裁成，使無過無不及，而呈現其秩序；陰陽化之不已，聖人裁之，則往者逝而來者續，此其「變」也無窮。「推」此變化之秩序，「行」於日常之生活行事，守常達變，則無往不適，以合其機宜，如來知德易經來註圖解曰：「乾卦當潛，而行潛之事，則潛為通。……當見，而行見之事，則見為通。」「舉」此變化之宇宙秩序，通行之人間機宜，措置於天下之民，使之有所仰遵，則為彌綸道德價值之天地聖賢事業。

「是故夫象，聖人有以見天下之賾，而擬諸其形容，象其物宜，是故謂之象。聖人有以見天下之動，而觀其會通，以行其典禮，繫辭焉以斷其吉凶，是故謂之爻。」此段已見本上傳第八章，於此重出，乃上承易緼乾坤，聖人裁成之旨，而歸結於神明卦象爻辭之涵義，在於人之德行。「極」者，窮究也。「賾」者，幽深難見也。「卦」者，卦之象也。天地間之事物，千殊萬別，幽深難見，卦象能窮究以象之，故曰「極天下之賾者，存乎卦。」「鼓」者，激勵調節也。「動」者，行事、趨避也。「辭」者，爻之辭也。天下之行事，莫不趨吉而避凶，爻之辭能斷其占，以激發調節之，故曰「鼓天下之動者，存乎辭。」順陰陽交感之「化」，而「裁」成其秩序，則見之於其變之中，故曰「化而裁之，存乎變。」「推」此變化之秩序，「行」於日常生活之機宜，則見之於其「通」之中。「神而明之」者，乃謂對於卦、爻、變、通之體用，能神其道而明其功，則在於其人，故曰「神而明之，存乎其人。」「默而成之」者，心契而證成其道也；「不言而信」者，神往而推拓其功也，此則基於德盛行高者，故曰「默而成之，不言而信，存乎德行。」

本章，言聖人盡其意而有易之作，而易者統形而上、形而下以成化育之功業；唯人之德行為能迴應之也。

繫辭下傳

第一章

八卦成列，象在其中矣。因而重之，爻在其中矣。剛柔相推，變在其中矣。繫辭焉而命之，動在其中矣。吉凶悔吝者，生乎動者也。剛柔者，立本者也。變通者，趣時者也。吉凶者，貞勝者也。天地之道，貞觀者也。日月之道，貞明者也。天下之動，貞夫一者也。夫乾，確然示人易矣。夫坤，隤然示人簡矣。爻也者，效此者也。象也者，像此者也。爻象動乎內，吉凶見乎外，功業見乎變。聖人之情見乎辭。天地之大德曰生，聖人之大寶曰位，何以守位曰仁，何以聚人曰財，理財正辭禁民為非曰義。

(一)象—朱子周易本義曰：「象，謂卦之形體也。」

(二)趣—趨也。（見孔穎達周易正義）

(三)貞—釋名釋言語曰：「貞，定也。」

(四)觀—來知德易經來註圖解曰：「觀者，垂象以示人也。」

(五)確然—朱子周易本義曰：「確然，健貌。」

(六)隤然—朱子周易本義曰：「隤然，順貌。」

(七)理財—朱子周易泰卦本義曰：「財、裁同。」李鼎祚周易集解引荀爽曰：「尊卑貴賤衣食謂之理財。」

（八）正辭—李鼎祚周易集解引荀爽曰：「名實相應，萬事得正，謂之正辭。」

案：八卦之生成，本上傳第十一章曰：「易有太極，是生兩儀，兩儀生四象，四象生八卦。」則三畫之乾、兌、離、震、巽、坎、艮、坤八卦依序而成列，則八卦之形象在此成列之八卦中矣。八卦，重之，則成六畫之六十四卦，而三百八十四爻在此六十四卦之中矣。三百八十四爻，陰陽而已，陽之性剛，陰之性柔，故或直稱之為剛柔。「剛柔相推」，即以純陽之乾，純陰之坤為綱領，而交感、發展，則產生各爻依其性質、位置、關係，而見其不同之價值，此所謂「變」也，在於陰陽交感、發展之中矣。「繫辭」，繫以六十四卦，三百八十四爻之辭與占，而命（陸德明經典釋文謂孟喜本作「明」）其所表之意義，與所值之吉凶也。「動」者，卦爻象之呈現其指導作用，即在所繫之辭中，故曰「在其中矣」。此所謂卦爻象之「動」而呈現其指導作用，與本上傳第十二章所謂之「天下之動」，（為辭所鼓者）以有所行事、趨避，乃內外當機而相應者。由於卦爻象之「動」而呈現其指導作用，則有失得之吉凶，憂虞之悔吝，故曰「吉凶悔吝者，生乎動者也。」「剛柔者」，乃指陰爻陽爻而言，夫六十四卦，合三百八十四爻，莫非以陰爻陽爻為基礎所構成，故曰「立本」。剛柔既構成六十四卦，其交感、發展以相推；並往來不窮，則為「變通」。「趣時」，即歸趨於其特定境況，蓋卦者，乃相應宇宙秩序，人間遭遇而設定為一特定境況，稱之曰「時」，如彖傳曰「頤之時」、「解之時」。此所設定之特定境況，即所以涵蓋該卦各爻交感、發展之「變」，以及往來不窮之「通」，為所歸趨，故曰「變通者，趣時者也。」

「貞」者，周易古經當作卜問解，易傳則作正、定解。（見乾卦注（四））蓋易傳釋乾卦卦辭「元、亨、利、貞。」為乾道生物之四大歷程，「貞」即貞定也，即確定其意義也。「吉凶」，乃相對性之或然遭遇，人之情則莫不趨吉而避凶，趨避之間，則於心理上難免有所累。（此取韓康伯周易注義）吉凶既生乎動者，故吉凶之指導作用，乃所以貞定乎超越吉凶之累之意義。「天地之道」，乃其垂象之理由，故為所以貞定乎垂象以示人之意義。「日月之道」，乃其照明之理由，故為所以貞定乎照明之意義。「天下之動」，即「四時行焉，百物生焉。」之「逝者如斯夫」，乃形而上實體—所謂「一」者之大用流行。是以「天下之動」—大用流行，自「一」—形而上實體，得以貞定其意義矣。

乾者，乾道也。乾道至健，其生物之方式至易，故曰「確然示人易矣」。坤者，坤道也。坤道至順，其成物之方式至簡，故曰「隤然示人簡矣」。「爻」者，其義為效，效即呈現也。爻有奇耦，所呈現（效）者，即此乾易坤簡之生成方式。象者，其義為像，像即形象化也。卦有六十四，所形象化者，亦此乾易坤簡之生成方式。「爻象動乎內」，即爻以奇耦組織成卦，而形象化某一特定意義；爻之意義，卦之意義，乃呈現其指導作用於卦之內。「吉凶見乎外」，即吉凶所言之得失，其效驗之事乃見於卦之外。「變」者，「化而裁之」也。「化」則陰陽交感，而道運乎其中；「裁」則聖人裁成，使無過無不及，以呈現其秩序。此聖人之功業，見於「化而裁之」之變中。至於聖人裁成之情志，上明天道，下佈人文，教之守常盡變，臻於無過無不及，則見於所繫之辭。

天地生成萬物，「成」為「生」之所涵，故綜言之為「生」。此道充於內，功顯於外，德之大者也，蓋見於生物，故稱之「天地之大德曰生」。聖人頂天立地，體現人格之極則，建立與天地並立為三之價值性地位，此價值性地位，乃至寶者，故稱之「聖人之大寶曰位」。此「位」乃以人格之極則為規定，而人格之極則乃以仁為內容，故稱之「何以守位曰仁」。「聚人」，孔穎達周易正義作「聚集人眾」解，來知德易經來註圖解曰：「聚人者，內而百官，外而黎庶也。」蓋人眾，天地之化也；設官分職以聚之，聖人之財（裁）也，故稱之「何以聚人曰財」，「理財」者，建立客觀分位之等級，以定其分，範其行。「正辭」者，建立道德意識之觀念，以正其名，應其事。夫行無違越，事合其宜，則民莫為非，此之謂「義」。

本章，歷述「易」所見於外之事象，以及其所備於內之意義，無後歸結於聖人之體現與裁成。

第二章

古者包犧氏之王天下也，仰則觀象於天，俯則觀法於地，觀鳥獸之文，與地之宜，近取諸身，遠取諸物；於是始作八卦，以通神明之德，以類萬物之情。作結繩而為罔罟，以佃以漁，蓋取諸離。包犧氏沒，神農氏作，斲木為耜，揉木為耒，耒耨之利，以教天下，蓋取諸益。日中為市，致天下之民，聚天下之貨，交易而退，各得其所，蓋取諸噬嗑。神農氏沒，黃帝、堯、舜氏作，通其變，使民不倦；神而化之，使民宜之；易窮則變，變則通，通則久；是以自天祐之，吉无不利。黃帝、堯、舜垂衣裳而天下治，蓋取諸乾坤。刳木為舟，剡木為楫，舟楫之利以濟不通，致遠以利天下，蓋取諸渙。服牛乘馬，引重致遠以利天下，蓋取諸隨。重門擊柝以待暴客，蓋取諸豫。斷木為杵，掘地為臼，臼杵之利，萬民以濟，蓋取諸小過。弦木為弧，剡木為矢，弧矢之利，以威天下，蓋取諸睽。上古穴居而野處，後世聖人易之以宮室，上棟下宇，以待風雨，蓋取諸大壯。古之葬者，厚衣之以薪，葬之中野，不封不樹，喪期无數，後世聖人易之以棺槨，蓋取諸大過。上古結繩而治，後世聖人易之以書契，百官以治，萬民以察，蓋取諸夬。

(一)罔罟—朱子周易本義曰：「罔與網同。」朱子孟子梁惠王集註曰：「罟，網也。」

(二)佃—羅鳥獸。（見孔穎達周易正義）

(三)蓋—乃也。（見劉淇助字辨略）

(四)斲木為耜，揉木為耒—來知德易經來註圖解曰：「耒耜者，今之犁也。耜者耒之首，斲（削）木使銳而為之。……耒者耜之柄，揉（屈）木使曲而為之。」

(五)耨—劉百閔周易事理通義曰：「耨，刺地除草之器。」

(六)刳—來知德易經來註圖解曰：「刳者，剖而使空也。」

(七)剡—來知德易經來註圖解曰：「剡者，斬削也。」

(八)柝—巡夜所擊以警盜者之木。（見鄭康成周禮天官注）

(九)杵—擣粟之器也。（見段玉裁說文解字注）

(十)弦木為弧—許慎說文解字曰：「弧，木弓也。」劉百閔周易事理通義曰：「張弦於木為弓弧。」

(十一)上棟下宇—來知德易經來註圖解曰：「棟，屋脊也。宇，椽也。棟直承而上，故曰上棟。宇兩垂而下，故曰下宇。」

(十二)衣之以薪—來知德易經來註圖解曰：「衣之以薪，蓋覆之以薪也。」

(十三)不封不樹—孔穎達周易正義曰：「不積土為墳，是不封也。不種樹以標其處，是不樹也。」

(十四)書契—來知德易經來註圖解曰：「書，文字也，言有不能記者，書識之。契，合約也，事有不能信者，契驗之。」

案：相傳伏羲（包犧）氏始作八卦，其取象，乃仰觀上天之象，如日月風雨。俯察大地成物之法則，如山川水火。以及鳥獸之文，如羽革飛鳴。與地之宜，如草原獸穴。近取諸身，如首腹耳目。

遠取諸物，如金玉弓矢。八卦既作，則所觀取於萬物者，莫不意象化為八卦。而其所觀取之萬物，自其涵備之質性言之，乃神明之德所賦予；自其具體之形象觀之，則各有其情態。八卦者，既會通於神明之德所賦予之質性，如剛健柔順。亦象徵乎其具體形象之情態，如潛龍牝馬。此之謂「以通神明之德，以類萬物之情。」是則萬物之質性與情態，於八卦可得而設以示之矣。本上傳第十章曰：「以制器者尚其象。」以下即列舉伏羲氏、神農氏、以及黃帝堯舜制器取象之事例。玆編號以釋之：

（甲）伏羲氏

（一）離—離卦，六二、九三、九四互巽，巽為繩。（說卦傳）又離為日，（說卦傳）故曰「作（王引之經義述聞曰：「自唐石經始衍作字，而各本皆沿其誤。」）結繩而為網罟」。又離之義為麗，（離卦彖傳）故曰「以佃以漁」，（獸魚附網為所獲）此所以有離之象也。

（乙）神農氏

（一）益—益卦，上卦為巽，巽為木，為入。（說卦傳）下卦為震，震為動，（說卦傳）上入下動，故曰「斲木為耜，揉木為耒。」用以耕耘也，又益又義為增益，（益卦彖傳）故曰「耒耨之利」，益於民也，此所以有益之象也。

（二）噬嗑—噬嗑卦，上卦為離，離為日，（說卦傳）下卦為震，震為大塗，（說卦傳）故曰「日中為市」。又下震之錯為巽，巽為利市三倍，故曰「致天下之民，聚天下之貨。」又噬嗑之義為合，（噬嗑卦彖傳）故曰「交易而退，各得其所。」此所以有噬嗑之象也。

（丙）黃帝堯舜氏

「通其變，使民不倦；神而化之，使民宜之。」乃相應伏羲氏觀取萬物，始作八卦，以及伏羲神農二氏制器取象之單純形態而言。黃帝堯舜氏則會通其制作之心智，推變而創造各類適切需要之器物，使民得以利用於日常生活，而免於疲累。並且對於所創造器物，發揮其神妙之功能，成就其美化之價值，使民宜於需用。

「易窮則變，變則通，通則久。」俞曲園古書疑義舉例，疑為本上傳第二章「是故君子居則觀其象而玩其辭，動則觀其變而玩其占。」以下之脫簡，而誤竄於此。「是以自天佑之，吉无不利。」俞曲園亦以為乃本上傳第二章之文，於此為重出。

(一)乾坤—鄭康成禮記王制注曰：「乾為天，其色玄，坤為地，其色黃；故玄以為衣，黃以為裳。」故曰「垂衣裳」。又天尊而地卑，上衣而下裳，以定貴賤之分，故曰「天下治」。此所以有乾坤之象也。

(二)渙—渙卦，上卦為巽，巽為木，（說卦傳）故曰「刳木為舟，剡木為楫。」下卦為坎，坎為水，（說卦傳）水浮舟楫，故曰「以濟不通，致遠。」渙卦彖傳曰：「乘木有功。」濟渙之道也，故曰「舟楫之利，……以利天下。」此所以有渙之象也。

(三)隨—隨卦，初九、六二、六三、九四為大離象，離為牛，（九家易義）下卦為震，震為馬。（說卦傳）又六三、九四、九五互巽，巽為繩。（說卦傳）六三、九四、九五、上六為大坎象，坎為輿，（說卦傳）故曰「服牛乘馬，引重致遠。」又隨之義為「動而說」，（隨卦彖傳）故曰「引重致遠，以利天下。」此所以有隨之象也。

(四)豫—豫卦，六二、六三、九四互艮，艮為門，（說卦傳）上卦為震，震綜亦為艮門，重門也。又艮為手，（說卦傳），所以擊也。上震錯為巽，巽為木。（說卦傳）六三、九四、六五互坎，坎為盜，（說卦傳）暴客之象也。故曰「重門擊柝，以待暴客。」又豫之義，韓康伯周易注曰：「豫，取其豫備。」故曰擊柝以待之。此所以有豫之象也。

(五)小過—小過卦，九三、九四、六五互兌，兌為毀折，（說卦傳）所以斷、掘也。六二、九三、九四互巽，巽為木，（說卦傳）又兌為地，（說卦傳）故曰「斷木為杵，掘地為臼。」又小過卦於小事為吉，（小過卦彖傳）故杵臼之舂，萬民以濟。此所以有小過之象也。

(六) 睽—睽卦，下卦為兌，兌為毀折，（說卦傳）兌綜為巽，巽為木，（說卦傳）六三、九四、六五互坎，坎為弓矢，（說卦傳）固曰「弦木為弧，剡木為矢。」又睽之義為乖違，「弧矢之利，以威天下。」乃在濟睽也，此所以有睽之象也。

(七) 大壯—大壯卦，九三、九四、六五互兌，兌為澤，（說卦傳）雨之象也。兌綜為巽，巽為風，（說卦傳）四陽相比，如棟宇，故曰「上棟下宇，以待風雨。」又大壯之義為「大者壯也」，（大壯卦彖傳）故上棟下宇之宮室，足以待風雨，此所以有大壯之象也。

(八) 大過—大過卦，下卦為巽，巽為木，（說卦傳）棺槨之象也。又為入。（說卦傳）上卦為兌，兌為說，（說卦傳）故曰「易之以棺槨」，而入土為安也。又大過之義為「大者過也」，（大過卦彖傳）孔穎達周易正義曰：「送終追遠，欲其甚大過厚，故取諸大過也。」此所以有大過之象也。

(九) 夬—夬卦，下卦為乾，乾為金，（說卦傳）上卦為兌，兌為毀折，（說卦傳）折金為兩半，以為書契也。又夬之義為決，（夬卦彖傳）韓康伯周易注曰：「書契以決斷萬事也。」故曰「百官以治，萬民以察。」此所以有夬之象也。

本章，首言伏羲仰觀俯察，以始作八卦。次舉伏羲、神農、黃帝堯舜之制器共十二例，以明制器與卦象卦義之相應合。

第三章

是故易者，象也。象也者，像也。彖者，材也。爻也者，效天下之動者也。

故吉凶生而悔吝著也。

(一)材—來知德易經來註圖解曰：「木挺曰材。材，幹也。一卦之材，即卦德也。」

案：來知德易經來註圖解曰：「是故二字，承上章取象而言。」易者，周易古經也，六十四卦而已，乃觀取天地人間之事物而意象化之也，故直言之曰「象也」。「象」之義，即像也，意象化之謂也。「彖」者，繫於卦下之辭，以明一卦之義，及其所通於神明之德者。（見本下傳第二章）「爻」者，每卦六爻，依其質性、位置、關係之不同，而有不同之意義，乃相應天下之行事、趨避，而呈現其指導作用。至於所示於人者，吉凶悔吝，其大端也。來知德易經來註圖解曰：「吉凶，在事本顯，故曰生。悔吝，在心尚微，故曰著。悔有改過之意，至於吉，則悔之著也。吝有文過之意，至於凶，則吝之著也。原其始而言，吉凶生乎悔吝；要其終而言，則悔吝著而為吉凶也。」

本章，解釋易、象、彖、爻諸觀念之意義，以及吉凶與悔吝之關係。

第四章

陽卦多陰，陰卦多陽，其故何也？陽卦奇，陰卦耦。其德行何也？陽一君而二民，君子之道也。陰二君而一民，小人之道也。

案：陽卦，震、坎、艮，皆一陽而二陰，故曰「多陰」。陰卦，巽、離、兌，皆一陰二陽，故曰「多陽」。其故何也？陽卦，以一陽為主，其畫為奇。陰卦，以一陰為主，其畫為耦。故曰「陽卦奇，陰卦耦。」

其德性何也？德行，乃謂其「以通神明之德，以類萬物之情。」如果落在政治社會以象之，則陽卦一陽為君，二陰為民，政令統一，故為「君子之道」。陰卦二陽為君，一陰為民，政令不一，故為「小人之道」。

本章，言卦分陰陽，而德行則一為君子之道，一為小人之道。

第五章

易曰：「憧憧往來，朋從爾思。」子曰：「天下何思何慮！天下同歸而殊塗，一致而百慮，天下何思何慮！」日往則月來，月往則日來，日月相推而明生焉。寒往則暑來，暑往則寒來，寒暑相推而歲成焉。往者，屈也；來者，信也。屈信相感而利生焉。尺蠖之屈，以求信也。龍蛇之蟄，以存身也。精義入神，以致用也。利用安身，以崇德也。過此以往，未之或知也。窮神知化，德之盛也。易曰：「困於石，據于蒺蔾，入于其宮，不見其妻，凶。」子曰：「非所困而困焉，名必辱；非所據而據焉，身必危；既辱且危，死期將至。妻其可得見邪！」易曰：「公用射隼于高墉之上，獲之，无不利。」子曰：「隼者。禽也；弓矢者，器也。射之者，人也。君子藏器於身，待時而動，何不利之有。動而不括，是以出而有獲，語成器而動者也。」子曰：「小人不恥不仁，不畏不義，不見利不勸，不威不懲，小懲而大誡，此小人之福也。易曰：『屨校滅趾，无咎。』此之謂也。」善不積不足以成名，惡不積不足以滅身，小人以小善為無益而弗為也，以小惡為無傷而弗去也；故惡積而不可掩，罪大而不可解。易曰：「何校滅耳，凶。」子曰：「危者，安其位者也。亡者，保其存者也。亂者，有其治者也。是故君子安而不忘危，存而不忘亡。治而不忘亂，是以身安而國家可保也。易曰：『其亡其亡，繫於苞桑。』」子曰：「德薄而位尊，知小而謀大，力小而任重，鮮不及矣。易曰：『鼎折足，覆公餗，其形渥，凶。』言不勝其任也。」子曰：「知幾其神乎！君子上交不諂，下交不瀆，其知幾乎！幾者，動之微，吉之先見者也。君子見幾而作，不俟終日。易曰：『介于石，不終日，貞吉。』介如石焉，寧用終日。斷可識矣。君子知微知彰，知柔知剛，萬夫之望。」子曰：「顏氏之子，某殆庶幾乎！有不善，未嘗不知；知之，未嘗復行也。易曰：『不遠復，无祇悔，无吉。』」天地絪縕，萬物化醇。男女構精，萬物化生。易曰：『三人行，則損一人；一人行，則得其友。』言致一也。子曰：「君子安其身而後動，易其心而後語，定其交而後求，君子修此三者，故全也。危以動，則民不與也。懼以語。則民不應也。无交而求，則民不與也。莫之與，則傷之者至矣。易曰：『莫益之，或擊之。立心勿恆，凶。』」

(一) 信—段玉裁說文解字注曰：「信，古多以為屈伸之伸。」

(二) 尺蠖—許慎說文解字曰：「尺蠖，屈信蟲也。」

(三) 蟄—許慎說文解字曰：「蟄，藏也。」

(四) 動而不括—來知德易經來註圖解曰：「矢頭曰鏃，矢末曰括，乃箭筈管絃處也。……取閉結之義，動而不閉結，言動則不遲凝滯拘。左之右之，无不宜之，有資深逢源之意也。」

(五)絪縕—何楷古周易訂詁曰：「絪，麻枲也。縕，綿絮也。借字以言天地之氣纏綿交結之意。」

(六)醇—朱子周易本義曰：「醇，謂厚而凝也。」

案：本章列舉十一事義，以與十一爻義相參證，相發明，其體例則爻義與事例之列舉互有先後，姚配中周易姚氏學曰：「先舉易辭後乃申說者，言聖人所繫之辭如此，而其所以擬議而繫此辭之旨則如是云云也。先說其事後乃以易證之者，以見萬類无窮而无不可證之以易，愈以見易无不包也。」茲編號以釋之。

(一)易曰：「憧憧往來，朋從爾思。」此咸卦九四之爻辭也。爻辭之義，乃於咸卦卦義—「感」之涵蓋下，言心之感而思則無不通。蓋言乎心之大用也。而本段首引「子曰」之語以申之，「心」，自超越層言之，其體乃「寂然不動」，故曰「同歸」、「一致」。其用則「感而遂通」，故曰「殊途」、「百慮」。即寂即感，即感即寂，乃心之超越律則，而天理流行焉，又復「何思何慮」為？作本傳者復舉事義以證之，日月、寒暑之往來相推，屈信（伸）相感。尺蠖、龍蛇之屈蟄以求信（伸）求存，亦屬超思慮之自然律則。是以寂感一如，往來無窮，屈信（伸）不已，乃天之道也。是以體悟其精義，契會其寂感、往來、屈信（伸）不測之神，則可以乘其機以致於用。利用此寂感、往來、屈信（伸）之機，則可以隨順大化，於現實上存安吾身，於精神上修崇吾德。此下學而上達之限度。過此以往，則有天之命焉，故曰「未之或知也」。總之，契會其不測之神，隨順其無窮之化，可謂得道者也，故曰「德之盛也」。

(二)易曰：「困于石，據于蒺蔾，入于其宮，不見其妻，凶。」此困卦六三之爻辭也。本段引「子曰」之語以申之，前困後窮，名辱身危，且至於死。言外之意，其教君子應當知易體困，以善自「致命遂志」（困卦象傳語）乎！

(三)易曰：「公用射隼于高墉之上，獲之，无不利。」此解卦上六之爻辭也。本段引「子曰」之語以申之，言君子面對悖逆（此取解卦上六象傳之義），有如射隼，應當藏器於身，待時而動，及其有獲，則悖逆得解矣。

(四)本段，敘「子曰」之意，言「小人」每服從趨利避害之本能反應，而排斥道德價值，如果施以「小懲」，則可收「大戒」之效。蓋假借外緣之助力，激勵其反省自覺，而臻於善矣。噬嗑卦初九爻辭曰：「屨校滅趾，无咎。」即此義乎。

(五)本段，乃本傳作者先舉事義，言為善去惡，蓋成德之階，而小人反之，以致惡積罪大。復引噬嗑上九爻辭曰：「何校滅耳，凶。」以證之。

(六)本段，敘「子曰」之意，言身、家、國之安危、存亡、治亂，繫於一念之警覺而已。否卦九五爻辭曰：「其亡其亡，繫于苞桑。」即此義也。

(七)本段，敘「子曰」之意，言主觀條件與客觀境遇，如果不能相稱，則鮮不及禍。鼎卦九四爻辭曰：「鼎折足，覆公餗，其形渥，凶。」即言「不勝其任」之義。

(八)本段，敘「子曰」之意，「知幾其神乎」，「幾者，動之微。」（見本段下文）周濂溪通書第三曰：「誠無為，幾善惡。」是以「幾」者，乃道德心靈之呈現，其生心動念之發端也。道德心靈乃絕對之善，則其生心動念之發端，所謂「幾」者亦無不善，順之以發展，則具體化為道德行為。然而，由於氣質之蒙蔽，欲望之泛濫，當道德心靈之生心動念，則如「萌蘖」之遇乎斧斤之伐，牛羊之牧，「放失」之矣。「知幾」即體察道德心靈始動之幾微，而善自「操存」。此至神者也。（此參借孟子告子篇之義）「君子上交不諂，下交不瀆。」是善自操存而無失，故曰「其知幾乎」。「幾」既為動之微，順之以發展，則生天生地，而致吉；則幾微之始動，乃吉之先見者也。君子者，以成德為規定，故當其道德心靈幾微之始動，則興起奮發，未有少間，此之謂「不俟終日」。豫卦六二爻辭曰：「介于石，不終日，終吉。」夫豫卦。五陰，獨九四為陽而「大有得」，六二上於九四非應，故為「上交不諂」。初六，陰居陽位，失正，六二居中履正而比之，故為「下交不瀆」。（此取來知德易經來註圖解之說）君子者，其平居既「介于石」（堅如石），及見幾則「而作」，豈待終日，斷可識矣。故君子知乎幾之微，事之彰；知乎柔之變，剛之化。可謂「窮神知化」矣，故為萬夫（民）所仰望也。

(九) 本段，敘「子曰」之意，言顏氏之子不貳過，而復卦初九爻辭曰：「不遠復，无祇悔，元吉。」即此義也。

(十) 本段，乃繫辭傳作者先舉事義，自氣化作用之層次以觀之，言天地二氣之絪縕，男女二性之搆精，為「散殊之象」，而「清通之神」運焉，此即「太和所謂道」，（此取張橫渠正蒙太和篇之義）而萬物化育以成形，化育以遂生。復引損卦六三爻辭曰：「三人行，則損一人；一人行，則得其友。」此證天地之氣絪縕，男女之性搆精，唯二而已；如果三則損其一，一則得其友。唯二之交感，始能致其合一之道也。

(十一) 本段，敘「子曰」之意，言君子當修安其身，易其心，定其交之三益道；否則，「傷之者至矣」。益卦上九爻辭曰：「莫益之，或擊之，立心勿恆，凶。」即此義乎。

本章，列舉十一事義，以與十一爻義相參證，相發明也。

第六章

子曰：「乾坤，其易之門邪！乾，陽物也；坤，陰物也。陰陽合德，而剛柔有體，以體天地之撰，以通神明之德。」其稱名也，雜而不越，於稽其類，其衰世之意邪！夫易，彰往而察來，而微顯闡幽，開而當名辨物，正言斷辭，則備矣。其稱名也小，其取類也大，其旨遠，其辭文，其言曲而中，其事肆而隱，因貳以濟民行，以明失得之報。

(一)撰—陸德明經典釋文曰：「撰，仕勉反，數也。」

(二)於—劉淇助字辨略曰：「於，發語辭。」

(三)稽—孔穎達周易正義曰：「稽，考也。」

(四)微顯闡幽—孔穎達周易正義曰：「微顯闡幽者，闡，明也。謂微而之顯，幽而闡明也。」

(五)肆—來知德易經來註圖解曰：「肆，陳也。」

案：本章，首引「子曰」之語，言「乾坤，其易之門邪！」蓋本上傳第四章曰：「易與天地準，故能彌綸天地之道。」則易所準者，乃天地之道，亦即體現乎天地之道。而其意象化，則有六十四卦。六十四卦，復以乾坤二卦為綱領，羣卦莫非自乾坤推衍而出。乾象乎天以生以出，坤象乎地以成（化）以入，依綱領而後衍生羣卦，則假言易以乾坤為出入之門，故本上傳第十一章曰：「闔戶謂之坤，闢戶謂之乾。」再者，乾卦純陽，故為陽物；坤卦純陰，故為陰物。由於陰陽之交感配合以呈現其價值（德），乃有羣卦之象。陽之性剛，陰之性柔。陰陽既交感配合以成羣卦，故剛柔各有其所體現之者。羣卦所體現者，即天地所生化之各種形態具體事物（撰），以及神明之德所賦予之質性，而反以會通其神明之德。

其次復申之，易之卦爻辭所指謂之事物，至為繁雜，然其綱領井然而不逾越其分際。至於稽考其所指謂事物之義類，以窺探其作卦繫辭之至意，則頗有衰世之悲憫情懷。

易者，既彰明已往之生活經驗，亦體察未來之可能發展。其幽隱之幾微，則彰顯並闡明之。開為六十四卦，各當事物之名，以辨事物之類。並確定其語意，判斷其吉凶。則天地之撰為具體，神明之德所賦予者，於易備矣。

易之卦爻辭所指謂之事物至為細小，而其所取象之義類則廣大。而且其涵義深遠，其修辭適切。其敘述委婉而中節，其事義顯豁而豐富。「易」即依此精粗之兩層次，以引導斯民之生活行動並昭示吉凶失得之回應，則其道德意識彌綸焉。

本章，言易以乾坤為門，以衍生六十四卦，莫不涵具精粗二層次之價值，以呼應其道德意識。

第七章

易之興也，其於中古乎！作易者，其有憂患乎！是故履，德之基也。謙，德之柄也。復，德之本也。恆，德之固也。損，德之脩也。益，德之裕也。困，德之辨也。井，德之地也。巽，德之制也。履，和而至。謙，尊而光。復，小而辨於物。恆，雜而不厭。損，先難而後易。益，長裕而不設。困，窮而通。井，居其所而遷。巽，稱而隱。履，以和行。謙，以制禮。復，以自知。恆，以一德。損，以遠害。益，以興利。困，以寡怨。井，以辨義。巽，以行權。

(一) 其——王引之經傳釋詞曰：「其猶殆也。」

(二) 中古——漢書藝文志曰：「易道深矣，人更三聖，世歷三古。」顏師古注曰：「伏羲上古，文王中古，孔子下古。」

(三) 裕—段玉裁說文解字注曰：「裕，引申為凡寬足之稱。」

(四) 辨—李鼎祚周易集解引鄭康成日：「辨，別也。」

(五) 雜—王引之經義述聞曰：「雜讀為帀。帀，周也，一終之謂。」

案： 易者，此指周易古經，包括六十四卦，以及卦辭爻辭，蓋蓍筮之用書，興盛於殷末周初，時當「中古」。「作易者，其有憂患乎！」所謂「憂患」，非為個己之名利得失。乃因世風之衰頹，民志之墮落；故而滋生悲憫之情懷，道義之承當；以期有所匡時濟世，有所開拓變化；是則其作易也，既體現天地大業，且彌綸道德意識，此其所以足為人間社會之指導原則也。本章即體其情懷，三陳九卦之價值，以為脩德之樞要。玆編號以釋之：

(一) 履—履以踐為義，禮記樂記曰：「德者，得也。」即修道而有得之謂。修道有得當以日常生活之踐履為基礎，故曰「德之基也」。

(二) 謙—謙以退讓為義，而柄者所以持物以用者。蓋德之踐履，為免遭受對立、排斥；以收涵蓋之效，則必須以謙讓持之，故曰「德之柄也」。

(三) 復—復以反為義，蓋人性本善，乃德行之源，然而每因形限物誘而放失。復反者，所以自覺而呈現之也，故曰「德之本也」。

(四) 恆—恆以長久為義，夫道德行為，乃善端之擴充，如果「一暴十寒」，則亦偶然之善而已。唯持之以恆，乃能終始不渝，故曰「德之固也」。

(五) 損—損以減為義，損卦象傳曰：「君子以懲忿窒欲。」蓋忿欲者，自然生命之本能反應，乃成德之障礙。損者，即損減成德之障礙，此脩德之必要功夫，故曰「德之脩也」。

(六) 益—益以增為義，益卦象傳曰：「君子以見善則遷，有過則改。」夫改過而遷善，則富有而日新，「綽綽有裕」（詩小雅角弓篇語）矣，故曰「德之裕也」。

(七)困—困以窮為義，蓋人之境遇，窮通有時。當困窮之時，而能不移不屈，於斯更可辨別道德人格之莊嚴，故曰「德之辨也」。

(八)井—井以養為義，夫地以博厚生養萬物，而井以深厚井養萬物，萬物得以寄焉，故曰「德之地也」。

(九)巽—巽以入為義，巽卦象傳曰：「君子以申命行事。」「申命行事」則精神價值貫徹於宇苗人間，（義見巽卦象傳案語）以裁制之，故曰「德之制也」。

以上一陳九卦卦德之特殊形態。

(一)履—德之履踐，乃彌綸於「主」「客」之格局中，既消融其對待，是為「和」；復見其所施與所受，是為「至」，故曰「和而至」。

(二)謙—德之謙讓，如江海之下百川，雖卑而實尊，有容乃能廣（光），故曰「尊而光（廣）」。

(三)復—德之復反，如復卦一陽始生於下，相對其上之五陰而言，其小者。雖小，其於陰物之盛極將衰，則截然有別，故曰「小而辨於物」。

(四)恆—德之恆常，如四時之運行，而萬物自化；日月代明，而晝夜循環。周帀而不厭倦。故曰「雜（帀）而不厭」。

(五)損—德之損減，乃消融成德之障礙，此障礙乃緣於自然生命之本能反應，所以「難」也。生命之本能反應既已消融，則本然之善端，沛然擴充矣，所以「易」也。故曰「先難而後易」。

(六)益—德之益增，則富有而日新，綽綽然有裕，以盡其當然，不假施為，故曰「長裕而不設」。

(七)困—德之困窮，乃因人之境遇，有所橫逆，然而孟子告子篇曰：「困於心，衡於慮，而後作。」蓋經歷一番對橫逆之困心衡慮功夫，則增長其意志與智慧，此為道德實踐之曲折發展，故曰

「窮而通」。

(八)井—德之井養，井者，鑿地為之，是以居有定所。遷者，韓康伯周易注曰：「能遷其施也。」即其養飲之功，既泉源時湧，隨邑民之汲用而普施，故曰「居其所而遷」。

(九)巽—德之巽入，即其精神價值之適切以貫徹，（義見巽卦象傳案語）於事固相稱，於理則隱微，故曰「稱而隱」。

以上再陳九卦卦德之終始功效。

(一)履—履踐，即實踐其道德價值於生活行事，則其生活行事莫不為道德價值所彌綸而諧和，故曰「以和行」。

(二)謙—謙讓，蓋人與人間之往來，莫不有其規範（禮），所可貴者乃在「稱情」而已，謙者，乃所以裁制之也，故曰「以制禮」。

(三)復—復反，於卦為一陽始生於下，於人則自覺呈現其仁心德慧，而徹照羣倫，故曰「以自知」。

(四)恆—恆常，夫道德行為，貴在成始，不偽不雜，唯「一」而已，此恆之道，故曰「以一德」。

(五)損—損減，乃消融成德之障礙，蓋成德之障礙實緣於自然生命之本能反應，損減之，即其害遠矣，故曰「以遠害」。

(六)益—益增，乃改過而遷善，則富有而日新，此興其成德之利，並利及於物，故曰「以興利」。

(七)困—困窮，蓋橫逆之既遇，則困心衡慮，此凝斂之精神，不致於恣肆而招惹物議，故日「以寡怨」。

(八)井—井養，隨邑民之所需，而盡其大用，莫不合其當然之宜也，故曰「以辨義」。

(九)巽—巽入，巽（順）入於事者，「事」莫不有其特殊之情況，與變化之歷程，巽（順）入能泛應而曲當，故曰「以行權」。

以上三陳九卦卦德之修持大用。

本章，由於「作易者，其有憂患乎！」作本傳者，即體此憂患之情懷，湧現其道德意識，選擇其中九卦，以申述其特殊形態，終始功效，修持大用，而作為修德之樞要。自履其基，而謙其柄，復其本，又恆以固，損以修，且益而裕，困而辨，至於井為地，巽為制，則德業周備矣。是以周易古經者，豈占筮之用書而已哉？蓋亦彌綸其道德意識也。

第八章

易之為書也不可遠，為道也屢遷；變動不居，周流六虛，上下无常，剛柔相易，不可為典要，唯變所適。其出入以度，外內使知懼。又明於憂患與故，无有師保，如臨父母。初率其辭而揆其方，既有典常，苟非其人，道不虛行。

(一)六虛—來知德易經來註圖解曰：「六虛者，六位也。虛對實言，言卦雖六位，然剛柔往來如寄，非實有也，故曰六虛。」

(二)典要—孔穎達周易正義曰：「（典要）典常要會也。」

(三)揆—孔穎達周易正義曰：「揆，度也。」

(四)方—朱子周易本義曰：「方，道也。」

案：莊子天下篇曰：「易以道陰陽。」陰陽雖玄，然實上體天道，下通人情，是以雖玄，不可以為遠。本上傳第五章曰：「一陰一陽之謂道。」陰陽交感，變化無常，則即陰陽以見之之「道」，亦隨陰陽之變化無常，而遷移不已。觀乎易書六十四卦，卦有六爻，其間或陰或陽，或長或消，或乘或承，或應或敵，變動而不停滯，而易道則周遍流行於此六位所設定之宇宙。陽之性剛，陰之性柔，故或稱剛柔：其上其下，（如咸卦彖傳曰：「柔上而剛下。」恆卦彖傳曰：「剛上而柔下。」）亦無定常，剛柔之相互交易、錯綜，神妙無窮，不可執持以為固定之格律，唯適合其境況以變化而已。

出入、外內，乃相應卦爻之繫辭言，乃謂作卦爻辭者，其據陽陰之出入，（陽長陰消為出，陰長陽消為入。）以示吉凶，（陽長陰消為吉，陰長陽消為凶。）皆合乎法度。至於外內者，即外所示之吉凶，內所據之出入，乃使求占者知所戒懼。又所繫之辭，乃依卦之設定境況，爻之特殊階段，以明憂患之客觀運會、主觀情懷，與乎所以如此之理由，則雖無師保之教訓，亦知所謹慎，如臨於父母之尊前。

深於易者，其始也則率循所繫之辭，以揆度其所以出入之道，終可契會其「唯變所適」之典常。若非神而明之者，則易道隱晦而不虛行也。

本章，言易書其道則體用兼備，而率辭揆方，乃得其典常

第九章

易之為書也，原始要終以為質也。六爻相雜，唯其時物也。其初難知，其上易知，本末也。初辭擬之，卒成之終。若夫雜物撰德，辨是與非，則非其中爻不備。噫，亦要，存亡吉凶，則居可知矣。知者觀其彖辭，則思過半矣。二與四，同功而異位，其善不同。二多譽，四多懼，近也。柔之為道，不利遠者，

其要无咎，其用柔中也。三與五，同功而異位，三多凶，五多功，貴賤之等也。其柔危，其剛勝邪。

(一)質—朱子周易本義曰：「質，謂卦體，卦必舉其始終，而後成體。」

(二)噫亦要—裴學海古書虛字集釋曰：「噫，歎聲也。」又曰：「亦，語助詞。」來知德易經來註圖解曰：「要者中也。即中爻也。」

案：易之為書，都六十四卦，而卦則六爻，及其所繫之卦爻辭而已。各卦乃設定一特定之境況，以推原事物之始，要約事物之終，以成就一卦之體。一卦之中六爻，陰陽錯雜，唯其時位之為或陰或陽，以表現其歷程中之階段性意義。其初爻，事之始萌而未彰，故難知；其上爻，勢則告終而可見，故易知。此一卦所象特定境況之本與末也。是以作易者之繫辭，於初爻唯擬議以繫之，於上爻則順其終成而繫之。

「若夫雜物撰德」，物者，指陰陽言。（見本下傳第六章）撰者，數也，（見陸德明經典繫辭下傳第六章釋文）即體現之為各種形態。德者，「神明之德」所賦予之質性。（見本下傳第二章案語）「雜物撰德」，即一卦之中六爻，陰爻陽爻相交錯，以體現神明之德所賦予之質性。辨其發展歷程中，或中或過，或正或失，或承或乘，或應或敵，所表現之於卦義涵蓋下，為或是或非，則非其中之二、三、四、五諸爻不完備。由於中四爻，則於存亡吉凶，靜居（呈現其心靈）以慧觀而可知矣。智者觀其卦下所繫之卦辭，亦可思其過半。

「二與四同功」，同屬陰位體柔之功，「而異位」，二居內卦，四在外卦，故其體柔之善有所不同，二居下卦之中，故「多譽」，四近九五之君，故「多懼」。二與四皆屬柔位，須待於陽，故其道「不利遠」。二多譽，其大要「无咎」者，用其體柔居中之故也。至於「三與五同功」，同屬陽位體剛之功，「而異位」，三居內卦，五在外卦。三為諸侯，居內卦之上位，過中，故「多凶」。五為天子，居上卦之中，故「多功」。二者君貴臣賤，故有差等。如果陰柔居之，則不當其位而危；如果陽剛居之，則當其位而勝其任。（本段取孔穎達周易正義之說）

本章，概述初、上以及中四爻之價值。

第十章

易之為書也，廣大悉備：有天道焉，有人道焉，有地道焉，兼三才而兩之，故六。六者，非它也，三才之道也。道有變動，故曰爻。爻有等，故曰物。物相雜，故曰文。文不當，故吉凶生焉。

(一) 悉—顏師古漢書張釋之傳注曰：「（悉）謂詳盡也。」

(二) 兼—許慎說文解字曰：「兼，并也。」

(三) 等—朱子周易本義曰：「等，謂遠近貴賤之差。」

案：易之為書，廣大悉備，即詳盡體現天之道、人之道、以及地之道。其體現之方式，於三畫卦，上爻為天，中爻為人，初爻為地。重三畫卦為六畫卦，則兼備天、地、人三才，而各以兩爻象之，即初、二象地，三、四象人，五、上象天。說卦傳第二章曰：「是以立天之道，曰陰與陽；立地之道，曰柔與剛；立人之道，曰仁與義。兼三才而兩之，故易六畫而成卦。」是以卦者，窮盡蒼茫宇宙之內容矣。所謂三才者，可有兩解：①形式義—才，王韓注本作材，許慎說文解字曰：「材，木梃也。」徐楷說文繫傳曰：「材，謂木之勁直堪入於用者。」則才借以代材，當「支柱」解。「三才（材）」即言天地人為宇宙間之三大支柱。三大支柱即三大綱維。故文天祥正氣歌有「地維」、「天柱」之形容。又天地人亦「三極」（見本傳第二章朱子本義）；許慎說文解字曰：「極，棟也。」一極，亦即支柱義。故本上傳第二章韓康伯注曰：「三極，三材也。」②內容義—「才」字之意義，為種子於地中，而下生根，上萌芽之形。（此取高鴻縉先生中國字例之說）朱駿聲說文通訓定聲曰：「才者，引申為本始之義。」論混沌初開，「才」即絕對之原理也。「三才」為天地人，乃謂於宇宙發展歷程中，姑且分解為三層次，則天地人分別為其絕對之原理。此絕對之原理，乃以「道」為規定。而「道」者，於宇宙間，唯一而已，故天道、人道、地道，亦渾然一體，然為相應天之生，地之成，人之參贊，而順其層次以分別設立，實則莫不體乎其渾然之整全也。易既準乎道，且設為爻，以象天道、人道、地道，即將其所準渾全之道作分解之展現。而且天道、人道、地道，當其各自呈現其大用，則見乎陰、陽；柔、剛；仁、義諸性德。由於陰陽交錯，柔剛相易，仁義並行，則天地人之道以立焉。及其「立」焉，尤其仁義並施，以立人極；人極既立，則天綱、地維以尊矣，故文天祥正氣歌曰：「地維賴以立，天柱賴以尊，三綱實繫命，道義為之根。」則天地人並立為「三極」，而見其為「極則」之價值與尊嚴矣。夫易之卦有六爻，初、二為地，三、四為人，五、上為天，以行變化，則三才之「道」與「用」，運乎其中矣。故曰「六者，非它也，三才之道也。」

「道有變動」，於天為陰陽交感，如寒來暑往；於地為柔剛相易，如水流火炎；於人為仁義並施，如惠澤裁制。本下傳第三章曰：「爻也者，效天下之動者也。」蓋道之變動，於易則爻者所以呈現其律則，故曰「爻」。爻有剛柔、大小、貴賤、感應之差等，而以陰陽象之，陰陽稱物，（本下傳第六章）故曰「物」。陰爻陽爻交錯以成卦，而經天緯地，故曰「文」。（左氏昭公二十八年傳曰：「經緯天地曰文。」）陰爻陽爻交錯以經緯天地而成文，由於爻之居位有當或不當，故有吉或凶之斷占。

本章，言易之為書，經緯乎天地。

第十一章

易之興也，其當殷之末世，周之盛德邪！當文王與紂之事邪！是故其辭危，危者使平，易者使傾，其道甚大，百物不廢，懼以終始，其要无咎；此之謂易之道也。

㈠「易者使傾」之「易」—韓康伯周易注曰：「易，慢易也。」

案： 周易古經之興盛，在殷末周初，當商紂衰落，周文王興起之時，作易者生逢興衰激盪之運，本其憂患悲憫之情，故其所繫之辭氣，頗有危惕之意。其旨蓋在寓寄其深遠之勸戒，即凡能危惕自持者，必能乾乾以獲得安平；慢易自恣者，必因洩洩而導致傾覆，此盈虧循環之道也。盈虧循環者，固天之道，亦易之道，此道乃普遍於宇宙人間，故「甚大」。遵乎此道，則百物（事）興則衰，衰則興而「不廢」，唯慎其始，懼其終，可要歸於「无咎」。此危惕以興衰，慎懼而終始，即易之道也。

本章，言易道於開拓變化之功。

第十二章

夫乾，天下之至健也；德行恆易以知險。夫坤，天下之至順也；德行恆簡以知阻。能說諸心，能研諸侯之慮，定天下之吉凶，成天下之亹亹者。是故變化云為，吉事有祥，象事知器，占事知來。天地設位，聖人成能；人謀鬼謀，百姓與能。八卦以象告，爻彖以情言，剛柔雜居，而吉凶可見矣。變動以利言，吉凶以情遷。是故愛惡相攻而吉凶生，遠近相取而悔吝生，情偽相感而利害生。凡易之情，近而不相得，則凶或害之。悔且吝。將叛者其辭慙，中心疑者其辭枝，吉人之辭寡，躁人之辭多，誣善之人其辭游，失其守者其辭屈。

(一) 云為—俞曲園古書疑義舉例曰：「案廣雅釋詁曰：『云，有也。』變化云為，即變化有為，與吉事有祥一律，特虛字不同耳。」

(二) 祥—李鼎祚周易集解引虞翻曰：「祥，幾祥也，吉之先見者也。」

(三) 攻—李鼎祚周易集解引虞翻曰：「攻，摩也。」

(四) 枝—來知德易經來註圖解曰：「枝者，兩歧不一。」

(五) 誣善—李鼎昨周易集解引崔璟曰：「（誣善）妄稱有善。」

案：乾者，象乎天道，其德至健，及其呈現為德行，則有賴於坤道之持載以順成，坤道之持載以順成，對乾健之德行，則反生一限制作用，迫使乾健之德行，陷於一險巇之境況。然而，乾健之德行必不屈於險巇，而以至易之方式消融之，以復見其至健，故曰「恆易以知（主）險」。坤者，象乎地道，其德至順，其呈現為德行，以持載乾健而順成之，則必須服從階段性過程，此階段性過程，對其坤順之德行，則反生一阻礙作用。然而，坤順之德行，必不屈於阻礙，而以至簡之方式消融之，以復見其至順，故曰「恆簡以知(主)阻」。

「能說諸心」，所說（悅）者，乾以易知大始，坤以簡作成物之道也，即體之於心也。「能研諸

（侯之—朱子周易本義以為衍文）慮」，所研者，即遭德創造所遇之「險」「阻」，及其發展過程。因而，能「繼之者」為善，則吉；悖之者為不善，則凶。此其機宜，所以指引其亹亹然於勸戒趨避。是故凡所宇宙之變化，人事之云（有）為，其吉者則可先見，（何楷古周易訂詁曰：「凡人事之與吉逢者，其先必有祥兆。天人相感，志一之動氣也。聖人作易，正以迪人于吉，故獨以吉事言之。」）「象事知器」，即觀其所象，則知其作器之意義。「占事知來」，即觀其斷占，則知其未來之可能。

「天地設位」，乃謂作易之聖人作乾坤兩卦以設定天地之價值性地位，並示其於「險」「阻」中之發展過程，此聖人參贊天地以成就「易以知險，簡以知阻。」之功能。其作易也，既通達於人情（人謀），亦卜筮於鬼神（鬼謀），則「易以知險，簡以知阻。」之道，乃準於天地，遍乎幽明，雖百姓者，唯一念之誠，亦能與（參與）於此道。

聖人作易，以八卦為基礎，而以象告示其知險知阻之意義。爻卦之辭敘述其知險知阻之情狀。剛柔者陰陽也，陰爻陽爻錯雜以居其位，則知險知阻所值之吉凶可見矣。

卦爻之變動，乃示之吉凶，教以趨避，蓋所趨者利，所避亦利，故以「有所利」為言也。而吉凶，則依知險知阻之情狀而變遷。是故愛以摩之，惡以拒之，則「吉凶生」。遠以應之，近以比之，則「悔吝生」。情以感之，偽以和之，則「利害生」。來知德易經來註圖解曰：「感者，情之始動，利害之開端也。取則情已露，而悔吝著矣。政則情至極，而吉凶分矣。」凡易之情狀，兩爻相近而不相得，則凶，或者反而害之，則「悔且吝」。

至於險阻之既遇，各有不同，辭氣之表現，亦見差別。將叛者，心懷貳志而有所虧欠，故其辭氣慚愧。中心疑者，猶豫不決而有所迷惑，故其辭氣歧異。吉人，心安理得而無所外待，故其辭氣要約。躁人，情緒浮蕩而無所安頓，故其辭氣贅累。誣善之人，言不由衷而巧言虛飾，故其辭氣游移。

失其守者，志節不堅而委順世俗，故其辭氣卑屈。此「險」「阻」之事例也。

本章，言道德創造所涵之「險」、「阻」，以及見諸卦爻、辭氣之情狀。

說卦傳

第一章

昔者聖人之作易也，幽贊於神明而生蓍，參天兩地而倚數，觀變於陰陽而立卦，發揮於剛柔而生爻，和順於道德而理於義，窮理盡性以至於命。

(一) 說卦傳—孔穎達周易正義曰：「說卦者，陳說八卦之德業、變化、及法象所為也。」

(二) 幽贊於神明—朱子周易本義曰：「幽贊神明，猶言贊化育。」

(三) 生蓍—王船山周易稗疏曰：「生，始制用之也。蓍，蒿屬，可用為筮策。」

(四) 倚數—許慎說文解字曰：「倚，依也。」倚數即依之以設數。

案：此所謂「聖人」，即繫辭下傳第二章之伏羲氏。其作易也，乃在探索宇宙人間之超越秩序，呈現為意象化，以盡其裁成之功。蓋宇宙人間之超越秩序，屬於幽隱之形而上世界，為萬物所以化化生生之大本，所謂「神明」也。繫辭上傳第十章曰：「易，无思也，无為也，寂然不動，感而遂通天下之故。」此所以為「幽贊」也。聖人既體太極，復作「奇」「耦」之畫以象兩儀，由兩儀而生四象、八卦。（見繫辭上傳第十一章）且始制演蓍之法，繫辭上傳第十一章曰：「蓍之德，圓而神。」此聖人「作易」、「生蓍」以「幽贊於神明」之意象化途徑。

聖人之「作易」、「生蓍」，乃準乎天地。「參天兩地」者，即參乎天，配乎地。「倚數」，即依天地之道所呈現之現象，而設定其數值。故繫辭上傳第九章定天地之數為五十五；大衍之數為五十，其用四十有九—其一不用以象太極，分而為二以象兩儀，掛一以象三才，揲之以四以象四時，歸奇於扐以象閏月……。以定成卦、變卦之法。夫「生蓍」、「倚數」，則神明之德可得而通矣。

卦者，繫辭下傳第十二章曰：「八卦以象告。」即上「通神明之德」，下「類萬物之情」。（見繫辭下傳第二章）而其結構則不外乎陰爻與陽爻，陰爻陽爻則取象於天地之道所呈現之現象，聖人觀夫陰陽變化諸現象，乃立卦以象之。

陽之性剛，陰之性柔，陰陽之交感變化，則呈現其剛柔之性。聖人發揮剛柔之性，則於卦義涵蓋下，諸爻之意義可得而見矣。

道德，乃天地之道所呈現為可得而見者。聖人作易，生蓍、倚數、立卦、生爻，莫不和順於此道德價值，而融會其易理於生蓍、倚數、立卦、生爻所具意義之中。此所具之意義，固為天之道、易之理，且通於人物之情性。即此生蓍、倚數、立卦、生爻所具之意義，以窮其易理，盡其情性，則可契應所自賦予之天道。

本章，言易理之神用。

第二章

昔者有聖人之作易也，將以順性命之理；是以立天之道，曰陰與陽；立地之道，曰柔與剛；立人之道，曰仁與義。兼三才而兩之，故易六畫而成卦。分陰分陽，迭用柔剛，故易六位而成章。

(一)性命—大戴禮記本命篇曰：「分於道，謂之命；形於一，謂之性。」

(二)迭—許慎說文解字曰：「迭，更迭也。」

(三)章—李鼎祚周易集解引虞翻曰：「章謂文理。」

案：「性命之理」，「性」者，內在之道德價值也。「命」者，天地生生化化而對於人及萬物之賦予也。「性命之理」，即天地之道運行，賦予人、物（朱子主「枯槁有性」）之內在道德價值，所彌綸之律則也。聖人（當指伏羲氏—見繫辭下傳第二章）之作易，乃準乎天地，則天地之道呈現為易道，生物之理呈現為易理。自天地之立場言之，謂之生物之理，自人、物之立場言之，則為性命之理。易既準天地，故亦順性命之理。

夫「道」，一而已，及其呈現為大用，則①可分為天、地、人三層次。②可見其相對—相反以相成之兩作用。故自「天」之層次觀之，其大用乃陰陽而已，即陰陽則天之道立焉。自「地」之層次觀之，其大用乃柔剛而已，即柔剛則地之道立焉。自「人」之層次觀之，其大用乃仁義而已，即仁義則人之道立焉。再者，陰陽乃象之見於天者，柔剛乃質之見於地者，仁義乃德之見於人者，三者莫非整全之道，呈現其大用，所見之特殊形態。

聖人所作之易，則兼備天地人三才（「三才」之義見繫辭下傳第十章案語）之道，相應具象之陰陽，質之柔剛，德之仁義，而以六畫之爻象之，故「六畫而成卦」。六畫之卦，以初、三、五為陽位，以二、四、上為陰位，故曰「分陰分陽」。又更迭其柔剛之爻以居之，則六位之或陰或陽，六爻之或柔或剛，交錯而成天地間之文理矣。

本章，言一卦六爻所象之意義。

第　三　章

天地定位，山澤通氣，雷風相薄，水火不相射，八卦相錯。數往者順，知來者逆。是故易，逆數也。

(一)薄—段玉裁說文解字注曰：「引申凡相迫皆曰薄。」

(二)射—李鼎祚周易集解曰：「射，厭也。」

(三)相錯—來知德易經來註圖解曰：「相錯者，陽與陰相對待，一陰對一陽，二陰對二陽，三陰對三陽也。」

案：本章當據宋元學案百源（邵康節）學案所作之伏羲先天易八卦方位圖解之，其圖如下。

伏義八卦方位圖

乾 天 南
兌 澤
巽 風
離 火 東
坎 水 西
震 雷
艮 山
坤 地 北

性理大全邵伯溫皇極經世書八卦方位圖解曰：「天地定位，乾與坤對也；山澤通氣，艮與兌對也；雷風相薄，震與巽對也；水火不相射，離與坎對也，此伏羲之易也。」宋元學案百源（邵康節）學案八卦方位之圖解曰：「乾南坤北，離東坎西，震東北，兌東南，巽西南，艮西北。自震至乾為順，自巽至坤為逆。後六十四卦方位倣此。……數往者順，若順天而行，是左旋也，皆已生之卦也。知來者逆，若逆天而行，是右行也，皆未生之卦也，故云知來也。」依照邵康節之理論，由太極而生兩儀，而生四象，而生八卦。八卦是象，是公式，以此公式而象乎自然界、人事界之事物，故蔡西山據是而為之作「經世天地四象圖」，即以八卦經緯萬變龐雜之宇宙間一切事物。是以八卦者，乃取象於宇宙間足以為代表之八種現象，①以言其性質與作用—即乾天坤地定其尊卑以覆載，艮山兌澤通其氣息以作育，震雷巽風激其聲勢以鼓蕩，坎水離火盡其功能以濟成，則宇宙之間生機洋溢矣。②以象乎發展之歷程—蓋觀乎「伏羲先天易八卦方位圖」，八卦，視其陰陽之結構，實兩兩以相錯。由震之一陽，而離，而兌，至乾之三陽，居左，為已生之卦，依之可以「數往」；由巽之一陰，而坎，而艮，至坤之三陰，居右，為未生之卦，依之可以「知來」。則事物之盛衰，可以鑑往知來矣。「數往」為陽之遞長，故曰「順」；「知來」為陽之遞消，故曰「逆」。而易者，重在決未來之疑，故曰「逆數」也。

本章，言八卦所象之作用義與發展義。

第四章

雷以動之，風以散之，雨以潤之，日以烜之，艮以止之，兌以說之，乾以君之，坤以藏之。

㈠烜—孔穎達周易正義曰：「烜，乾也。」

案：本章言八卦，乃兩兩相對待，如邵康節伏羲先天易八卦方位圖所示者。八「之」字皆為指稱詞，各承其上之動詞，以指稱動作所及之對象，即泛指「萬物」。蓋「萬物」者，天地所生成，八卦則象乎天地生成萬物之八種作用。

前四句為就其取象之作用言：「雷以動之」則驚蟄，「風以散之」則舒暢，「雨以潤之」則滋澤，「日以烜之」則蓬勃。後四句乃就其卦義之性能言：「艮以上之」則服從發展過程之階段性限制，「兌以說之」則洋溢欣欣然之生機，「乾以君之」則主乎化化生生之大本，「坤以藏之」則順成斂藏而反復。

本章，言八卦所象者，天地生成萬物兩兩相對待之八種作用與功能。

第五章

帝出乎震，齊乎巽，相見乎離，致役乎坤，說言乎兌，戰乎乾，勞乎坎，成言乎艮。萬物出乎震—震，東方也。齊乎巽—巽，東南也。齊也者，言萬物之潔齊也。離也者，明也。萬物皆相見，南方之卦也。聖人南面而聽天下，嚮明而治，蓋取諸此也。坤也者，地也，萬物皆致養焉；故曰「致役乎坤」。兌，正秋也，萬物之所說也；故曰「說言乎兌」。戰乎乾—乾，西北之卦也，言陰陽相薄也。坎者，水也，正北方之卦也，勞卦也，萬物之所歸也；故曰「勞乎坎」。艮，東北之卦也，萬物之所成終而所成始也；故曰「成言乎艮」。

(一)致—許慎說文解字曰：「致，送詣也。」

(二)「說言乎兌」、「成言乎艮」之「言」—王引之經傳釋詞曰：「言，語詞也。」

(三)潔齊—來知德易經來註圖解曰：「潔齊，即如洗之意。」

案：本章當據宋元學案百源（邵康節）學案所引之文王八卦方位圖以解之，其圖如下。

文王八卦方位圖

本章分二段，首言八卦於作育萬物之化功與終始歷程，次則申釋其方位與價值。茲以八卦為經，編號以綜釋之。

(一)震—為東方之卦，「帝出乎震」，來知德易經來註圖解曰：「帝者，陽也。陽為君，故稱帝。『乾以君之』，乃其證也。且言帝，則有主宰之意，故不言陽，而言帝。……出也，齊也，相見也，致役也，說也，戰也，勞也，成也，皆帝也。」實則，陽之至純即為乾，繫辭上傳第一章曰：「乾知大始。」故乾即道也。是以「帝」者，當指道也。八卦即象乎道所呈現其大用之諸特殊形態。三畫卦之震，於文王八卦方位圖為東方之卦，其卦一陽始生，象乎生機之初萌，故白虎通五行曰：「東方者，動方也，萬物始動生也。」是以本章言八卦於作育萬物之歷程中，以震為始。

(二)巽—為東南之卦，乃承乎震，震既為帝（陽、道）之所出，萬物之所出，至巽，巽風徐拂，萬物一片新綠，所謂「潔齊」也。

(三)離─為南方之卦，於自然宇宙，其象為日，其義為明，日之既明，則萬物皆相見。於人間社會；聖人「南面而聽天下」，「嚮明而治」，如萬物之相見乎離明。

(四)坤─孔穎達周易正義引鄭康成曰：「地不言方者，所言地之養物，不專一也。」坤為地，地養萬物，是致其勞役也。

(五)兌─李鼎祚周易集解曰：「兌三失位，不正，故言正秋，兌象不見西，故不言西方之卦。」正秋者，萬物成熟之時，此所以說（悅）也。

(六)乾─為西北之卦，夫乾，陽之盛也，陽盛則陰將剝之，為陰陽相薄，故「戰」。坤卦上六，象陰之盛極，陽之將復之，故爻辭亦曰：「龍戰于野。」

(七)坎─為正北之卦，為水，孔穎達周易正義曰：「水行不舍晝夜，所以為勞卦。」即辛勞以潤澤萬物。

(八)艮─為東北之卦，又艮為山，山之性為止，止者，萬物之終也，終則將復於始，此所以「成終而成始也」。

本章，言八卦於易道之作育萬物，所象之化功義與終始歷程義。

第六章

神也者，妙萬物而為言者也；動萬物者莫疾乎雷，撓萬物者莫疾乎風，燥萬物者莫熯乎火，說萬物者莫說乎澤，潤萬物者莫潤乎水，終萬物始萬物者莫盛乎艮；故水火相逮，雷風不相悖，山澤通氣，然後能變化既成萬物也。

(一)撓─來知德易經來註圖解曰：「撓，散也。」

(二)熯—李鼎祚周易集解曰：「熯，亦燥也。」
(三)盛—王引之經義述聞曰：「盛，當讀成就之成。……古書多借盛為成。」
(四)逮—爾雅釋詁曰：「逮，及也。」

案：「神」者，繫辭上傳第五章曰：「陰陽不測之謂神。」莊子天下篇曰：「易以道陰陽。」夫易，即天地之道，其用則為陰陽之不測，所謂「神」也。「妙」者，老子第一章曰：「玄之又玄，眾妙之門。」即渾通「有」、「無」兩層次以契乎至神。是以「神也者，妙萬物而為言者也。」乃謂易道之大明，在於渾通超越層與具體層，以呈現其化化生生之不測功能也。八卦，乃象乎天地生物不測功能之具體作用。其中乾坤兩卦，為生之成之，故為綱領，本章僅述其餘之六卦。即雷以鼓動萬物，為震之象。風以撓散萬物，為巽之象。火以燥熱萬物，為離之象。澤以和說萬物，為兌之象。水以滋潤萬物，為坎之象。艮以終始萬物，其義為止。故水火相逮及以濟成，雷風不相悖以鼓蕩，山澤各異形以通氣。凡此水潤火燥以濟成，雷動風撓以鼓蕩，山止澤說以通氣，（參見伏羲先天易八卦方位圖）皆為「易準天地」之神用，渾通超越層與具體層，以呈現其化化生生之不測功能，所見之變化，而成物也。

本章，言易道之神妙大用，呈現於六子之作用。

第七章

乾，健也。坤，順也。震，動也。巽，入也。坎，陷也。離，麗也。艮，止也。兌，說也。

案：乾象天，天運無息，故健。坤象地，地承天以成物，故順。震象雷，雷鳴以驚蟄，故動。

巽象風，風無所不至，故入。坎象水，水「盈科而後進」（孟子離婁篇語），故陷。離象火，火附物而燃，故麗。艮象山，山靜居不動，故止。兌象澤，澤滋萬物，故說。

本章，言八卦之德性。

第八章

乾為馬，坤為牛，震為龍，巽為雞，坎為豕，離為雉，艮為狗，兌為羊。

案：乾象天，「天行健」（乾卦象傳語）馬行似之，故為馬。坤象地，地載物，牛負似之，故為牛。震象雷，雷行雲端，龍騰似之，故為龍。巽象風，風向有時，雞鳴似之，故為雞。坎象水，水積則污，豕性似之，故為豕。離象火，有文明之德，雉羽似之，故為雉。艮象山，其性靜止，狗守似之，故為狗。兌象澤，澤以畜水，羊羣似之，故為羊。

本章，言八卦取象於禽獸，朱子周易本義曰：「遠取諸物如此。」

第九章

乾為首，坤為腹，震為足，巽為股，坎為耳，離為目，艮為手，兌為口。

案：乾天至尊在上，故為首。坤地持載能容，故為腹。震雷聲勢波動，故為足。巽風順勢而行，故為股。坎水清澈周流，故為耳。離火光輝照耀，故為目。艮山托持木石，故為手。兌澤周圍上仰，故為口。

本章，言八卦取象於身體，朱子周易本義曰：「近取諸身如此。」

第十章

乾，天也，故稱乎父。坤，地也，故稱乎母。震一索而得男，故謂之長男。巽一索而得女，故謂之長女。坎再索而得男，故謂之中男。離再索而得女，故謂之中女。艮三索而得男，故謂之少男。兌三索而得女，故謂之少女。

(一) 索—朱子周易本義曰：「索，求也。謂揲蓍以求爻也。」

案：乾象乎天，坤象乎地，於此宇宙家庭中，乾天故稱父，坤地則稱母。由於乾父坤母之交感，乃有子女之衍生。而乾父者純陽，坤母者純陰，其交感則有陰陽錯綜以衍生六子諸卦象。

☰ 乾為父，純陽。

☷ 坤為母，純陰。

☳ 震為長男，蓋以坤為基礎，而初得乾陽。

☵ 坎為中男，蓋以坤為基礎，而再得乾陽。

☶ 艮為少男，蓋以坤為基礎，而三得乾陽。

☴ 巽為長女，蓋以乾為基礎，而初得坤陰。

☲ 離為中女，蓋以乾為基礎，而再得坤陰。

☱ 兌為少女，蓋以乾為基礎，而三得坤陰。

本章，主旨八卦取象於家庭宇宙中之父母子女，並明「乾道成男，坤道成女。」之義。

第十一章

乾為天，為圜，為君，為父，為玉，為金，為寒，為冰，為大赤，為良馬，為老馬，為瘠馬，為駁馬，為木果。

坤為地，為母，為布，為釜，為吝嗇，為均，為子母牛，為大輿，為文，為眾，為柄，其於地也為黑。

震為雷，為龍，為玄黃，為旉，為大塗，為長子，為決躁，為蒼筤竹，為萑葦；其於馬也為善鳴，為馵足，為作足，為的顙；其於稼也為反生；其究為健，為蕃鮮。

巽為木，為風，為長女。為繩直，為工，為白。為長，為高，為進退，為不果，為臭；其於人也為寡髮，為廣顙，為多白眼；為近利市三倍；其究為躁卦。

坎為水，為溝瀆，為隱伏，為矯輮，為弓輪；其於人也為加憂，為心病，為耳痛，為血卦，為赤；其於馬也為美脊，為亟心，為下首，為薄蹄，為曳；其於輿也為多眚，為通，為月，為盜；其於木也為堅多心。

離為火，為日，為電，為中女，為甲胄，為戈兵；其於人也為大腹，為乾卦，為鼈，為蟹，為蠃，為蚌，為龜；其於木也為科上槁。

艮為山，為徑路，為小石，為門闕，為果蓏，為閽寺，為指，為狗。為鼠，為黔喙之屬；其於木也為堅多節。

兌為澤，為少女，為巫，為口舌。為毀折，為附決；其於地也為剛鹵；為妾，為羊。

案：先哲之作八卦，乃取象於宇宙間足以為代表之八種重要而具體之現象，以期綱領性窮盡宇宙之內容。八卦之既成，其價值則有三方面之瞭解①經緯萬彙—八卦既取象於此八種現象，亦即象乎此八種現象。凡此八種現象，各有其性、其質、其德、其義、其形、其用、其色、其音、……莫不可以直接或間接而引申以推衍及於宇宙間一切事物，而皆為八卦之所經緯。②呈現功化—八卦所象之八種現象，其作用，即為玄通於天地生成萬物之化功。且其作用，每為相對以相成，如伏羲先天易八卦方位圖所示者。（參見本傳第四章案語）③終始歷程—蓋天地之生化萬物，固有相對相反之作用，亦見陰陽消長，成始成終之歷程。（參見本傳第五章案語）

本章，乃言八卦所象之宇宙間一切事物，（即經緯萬彙）或自六十四卦，三百八十四爻之繫辭歸納而得乎！朱子周易本義曰：「此章廣八卦之象，其間多不可曉者，求之於經，亦不盡合也。」而且，卦爻下之繫辭，於本章亦多所遺漏，故惠棟周易述乃取九家易及虞氏義以增補之。

雜卦傳

案：韓康伯周易注曰：「雜卦者，雜糅眾卦，錯綜其義，或以同相類，或以異相明也。」李鏡池易傳探原曰：「易傳之名，漢書不載，東漢諸書亦未稱引，疑劉歆班固之流未必見之。乃雜糅眾卦，錯綜其義，之一首六十四卦歌訣，便於記誦之啟蒙書耳。」夫周易六十四卦，乃相應宇宙秩序，人間遭遇，而設為特定境況，是以①自卦義言之，各有其取象，設象，示象，以期有所決疑指迷。②自卦序觀之，宋元學案百源（邵康節）學案有「伏羲先天易六十四卦橫圖」之作，以明太極生兩儀，兩儀生四象，……至於六十四卦，而見其所以生成之次序。今之傳本，相傳為文王所推演而成之次序，而以乾坤兩卦為其綱領，其終始之義則備之於六十四卦。至於雜卦傳，其次序既異伏羲、文王所列者，唯取其兩兩相錯相綜者，（自大過以下八卦，蔡淵周易訓解疑其有錯簡，而改訂為大過、頤。既濟、未濟。歸妹、漸。姤、夬。）於乾坤綱領之下，則相反相成之義既明，易道周流之義亦彰。相對相傳為文王所推演之卦序而言，則稱之為雜糅眾卦之「雜卦」。

乾剛，坤柔。—乾道以健生物，故其性剛。坤道以順成物，故其性柔。

比樂，師憂。—比則親，故樂。師動眾，故憂。

臨、觀之義，或與或求。—臨、觀之義，皆以主客相對為要件，故有「或與或求」之意。

屯見而不失其居，蒙雜而著。—屯為草木初生根芽，芽有孚甲未脫之阻難，根之所植則「不失其居」。蒙，惠棟九經古義曰：「今本稚誤作雜。」由於稚昧，發之則著也。

震，起也。艮，止也。——震取象於雷，故有起義。艮取象於山，故有止義。

損、益，盛衰之始也。——損則見衰，益則轉盛，故曰「盛衰之始」。

大畜，時也。无妄，災也。——大畜，所積者大，必須通過時間過程，故曰「時也」。（或者，時借以代待，即有待也，亦通。）无妄，意外之變化也，故曰「災也」。

萃聚，而升不來也。——萃，其義為聚。升，其義為登，故「不來」。（依易例，往為上，來為下。）

謙輕，而豫怠也。——謙則卑讓，故「輕」。豫為和樂，其「怠」也。（許慎說文解字曰：「怠，慢也。」）

噬嗑，食也。賁，无色也。——噬嗑，嚙而合之也，所以「食也」。賁，俞曲園古書疑義舉舉例曰：「『噬嗑，食也；賁，其色也。』蓋以食、色相對成文，加其字以足句也。『其』古文作「亓」，學者不識，遂改作「无」字。」賁者飾也，飾則「其色」見矣。

兌見，而巽伏也。——兌為說（悅），故見。巽為入，故伏。

隨，无故也。蠱，則飭也。——隨為從人，故「无故（事）」。蠱之義為事，事則當「飭」（整治）。

剝，爛也。復，反也。——剝則裂、落，故「爛」。復則「反」也。

晉，晝也。明夷，誅也。——俞曲園古書疑義舉例曰：「周易雜卦傳，乾剛坤柔，比樂師憂，皆兩兩相對。他卦雖未必然而語意必相稱。獨『晉，晝也；明夷，誅也。』其義不倫。愚謂此亦參互以見義也，知晉之為晝，則明夷之為晦可知矣。明入地中，非晦而何？知明夷之為誅，則晉之為賞可知矣。康侯用錫馬蕃庶，非賞而何？自來言易者，未見及此也。」

井通，而困相遇也。—井，卦辭曰：「往來井井。」彖傳曰：「井養而不窮也。」故「通」。困，「相遇」乎外在之限制也。

咸，速也。恆，久也。—咸者，感也；感則不疾而「速」。恆則「久」也。

渙，離也。節，止也。—渙者，散而「離」也。節則限而「止」。

解，緩也。蹇，難也。—解者，開也；開則「緩」也。蹇為行之「難」。

睽，外也。家人，內也。—睽為乖違，互為外在也，故曰「外也」。家人者，親順其家中之人也，故曰「內也」。

否、泰，反其類也。—否為塞，泰為通，其事類正相反也。

大壯則止，遯則退也。—大壯以大者盛為義，盛極則「止」。遯則「退」避也。

大有，眾也。同人，親也。—大有，所有者大，故「眾」。同人，和同於人，故「親」。

革，去故也。鼎，取新也。—革者，變也；變革則故者去，故曰「去故」。鼎烹，所以「取新」也。

小過，過也。中孚，信也。—小過，小而逾越其常度，即「過」也。中孚，其義為「信」。

豐，多故也，親寡，旅也。—豐以盛大，則多故舊，故曰「多故」。旅以遊寄，則寡親友，故曰「親寡」。

離上，而坎下也。—離為火，火性就上，故曰「上」。坎為水，水流趨下，故曰「下」。

小畜，寡也。履，不處也。—小畜，所積者小，故稱「寡」。履為踐，踐則行，故為「不處也」。

需，不進也。訟，不親也。—需為待，待則「不進」。訟為爭，爭則「不親」。

大過，顛也。—大過，大而逾越其常度，故「顛」（仆）。

姤，遇也，柔遇剛也。—姤，其義為遇，一柔始生於下，遇乎其上之五剛也。

漸，女歸待男行也。—漸為徐進，如女之于歸，必待男方納采、問名、納吉、納徵、請期、親迎，然後成婚，有漸也。

頤，養正也。—頤，所以養也，不論自養其生，自養其德，以及養乎人。彖傳曰：「養正則吉也。」

既濟，定也。—既濟，事之既成也，故曰「定」也。

歸妹，女之終也。—歸妹，嫁女也。彖傳曰：「歸妹，人之終始也。」蓋女之既嫁，夫婦生活於是為始，而自然生命得其安頓也。故曰「女之終也」。

未濟，男之窮也。—未濟，事之未成也。古者男主外，事未成，故曰「男之窮也」。

夬，決也，剛決柔也；君子道長，小人道憂也。—夬，五剛居下，一陰在上，其義為「決」，其象為五剛決乎一柔。示乎「君子道長，小人道憂也。」

附　周易筮法

周易之筮法，其古者已無可考；今傳者，大都根據朱子之「筮儀」，（見朱子周易本義）及參考繫辭上傳第九「大衍之數」章，並印證左傳、國語所載之筮例而得之。蓋春秋時代之筮法也。

「筮」者，乃用蓍草，其用蓍草之理由，①蓍為多年生草本，經冬不枯，至春，因舊莖復發枝葉。②从耆，有高年更事之意。③所在而有，容易取得。④其叢生，一株數十莖，足以取用。⑤因其條直自然，不必修治即可使用。（此取王船山周易稗疏之說）用時所取者，每策約三寸至五寸。

(一) 成卦法

筮者以櫝（圓筒，口徑約三寸。）盛蓍五十策，演蓍之時，左手取出，右手取其一策，反於櫝中而不用，所用者僅四十九策。即繫辭上傳第九章所曰：「大衍之數五十，其用四十有九。」其一不用，所以象太極。（此取孔穎達周易繫辭上傳第九章正義之說）

演蓍成卦之法—程序如下：

第一變—以四十九策演之。

第一演—將四十九策任意分為甲乙兩部分，甲部分置於左邊，（左象天）乙部分置於右邊。（右象地）即繫辭上傳第九章曰：「分而為二以象兩。」

第二演—左手取出置於左邊之甲部分，掛懸其一於左手之小指間，為「掛一」。則「掛一」、甲部分、乙部分，象乎三才。即繫辭上傳第九章曰：「掛一以象三。」

第三演—將甲部分掛餘之策，每四策為一組，以右手數之，（即以四除之）象乎四時。即繫辭上傳第九章曰：「揲（更迭以數之）之以四以象四時。」（揲畢，則復置於左邊。）

第四演—將「揲之以四」之餘策，或餘一，或餘二，或餘三，或餘四，扐（勒也，夾也。）於左手無名指間，所以象「閏」也。即繫辭上傳第九章曰：「歸奇於扐以象閏。」

第五演—右手取出置於右邊之乙部分，每四策為一組，以左手數之，亦象四時，為「再揲之以四以象四時」。（揲畢，則復置於右邊。再者，依照演蓍成卦之過裡，當有此一程序，繫辭上傳第九章省略耳。）

第六演—將乙部分「揲之以四」之餘策，或餘一，或餘二，或餘三，或餘四，扐於左手之中指間，所以象「再閏」。即繫辭上傳第九章曰：「（再歸奇於扐以象）五歲再閏。」（依照演蓍成卦之過程，當如此補足文義。）

第七演—取包括第二演之「掛一」，第四演之「歸奇」，第六演之「再歸奇」，所扐於指間之策而掛之。（放置一邊）即繫辭上傳第九章曰：「再扐而後掛。」

演蓍，經「第一變」之程序，其掛扐之餘策，僅有下列兩種可能。

(1)餘四十四策。

(2)餘四十策。

第二變—以「第一變」所掛扐之餘策演之。

第八演—如同第一演。

第九演—如同第二演。

第十演—如同第三演。

第十一演—如同第四演。

第十二演—如同第五演。
第十三演—如同第六演。
第十四演—如同第七演。
經「第二變」之程序，其掛扐之餘策，僅有下列三種可能。
(1)餘四十策。
(2)餘三十六策。
(3)餘三十二策。

第三變—以「第二變」所餘之策演之。
第十五演—如同第一演。
第十六演—如同第二演。
第十七演—如同第三演。
第十八演—如同第四演。
第十九演—如同第五演。
第二十演—如同第六演。
第二十一演—如同第七演。
經「第三變」之程序，其掛扐之餘策，僅有下列四種可能。
(1)餘三十六策—為九揲之數，為「九」，為老陽，為可變之陽爻。
(2)餘三十二策—為八揲之數，為「八」，為少陰，為不變之陰爻。
(3)餘二十八策—為七揲之數，為「七」，為少陽，為不變之陽爻。
(4)餘二十四策—為六揲之數，為「六」，為老陰，為可變之陰爻。

以上之演蓍程序。凡三變而成爻，如為陽爻則畫「一」，其老陽則於畫旁記「九」字，其少陽則於畫旁記「七」字。如為陰爻則畫「--」，其老陰則於畫旁記「六」字，其少陰則於畫旁記「八」字。蓋每卦六爻，故「十有八變而成卦」。（繫辭上傳第九章語）

例如，左氏哀公九年傳曰：「陽虎以周易筮之，遇泰之需。」其泰卦各爻之揲數數值可能如下：

八六八九九七

至於三變之後，其掛扐餘策之揲數，或為九，或為八，或為七，或為六，其所象之意義如下。

「七」—象春，陽氣方萌，故稱少陽；由春而夏，僅為陽氣程度之增長，故為不變之爻。

「九」—象夏，陽氣既盛，故稱老陽；由夏而秋，則為陽氣性質之變化，故為可變之爻。

「八」—象秋，陰氣方萌，故稱少陰；由秋而冬，僅為陰氣程度之增長，故為不變之爻。

「六」—象冬，陰氣既盛，故稱老陰；由冬而春，則為陰氣性質之變化，故為可變之爻。

(二) 變卦法

「變卦」又稱「之卦」，即由一卦變成另一卦。「變卦法」乃在判定卦之「不變」，或「宜變」，並解釋宜變者「遇某之某」之意義與方法，以求所占之卦辭或爻辭。高亨周易古經通說列其

「求宜變之爻方法表」如下。

天地之數	減號	卦之營數	等號	餘數	數法及其所止						宜變之爻
					初爻	二爻	三爻	四爻	五爻	上爻	
55	−	54	=	1	1						初
55	−	53	=	2	1	2					二
55	−	52	=	3	1	2	3				三
55	−	51	=	4	1	2	3	4			四
55	−	50	=	5	1	2	3	4	5		五
55	−	49	=	6	1	2	3	4	5	6	上
55	−	48	=	7	1	2	3	4	5	6 7	上
55	−	47	=	8	1	2	3	4	5 8	6 7	五
55	−	46	=	9	1	2	3	4 9	5 8	6 7	四
55	−	45	=	10	1	2	3 10	4 9	5 8	6 7	三
55	−	44	=	11	1	2 11	3 10	4 9	5 8	6 7	二
55	−	43	=	12	1 12	2 11	3 10	4 9	5 8	6 7	初
55	−	42	=	13	1 12 13	2 11	3 10	4 9	5 8	6 7	初
55	−	41	=	14	1 12 13	2 11 14	3 10	4 9	5 8	6 7	二
55	−	40	=	15	1 12 13	2 11 14	3 10 15	4 9	5 8	6 7	三
55	−	39	=	16	1 12 13	2 11 14	3 10 15	4 9 16	5 8	6 7	四
55	−	38	=	17	1 12 13	2 11 14	3 10 15	4 9 16	5 8 17	6 7	五
55	−	37	=	18	1 12 13	2 11 14	3 10 15	4 9 16	5 8 17	6 7 18	上
55	−	36	=	19	1 12 13	2 11 14	3 10 15	4 9 16	5 8 17	6 7 18 19	上

夫卦有六爻，其三變掛扐餘策之揲數，最大者為九乘以六，總和為五十四。其最小者為六乘以六，總和為三十六。其他者則不外乎五十四與三十六之間。

求宜變之爻，其方法如下。

第一步—自天地之數五十五，（見繫辭上傳第九章）中，減去所筮之卦「掛扐餘策之揲數」，以求得其餘數。

第二步—將此餘數，依右表「數法欄」數之，如果小於六，則自初爻向上遞數至上爻；如果大於六，則再自上爻向下遞數至初爻。如此上下遞數，至餘數既盡所止之爻。

第三步—據此餘數既盡所止之爻，如為「七」、「八」，則為「不變」之爻。如為「九」、「六」，則為「宜變」之爻。「宜變之爻」，則「九」變而為「六」，「六」變而為「九」。

筮得之卦有「不變」者，有「宜變」者，「宜變」者其狀況又復不一，茲摘錄高亨周易古經通說歸納左傳、國語所載二十二卦，所假設之狀況及其變卦，以求所占卦辭或爻辭之方法如下。

（甲）狀況一—六爻皆「七」「八」者。

(1) 筮得之卦　八八八七七八　升

六爻皆不變，則以本卦之卦辭占之

（乙）狀況二—一爻為「九」「六」者。

(1) 筮得之卦　八九八七七八

井

之卦

升

如果該爻為宜變之爻，則「九」變而為「六」，「六」變而為「九」，而得「之卦」。乃以本卦變爻之爻辭占之。例如筮得井卦如右，其三變掛扐餘策之揲數，總和為四十七；五十五減去四十七，餘八，依法數之，至五爻而止，則五爻為宜變之爻。五爻為「九」，則變而為「六」，而成升卦，是為「遇井之升」，當以井卦九五之爻辭占之。

(2) 筮得之卦　九八七八七七

睽

如果該爻為不變之爻，乃以本卦卦辭占之。例如筮得睽卦如右，其三變掛扐餘策之揲數，總和為四十六；五十五減去四十六，餘九，依法數之，至四爻而止，但四爻為「七」，不變，是為「遇睽之七」，乃以睽卦之卦辭占之。

(丙)狀況三—兩爻為「九」「六」者。

(1)筮得之卦　七九七七七六　　之卦

姤　　乾

如果一爻為宜變之爻，則「九」變而為「六」，「六」變而為「九」，而得「之卦」。乃以本卦變爻之爻辭占之。例如筮得姤卦如右，其三變掛扐餘策之揲數，總和為四十三；五十五減去四十三，餘十二，依法數之，至初爻而止，則初爻為宜變之爻。初爻為「六」，則變為而為「九」，而成乾卦，是謂「遇姤之乾」乃以姤卦初六之爻辭占之。

(2)筮得之卦　八九七八九八

困

如果兩爻均非宜變之爻，乃以本卦之卦辭占之。例如筮得困卦如右，其三變掛扐餘策之揲數，總和為四十九；五十五減去四十九，餘六，依法數之，至上爻而止，但上爻為「八」，不變，是為「遇困之八」，乃以困卦之卦辭占之。

(丁)狀況四—三爻為「九」「六」者。

(1)實例—缺。

如果一爻為宜變之爻，則「九」變而為「六」，「六」變而為「九」，而得「之卦」。

乃以本卦變爻之爻辭占之。

(2)筮得之卦　八九六八八九

屯

之卦

豫

如果三爻均非宜變之爻，但因卦中可變之爻與不變之爻相等，故三爻中之「九」變而為「六」，「六」變而為「九」，而得「之卦」。乃以本卦與之卦之卦辭合以占之。例如國語晉語所記重耳「筮得貞屯悔豫皆八」如右，其三變掛扐餘策之揲數，總和為四十八；五十五減去四十八，餘七，依法數之，至上爻而止，但上爻為「八」，不變，故其變其占如上述。

(戊)狀況五—四爻為「九」「六」者。

(1)實例—缺。

如果一爻為宜變之爻，則「九」變而為「六」，「六」變而為「九」，而得「之卦」，

乃以本卦變爻之爻辭占之。

(2)實例—缺。

如果四爻均非宜變之爻，但因卦中可變之爻多於不變之爻，故四爻中之「九」變而為「六」，「六」變而為「九」，而得「之卦」。乃以「之卦」之卦辭占之。

（已）狀況六—五爻為「九」「六」者。

(1)實例—缺。

如果一爻為宜變之爻，則「九」變而為「六」，「六」變而為「九」，而得「之卦」。乃以本卦變爻之爻辭占之。

(2)筮得之卦　九六六九八六

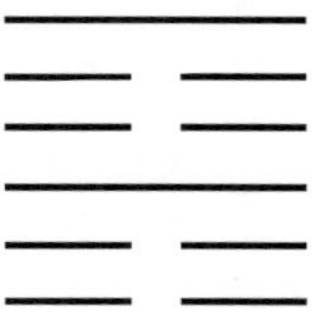

艮　　　之卦　隨

如果五爻均非宜變之爻，但因卦中可變之爻多於不變之爻，故五爻中之「九」變而為「六」，「六」變而為「九」，而得「之卦」，乃以「之卦」之卦辭占之。例如左氏襄公九年傳所記穆姜「筮遇艮之八，是謂艮之隨。」如右，其三變卦扐餘策之揲數，總和為四十四；五十五減去四十四，餘十一，依法數之，至二爻而止，但二爻為「八」，不變，故其變其占如上述。

（庚）狀況七—六爻皆「九」「六」者。

(1)筮得之卦　六六九六六九　之卦

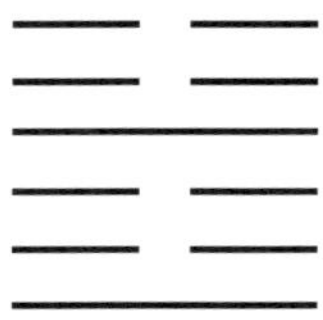

震　　巽

如果六爻皆「九」「六」，是為全變之卦，不須求宜變之爻，唯六爻中之「九」，變而為「六」，「六」變而為「九」，而得「之卦」。如果「遇乾之坤」，則以乾卦「用九」之爻辭占之。如果「遇坤之乾」，則以坤卦「用六」之爻辭占之。如果遇他卦—例如筮得震卦如右，則變為巽卦，是為「遇震之巽」，乃以巽卦之卦辭占之。

蓍之已演，卦之既成，復依「變卦法」以求所占之卦辭，或爻辭。而筮得之卦，其狀況則不外上述七種而已。

此外，「筮」者，所以「通神明之德」，（易繫辭下傳第六章語）以釋思慮之迷，決行事之疑。故當「筮」之時，其物之齊備，其情之恭慎，其儀之嚴謹，（參見朱子周易本義所附之筮儀）皆在規範占者、筮者必具「誠敬」之心意。中庸第二十五章曰：「誠者，物之始終；不誠無物。」坤卦文言傳曰：「君子敬以直內。」夫唯存「誠敬」之心意，始能通契「神明」而實踐價值。

主要參考及引用書目

周易注	王弼・韓康伯	中華書局
周易正義	孔穎達	中華書局
周易集解	李鼎祚	學生書局
周易傳	程頤	學生書局
周易本義	朱熹	啟明書局
易經來註圖解	來知德	惠文出版社
周易校勘記	阮元	藝文印書館
仲氏易	毛奇齡	藝文印書館
易說	惠士奇	藝文印書館
周易述	惠棟	藝文印書館
周易虞氏義	張惠言	藝文印書館
周易鄭氏義	張惠言	藝文印書館
周易荀氏九家義	張惠言	藝文印書館
易通釋	焦循	藝文印書館
周易補疏	焦循	藝文印書館
周易稗疏	王船山	藝文印書館
周易述補	李松林	藝文印書館

周易姚氏學　姚配中　藝文印書館
周易釋爻例　成蓉鏡　藝文印書館
周易互體徵　俞曲園　藝文印書館
易例　惠棟　藝文印書館
易經異文釋　李富孫　藝文印書館
周易考異　宋翔鳳　藝文印書館
六十四卦經解　朱駿聲　宏業書局
周易事理通義　劉百閔　遠東圖書公司
周易古經今注　高亨　樂天出版社
周易古經通說　高亨　樂天出版社
先秦易學史　高懷民　商務印書館
論語　世界書局
中庸　世界書局
孟子　世界書局
荀子　世界書局
老子　世界書局
莊子　世界書局
左傳　中華書局
國語　中華書局

讀經示要	熊十力	廣文書局
乾坤衍	熊十力	學生書局
才性與玄理	牟宗三	學生書局
心體與性體	牟宗三	正中書局
哲學概論	唐君毅	學生書局
中國人性論史	徐復觀	東海大學
爾雅		中華書局
說文解字注	許慎·段玉裁	蘭臺書局
經典釋文	陸德明	鼎文書局
羣經（易經）平議	俞曲園	藝文印書館
古書疑義舉例	俞曲園	清流出版社
九經古義	惠棟	
經義述聞	王引之	廣文書局
經傳釋詞	王引之	世界書局
助字辨略	劉淇	開明書局
中國字例	高鴻縉	三民書局
古書虛字集釋	裴學海	泰順書局
古史辨	顧頡剛等	明倫出版杜

國家圖書館出版品預行編目資料

新周易經傳象義闡釋 ／
朱維煥著. －初版. －臺北市：臺灣學生，
2019.05
面；　公分
ISBN 978-957-15-1806-0（平裝）
1. 易經　　2. 注釋
121.12　　　　108008699

新周易經傳象義闡釋

著作者　朱維煥
篆書　王棲安
篆刻　沈崇詩
編輯指導　王棲安　潘燕玉
出版者　臺灣學生書局有限公司
發行人　楊雲龍
發行所　臺灣學生書局有限公司
地址　臺北市和平東路一段75巷11號
劃撥帳號　00024668
電話　(02)23928185
傳真　(02)23928105
E-mail　student.book@msa.hinet.net
網址　www.studentbook.com.tw
登記證字號　行政院新聞局局版北市業字第玖捌壹號
印刷　蘭潭彩色印刷股份有限公司
定價　新臺幣四五〇元
出版日期　二〇一九年五月二十日 初版
ISBN　978-957-15-1806-0

09109